보
안
사

보안사

어느 조작 간첩의 보안사 근무기

심병진 지음

이매진

보안사
어느 조작 간첩의 보안사 근무기

처음 찍은 날 2012년 12월 26일 **두 번째 찍은 날** 2021년 8월 31일
지은이 김병진 **펴낸곳** 이매진 **펴낸이** 정철수
등록 2003년 5월 14일 제313-2003-0183호
주소 서울시 은평구 진관3로 15-45, 1018동 201호 **전화** 02-3141-1917 **팩스** 02-3141-0917
이메일 imaginepub@naver.com **블로그** blog.naver.com/imaginepub **인스타그램** @imagine_publish
ISBN 978-89-93985-89-4

ⓒ 김병진, 2012

- 이매진이 저작권자와 독점 계약을 맺어 출간한 책입니다. 무단 전재와 복제를 할 수 없습니다.
- 환경을 생각해서 재생 종이로 만들고 콩기름 잉크로 인쇄한 책입니다.
- 값은 뒤표지에 있습니다.

개정판 머리말 | 가해의 진실을 밝혀야 과거사를 청산할 수 있다

    세월이 흘렀다.

    1983년 보안사 서빙고 분실에 연행된 지 29년, 1986년 일본으로 탈출한 지 26년, 1988년 보안사를 고발한 지 24년. 그러다 지명 수배 상태로 일본에서 도피 생활을 했다.

    그러나 조국의 변화는 확실히 내 환경을 바꾸었다. 그동안 우리 부부가 일본 시민을 대상으로 한글 강좌를 운영하면서 일본인 수강생이 딱한 우리 사정을 알고 김대중 대통령께 서명을 모아 탄원서를 제출했다. 한국은 옛날 한국이 아니었다. 그 뒤에 오사카 한국 총영사관에서 여권을 발급받으면서 전해들은 말로는 김대중 대통령 지시로 법무부와 외교부 그리고 기무사(구 보안사)가 3자 협의를 했고, 그 자리에서 기무사가 김병진에게 손대지 않겠다고 약속해서 여권 발급이 가능했다는 것이다. 군사기밀보호법위반이라며 나를 기소 중지한 기무사의 사죄부터 받아야 한다는 내 마음은 일단 접어두고 한국에 갈 수 있다는 사실이 더없이 반가웠다. 가고 싶어도 가지 못한 세월 동안 그리움은 더해갈 수밖에 없었기 때문이다.

    2000년 5월 19일, 우리 가족은 김포에 내렸다. 마지막으로 한국을 떠날 때 비행기를 탄 곳도 김포였다. 내 도피 생활은 나만의 도피 생활이 아니어서 꼭 가족과 함께 한국으로 와야 했다.

    그 뒤로 종종 한국을 찾았고 자연스레 과거사 청산 운동에 동참했다.

야만의 시대, 광기에 시대에 맞선 내 도전은 고발이라는 표현이 알맞지만 지금은 과거를 청산할 수 있는 자료로 쓰이기를 바란다. 다행히 노무현 대통령 임기 때까지 만족스럽지는 않더라도 여러 과거사 진상 규명 관련 위원회가 활동했고 2009년에는 내가 당한 인권 침해 사실에 관해 '진실 화해를 위한 과거사 정리위원회'가 진상을 규명했다. 무엇보다 고마운 소식은 내가 책을 통해 밝히려 한 간첩 조작 피해자 대부분이 재심에서 무죄 판결을 받았으며, 피해자들이 법원에 내 저서를 증거물로 제출했다는 사실이었다. 물론 시간이 너무 늦었지만 그나마 내 고발이 나름대로 제 몫을 해낸 것이 내게 큰 위안이었다.

그러나 고문과 간첩 조작 피해자에 관한 진상 규명과 재심만으로 진정 과거를 청산할 수 있을까 하는 의문을 불러일으킨 일이 벌어졌다. 진실 규명 결정이 나기 전인 2006년에 과거사 정리위원회를 찾은 때 소개받은 기무사 파견 조사관이 한 말 때문이었다.

"금괴 밀수로 보안사에서 쫓겨난 추재엽 알지요? 지금 양천구청장을 하고 있어요."

그 순간에는 잠깐 머뭇거렸다. 분명 추재엽이라는 수사 5계 수사관에 관련된 구절을 책에 썼지만 20여 년 동안 그 사람을 떠올린 적이 없기 때문이다. 그런 인간이 있었지 하며 기억을 더듬은 뒤에야 구청장! 이라는 사실에 가슴이 답답해졌다. 재일 한국인 유지길 씨에게 무표정하고 담담하게 고춧가루 탄 물을 퍼부은 추재엽. 그 사람이 구청장이라니. 이어서 내 뇌리에 맴돈 것은 다음 세대를 향한 걱정이었다. 입신출세하려고 죄 없는 사람도 고문해 죄안을 만들어 그 가족의 행복까지 송두리째 뺏은 인간이 한 지역의 단체장으로 복지와 교육을 논하고 있다 생각하니 소름이 끼칠 수밖에 없었다. 인륜을 거스르는 고문을 저질러도 고위 공직에 오르는 현실을 아무도 진실을 모른다고 해서 덮어야 하나? 그런 당혹감을 느꼈다. 내 눈앞에서 짐승보다 못한 취급을 받고 학대와 고문을 받아 몸부림치던 피해자들을 생각하니 주저할 수 없었다. 신문 인터뷰를 자청했다. 2006년의 일이다.

우여곡절이 있었지만 사람을 통해 추재엽이 일본으로 찾아와 피해자 유지길 씨에게 사과하려 한다는 전갈을 받았고, 내가 유지길 씨에게 직접 연락하고 유지길 씨는 사과하러 올 추재엽을 기다리기도 했다. 하지만 시간만 질질 끌었다. 2010년 연말에 또 연락이 왔는데 추재엽은 "나는 고문 안 했는데 고문한 팀에 소속해 있던 점 사과하겠다"라고 말을 바꿨다. 그 말을 들은 유지길 씨는 노발대발했다.

나중에 안 사실이지만 꼼수를 부리려 한 것이다. 그때 추재엽은 공직선거법과 관련한 사건을 진행하고 있었다. 고소당한 이제학 양천구청장이 추재엽이 과거에 무고한 사람을 고문한 사실을 공개질의서에 적시했는데, 그것을 허위 사실 유포로 고발한 것이다.

추재엽은 그 재판에서 증언하면서 "고문 현장에 접근도 안 했다. 김병진은 북한 간첩이며 책은 한낱 소설에 불과하다. 김병진을 고발할 것이다"라고 했다.

2011년 10월 20일, 나는 많은 분의 도움을 받아 추재엽을 위증죄로 서울남부지방검찰청에 고발했다. 여기에 대응하느라 추재엽은 무고죄와 명예훼손죄까지 저질렀다. 그렇게 해서 2012년 10월 11일, 추재엽은 징역 1년 3개월 실형을 선고받고 법정 구속됐다.

앞에서 언급한 화제로 돌아가자.

이명박 정부가 들어서면서 과거사 청산은 숨통이 끊겼다 해도 과언이 아니다. 아직 과제는 산더미처럼 쌓여 있다. 한편 추재엽 사건이 우리에게 던지는 과제는 무엇일까? 나는 이런 생각에 이르렀다. '가해의 진실'까지 밝히지 않으면 진정한 과거사 청산이 아니다. 추재엽은 처세술에 능해 정계에서 성공한 드문 예일 수도 있다. 그렇지만 제5공화국 시절 천인공노할 짓을 서슴지 않던 자가 훈장을 받고, 포상금을 나누고, 해외여행을 다녀오고, 진급하고, 지금은 정년퇴직해 나라에서 주는 연금으로 호의호식하며 살고 있는데, 피해자와 그 가족은 인생이 파괴되고 고문 후유증과 경제적 어려움 속에서 주위의 눈총까지 받으며 살아야 하는 비참한 현실 앞에서 우리는 결코 과거 청산을 말할 수 없다.

과거사를 청산하는 일을 소홀히 하면 일제 강점기의 잔재를 소탕하지 못해 친일파가 나라를 농락했듯이 군사 독재의 망령이 사회 지도층으로 행세할 것이다. 이런 현실 앞에 정의로운 사회, 민주와 인권을 존중하는 사회는 아직도 먼 곳에 있다고 해야 할 것이다.

다행히 고문 수사관 출신인 현직 구청장이 저지른 위증, 무고, 명예훼손, 공직선거법 위반을 단죄하는 일에 많은 사람이 관심을 보여 1988년에 언론 탄압을 당한 내 책을 복간할 기회가 왔다. 그동안 기나긴 세월을 돌아보니 돌이킬 수 없는 시간에 가슴이 미어지지만, 또다시 보안사의 만행을 널리 알려 이런 역사가 되풀이되지 않도록 과거를 청산하는 데 일조하려는 바람이 간절하다.

복간에 즈음해 이 고발을 함께 해주신 많은 분께 감사하다.

어려운 여건 속에서도 잘 견디고 훌륭하게 성장한 아들과 딸에게, 또 우리 가족을 지켜온 아내에게 고맙다는 말을 이 인사말 끝에 적어둔다.

2012년 11월 11일

김병진

초판 머리말 | 조국의 겨레에게 드리는 글

　나와 내 가족이 고국을 떠난 지 2년 반이라는 세월이 흘렀다. 그동안 바다 건너 조국이 격동하는 모습을 때로는 한숨 쉬면서 때로는 눈물지으면서 지켜봐야만 하는 안타까움을 나는 진정 달랠 길이 없었다. 6월 항쟁! 모교 연세대학교 학생인 이한열이 순국했을 때는 일본 땅에서 외로이 《연세찬가》를 부르기도 했다. 여러분과 목이 터져라 외치고 싶던 말들, 호흡을 같이하며 부르짖고 싶던 말들을 다시 한 번 가슴에 새겨본다.

　우리는 언제까지 젊음을 희생해야만 하는가. 언제 이 저주스러운 역사에 종지부를 찍고 민주와 민족 화합 그리고 조국 통일의 새 장을 창조해 나갈 수 있는가. 그러나 그러기에는 아직도 우리 현실은 너무나 암담하다는 사실을 인식해야만 한다.

　서투른 글이나마 내가 고발하는 현실을 구시대의 유물이라 간주할 수 없다. 아직도 지금 우리 앞의 현실이다.

　외국에서 외국어로 글을 쓸 수밖에 없는 내 상황과 우리 겨레의 현실을 헤아려주시라고 여러분께 용서와 양해를 구한다. 책머리에 붙이는 인사말을 우리말로 쓰니 구원을 얻은 듯하고 또한 기쁘기도 하다.

　예상할 수 있는 어려움을 무릅쓰고 고국에서 이 책을 펴내 주신 소나무 출판사 유재현 사장께 깊이 감사한다. 여러분의 노력과 의지는 다시 나를 격려해주고 있다.

　나는 내 수기를 끝맺으면서 부끄러움을 감추지 못했다. 그토록 우리 현실은 수치스러운 것이다. 이런 역사가 다시는 되풀이되지 않기를 간절히 바라는 마음으로 우리 겨레 앞에 감히 보안사를 고발하고자 한다.

한국어판 출판에 즈음하여
1988년 8월 15일
김병진

차례

개정판 머리말 /5
초판 머리말 /9

1장
1983년 Ⅰ /13

연행/14 서빙고 호텔/18 한국 국군 보안사령부/24 회유 공작/28 기상천외한 세계로 연행 당하다/30 재일 한국인 한 사람의 과거/32 제1차 조사 개시/36 잠들지 못한 시간/42 한심하다/44 우리가 간첩이라면/48 아내와 아이 생각/50 나무 몽둥이로 맞는 감각/52 VIP실/56 조국은 무엇이 죄인지 말해 준 적 있는가/58 일본에 절대로 연락하지 말라/62 고병천의 판단과 결단/66 아내의 흐느낌/68 빼앗긴 여권/72 크라운 호텔/76 음모/80 공소 보류/84 간첩죄 성립의 풀 코스/88 군사 독재의 법적 표상/90 포섭/90 음산한 소리/92 미운 놈에게 떡 하나 더 줘라/94 재일 간첩 K의 이야기/100 소형 전기 고문기/102 물건에 지나지 않는 재일 한국인/104 죽음은 무엇인가/106 간첩 보도/108 조서 작성이라는 이름의 거래/112 재일 한국인의 마음의 갈등을 누가 풀 수 있는가/116 전두환과 김일성에 관한 몽상/118 기묘한 주문/120 특별체용/122 눈물 작전/128 3개망 일망타진/130 파출소장의 방문/134 광기의 음모를 펼치는 사람들/136

2장
1983년 Ⅱ /141

서빙고에서 한 호출/144 졸작/144 간첩 C씨의 전력/146 인간 백정/148 C씨가 당한 폭력/150 예스라고만 쓰면 되는 작업/152 이상하게 명랑한 광경/154 의미 없는 탄원서/156 풀려나다/158 새로운 수사분실/162 L씨의 진술서/164 비원의 희생자/166 날조되는 과정/170 2계의 송년회/176 기분 나쁜 남자/178 기묘한 회의/180 두고보겠다!/184

3장
1984년 /187

국군 제7599부대 3처 2과/188 신사협정/191 연수/195 테니스 공작/196 원폭 공작/200 정보 분석 작업/204 첩보는 거짓말이라는 상식/208 서 형을 다시 만남/210 봄이 찾아 왔다/216 위하여!/218 유학생 사냥/219 평화 공작/223 L의 경우/227 상사병/230 농락당하는 마음/235 풋내기가 펼친 보자기/239 3계와 5계/243 드디어 올 것이 왔다/245 황당무계한 스토리/247 시작된 간첩 사냥/251 박용호의 기세/253 야수/254 좋아! 만들었다!/259 조일지 씨의 경우/261 날조의 구조/265 일구이언의 약속/267 국빈을 중대가리라고 부른 센스/269 개새끼/273 심리전/276 서대문 구치소로/278 조일지 씨 가족을 만나다/282 L과 고영자의 훈방/284 해방가/287 신동기의 실수/290

4장
1985년 /293

어떤 첩보 보고/294 3시간에 그친 일본 방문/299 코일이 성기에⋯⋯/301 유 씨의 자서전/306 인간 바비큐/307 솟아오른 용기/310 법정의 증인으로/312 유 씨의 눈물/314 모험/316 충성공작/322 유지길의 결의/324 구치소 안에서/326 뒤엎은 자백/329 너구리와 여우의 관계/333 ○도 ×도 아닌 △/335 돌아와요 부산항에/339 나락 공작/341 보안사의 추태/347 언론탄압/349 공소보류가 끝나다/350 처장 사인은 받다/354 보안사를 조국 땅에서 매장해버리겠다!/356 지는 것이 이기는 것/359 나는 결코 침묵하지 않는다/361

후기 /364
일지 /366

1장

―

1983년 I

연행

 학교생활에서는 충실감을 가정생활에서는 행복함을 느끼기 시작할 무렵이었다. 삼성종합연수원에서 함께 일본어를 가르치는 동료를 따라 노량진 수산 시장에 들 뒤였다. 출퇴근용 자동차에서 내려 25번 버스를 타고 관악산이 올려다보이는 봉천교에서 내렸다. 퇴근하는 동안 생후 2개월 반인 아들의 얼굴을 계속 떠올렸다.
 아들을 낳은 뒤 아이를 키우는 일에만 쫓기는 아내를 위해 일요일인 내일 명동에라도 같이 나가 볼까, 대학원 수업인 생성 문법 준비는 어떻게 할까 이런 생각을 했다. 이제 막 부모가 된 나는 아들을 보고 싶은 마음에 걸음을 재촉했다. 다른 그 어느 때보다 행복한 퇴근길이었다. 남방 셔츠 안에 입은 러닝셔츠는 땀을 빨아들일 수 있는 만큼 흠뻑 빨아들인 상태였다.
 '샤워하고 싶군. 집에 가면 우선 샤워부터 시작해야지.'
 우리 집에 이르는 마지막 골목길을 돌았을 때다. 내가 지나가야 할 왼쪽 골목길에 포니 승용차 한 대가 통행을 방해할 정도로 골목을 꽉 채운 채 서 있었다. 서민이 특권 계급을 선망하는 마음을 섞어 부르는 말인 '자가용족(族)'이 어느 집에 볼일이 있는 것일까? 호기심에 끌려 눈은 자연스럽게 그 자동차로 향했다.

말랐지만 근육질인 몸에 티셔츠를 입은 한 사람이 짙은 초록색 자동차에 기대서서 담배를 피우고 있었다. 그 인상으로 미루어보아 빚을 받으러 온 사람 같기도 했다. 무슨 일 때문에 우리 동네 주민 누구에게 시비라도 걸려고 온 것일까? 차 안에는 두 사람이 더 있었다. 결코, 점잖아 보이지 않는 사람과 그 사람에게 동행까지 있다는 사실 때문에 나는 그 사람들을 나는 그 사람들을 불량배들이라 생각했다.

담배를 피우던 사람은 나와 시선이 마주치자 대뜸 담배를 길가에 던졌다. 그것으로 만족할 수 없다는 듯이 불쑥 내 앞을 가로막았다.

"김병진 씨입니까?"

그 사람의 행동이 뜻밖인 것은 물론이고, 그 사람이 내 이름을 알고 있다는 것이 당혹스러웠다. 황급히 그렇다고 대답하니 그 사람은 이상하게 삐져나온 바지 뒷주머니에서 재빨리 무엇을 끄집어내서 내 코끝에 디밀었다.

"사법경찰관 이덕룡(⊠德龍)."

허둥대며 읽은 글자 위에 그 사람의 사진이 붙어 있었다.

"당신이 잘 아는 사람이 학생 데모에 가담했는데요. 이 근처 파출소에서 보호하고 있습니다."

그 사람은 청산유수 같은 말솜씨로 심각한 표정을 지으면서 말했다.

이상한 이야기였다. 기말시험도 끝나서 내가 다니는 연세대학교는 학생도 뜸하고 한산할 게 분명했다. 이른바 데모 시즌이 아니었다. 그리고 연세대학교의 대학원에서 대학원생이 데모했다는 이야기는 전혀 들어본 적이 없었다. 적어도 1980년 5월 18일 광주민주화운동이 일어난 뒤로는 말이다.

"누군가요? 그 사람은?"

"당신이 잘 아는 학생입니다. 근처니까 잠깐 시간을 내주시겠습니까?"

어쩌면 학부에 다니는 후배 중에서 서울에 친척이 없는 지방 출신 누군가가 신병 인수인으로 나를 지명한 게 아닐까? 한순간 이런 생각이 뇌리를 스쳐 지나갔다.

그러나 아무리 생각해도 이상했다. 어째서 체포한 사람이 누구인지 밝히지 않는 걸까?

"내가 재일 한국인이라는 것을 알고 하는 이야기입니까?"

순간적으로 나온 말은 내 방어본능에서 나온 말이었다.

"알고 있다마다요. 시간은 얼마 안 걸립니다. 신원 확인만 해주면 끝나니까요."

그 사람의 말투는 정중했으나 태도는 거만하고 위압적이었다.

"알겠습니다. 그럼, 일단 집에 들렀다가 함께 가도록 하겠습니다."

"금방 끝나는 일이니까 이대로 갑시다."

"아내에게 한마디 하고 가도 되지 않습니까? 우리 집은 바로 이 뒤쪽입니다. 시장에 들렀다가 와서 다른 때보다 시간이 늦었고, 게다가 방금 사온 생선도 냉장고에 넣어 두지 않으면……."

내 주장의 당위성을 이 사람이 인식하도록 비닐봉지에 든 방어를 들어 보였으나 "가까우니까 금방 끝난다"는 말을 반복할 뿐이었다.

집에 들렀다 가겠다고 고집하는 내 말을 들었는지 차 안에 있던 사람들이 어느 틈에 내 양옆에 서 있었다. 그것이 계획된 행동이라는 것을 직감했다. 자신들이 경찰관이라고 선언한 이상 나약한 저항 따위는 의미가 없었다. 나는 등이 떠밀려 포니 뒷좌석에가 올라탔다. 이덕룡이라는 신분증을 보인 사람과 동년배로 보이는 젊은 사람이 내 양옆에 앉아 자동차 문에서 나를 떨어뜨려 놓았다.

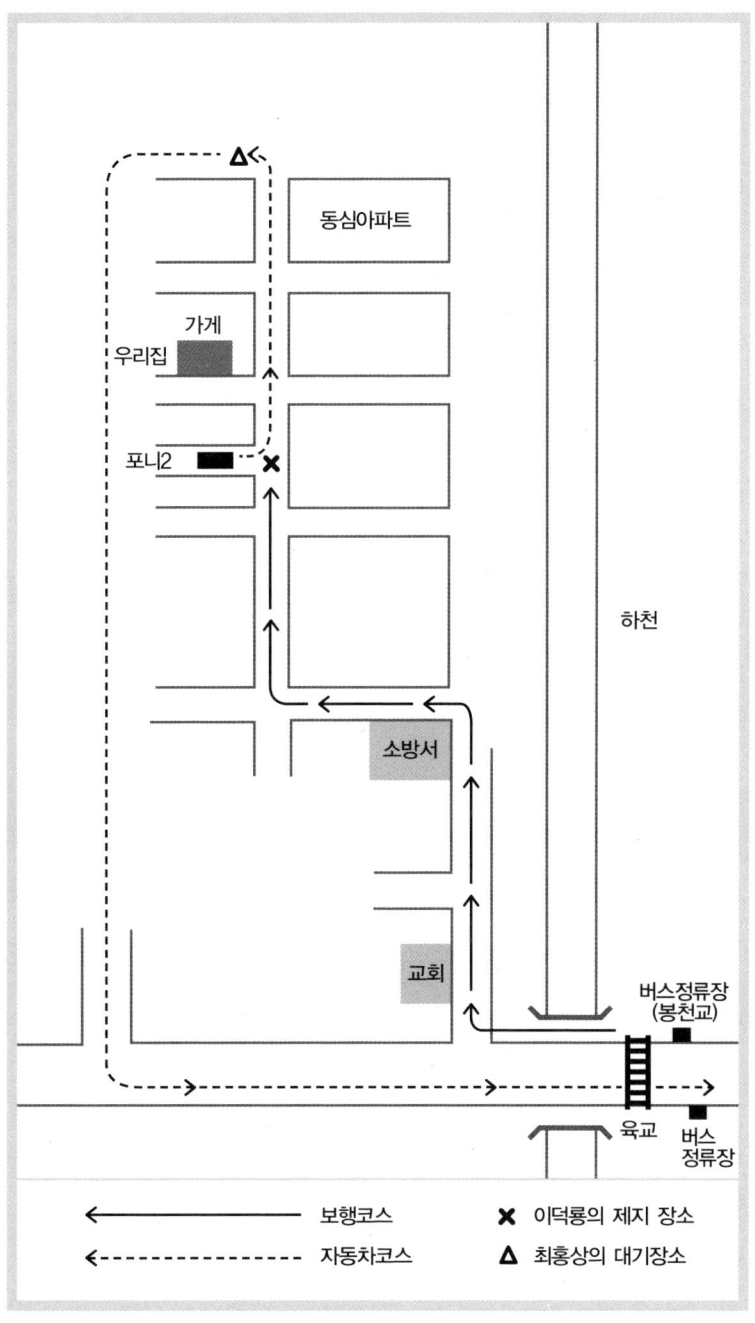

사십 대 후반으로 보이는 또 다른 사람이 자동차 핸들을 잡고 주위를 살피면서 차를 몰기 시작했다. 아내가 현관 앞에 나와 있지 않을까, 내 모습을 보고 있지 않을까. 이런 생각에 우리 집을 살펴보려고 노력했으나 보람도 없이 우리 집 문 앞에는 동네 아이들조차 없었다.

차는 포장하지 않은 길을 먼지를 일으키며 한참 가다가 잠시 정지했다. 운전하던 사람이 창 너머로 누군가의 이름을 불렀다. 그곳에는 약간 얼굴이 검은 사람이 청량음료를 마시면서 서 있었다. 그 사람은 자기 이름을 부른 것을 듣고 손수건을 든 한쪽 손으로 자기 머리를 툭 쳤다.

이 길은 내가 이따금 다른 노선버스를 탔을 때 지나가는 길이었다. 그 사람은 계면쩍은 듯이 싱글싱글 웃으면서 조수석에 올라탔다. 운전사와 조수석에 탄 사람은 "정말 덥군요!"라고 날씨 이야기를 주고받았다. 그러나 경찰관 네 명은 모두 내게 한마디도 걸지 않았다.

"도대체 어디로 가는 겁니까?"

"가보면 알 거요. 이야기는 그곳에서 합시다."

왼쪽에 앉은 젊은 사람이 대답했다.

근처에 있다던 파출소가 어디에 있는 것인지 알 수 없었다. 우리 집에서 몇 킬로나 떨어진 제1한강교를 건너려고 할 때서야 이 사람들의 목적이 데모 학생의 신원을 확인하는 것이 아니라 나 자신에게 있다는 것을 깨달았다.

자동차는 다리를 건너 계속 북쪽으로 달렸고 용산역 앞에서 오른쪽으로 꺾었다. 왼쪽으로 미군의 헬리콥터가 보였고 오른쪽으로 단선 철로가 나타났다. 사람의 왕래는 한산했다. 자동차는 동쪽을 향해 계속 달려갔다. 그곳이 목적지였다.

조그만 역사에는 '서빙고역'이라는 간판이 걸려 있었다. 1983년 7월 9

일 토요일 오후 이렇게 납치당했다.

서빙고 호텔

자동차는 서빙고역 앞 교차로에서 북쪽으로 다시 말해 크라운 호텔 방향으로 좌회전했다. 100미터 정도 더 가서 차 한 대가 겨우 지나갈 정도로 좁은 오른쪽 언덕길로 방향을 꺾어 급한 경사를 오르기 시작했다. 그 길은 들어가자마자 곧바로 휘어졌고 주위에 둘러놓은 돌담 때문에 길에 들어서면 순식간에 주위가 보이지 않았다. 높은 나무로 가로막혀 주위 풍경을 살펴보기 어려운 언덕길을 올라가자 전방에 커다란 철벽 문이 나타났다. 물론 그 안이 어떻게 생겼는지 전혀 알 수 없었다.

운전하던 사람이 문 앞에서 경적을 울렸다. 그러자 문 구석에 있는 조그만 창으로 누군가가 눈만 내밀고 방문자를 확인한 뒤 육중한 철문을 열어줬다. 검은 바지와 카키색 남방셔츠를 입고 같은 색깔 모자를 쓰고 권총 벨트를 허리에 찬 청년이 절도 있게 거수경례를 하면서 자동차를 들여보냈다.

안으로 들어가 보니 부지가 뜻밖 넓었다. 엄청나게 자란 포플러 나무가 사방을 둘러싸고 있었다. 위에서 내려다보지 않는다면 어떤 위치에서든 이 안을 들여다볼 수 없도록 위상한 것이다. 안쪽 차고에는 자동차 몇 대가 세워져 있었다. 간이 주차장이 딸려 있는 건물은 벽돌로 지은 꽤 큰 저택이었다.

건물 정면에 있는 현관 앞에서 내리자 이덕룡이 등을 밀어 이 층으로 안내했다. 호화스러운 외관과 정반대로 건물 내부는 낡았고 답답했다. 복도 한쪽을 가로막아 전화기 몇 대를 늘어놓고 사무실처럼 사용하는 곳까지 오자 정문을 지키는 청년과 똑같은 옷을 입은 청년들이 있었다.

그곳까지 왔을 때 이덕룡이 "그 생선은 냉장고에 넣어 둡시다"라고 말했다. 아주 정중한 말투로 말하며 내 손에서 비닐봉지를 낚아챘다.

"걱정하지 않아도 됩니다."

어쩐지 귀찮은 듯 말하고 그대로 어딘가로 가버렸다.

곧 한 청년이 두꺼운 책받침에 끼워놓은 서류를 가져와서 기재해달라고 했다. 보니까 서류에는 '입소자 인적 사항'이라는 표제가 붙어 있었다. 이것도 또한 당혹스러웠다.

"곧 끝난다 해서 따라왔는데 이건 무업니까?"

이렇게 말하는 것이 헛일이라 생각했지만 일단 항의했다.

"규칙이니까요."

불쾌해하며 본적지, 현주소, 생년월일, 전화번호를 적고 종교를 기재하는 곳에 '무'라고 써서 건네줬다. 그 청년은 서류를 받아들며 다른 서류에 신경이 팔려 내 얼굴도 내가 작성한 서류도 보지 않고 사무적으로 "소지품을 꺼내 놓으시오"라고 중얼거렸다.

"네? 뭐라고 했습니까?"

"소지품 말입니다."

"보다시피 가방밖에 없습니다."

"주머니 안에 있는 것을 전부 꺼내놓으시오."

청년은 내 가방을 멋대로 열고 책 몇 권, 서류 몇 장 하고 일일이 메모하고는 겉저고리 안주머니에서 꺼내 놓은 지갑 속에 있는 현금까지 계산했다. 이제 끝났나 했더니 이번에는 "벨트를 풀어 주시오"라고 내 허리를 가리키며 말했다. 이미 죄수를 대하는 태도였다.

잠시 사라졌던 이덕룡이 내 어깨너머로 "끝났는가?" 하고 물었다.

나는 벨트가 없는 바지를 신경 쓰면서 이덕룡에게 등이 떠밀려 기다란

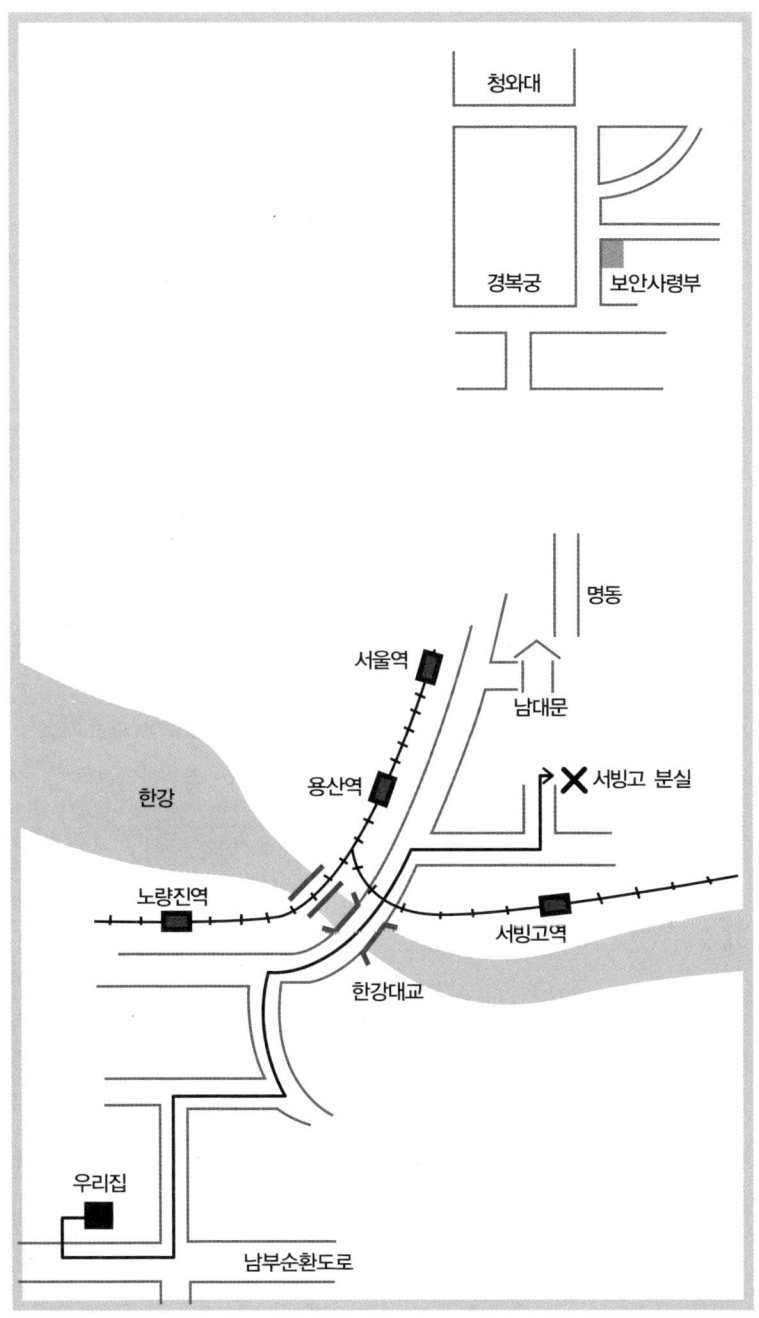

21

복도를 걸어갔다. 자꾸만 흘러내리는 바지를 추슬러 올리면서 걸었다. 어둡고 긴 복도의 양쪽에는 문이 많이 있었다. 그 문 너머로 욕지거리가 섞인 시끄러운 목소리가 여기저기에서 들려왔다. 더위 때문인지 문을 열어 놓은 방을 지나갈 때마다 이덕룡은 나보다 앞서 걸어가서 열려 있는 문을 닫았다. 그리고 내가 그 문을 지나가면 다시 방문을 열어 놓았다.

상상할 수 없는 세계에 발을 들여놓았다 생각하니 가슴은 두근거리기 시작했다. 전혀 사태를 파악할 수 없다는 무력감에 불안했다.

'설마 내가 알고 있는 사람이 저 속에 있는 것인가?'

문득 이런 생각이 들었다. 그때 들은 아우성의 주인공이 누구였는지는 알 수 없었다. 한국어 발음이 어설펐다는 점 때문에 재일 한국인이 아닐까 하고 막연히 추측할 뿐이었다.

이 층 복도를 끝까지 걸어가 맨 끝 방에 수감됐다. 참으로 기묘한 방이었다. 방은 꽤 넓었는데 높은 곳에 달린 창에 쇠창살이 끼워져 있었다. 내가 기묘하다 느낀 것은 불결해 보였지만 그래도 훌륭한 매트리스를 깐 침대 때문이었다. 거기다 양복장까지 있었다. 과연 이곳이 소문으로만 듣던 '서빙고 호텔'인가?

그중에서 나를 아연하게 만장든 것은 화장실이었다. 욕조에 샤워 시설이 붙어 있고 변기는 수세식이었다. 그러나 화장실이라고 부를 만한 구조가 아니었다. 변기에 앉으면 허리 아래만 보이지 않을 정도로 시멘트를 둘러쳐 놓았을 뿐이었다. 변기 위쪽에는 커다란 거울이 천과 벽에 45도 각도로 붙어 있었다. 그 거울을 옆에서 바라보면 아래쪽을 빠짐없이 볼 수 있었다. 침대와 화장실 말고 비품은 철제 책상, 철제 의자 두 쌍이 있었다. 의자 등에는 한글로 '육군'이라고 각인이 돼 있었다. 비품은 이것이 전부였다.

목이 이상하게 말랐다. 긴장해서 몸이 상당히 뜨거웠다. 태어난 지 얼마 안 된 갓난애와 아내의 얼굴이 겹쳐서 뇌리를 스쳐 지나갔다.

"침착하라고. 물을 줄까?"

이덕룡이 말했다.

"물을 주십시오."

나는 내가 몸을 떠는지 의심하며 마음의 중심을 잡는 일에 열중했다. 이덕룡은 다시 내 옆에서 떠났다.

조금 전부터 위화감을 느끼며 계속 쳐다본 기묘한 제복을 입은 몹시 뚱뚱한 체격의 청년이 이덕룡과 교대로 주전자와 컵을 가지고 방에 나타났다. 거만스럽게 나를 쳐다보며 컵에 물을 따르고 철제 책상에 탁하는 소리를 내면서 컵을 내려놓았다. 청년의 이런 태도에 무심결에 방어 자세를 취했지만 아무튼 물은 모두 마셨다. 갈증을 달랜 뒤 플라스틱으로 만든 빨간 컵을 책상 위에 놓았다. 청년은 내 맞은편에 팔짱을 끼고 앉았다.

청년은 그냥 나를 쳐다보고 있었다. 그때 처음 깨달았는데 놀랍게도 청년은 권총 벨트를 하고 있었다. 묵직한 콜트 45구경 권총이 청년의 오른쪽 허리에 여봐란듯이 자리 잡고 있었다. 내가 총에 시선을 돌리자 청년은 불손한 미소를 띠며 방아쇠에 오른손 집게손가락을 일부러 집어넣었다. 청년은 한동안 그렇게 있다가 총신을 쓰다듬거나 벨트에 손을 가져가며 내게 위압감을 줬다. 나는 태연한 체하려고 이 기묘한 방안을 빙 둘러봤다. 그러자 "똑바로 앉아, 이 새끼!"라는 욕설이 날아왔다. 청년은 단순한 신원 확인이나 사정을 알아보려고 내가 끌려 온 것이 아니라는 것을 확인시켜줬다.

"잠깐만 기다리고 있어!"라고 말하고 나간 이덕룡은 10분이 지나고 20분이 지나도 돌아오지 않았다.

처자식의 얼굴이 뇌리에서 떠나지 않았다. 권총을 찬 청년의 임무가 나를 감시하는 것이라는 게 명백했다. 이 청년이 화나면 나를 쏠지도 모른다. 그런 불길한 생각을 했을 때 "나약해져서는 안 된다", "궁하면 통하는 법이다", "호랑이 굴에 들어가도 정신만 똑바로 차리면 살 수 있다"라는 우리나라 격언을 떠올렸다. 아내와 아들을 위해 마음을 굳게 해야 한다고 몇 번씩이나 나 자신을 타일렀다. 시간은 자꾸만 흘러갔다.

"잠깐이면 끝난다고 해서 따라왔는데 언제 사람이 옵니까? 물어볼 것이 있으면 빨리 물어보고 끝내줘야지요. 집에서 걱정할 텐데요."

겁먹어서는 안 된다고 생각하면서 청년에게 그렇게 불평했다.

"내가 알게 뭐야? 나한테 질문하지 말라고! 잔소리 말고 가만히 있어!"

청년이 처음으로 말 같은 말을 했다.

한국 국군 보안사령부

보안사라는 이름으로 알려진 한국 국군 보안사령부는 이 세상에서 염라대왕이나 되는 듯 공포의 대상 또는 의문의 대상이지만 그 알맹이는 역시 관료 사회였다. 이덕룡 해군 중사의 상관인 보안사령부 대공처 수사과 수사2계장 김용성(金容成) 육군 소령은 나를 포함해 몇몇 재일 한국인을 연행하기 몇 개월 전부터 어떤 초조함에 계속 시달려 온 것 같다.

김용성은 서울 동국대학교를 재학하면서 일정한 군사 교육을 받은 학군단 출신이었다. 그런 탓에 육군사관학교 출신의 엘리트 장교에 미치지 못해 진급 심사에서 항상 뒷전으로 밀려났다. 보안사령부 그것도 수사과에 진출한 것까지는 좋았으나 그해를 넘기면 정년이 돼 옷을 벗어야만 하는 사정이 계속 그 사람을 괴롭혔다.

지금까지 수사1계장으로 내근 한직을 감수한 까닭은 언젠가 외근(수사2, 3, 5계) 계장이 돼 간첩 검거라는 성과를 올려 보국 훈장이라는 명예를 손에 넣으려 했기 때문이다. 그런 계획이 사십 대가 돼 중령으로 진급하는 마지막 기회에 이른 것이다.

본래 처세술에 능한 김용성은 자신을 계속 괴롭힌 전라도 출신이라는 한국 사회의 견고한 장벽에도 빌라라고 불리는 고급 주택을 소유하고 공금을 빌려 넣으면서도 만기가 될 때 몇천만 원이나 타는 계를 몇 개씩 들었다.

군 장교가 받는 박봉에도 김용성은 보안부 대원이라는 특권을 최대한 살려 사심을 한껏 채웠던 것이다. 기관원이라는 것은 김용성에게 최대 무기였다. 그러나 비록 한국 군대가 낙하산식 인사 조정을 곧잘 한다고 해도 예비역 소령으로서는 고위직을 바라볼 수가 없었다. 못해도 대령 정도가 아니면 불안했다.

많은 '운동(인사 청탁이나 비리 공작을 부르는 말)' 끝에 외근 중에서도 수사2계장으로 보직을 변경한 것은 김용성에게 대단한 행운이었다. 왜냐하면 수사2계에 보안사령부가 가장 신뢰하는 '재일 협조망(일본에 있는 협력자 연결망)'이 있기 때문이다. 그뿐만 아니라 2계에는 반장 고병천(高炳天) 육군 준위 아래 네 명으로 구성된 '학원반'이라는 팀이 있었다. 학원반은 수사관의 표현을 빌려 말하면, 가장 조작하기 쉬운 재일 한국인 모국 유학생을 능숙하게 요리해 상사가 바라는 바를 맞춰온 노련한 베테랑이었다.

1980년대만 해도 보안사령부에서 이른바 '성과'라는 것을 올린 팀은 이 학원반뿐이었다. 고려대학교 학생 이종수(李宗樹) 씨, 연세대학교 학생 김태홍(金泰弘) 씨처럼 재일 한국인 모국 유학생이 그 팀의 먹이가 됐다. 2계장으로 영전한 것이 행운이라는 말은 이런 훌륭한 스태프와 실적을 생각한다면 당연한 말이었다. 그러나 동시에 상부의 기대도 커서 어깨의 짐이 무거운 자리기도 했다.

1983년에는 김용성의 진급 심사뿐만 아니라 김용성의 상사인 수사과장 우종일(禹鍾一) 중령의 대령 진급 심사까지 겹쳐서 보통 때보다 더욱 엄하게 성과를 독려했다. 이전 2계장이 쌓은 실적을 고려한다 김용성이 받은 압력이 보통이 아니었던 것은 두말할 것도 없다.

김용성은 1983년 수사2계 활동방침안을 작성하면서 3/4분기까지 다시 말해 1월부터 9월까지 성과를 올면리기로 굳게 결심했을 것이다. 그래서 부하의 활동을 신경질적으로 독려하고 점검했다. 준위, 하사관, 문관 모두 합쳐 열한 명인 부하들 사이에서 누구라 할 것 없이 불평불만이 오갔다. 그러나 그 정도 일은 군 조직에서 문제도 아니었다. 김용성의 부하한 사람, 한 사람은 군 사회 구성원으로 특히 보안사령부 대공수사관으로 일하면서 나름 야심에 불타고 있었다. 자신이 만든 간첩이 주모자 또는 조력자로 인정받으면 수사관에게도 훈장과 포상금이 돌아왔기 때문이다.

그래서 수사관들은 상사를 험담하면서도 서울대학교 부속 재외국민교육연구소의 협조망을 통해 '재외국민 모국 유학생 명부'를 입수해 몇백 명에 달하는 재외 한국인 모국 유학생의 신상 기록을 파악하고, 각 대학교의 학적과를 통해서 더욱 상세한 정보 그러니까 출신 고등학교나 재수 경험 여 등을 엄중히 조사해나갔다. 몇백 명의 본적지를 일일이 관찰할 수 없는 보안사령부는 각지에 흩어져 있는 예하 보안부대에 유학생의 본적지를 내사하라는 지시를 내렸다. 가족의 도일 배경(부모 또는 조부모 대에 어떻게 해서 일본으로 건너갔는가?), 8촌 내 친척이나 인척을 포함한 연고 가족 중 재북자(북한 거주자) 유무, 부역자(한국전쟁 동란 시기 공산주의 활동이나 공산주의에 협력한 경험이 있는 자) 유무, 재일본 조선인총연합회(조총련) 가입자 유무 등을 자세히 보고하게 했다. 그 내용에 더해 과거에 연행 조사한 사람들의 교우 관계, 학교 내부에 깔린 협조망, 하숙집 주인과 지도 교수가 보내는 동향 정보, 일본 공안 당국과 잡다한 정보망이 보내오는 첩보를 종합해서 최종적으로 '모국유학생위장 재일본조선인총연합회 간첩중점대상자'라는 명단을 작성했다.

비교적 부작용이 적은 학기 초, 학기 말과 상사가 성과를 요구하는 시기를 계산하면서 매년 간첩 소탕전을 벌인 것이다. 연행 조사를 할 때 영장이 있는 경우는 외국인을 조사하는 경우를 제외하면 전혀 없었다. 내사라고 불리는 작업은 은밀한 활동을 철칙으로 하는데, 매년 몇십 명에 달하는 중점 대상자의 경우(대부분 재일 한국인 모국 유학생이다) 하숙집 주인부터 경우에 따라서는 학부 지도 교수까지 정보원으로 포섭됐다. 또 '공작'이라고 부르며 전화를 도청하거나 우편집배원과 우체국을 매수해 우편을 검열하기도 했다.

이렇게 동향을 감시하다가 감시 대상자가 지방으로 여행을 가거나 일본으로 돌아가면 하숙집 주인의 통보와 협력으로 가택수사를 행한다. 이것도 보안사가 독자적으로 결정해 행하는 것으로 수색 영장 같은 것은 필요가 없다. 'A − 3통신문' 그러니까 북한 대남 공작원의 난수해독표 같은 것이라도 발견되면 틀림없이 간첩이겠지만 학생 소지품에서 그런 것이 나오는 경우는 거의 없다. 그래서 일본에서 출판한 반한 서적 또는 한국 안에서 돌아다니는 의식화 서적이라도 나오기만 하면 수사관은 대상자를 간첩으로 조작할 수 있다고 생각했다.

게다가 데모에 동정적이라든가, 반정부적 언동을 했다든가 하면 수사관의 기대는 무한히 부풀어 오른다. 연행 조사는 공개수사라고 한다. 두

개의 의미는 대상자가 자신이 수사 대상이라는 것을 눈치채지 못하는 내사 단계가 아니라 본인이 안 다음에 수사한다는 정도의 뉘앙스 차이밖에 없다. '공개적으로 하는 조사'라는 원래 뜻이 전혀 아니다. 조사 대상자와 꼭 필요한 사람을 빼고는 어디까지나 수사는 은밀하게 진행된다.

김용성 소령은 자신의 기대와 상사의 요구에 중압감과 책임감을 느끼며 공개수사에 들어가기 전에 부하들을 데리고 마인드 컨트롤 강습소에 다녔다고 한다. 복잡한 자신의 마음을 정리하기 위한 것인지 다른 어떤 것을 위한 것인지 알 수 없지만 "호랑이처럼 덤벼들어 뱀처럼 물라"는 보안사의 행동 교훈을 마음속에 담담하게 새겨두라는 의미도 있을 것이다.

수사관은 대상자를 일단 서빙고에 연행하면 인간적인 동정을 베풀 수 없었다. 사람 한 명을 간첩으로 조작하려면 그 사람의 여러 측면 중 역적으로서 얼마나 악랄한지만 강조하고 과장하고 치장해야 했다. '강력 수사'라는 이름으로 고문하는 것을 당연하게 여기는 사람이 고문할 대상을 동정한다는 것은 말이 안 된다. 수사관은 인간을 인간으로 보는 것을 금지당했다. 이 때문에 수사관에게 누구보다도 투철한 국가관과 충성심이 요구된다. 수사관은 그것을 바탕으로 자신의 행위를 정당화해야만 했다.

우종일 수사과장이 강하게 독려하기도 해서 김용성 소령은 그해 다른 해보다 더 일찍 계원과 함께 서빙고 분실에 나와 있었다. 성과를 올리는 데 집착한 나머지 약간의 부작용은 무시하고 대학교 1학기 말 시험이 시작되기 훨씬 전부터 나와 있었던 것이다.

올해도 유학생 사냥이 시작됐다.

회유 공작

내가 연행당하기 얼마 전에 수사관은 조그만 사건을 꾸미고 있었다.

대상자는 연세대학교 의과대학에 다니는 재일 한국인이었다. 그 사람은 내가 다니는 학교에 다녔고 안면이 없는 것은 아니지만 친구라 부를 정도로 친한 사이는 아니었다. 그 사람을 K라고 하자. K는 일본에서 재수했는데 이때를 '적(북한)에 포섭된 기간'으로 간주고 평소에 한 민족의식이 강한 말과 행동 때문에 용의자가 됐다.

연행 조사에서 '훈방'('작품화'되지 않은 대상을 석방하는 것)에 이르는 과정이 구체적으로 어땠는지 분명하지 않지만 뒤에 알게 된 사실에 따르면 K는 꽤 심하게 당한 듯했다. K는 석방되자마자 연세대학교 부속 세브란스 병원에 입원해버렸다. 일본에서 K의 부모가 달려왔다. 그 부모를 향해 K는 눈물을 섞어가며 하소연했다.

소중한 자식을 반병신으로 만들어 놓은 보안사를 고소하겠다는 이야기가 병원 입원실에서 터져 나온 것은 당연한 일이었다. 그러나 세브란스 병원의 의사 중에 보안사 군의관 출신이 있어 재빨리 고병천 아래 K를 담당한 수사관에게 그 이야기가 들어갔다.

사실 보안사를 고소하는 것은 한국 사회에서 불가능한 일로 그 발상 자체가 일본식이었다. 수사관들이 진짜 두려워한 것은 이 사실이 보안사 고위층이나 외부로 새어나가 자신들의 근무 평가에 나쁜 영향을 미치지 않을까 하는 것이었다.

다행이라고 할까? 어쨌든 세브란스 병원 내부의 협력자가 순발력을 발휘해서 직접 담당자에게 전해준 덕분에 수사관들은 일단 "아직은 괜찮다"라고 안도했다. 그리고 선물을 들고서 문병이라는 구실로 찾아가 회유 공작을 전개했다. 어떻게 회유했는지는 알 수 없었다. 그러나 회유할 때는 미끼를 찾으려고 상대방의 약점을 탐색하는 것이 상투적이다. 혈기 왕성한 이십 대 K보다 처세술이 몸에 익은 세대인 K 부모가 오히려 회유

하기 쉽게 했을 수도 있다. 우여곡절을 겪었지만 병실을 무대로 한 수사관들의 회유책은 성공했다. 시간이 지나서 수사관들은 이렇게 말했다.

"병원까지 가서 말썽을 부리다니 K 녀석 보기보다는 악질이군. 좀 더 세게 다뤄 무리해서라도 조작하는 것이 나을 뻔했어. 우리에게 폐만 끼치고 형편없는 새끼야!"

농담인지 우스갯소리인지 분간하기 어려운 말이었다.

기상천외한 세계로 연행당하다

내가 연당했을 때, K가 서빙고에 있었는지 없었는지 잘 모르지만 몇 사람은 조사를 받고 있었다. 복도를 걸어가며 들은 수사관의 고함과 웅얼웅얼 거리는 김빠진 대답을 봐 그 대답의 주인공들이 젊은 재일 한국인이라는 것을 곧 알 수 있었다. 일본어 억양이 그대로 남아있는 한국말 때문이다. 어떤 방에서는 여자 목소리도 들렸는데 재일 한국인이 하는 서툰 한국말이었다.

국가안전기획부 전신인 중앙정보부가 1975년 11월 12일에 발표한 '모국 유학생 간첩단 사건' 같은 것이 또 발생해서 일본에서 반정부 활동을 한 내가 어떤 관계로 조사를 받는 게 아닐까 생각했다. 이덕룡이 말한 나를 잘 아는 학생이 재일 한국인이고 이 건물 어딘가에 있다면 그 말은 앞뒤가 들어맞는 셈이다.

권총 벨트를 찬 청년과 기묘한 신경전을 벌이고 있을 때, 수사2계 학원반 수사관들은 천장과 벽에 45도로 기울여 끼운 거울 뒤에 설치한 비밀 카메라로 나를 관찰했다. 내가 매우 초조해하고 불안해하기 시작했다는 것을 확인했을 것이다.

기를 죽이려고 김용성(나를 연행한 차 안에서 이덕룡 반대쪽에 앉아 있었다)은 문관인 우영기(禹榮基) 주사보를 내 방에 들여보내는 작전을 썼다. 내가 감시자와 쓸모없는 대화를 되풀이하고 있을 때 체격이 좋은 우영기가 불쑥 방 안으로 들어왔다. 감시자는 우영기에게 자기 자리를 양보하려고 일어섰으나 우영기는 앉을 생각을 전혀 하지 않고 그냥 내 앞에 우뚝 서 있었다. 우영기는 한참 동안 험악한 얼굴로 나를 노려봤다. 그러다 다짜고짜 옆구리에 끼고 있던 8절지 서류를 큰 소리가 나도록 책상 위에 내던졌다. 자기 앞에 놓인 철제 책상의 양쪽 끝에 손을 짚고 목만 앞으로 쑥 내밀더니 고함쳤다.

"이봐, 김병진!"

완전히 반말이었다.

"너에 관해서는 하나도 남김없이 조사해놓았다. 여기 가져온 것은 전부 너에 관한 자료다."

8절지 서류 뭉치 표지에는 내 이름, 본적, 주소, 학교, 직업 같은 것이 적혀 있었다. 위에 열 장 정도가 약간 구겨진 것을 보면 거기까지는 내용이 적혀 있으리라. 그러나 나머지 몇백 장 정도는 전혀 구겨지지 않았다. 심하게 과장한다고 생각했지만 무엇을 하려는지 도대체 알 수가 없어서 그런 연기에도 정체를 알 수 없는 불안을 느끼기에 충분했다.

"우리가 너를 데려온 것은 네 성의를 확인하기 위해서다. 여기서 우리를 속이려 들면 너는 죽는 거야. 죄를 범한 사람이라도 뉘우치기만 하면 대한민국 국민으로서 살아갈 수가 있다. 김병진. 너는 대학원까지 다니는 사람이다. 게다가 어린애도 있고, 누가 봐도 행복한 생활을 하고 있지 않은가? 대한민국 국가 기관이 아무런 죄도 없는 인간을 이런 곳에 데려오지는 않는다. 결심해라. 조금 더 시간을 줄 테니까 모든 것을 털어놓을 결심을 하도록 해."

우영기는 말을 마치고 가지고 온 서류를 다시 옆구리에 끼고 방을 나가 버렸다.

연행에 정치적인 배경이 있다고 의심할 수밖에 없었다. 아는 한 재일 한국인이 이렇게 연행당했다는 것은 곧 간첩 혐의가 있기 때문이다. 기상천외한 세계로 연행당하는 예상치 못한 상황에 부닥치자 내 마음은 중심을 잃었다.

다만 혼란을 느끼면서도 이해할 수 없던 것은 간첩 혐의를 받았다면 반드시 간첩 노릇을 했다고 인정할 수 있는 행위가 있어야 하지 않느냐는 것이다. 중요한 국가 시설을 허가 없이 촬영했다든가, 북쪽의 사람과 어떤 종류로든 연락이나 관계를 유지했다든가, 지하 조직을 구성했다든가 그런 실제 행위가 있어야 하지 않나 의문이 고개를 쳐들었다.

그 뒤에 나를 엄습한 것은 조작할지 모른다는 불안이었다. 아내와 아이의 얼굴이 또다시 뇌리를 스쳐 지나갔다. 저 사람들의 페이스에 말리면 엄청난 일이 벌어질지도 모른다. 절대로 간첩이 될 수가 없는 내가 헛되이 감금 생활을 계속할지도 모를 일이다. 상기된 머리로 수사관들에게 내가 간첩 용의자로 낙인찍힐만한 과거가 있는지 다시 한 번 되돌아봤다.

재일 한국인 한 사람의 과거

고등학교에 다니던 시절 모교에서 결성한 '조선문화연구회'가 문제가 된 것일까? 그렇지 않을 것이다. 모국어를 배우고 역사를 연구하는 목적이 전부인 문화 서클에 한국 첩보 기관의 눈으로 보기에 그렇게 시끄럽게 떠들 만한 반역성이 있다고 생각하지 않았다.

'조선장학회'는 일제 강점기 때부터 있는 육영 재단이다. 1945년 뒤로 자산의 귀속을 둘러싸고 한국계와 북한계 사람들 사이에 소송까지 한 일이 있는데, 그 장학회에서 고등부 서클 간사장을 한 게 문제가 된 것일까?

혹시 문제의 초점이 일본에서 보낸 대학 시절에 맞춰진 걸까? '재일한국학생동맹(한학동)'이 박정희 쿠데타 치하의 유신체제를 거부하는 활동을 했다는 점은 부인할 수 없는 사실이다. 그러나 한학동의 이런 활동은 반정부 활동이지 간첩 혐의가 있는 활동은 아니었다.

내 경력이 어떤 의문을 품게 한 근거가 됐다면 수사관들의 오해를 풀어야만 했다. 가만 그것도 남자가 말한 것처럼 나에 관해서 전부 알고 있는 경우에만 해당하는 이야기지만…….

수사관들이 가장 문제라고 여기는 것은 비합법 활동일 것이다. 고등학생일 때 활동한 서클, 조선문화연구회, 조선장학회, 청구(靑丘)는 정치적인 목표를 건 활동을 전혀 하지 않았다. 주로 재일 한국인 2세와 3세를 대상으로 민족의식을 계몽하는 운동을 했으며 그 방법은 문화 활동을 통해서였다. 그 활동은 해외 동포에 무관심하고 무책임한 정부의 태도를 생각한다면 오히려 정부가 부끄러워할 정도로 큰 업적을 쌓은 것이기 때문에 책망을 들을 처지가 아니었다. 그리고 학생동맹도…….

"혼란 속에 간첩 오고 안정 속에 번영 온다."

서울 길거리라면 어디에서나 볼 수 있는 반공 표어가 국민에게 '적(북한)'을 향한 경계심을 호소하는 것이라기보다 군사 독재에 순종하기를 강요하는 것이라는 것은 양식 있는 사람의 상식이다.

반정부 활동은 곧 용공 또는 이적 행위가 되기 때문에 수사관들이 한학동 활동에 관심을 기울였는지도 모른다. 박정희는 1972년 10월 17일 영구 집권을 목적으로 헌법을 개정하고 일본의 육군사관학교 출신답게 메이지 유신에서 그 이름을 빌려 유신체제를 확립했다. 남북 위정자들은 군사 독재를 영구화해 1972년 '7·4 남북공동성명'에서 확인한 민족 통일의 숙원을 또다시 우롱했다. 1973년 대학교 입학과 동시에 한학동에 가입했다. 군사 독재를 반대하는 민주화 투쟁의 물결이 본국뿐만 아니라 일본을 포함한 해외 한국인 사이에도 소용돌이친 것은 당연했다.

반정부 활동은 이적 행위가 아니라는 소박한 내 신념과 정반대로 그때 본국에서 파견한 '정보 영사' 쪽에서는 한학동을 비롯한 반정부 집단이 북한 김일성의 지령 아래에서 '민단원(재일한국거류민단원)'을 가장해 '민단(재일한국거류민단)' 와해를 획책하고 있다는 유언비어를 퍼뜨렸다.

중앙정보부 내부 공작단은 한국 외무부의 협력을 받아 영사부터 각급 직원까지 모두 위장시켜 오늘날까지 일본 전국에서 활동하게 했다. 정보 영사는 실제로 중앙정보부 소속이다. 영사직으로 위장한 공작단의 현지 지도 책임자는 민단 개편과 어용화 다시 말해 '유신 민단'이라는 재일 한국인 친정부 조직에 광분한 반정부 성향의 재일 한국인을 '베트콩파' 따위의 기발한 이름으로 불렀다. 학생동맹은 '수박'이라고 불렀는데, 바깥쪽은 초록색이지만 쪼개면 새빨갛다는 것이다.

이런 시기에 나는 재일 한국인 학생 운동을 했다. 내가 판단하기에 한학동이 본국의 법치 체계 아래에서 위법일 리 없었다. '한국적 민주주의'든 뭐든 민주주의라고 한다면 정권을 비판하고 퇴진을 요구하는 것을 민주적 권리로 당연히 보장해야한다.

더군다나 헌법 개정을 주장했다는 것만으로 사형을 선고한 박정희 시대의 광적인 '긴급 조치'는 박정희의 죽음과 함께 영원히 파묻혀버린 지 오래다. 제5공화국의 '집회 및 시위에 관한 규제법'이라 불리는 치안법도 현실적인 행위가 없는 한 처벌할 수 있는 법적 근거는 없다.

수사관들이 노리는 최대 전리품은 간첩이다. 나를 연행해서 앞으로 어떤 일을 시작할 것인지 알 수 없었다. 나와 북쪽의 관계를 가장 먼저 추궁하겠지만 북쪽과 관계 같은 것이 전혀 없는 나로서는 그 죄가 무엇인지 전혀 짐작도 가지 않았다.

한학동에 있었다는 것만으로 간첩이 돼버리는 걸까? 아니면 일본에 있었을 때 조총련계 사람 몇몇과 면식이 있었다고 해서 간첩이 돼버리는 걸까? 만일 그렇다면 그것은 재일 한국인에게 아주 불합리한 논리다.

재일 한국인의 역사는 조국이 분단되기 이전 일제 강점기 때부터 형성돼왔다. 그 역사를 살아가는 재일 한국인에게 민단과 조총련의 반목은 피상적이고 알맹이가 없는, 나와 관계없는 세계에서 일어나는 사건일 뿐이었다. 재일 한국인 사회에 조국의 분단은 어쩔 수 없이 받아들여야만 하는 강요된 역사였다. 두 개의 조국은 재일 한국인에게 '반공이냐, 공산주의냐'라는 선택을 계속 강요했다.

남한과 북한이 재일 한국인을 제멋대로 이데올로기로 색칠해왔을 뿐이며, 당사자인 재일 한국인은 처음부터 끝까지 두 정권이 가지고 노는 장기짝이었던 것이다. 그 결과 재일 한국인은 자신의 역사를 상실해버렸다. 좌익이든 우익이든, 일본 공산당에 가담해 좌절한 김천해(金天海)든, 일왕 히로히토에게 폭탄을 던진 박열(朴烈)이든 1945년 광복 후 자유 국민으로서 꿈꾼 '조선민주공화국'은 잊혔다.

그 증거로 일본 사회가 재일 한국인을 차별하는 것보다 더 심하게 남한과 북한이 재일 한국인을 압박해 주체성을 포기하도록 늪에 계속 몰아넣지 않았던가? 조국을 꺼리고 일본인인 체하고 사는 비굴한 삶을 강요하지 않았던가?

내 할머니는 열다섯 살 때 부산에서 시모노세키로 가는 연락선을 탔다. 몇 년 전 세상을 떠나기까지 반세기 세월을 일본에서 살아온 분이다.

할머니께서 일본에서 생활하신 세월 중 조국이 분단된 세월이 절반을 차지한다. 식민지 시대에는 동향 사람과 먹을 것을 서로 나눠 먹으면서 살아왔고, 광복 뒤에는 할아버지와 함께 '한신교육 사건'이라고 알려진 민족교육 수호투쟁을 하다가 일본 경찰에게 잡혀 유치장에 수감됐다. 그렇다고 할머니가 여걸이나 투사였던 것은 아니다. 재일 한국인 몇 천 명이 유치장에 수감됐던 것을 생각하면 할머니는 오히려 평범한 주부였다. 이런 사실이 거짓 없는 우리 역사고, 재일 한국인의 원점이다.

그때도 재일 한국인끼리 좌익과 우익으로 나뉘어 미묘하게 주도권 투쟁을 하기는 했으나 우리 할머니 같은 사람에게는 인연이 먼 이야기였다. 그때는 민단도 조총련도 없었다. 민단과 조총련이 나뉘기 전으로 재일 한국인 역사의 원점이라는 향수까지 느낄 수 있는 '조직(재일본 조선인 연맹)'이 있던 시대였다.

1955년 북한의 부수상 겸 외상인 남일(南日)이 성명을 발표했는데, 이때 재일 한국인 좌파 중에서 민족파라고 불리던 한덕수(韓德銖)가 여기에 호응해 조총련을 만들었다. 우파는 일왕 암살을 기도한 박열을 단장으로 추대해 민단을 조직했다. 조국 분단이 재일 한국인을 나눠묶어 버린 것이다.

그러나 대서특필해야 할 것은 할머니 같은 보통사람에게 이런 일이 그다지 심각한 사태가 아니었다는 것이다. 내가 어렸을 때 봄이 되면 할머니는 조총련이나 민단의 야유회에 나를 데리고 가셨다. 놀기 전에 으레 있던 의미를 알 수 없는 정치 연설을 빼놓고는 널뛰기, 그네 타기, 창 부르기 등 두 곳 모두 완벽히 똑같은 놀이를 했으며 거기다 같은 사람이 무대 위에 올라오는 일도 있었다. 할머니에게 중요한 것은 한 사람이라도 더 많은 친구와 만나 옛정을 나누는 일이었다.

동화 경향이라는 게 발전한 현재는 사정이 약간 다를 수 있다. 그러나 내가 생각하기에 재일 한국인이 조총련에 속한 사람을 한 사람도 모른 다는 것은 있을 수 없는 일이었다.

고등학생일 때 서클 활동으로 참여한 문화제전에서 조국의 문화와 역사를 소개한다는 취지로 교실 하나를 빌려 전시회를 연 적 있다. 그때 '조청(조총련 산하 청년 조직)' 오사카 지부의 간부들이 찾아와 인사를 나눈 적 있고, 정치적 중립을 표명하는 조선장학회(중립이기 때문에 민단계, 조총련계 사람이 함께 직원으로 있을 수 있었다) 안에서 민단, 조총련 상관없이 원만한 인간관계를 맺었다.

대학교에 들어가자 서슴없이 한학동에 가입했지만 신입생 조직화를 위해 나와 접촉하기를 바란 '유학동(조총련 산하의 학생 조직)'의 간부도 기탄없이 만나 유학동에 입회하라는 권유를 거절한 일도 있다.

수사관들에게는 이런 경험이 조총련과 관계가 있는 것으로 보이는 것일까? 나는 조국이 분단된 사람으로서 북쪽 정치 체제와 사회에 당연히 관심을 기울여야 한다고 생각했다. 그러나 그 관심은 나중에 환멸감이 돼버렸다. 조총련 사람이 '위대한 수령 김일성'을 운운할 때마다 어처구니없다는 느낌을 받았다.

연행돼 초조했고 동시에 수사관의 의도를 읽을 수 없어 안타까웠다.

'나는 북쪽에 동조하지 않는다. 그러나 조국의 일부인 북쪽을 알려고 노력했다.'

나에 관한 의혹에 이렇게 말하는 것이 가장 정직한 답변이 될 것이라고 마음속으로 중얼거렸다.

제1차 조사 개시

우영기가 방을 나간 뒤에도 시간은 느릿느릿 흘러갔다. 나를 이렇게 초조하게 만드는 것이 수사관의 전술인가? 아니면 어중간한 시간에 데려와서 나름의 태세를 갖추지 않은 것인가? 그러는 사이에 제복을 입은 또 다른 청년이 황색 쟁반에 식사를 담아 들고 와서 내 앞에 놓았다. 감시하는 청년이 "먹어!"라고 소리쳤으나 식사를 준다는 것 자체가 일이 길어질 조짐이라서 도저히 먹을 마음이 생기지 않았다. 보리가 꽤 많이 섞인 밥, 콩나물국, 전분이 많이 들어간 어묵 그리고 김치가 식사 전부였다.

전혀 손을 대려고 하지 않는 나를 보고 청년이 "조금이라도 먹어 두는 게 좋을걸"하고 낮은 목소리로 충고했다. 그 목소리가 어딘지 인간적이라고 느껴 국을 한 모금 마셔봤다. 그러나 차디찬 콩나물국은 목구멍으로 넘어갈 것 같지 않았다. 숟가락을 내려놓았다. 청년은 더는 아무 말도 하지 않았다.

몇 십 분 지났을 때였다. 이덕룡을 거느리다시피 하고 몸집이 작은 사십 대 후반의 사람이 들어왔다. 그 왜소한 사람이 앉자 이덕룡은 다른 의자를 끌어다가 그 사람 옆에 조수처럼 앉았다. 키는 160센티미터 정도로 나이에 비해서 동안이었다. 고병천 육군 준위였다. 물론 그 이름은 훨씬 나중에야 알았다. 이때는 내게 신분증을 보인 이덕룡 로이름밖에는 몰랐다. 기관원이니까 그 이름도 아마 가짜일 것으로 생각했다.

"김병진. 여기가 어딘지 아는가?"

고병천은 담담하게 이야기하기 시작했다. 그 질문에 어떻게 대답해야 좋을지 판단을 내릴 수 없었다.

"모릅니다."

악명 높은 서빙고 보안사령부 기관이라는 것을 알지만 시치미를 뗐다.

"정보기관이라는 말을 들어 본 적이 있나?"

"있습니다."

"그러면 정보기관이 무엇을 하는 곳인지 알고 있나?"

말꼬리를 잡으려는 것 같아서 대답하지 않았다. 그러자 고병천은 마치 무슨 강의라도 하듯이 장황스럽게 떠들어댔다.

"알겠나? 이곳은 경찰서와 다른 곳이다. 경찰서는 도둑놈이나 살인범을 잡는 곳이지만 여기는 정치범을 잡는 곳이다. 다시 말해 사상범을 상대하는 곳이라는 말이다. 우리가 북한과 대치하고 있는 것은 자네도 잘 알 것이다. 말하자면 이곳은 북한을 위해 일하는 놈들을 잡는 곳이라는 말이야. 미리 말해 두지만 우리는 수단을 가리지 않는다. 사상적으로 무장된 사람은 순순히 자백하지 않는다는 것을 경험을 통해 잘 알고 있기 때문이다. 몸에 직접 물어보는 사태도 일어나기 마련이다. 우리는 자네가 밉기 때문에 데려온 것은 아니다. 자네는 사람을 죽이거나 물건을 훔치거나 하지는 않았다. 우선 자네의 성의에 기대해보겠어."

"이 선생님은 이 길에서 15년을 보내온 베테랑이시다. 숨기려고 해도 통하지 않는다는 것을 명심해둬."

이덕룡이 서기 노릇을 하는 듯 필기 준비를 하면서 조금 전까지 쓰던 정중한 말투는 거짓이라는 듯 거만하게 맞장구쳤다. 똑같은 말이 장황하게 반복됐다. 이덕룡은 더 자주 맞장구를 쳤고 어조도 차츰 격화됐다.

"이봐, 김병진. 나한테도 자네만한 동생이 있어. 나를 형님이라 생각해보라고. 앞길이 창창한 사람을 가족을 버리게 하고 감옥으로 보내고 싶지 않단 말이야."

협박하는 말과 동정하는 말을 번갈아 퍼부었다. 사형이니 무기징역이니, 내가 살던 세계와 전혀 다른 세계의 언어가 연거푸 튀어나왔다.

"김병진. 사상을 위해 목숨을 버려도 좋은가?"

이덕룡의 능숙한 연기는 오히려 뻔뻔스럽게 느껴졌다. 그러나 어지간히 해서는 쉽사리 물러나지 않을 것이라는 그 사람들의 결의를 느낄 수 있었다. 고병천과 이덕룡은 콤비를 이루는 코미디언처럼 호흡을 맞춰 가면서 사태를 심각하게 이끌어가려고 기를 썼다. 그러나 그 사람들이 주고받는 말의 내용보다 어처구니없는 이 사람들을 상대해야만 하는 것이 더 심각한 일처럼 느껴졌다. 여전히 아내와 아들의 얼굴이 뇌리를 스쳐지나갔다. 수사관들은 무턱대고 일방적으로 떠들어댔다.

그러는 동안 또 한 사람(김용성 소령)이 슬며시 방안으로 들어왔다. 고병천과 이덕룡이 가볍게 묵례를 하고 얼마 동안 자세를 바로잡는 것을 보고 이 사람이 더 지위가 높은 것을 알 수 있었다. 사십 대 안팎으로 보이는 이 사람은 얼핏 보기에 체구가 중국인 같았다. 얼굴은 희고 광택이 나며 머리칼은 짧고 곱슬머리인데 앞쪽이 약간 벗겨져 있었다. 이상하게 눈이 번뜩번뜩 빛나는 것이 기분 나빴다. 그 사람은 한참동안 나를 향해 떠드는 두 사람의 뒤에 서서 어떤 서류를 읽고 있었다. 상관이 있기 때문인지 두 사람은 한층 더 장광설에 힘을 넣었다. 이덕룡의 말투가 절정에 달하기를 기다렸다가 그 사람이 처음으로 입을 열었다.

"고 선생, 이 녀석의 태도는 어때? 이야기해서 모를 것 같으면 얼른 VIP실로 끌고 가지그래."

'VIP실'이 고문실이라는 것쯤은 짐작할 수 있었다. 상당히 음험한 협박을 하는 사람이라고 생각했다.

"이봐, 김병진. 자네는 일본에서 대학교에 다닐 때 한국 노래를 많이 알고 있어서 유명했던 모양이더군. 솔직히 털어놓지 않고 우리에게 밉게 보이면 사형이야. 법정에 데리고 나가는 따위의 양반 대우는 하지 않는다. 뒤뜰로 끌고 가서 즉결 처분을 해버릴 거야!"

그런 협박을 담담하게 한 뒤 그 남자는 방을 나갔다. 수사관들은 집요하게 "너에 관해서 전부 알고 있다"라고 강조했다. 그리고 그 내용을 "네 입으로 말하는 것으로 성의를 확인하겠다"라고도 말했다. 수사관들을 믿지 않았기 때문에 그 말과 태도가 단순한 연기가 아닐까 하는 생각과 적어도 국가의 첩보기관원이 내 신상 조사 정도를 못할 리 없다는 생각의 틈바구니에서 방황했다. 또 수사관들이 내게 요구하는 것의 핵심이 무엇인지 파악할 수 없다는 안타까움도 겹쳐서 심리적으로 압박을 느꼈다.

내 즉결 처분을 암시한 사람은 적어도 내가 한학동에 가입한 것은 알고 있다. 그렇게 생각하자. 대담하게 그 사실을 인정한 다음, 이 질식할 것 같은 상황을 타개할 방법을 생각했다. 침묵은 아무런 해결책도 되지 못했다. "반정부는 위법이 아니다"라는 것에 한번 운명을 맡겨보자.

김용성과 고병천의 장광설이 일단락될 때를 기다렸다가 입을 열었다.

"질문하신 것에 관해 대답하겠습니다. 다만 이곳에 와서 벌써 몇 시간이 지났기 때문에 아내가 걱정입니다. 집에 연락하게 해주십시오."

"연락은 우리가 할 테니까 집 걱정은 하지 말고 자네는 지금 자네 자신 일만 생각해."

차가운 반응이었다. 이렇게 해서 내 '제1차 조사'가 시작됐다.

나는 사흘 낮 사흘 밤 동안 자는 것이 금지됐다. 첫째 날에는 한밤중에 김용성이 다시 나타나 내 성장 과정을 확인했다.

"이봐, 김병진. 자넨 직장에서 출장 가는 일은 없나?"

"일본어 강사에게 출장 같은 것은 없습니다."

"그럼, 외박하는 일도 없나?"

"혼자 몸이면 몰라도 결혼하고 나서는 외박한 일은 없습니다."

"그래, 꽤 성실한 녀석이군."

김용성은 그런 말을 묻고는 불쑥 방을 나간 뒤 한참 있다가 다시 방으로 돌아왔다.

"김병진. 집에 연락해뒀다. 직장 동료와 술을 너무 많이 마셔 전라도 광주에 있는 연수원 별장에서 뻗어있는 것으로 해뒀다. 이젠 안심하라고."

특별히 안심할 수 있는 변명도 아니었다. 그렇다고 해서 서빙고에서 조사를 받고 있다고 알리는 것도 그 충격을 생각하면 큰일이었다.

잠들지 못한 시간

조사는 지독히 체력을 소진하는 것이었다. 나를 특징짓는 인적 사항 항목을 상세히 신문했다. 본적, 주소, 주거지, 성명, 생년월일, 가족 관계, 친인척 관계, 성장 과정, 학력, 재산, 단체 가입과 활동 여부에서 시작해 조선문학연구회와 한학동에 가입한 경위와 활동 내용 그리고 모국으로 유학 온 동기와 교우 관계 등을 신문한 뒤 그 내용을 쓰라고 했다.

신문당한 내용을 8절지를 모두 채워 건네주자 그 내용을 검토한 이덕룡은 "문장 작성에 성의가 없다. 빈약해. 반정부 슬로건의 내용을 더 구체적으로 쓰라"는 등 타박하면서 때로는 힘들게 작성한 글을 바로 내 앞에서 짝짝 찢어 버렸다. 수사관들은 자신들이 원하는 어구를 삽입하도록 협박하면서 작업을 진행했다.

그 작업 때문에 내겐 한 순간도 자는 것이 허용되지 않았다. 날라주는 식사에도 전혀 손댈 수 없었다. 그런데 수사관들은 3명 정도가 교대로 나타나서 일을 인수인계했다. 감시하는 청년이 3시간마다 권총과 벨트를 이어받으며 교대했다. 피의자를 재우지 않는 것은 수사관들에게는 전통이라 할 수 있을 만큼 상투적인 고문이었다.

수사관들한테 괴롭힘을 당하고 있을 때 우리 집에서는 큰일이 일어나고 있었다. 나중에 아내에게서 들은 말에 따르면 내가 연행된 날, 정확히는 그 다음 날 새벽 1시경에 아내는 김용성에게서 기묘한 전화를 받았다.

당연한 일이지만 정체를 알 수 없는 김용성의 전화(김용성은 김병철이라는 가명을 썼다)는 그 내용 때문에 육감이 빠른 아내를 속이지 못했다. 아내는 내가 유괴당한 것으로 판단해 경찰에 제출할 수색원을 친척 몇 분과 상의했다. 물론 아내는 한잠도 잘 수 없었다. 그런데 마음이 어수선한 아내와 생후 2개월 반밖에 안 된 자식만 있는 집에 수사 2계는 가택수색을 강행했다. 아내는 실신하고 말았다. 겨우 제정신을 되찾은 아내를 기다린 것은 김용성이 차출한 여자 수사관 2명의 감시 아래 가택에 연금된 조처였다. 외출을 금지하고 외부와 연락을 차단했다. 우리 집은 육지에서 외로운 섬이 됐고 아이가 빨던 아내의 젖은 끊어져 버렸다.

그런 것을 나는 까맣게 몰랐다. 내가 당한 신문은 그야말로 진절머리 나는 것이었다. 한 해에 몇 번 만나는지도 모르는 친척의 나이를 묻는가 하면, 글쎄 몇 살인가 하고 머리를 갸우뚱거리면 욕설을 퍼붓고, 국민학교에 입학한 연도를 물어서 손꼽아 세어보면 이덕룡이 주먹으로 책상을 치면서 "자기 일인데 그런 것도 몰라?" 하고 조소 섞인 말로 위협했다.

수사관과 내 처지가 뒤바뀐다면 그 사람들도 나와 비슷하게 당혹스러웠을 것이다. 세상 사람 중 어른이 다 된 뒤에 국민학교 입학 연도를 물었을 때 언제나 거침없이 대한답할 수 있는 준비를 사람이 과연 몇이나 될까? 수사관들의 질문은 나를 위압하려는 것이었다.

성장 과정을 운운하는 대목은 이 사람들이 무엇을 알려고 하는지 전혀 이해할 수 없는 부분이었다. 범죄 수사라는 것은 동기, 행위, 결과를 해명하면 끝나는 게 상식이다. 물론 그 전에 범죄가 있어야겠지만. 내가 국민학교나 중학교에서 어떤 학생이었는지, 가정생활은 어땠는지 묻는 것은 프라이버시를 완전히 침해하는 질문이었다. 왜 그런 것까지 대답해야 하는지 물어봤더니 "네 일은 과거에서 현재까지 전부 확인하지 않으면 안 되니까"라고 답했다.

한심하다

그런 말을 주고받고 있을 때, 나를 연행한 차를 운전했던 김국련(金國蓮) 서기관보가 옆에서 기묘한 말을 했다.

"너는 언제 일본에 건너갔지?"

묻는 말의 의미를 알 수 없어서 나는 이상하다는 표정을 지었다.

"서류상 교포 2세지만, 서류는 서류고 실제로 어렸을 적에 일본에 건너 갔잖아? 이곳에 온 교포 학생 중에서 너만큼 한국어를 내국인 못지않게 지껄이는 놈은 없단 말이야. 꾸짖지 않을 테니까 진짜 이야기를 해 봐."

어안이 벙벙했다. 우리 집은 할아버지 대부터 일본에 건너갔고 아버지도 본적지인 시골에서 첫돌 잔치를 마치고 할머니 등에 업혀 연락선을 탔다. 우리 가족이 일본에서 산지는 50년 이상이나 된다는 것을 필사적으로 설명하지 않으면 안 됐다. 수사관들은 이런 것도 물었다.

"네 일본 이름은 뭐지?"

수사관들은 젊은 재일 한국인 중 민족의식에 갈등하며 한국 이름만 쓰는 사람이 있다는 것을 전혀 이해할 수 없었던 것이다. 일본 이름은 없다고 반박하면서 내가 재일 한국인 한 사람으로서 살아온 노력을 이해시키려고 시간과 체력을 다시 소진했다.

그러나 여기까지 조사는 나라는 인간을 해부하기 위한 윤곽선을 그리는 것에 불과했다. 고등학교에 다닐 때 한 조선문화연구회 활동, 조선장학회 활동, 청구 활동을 조사하느라 수사관들은 상당한 시간을 소비했지만 결국 내게 꺾이고 말았다. 고등학생 조선문화연구회는 조총련 하부

조직도 아니고, 어떤 외부의 영향 아래 생겨난 단체도 아니었다. 또한 조선장학회에 조총련계 직원이 있는 것은 사실이지만 그렇다고 조선장학회가 조총련 조직이라고 할 수 없다는 항변에 수사관들은 타협했다. 이 타협은 뒤에 기다리던 한학동이라는 벽을 넘기 위한 타협이었다. 수사관들의 처지에서는 타협할 이유가 있었던 것이다.

이덕룡은 한학동에 가입한 동기와 경위를 쓰라고 했다. 이제까지 조서를 작성하면서 모든 것이 수사관들이 말하는 어떤 원칙에 합당하지 않으면 수고는 파기되고 욕설이 쏟아진다는 것을 익히 알고 있었으므로 골똘히 생각에 잠겨버렸다.

한학동에 가입할 것을 최초로 권한 것은 오사카 민단의 문교부장이었다. 고등학교 2학년이던 1971년 8월경 민단과 본국 문교부가 주최하는 '재일 한국인 모국방문 하계학교'에 참가한 몇 백 명의 동포 학생은 이름도 모르는 민단 문교부장에게서 한학동에 가입하라는 권유를 받았다. 우리는 민단 문교부장에게서 "이미 너희는 가입돼 있다"라는 통보를 받았다. 한학동은 그때 민단 산하 단체인데 민단에 소속된 학생은 모두 동맹원이라고도 했다. 만약을 위해서 그 사실을 이덕룡에게 말해봤지만 이덕룡은 얼굴을 붉으락푸르락할 뿐이었다. 그 뒤에는 분통이 터져 못 견디겠다는 듯 노발대발하기 시작했다. 체포된 지 이삼일째 돼서부터 잠을 자지 않는 동안 잠시나마 수사관들의 사고방식을 조금씩 관찰할 수 있어 이덕룡을 어떻게 상대해야할지 방법을 찾을 수 있었다.

수사관들에게 한학동은 북한의 흑색선전에 놀아나고, 그 행위가 이적 행위라는 것을 충분히 알면서도 반한 활동을 하는 불순단체여야 했다. 한학동의 활동은 내게는 어디까지나 반정부 활동이었지만 수사관들은 반한이라는 말을 사용해 반국가적 또는 반민족적이라는 뉘앙스를 풍기는 말장난을 했다. 나중에 알게 된 것은 이 반한이라는 말을 선택한 것 자체도 법정을 염두에 둔 작전이라는 것이다.

이덕룡이 좋아하는 육하원칙에 따르면 우선 나는 반한 사상을 품어야만 했다. 그 토양 위에서 불순분자의 권유를 받아 한학동에 가입했다는 이야기가 성립하지 않으면 내 질문은 수사관들의 검열을 통과하지 않았다.

고등학생일 때부터 여러 교우 관계를 통해서 한학동의 선배를 많이 알고 있었다. 그때 한학동은 민단의 민주화를 부르짖고, 일이 있을 때마다 중앙정보부에서 파견한 정보 영사에게 대항해 그쪽에서는 색안경을 끼고 봤던 게 사실이었다. 그래도 어엿한 민단 산하 단체였다. 내가 많은 선배와 맺은 관계도 있고, 또 민단 가정의 자제로서 대학을 진학하면 한학동에 가입하는 것은 당연한 일이라 생각하고 있었다. 그러나 이런 진실은 마지막까지 거부당했다.

이런 이덕룡의 태도는 내가 보기엔 재일 한국인의 역사를 왜곡하는 것이었다. 그렇지만 이 사람들은 사실과 역사 등을 자기 멋대로 바꿔치기하는 것쯤은 아무렇지 않아 했다.

이 대목은 수사관의 자료에도 실려 있듯이 내 고등학교 선배기도 한 H 형에게 가입 권유를 받았다는 것으로 일단락 지었다. "대학에 들어가면 한학동에 나오라"라는 말을 들은 적이 있다는 이유 하나만으로 그렇게 쓰도록 한 것이다. 그것으로 이덕룡은 겨우 만족했다. H 형이 한학동 간부였던 사실은 곧 형이 불순분자라는 것을 말했으며, 고등학교 선배의 권유는 아주 자연스러운 흐름으로 합리성이 있기 때문이었다. H 형에게서 들은 말을 적게 한 이덕룡은 자기 생각에 도취해 멋대로 좋아했다.

한학동에 관한 질문 내용도 상세하기 이를 데 없었다. 그러나 인간의 기억력은 당연히 한계가 있었다. 수사관들은 내 기억을 되살리기 위한 자료로써 중앙정보부 이름이 찍힌 소책자 몇 권을 가져왔다. ≪재일 반한 단체 활동일지≫라든가 ≪중요 정치일지≫ 그리고 체계가 잡히진 않았지만 그래도 상당량에 이르는 한학동과 재일한국청년동맹 등의 간부 리스트였다.

한학동의 역사, 이념, 일상 활동, 구성 등에 관해 잊은 것이 있으면 다시 생각해내라고 수사관들은 다그쳤다. 가장 곤란한 것은 명부에서 이름을 하나하나 표시하는 것이었다. 명부에 나와 있는 사람에게 나쁜 영향을 미치는 게 아닐까 의심과 의구심이 먼저 머리에 떠올랐다. 그렇다고 적힌 사람들 모두 모른다고 하면 너무나 빤한 거짓말이 돼 수사관들이 이해하지 않을 것이었다.

내가 소속한 한학동 효고 현 본부가 아니면 다른 지방이라는 핑계로 "이름은 들은 것 같은데 어느 대학이고 어떤 사람이었는지는 잘 모르겠다"라고 얼버무릴 수 있었다. 하지만 효고 현 구성원의 명부를 내밀면 그런 방법이 통하지 않았다. 효고 사람 중 명부에 적힌 사람은 나와 아는 사람이라고 확인해준 셈이 됐다.

한심하다고 말하는 것이 이덕룡의 입버릇인지 한학동 시절의 본국 민주화 투쟁 지원 연대라든가 반파쇼 반박(反朴) 민주화 투쟁과 관련된 집회나 데모를 적으라고 하면서 한심하다는 말만 연발했다. 왜 한심하다는 건지 그 이유는 한 마디도 말해 주지 않았다. 북의 선전에 놀아난 정도로만 생각하는 거겠지

때때로 김용성이 작업의 진전 상태를 알아보러 와서 "오이, 오이(이봐, 이봐)"를 연발했다. 그리고 이곳저곳을 더 구체적으로 쓰라며 틈을 주지 않고 으르고 나가버렸다. 카랑카랑한 목소리에 전라도 사투리가 비위에

거슬리는 사람이었다. "오이, 오이"라는 말은 한국어가 아니고 일본어였다. 일제강점기를 겪은 적 없는 게 틀림없는 사십 대 사람이 일제 강점기의 잔재를 걸머지고 살고 있다니. 아마도 군인이라 그럴 것이다.

우리가 간첩이라면

조사는 점점 핵심으로 접어들었다. 그 핵심은 '공산주의와 김일성'이었다.

중학교를 졸업할 무렵 은사께 졸업 축하 선물로 ≪공상에서 과학으로≫라는 문고판 책을 받은 일이 있다. 또한 고등학교 윤리 사회 시험에서 ≪공산당 선언≫의 저자를 카를 마르크스로 쓰면 정답이 아니었다. 정답은 칼 마르크스와 프리드리히 엥겔스 공저로 써야만 했다. 수사관들은 일본의 이런 풍토를 결코 이해하지 못했다. 수사관들이 보기에 일본 교육은 범죄였다.

분단이라는 상황은 조국을 지적으로 고갈시키고 말았다. 공산주의자든 아니든 유럽 산업 혁명 이면에 있던 비인간적 현실을 새로운 방향에서 고발한 책을 읽고 인간 소외의 실태와 진정한 사회의 의미를 알려는 것은 지적 욕구의 소산일 뿐이지 공산주의에 동조하는 것은 아니다. 하물며 조국이 분단된 우리는 남과 북의 주장을 알 권리가 있다. 특히 사상적으로 자유로운 나라인 일본에서 태어난 재일 한국인 2~3세는 종횡무진으로 뻗어 나가는 지식욕을 통해서 조국을 보려고 한다. 공산주의 서적이나 북의 서적 그리고 질문받은 일은 전혀 없었지만 박정희 전기나 반공 교양서적을 읽는 이유도 분단된 조국을 모두 알려고 했기 때문이다. 이것이 불행한 시대를 사는 우리의 책임과 의무라고 생각했다.

1975년이었다. 집안 사정과 고등학교에 다닐 때부터 계속 품어 온 모국 유학의 꿈을 어떻게 해서든 이루고 싶다는 생각에서 한학동에서 멀리 물러섰다. 고베에서 친척에게 신세를 지던 그때 나를 걱정해줬던 선배 중 서성수(徐聖壽) 형이 있었다. 서 형은 다만 후배를 뒷바라지해주는 좋은 선배일 뿐 아니라 지식욕이 왕성한 학생의 좋은 토론상대며, 민족과 조국의 현실을 자기 생활과 연결 지어 생각하는 혈기 왕성한 사람이기도 했다. 내가 연행됐을 때는 서 형과 햇수로 4년씩이나 만나지 못했다.

한학동에 모이는 학생이 사회과학 쪽 지식욕 때문에 여러 서적을 언급하는 것은 당연한 일이다. 본국 반공체제는 그런 당연한 행위를 하는 우리를 심리적으로 압박하기도 했다. 서 형은 이런 저주스러운 속박에 아랑곳하지 않고 북한 사회에 관한 지식욕을 충족하고자 했다. 주저할 것 없이 북한 사회를 자기의 눈으로 확인하는 용기가 필요하다고 설파했다. 서 형의 그런 태도에 깊이 존경하는 마음마저 품었지만, 그렇다고 서 형이 북을 표현하는 말투가 '김일성주의자' 같았던 것은 결코 아니다.

나는 당연한 의무로서 김일성의 저작을 읽었고 조총련이 내는 간행물에 눈길을 보냈다. 이런 노력은 결국 나를 '반김일성주의자'로 만들었는데, 수사관들은 그런 것은 아무래도 좋은 모양이었다.

서 형은 한학동 효고 현 본부위원장이라는 경력이 있고, 민단 민주화 투쟁 중에 민단에서 정권 처분을 받은 바 있는 '전과'가 있었다. 수사관들이 가장 조작하기 쉬운 유학생 김병진과 접촉이 많았을 뿐 아니라, 위험 수위를 넘어선 언동을 했고, 또한 가족관계 때문에 한국을 빈번히 방문했다.

나흘째 되는 날, 나는 몸의 균형을 잃고 쓰러지고 말았다. 수사2계는 한학동을 훨씬 이전부터 감시해오고 있었다. 수사관들이 말하는 이른바 '서성수 일당 사건'보다 앞서 한학동 교토와 인연이 있는 모국 유학생 이종수 씨가 검거돼 있었다. 다행인지 불행인지 나와 안면은 없었지만 나이는 이 씨가 내 몇 년 후배였다. 한학동 출신자라고 해서 보안사가 검찰에 보낸 이 씨에 관한 의견서를 나중에 어떤 기회로 볼 수 있었다. 범죄 사실이라는 것을 시간 경과에 따라 조목조목 써놓았는데 "이 씨는 한학동 등 반한 단체에 소속돼 활동함으로써 반한 의식을 강하게 품게 됐다. 그 뒤 북한 재일 공작원에 포섭돼 모국 유학생으로 위장해서 침투했다"라는 것이 큰 줄거리였다. 의견서를 자세히 보면 이 씨를 포섭한 재일 공작원은 이 씨의 가까운 친척으로 조총련계였다. 가령 이것이 사실이라고 해도 (물론 이것이 사실인지 알 수 없지만) 단지 이것만으로 이 씨를 공작원이라 말할 수는 없다.

재일 한국인이 보기에 이것은 억지였다. 재일 한국인의 친인척 중 '나는 조총련, 너는 민단' 이런 관계는 매우 흔한 이야기로, 이런 논리라면 재일 한국인 칠십만 명이 모두 간첩이 되고 만다. 물론, 보안사는 재일 한국인 모두를 검거할 작정은 아닐 것이다. 아니, 실제로 그러고 싶은 심정은 태산 같지만 현실적으로 불가능한 것이다. 이 씨의 경우, 일본에서 반정부 활동을 했다는 이유 하나로 조작된 사건이었다.

이 씨를 담당했다는 고병천 준위가 내게 여러 번 강조했다. "이 나라의 재판은 형식적이야. 우리가 간첩이라고 하면 간첩이지"라고. 이 나라에서 사법부가 단순히 권력의 시녀에 불과하다는 다 아는 사실을 이 말을 통해 명확하게 확인했다. 고병천이 한 말은 조국의 민주주의를 부정하는 말이지만 나를 협박하는 데 꼭 필요한 말이었다. 수사관들은 간첩 사건을 정치적 요구에 따라 조작한다는 뉘앙스의 말을 자주 내뱉었다.

수사관들이 자신들의 성과라고 자화자찬하는 것 중 '김정사(金整司) 사건'이라는 것이 있다. 이것 역시 2계가 취급한 '사건'이었다. 김 씨의 경우 이른바 범죄 사실이라는 이야기에 조총련계 인물은 한 사람도 등장하지 않는다. 이 사건은 일본에 있는 한민통(1973년 도쿄에서 결성한 한국민주회복 통일촉진국민회의 일본 본부)과 전 대통령 후보인 김대중 씨가 관련이 있어서 조작한 사건이었다. 김정사 사건은 뒤에 김대중 씨를 '내란음모죄'로 몰아붙이려는 준비 작업이었다. 재일 한국인 한 명을 간첩으로 조작함으로써 "한민통은 국가보안법에 규정된 반국가 단체다"라는 대법원 판례를 확보한 것이다. 김대중 씨가 나중에 한민통과 결별했다 해도 결성 애초에는 의장에 추대돼 있었으므로 수사관들의 논법에 따르면 김대중 씨는 '반국가 단체'의 괴수 자리에 취임한 적이 있는 것이다. 그러니 그 반국가 단체에 관계한 김대중 씨의 형량은 '무기 또는 사형'이다. 이것은 1980년 5월 전두환 보안사령관이 저지른 최후공작에 이용됐다. 이렇게 살펴보면 내가 간첩으로 조작된 것도 당연한 일일지 모른다. 하지만 조사를 받을 때는 아직 수사관들에게 양식이 있을 거라 기대하고 있어서 "설마하니 내가?"라는 태평한 마음을 떨치지 못하고 있었다.

아내와 아이 생각

짧지만 그래도 깊은 잠에서 깼을 때는 창 밖에 황혼이 깃들고 있었다. 네 시간 정도 잔 것 같았다. 몸속에서 체취가 물씬 솟아올랐다. 머리는 이미 말할 수 없을 만큼 가려워 미칠 것 같았다. 어느새 내 집 책상 속에 있어야 할 편지와 수첩 그리고 여권까지 모두 신문실 책상 위에 너저분하게 놓여 있었다. 고병천이 말했다.

"너는 당분간 집에 돌아갈 생각은 하지 마!"

푸른 죄수복으로 갈아입었다. 그다음에 방을 옮긴다고 했다. 긴 복도 구석방에서 반대쪽 구석방으로 옮겼다. 복도를 걸어가는 동안 내가 처음

끌려온 날처럼 소란은 없어 다른 방에 아무도 없는 것 같았다. 나만 남겨졌나 생각하니 욕설을 계속 얻어먹던, 아마 같은 신세인 재일 한국인 학생이었을 그 사람들에게 묘한 선망을 느꼈다.

새 방 때문에 나는 한 번 더 놀랐다. 물론 철창은 돼 있지만 커다란 창에 호사스러운 녹색 커튼이 드리워져 있었고, 책상은 철제가 아니라 목제 원탁이었다. 소파도 있었고, 침대도 전에 있던 방에 견줘 훨씬 컸으며, 무엇보다도 에어컨까지 붙어 있었다. 욕실은 이전 방과 같았다. '서빙고 호텔'이라 불리는 유래와 정체가 이것 때문인가 하고 처한 상황도 잊은 채 감탄했다.

"어때, 멋지지?"

이덕룡이 기분 나쁘게 웃었다.

"이곳은 김재규(金載圭)나 김종필(金鍾泌)이 머물던 방이야."

박정희를 암살한 남자나 전 국무총리와 같은 방에서 조사받는 것을 영광이라고 해야 할지 난감했지만 방의 호화로움에는 놀라지 않을 수 없었다. 다른 피해자가 없어 에어컨이 있는 쾌적한 방에서 작업을 시작하려는 것이리라. 그러나 그것은 수사관들의 사정이지 내겐 에어컨의 쾌적함을 고맙게 여길만한 여유는 없었다. 나를 죄인으로 단정하고 덤벼드는 수사관들의 태도 때문에 나는 계속 경직했다. 수사관들에게 마음을 터놓을 생각이 도저히 생기지 않았다. 수사관들은 여전히 자기들 멋대로 장광설을 늘어놓았고 나를 자기들이 꾸민 틀 속에 끼우려고만 했다.

"오늘이 며칠째입니까? 내 가족은 어떻게 됐죠?"

"걱정하지 말아! 우리 여직원이 당신의 아기와 부인의 시중을 들고 있으니까 말이야."

가족은 그때 집에 연금돼 있었다. 수사관의 말을 믿을 수 없었다. 어딘가 다른 방에서 아내와 아이가 연행돼 고통받고 있는 건 아닌지 걱정을 지울 수 없었다.

이덕룡은 나를 새 방으로 옮겨 놓은 뒤 어딘가로 가버렸다. 다시 콜트 45구경을 대좌하기 시작했다. 지시를 받은 것인지 내가 할 일이 없어 지루해 꾸벅꾸벅 졸면 감시자는 버럭 소리를 질러댔다. 영문도 모르고 감옥에 가는 것이다. 아이를 안고 아내는 어떻게 살까. 아내는 교통사고로 10년 전에 아버지를 여의었다. 어머니도 우리가 결혼하고 1개월 반 만에 타계하셨다. 결혼도 불치병을 앓던 장모의 요청으로 서두른 것이다. 내 쪽 가정도 윤택하지 못한 탓에 이 세상에서 의지하고 살아야 하는 것은 오직 두 사람뿐이라는 것을 결혼 초부터 뼈저리게 느끼고 있었다.

'내게 만약 무슨 일이 일어나면 일본에 있는 아버지가 며느리와 손자의 뒷바라지를 해주실까? 적어도 일본으로 데려가면 내 걱정은 조금은 가벼워질 텐데……'

겨울 하늘 아래 젖먹이 아이를 등에 업고 리어카로 행상을 하는 사람을 생각했다. 내 아내도 그렇게 해야 할 것인가. 아들은 간첩의 자식으로 낙인찍혀 손가락질을 받으며 성장하는 것인가. 울분과 슬픔이 함께 치밀어 올랐다.

나무 몽둥이로 맞는 감각

이덕룡이 방을 나간 지 1시간 조금 지났을 무렵, 김용성 소령을 선두로 고병천 준위, 이덕룡 중사, 김국련 서기관보 그리고 나를 연행할 때 다른 길에서 대기하고 있던 남자 최홍상(崔鴻相) 주사보가 한꺼번에 방으로 들어왔다.

그 사람들은 묵묵히 자리를 잡았다. 김용성은 창가 소파에 앉았다. 내 담당수사관인 이덕룡은 내 바로 앞에 앉아 큰소리로 욕설을 퍼부었다. 누가 가져온 것인지 김용성의 발아래 조잡하게 깎은 나무 몽둥이가 눈에 띄었다. 나무 몽둥이의 손잡이에는 청색 셀로판테이프가 둘둘 감겨 있었다.

"네가 지금까지 말한 것은 모두 거짓말이야. 이런 지어낸 말에 우리가 속아 넘어갈 줄 알았냐?"

그때까지 시간을 들여 쓴 작문과 수사관들이 열심히 적은 조서를 모두 책상 위에 올려놓았다. 분위기는 먼저보다 훨씬 험악했다. 무엇보다도 번갈아가며 내 방에 나타나던 패거리가 한꺼번에 모조리 내 앞에 나타난 것이다. 처음 있는 일이었다.

"물어보는 것을 대답했을 뿐입니다."

"그렇지 않아. 넌 더 큰 것을 숨기고 있어. 네가 말한 것을 오냐오냐하고 받아줬더니 아주 신이 나서 적당히 우리를 농락했어."

그러나 작문의 절반은 수사관들이 말하는 대로 작성한 것이다.

"지금까지 신사적으로 대해 주려고 생각해서 손을 대지 않았는데, 알고 보니 네놈은 엉뚱한 놈이었어."

김용성이 소파에서 쑥 일어서며 말했다.

"이봐, 김병진. 넌 그렇게도 죽고 싶으냐? 좋아, 하지만 그렇게 쉽게 죽이지 않겠어. 이 세상의 모든 고통을 맛보게 한 다음 죽음을 안타깝게 기다리도록 해서 죽여주지. 그럼 그래도 좋겠지. 하지만 네 여편네는 어떻게 될지 알고 있나? 이 한국에서 간첩의 아내는 아무리 발버둥쳐도 살아남을 수 없어. 자살하든가 몸을 던지든가 둘 중 하나야. 거기서 그치지 않아. 네 자식은 아버지 이름이 무엇인지도 모른 채 고아원으로 보내지고 말지."

뒷날 김용성과 얼굴을 마주칠 기회가 몇 번 있었다. 내가 당한 수많은 폭력과 폭언보다 그 사람 입이 토해낸 '자식의 고아원행'이라는 말 때문에 나는 그 사람에게 계속 살의를 품었다. 그 얼굴을 보고 몸에 권총이 없는 것을 애석하게 생각한 일이 한두 번이 아니었다. 김용성의 공갈이 끝나자마자 이덕룡이 안경을 벗으라고 했다.

"왜죠?"

대꾸하자마자 이덕룡은 틈을 주지 않고 내 안경을 낚아채며 뺨을 후려갈겼다. 고병천, 김국련이 차례로 연거푸 나를 구타했다. 온건해 보이던 최홍상이 마지막으로 손을 댔다. 마치 너를 믿는 수사관은 아무도 없다는 것을 알리는 의식 같았다.

부어오른 뺨을 걱정하면서 낙심해 의자에 앉았다. 소파에 앉으면서 집에서 가져온 내 수첩을 훑어보던 김용성이 자기 옆에 앉으라고 말했다. 내가 옛날 수첩에 갈겨 쓴 일기 한 부분을 가리키며 "이봐, 이건 어떤 뜻이지? 읽어줄게. 사기꾼의 거리, 서울. 어처구니없는 나라, 대한민국……."

김용성은 갑자기 손바닥으로 내 이마를 몇 번씩이나 때렸다. 눈앞에 별이 번득이고 시야가 흐려졌다.

내가 일기에 그렇게 쓴 것은 다음 같은 배경이 있었다. 1981년 5월 아내와 결혼한 뒤, 일본에서 전혀 돈을 받지 않고 장학금과 아르바이트로 생활하고 있었다. 재일 한국인에게 가장 쉬운 아르바이트는 일본어 강사였다. 그런 연유로 친구에게 소개를 받아 집 가까이에 있는 외국어 학원에 일본어 강사로 들어갔다. 이른 새벽, 늦은 밤 그리고 대학 수업 중간에 그 외국어 학원에 열심히 나갔다. 그런데 학원 원장이 굉장한 사기꾼이었다. 그래서 어떤 출판사에서 번역 일을 맡았지만 그곳 또한 경영부진으로 번역료 지급을 늦췄다. 이렇게 경제적으로 허덕이고 있을 때 내 심정을 옮겨놓은 것이 바로 그 일기였다. "사기꾼의 거리, 서울. 어처구니없는 나라, 대한민국"의 뒤에 이렇게 적었다.

"…… 하지만 모처럼 내가 희구해 오던 조국이 아니었던가. 일부 몰지각한 사람들 때문에 조국을 사랑하는 마음을 버려서는 안 된다."

김용성은 오직 나를 공격하기만 하면 됐던 것이다. 뒤에 적은 문구는 아예 무시하고 "'어처구니없는 나라'란 무슨 뜻이냐, 북한은 지상의 낙원이고 남한은 이 세상의 지옥이라는 말이지?"하고 제멋대로 억측하면서 계속 손찌검을 했다.

그다음에 공격을 당한 것은 편지 한 통이었다. 한학동 오사카 출신의 O씨에게서 온 편지였다. 그 사람의 오빠가 내가 잘 아는 선배여서 내 누이동생 같은 기분이 드는 사람이었다.

O씨는 음대 출신으로 유학을 희망해 본국 생활의 경험이 많은 내게 그것을 상의하는 내용의 편지를 보냈다. 김용성은 이것도 꼬투리 잡았다. O씨의 편지에 "의식적인 음악 활동을 해보고 싶습니다"라는 대목이 있었다. 편지는 모두 일본어로 쓴 것인데 이미 한국어로 번역돼 있었다. 번역이 엉성한 것으로 보아 재일 한국인 여성이 번역한 것이라는 걸 금방 알 수 있었다. '의식적'이라는 말이 어떤 의미인지 김용성은 추궁했고, 그러는 와중에 폭력이 계속됐다. 이런 꼬투리는 일본어와 한국어의 한자 뉘앙스 차이 때문이기도 했다. 예컨대 '다정'은 한국어로는 사이좋은 것을 의미하지만, 일본어로는 '다정한 여자'로 사용하는 것처럼 어떤 음습한 의미가 있다. 그러나 김용성의 추궁은 '의식화'는 곧 '반정부, 반체제'라는 식으로 말을 오용하는 정부의 논리에서 출발하고 있었다.

멋대로 해석하고 내린 의견에 따른 폭력이 계속됐다. 더군다나 편지는 내가 쓴 것도 아니고 받아보기만 했을 뿐이었다. 수사관들에게 나를 폭행하는 것만이 목적이었다. 폭행하는 구실 같은 것은 아무래도 좋았다. 생트집을 잡은 다음에 유치한 수단으로 나를 우롱하며 자기들이 꿈꾸는 이야기에 접근하려고 유도신문을 계속했다.

몇 년 전에 쓰던 학생 수첩에 친구들과 만나는 장소로 무교동에 있는 어느 생맥줏집 약도를 그린 것 있는데, 그 부분에 수사관들은 멋대로 '서'라는 글자를 써넣어 내가 국내에서 서 형을 만난 게 틀림없다고 맹렬히 꼬투리를 잡아왔다. 그럴 때면 나무 몽둥이가 등장했다. 몸이 부어올랐다. 도토리나무인지 다른 나무인지 모르지만 어쨌든 딱딱한 나무 몽둥이로 나를 마구 두들겼다. 수사관들은 멋대로 조작한 이야기를 위해 서 형과 내가 국내에서 접촉한 것으로 만들고 싶은 것이다. 몇 년 전에 일본에서 얼굴을 본 뒤로 서 형을 만날 기회가 없었다. 수사관들이 파악한 것처럼 서 형이 여러 번 한국을 왕래한 것도 전혀 모르고 있었다.

나무 몽둥이로 맞으면서 느낀 감각은 아픔이 아니라 몸이 경직돼 숨을 쉴 수 없다는 것이다. 나도 모르게 몽둥이를 들어 올린 김용성의 양손에서 그것을 비틀어 빼앗아 반대로 김용성을 두들길 자세를 취했다. 하지만 중과부적으로 김용성에게 일격을 가하기 전 김용성의 충복들에게 제지당하고 말았으며 많은 욕설과 함께 방에서 끌려나갔다. 그렇게 티격태격하는 중에 내 두 손은 포승으로 단단히 묶이고 말았다.

저항하다 끌려간 곳은 첫날 김용성이 얼핏 입에 담았던 'VIP실'이었다.

VIP실

작은 방이었다. 전등은 이때까지 있던 방처럼 형광등이 아니라 벌거숭이 백열전구였다. 수사관은 나를 철제 의자에 앉혔다. 옷을 벗겼고 몇 번씩이나 저항했지만 양손과 양발을 그 의자에 묶어버렸다. 의자는 위아래로 움직일 수 있는 것 같았고 철재로 만든 의자기 때문에 대좌는 불안정했다. 지치지도 않는지 험담과 욕설을 되풀이하던 수사관들은 "죽여 버리겠다"고 소리치며 어떤 스위치를 눌렀다.

몸이 의자에 묶인 채 밑으로 떨어졌다. 캄캄했다. 주위 윤곽마저 파악할 수 없는 칠흑 같은 곳이었다. 순간, 숨이 멎을 것 같은 공포를 느꼈다. 위에서 이덕룡이 호통쳤다.

"너는 북한에 갔다 왔어. 지금이라도 늦지 않았으니 빨리 실토해. 네가 지금 있는 곳은 보이지 않겠지만 너 같은 인간의 시체를 놓아두는 곳이야. 네 밑에는 한강으로 통하는 하수도가 있지. 쥐도 새도 모르게 한강으로 떠내려가게 할까? 어때? 너는 언제 북에 갔다 왔지? 그리고 이 남한에서 만든 조직은 어디 있지?"

전율을 느꼈다. 죽음이 바로 앞에 있었다. 삶을 향한 집착, 아내와 아이를 향한 애착에 몸부림치며 이덕룡이 멋대로 조작한 이야기에 절규하듯 "아니다"라고 주장했다. 어둠 속에서 별안간 물소리가 들렸고 물이 내 몸을 적시더니 주르륵 아래로 흘러내려 갔다. 수사관들이 머리 위에서 물을 퍼붓고 있었다. 수사관들이 말한 대로 발밑에 하수구가 있었다. 한기가 들었다. 몸을 적시고 떨어진 물소리가 아직도 멀었다는 것을 알려줬.

엘리베이터 의자가 자꾸만 밑으로 내려갔다. 내게 공포심을 주고, 다시 어둠 속으로 당겨 물을 붓고, 수사관들이 희망하는 사악한 추측에 그렇다고 대답하기를 요구했다. 그런 행위가 몇 번씩이나 되풀이되자 내 목소리는 쉬고 말았다. 어둠 속에서 윤곽을 알아볼 수 없는 것은 여전했다.

겨우 벌거숭이 백열전구가 켜진 방으로 돌아왔을 때 수사관들도 더는 소용없다는 것을 깨달았을 거라고 내심 안도의 숨을 내쉬었지만, 기대한 대로 되지 않았다. 이덕룡은 여전히 기상천외한 이야기와 욕설을 퍼부으며 VIP실 한쪽 구석에 놓여 있던 수동식 군용 발전기에서 두 줄의 코일을 풀어내 내 두 손의 집게손가락에 감으려고 했다.

나는 몸부림쳤다. 처음에는 코일을 겨우 벗겨버렸지만 손목을 더 세게 붙들어 매자 코일을 벗길 수가 없었다. 옆에서 고병천이 계속 드럼통에 담아 놓은 물을 내 몸에 끼얹었다. 수영할 때 물을 먹은 것과 똑같이 호흡곤란을 느꼈다. 이덕룡은 발전기의 레버를 쥐면서 "간다, 간다"를 되풀이하며 "항복하라"고 소리쳤다. 광기의 시간이 흘렀다.

김종필과 김재규가 사용했다는 호화로운 방으로 다시 끌려갔을 때 내 몸과 마음은 녹초가 돼 있었다. 마지막까지 "아니다"를 주장한 상태에서 VIP실을 나왔으니 수사관들은 '입북'과 '지하조직 구축'이라는 이야기를 포기하지 않을까? 가슴 속 고동을 도무지 가라앉힐 수 없었다. 나는 아주 초췌한 모습으로 고문실을 나왔다. 그러나 신문은 여전히 계속됐다.

조국은 무엇이 죄인지 말해 준 적 있는가

김용성이 연세대학교에서 사귄 친구의 이름을 가져와 추궁했다. 연세대학교 국어국문학과 동기 대여섯 명의 이름을 가지런히 내놓고 "이것들과 학생 데모에서 어떤 말을 했지?"라고 추궁했다. 그 의도는 충분히 알 수 있었다. 국내에 있는 친구들까지 끌어들이려는 것이다.

내 학생 시절은, 특히 '서울의 봄'이라 하는 1980년 3월부터 광주민주화운동이 일어난 동안은 물론이고 그 뒤에도 집요하게 학내 데모가 되풀이되고 있었는데, 연세대학교에서는 무악제라 불리는 축제를 정점으로 광주민주화운동의 도화선이 된 '5·17조치(전국 대학교의 휴교령과 3김 체포 및 계엄령 포고 조치)'가 내려질 때까지 데모에 참가하지 않은 학생은 한 사람도 없었다.

그 싸움은 '서울의 봄'이라고 매스컴 취향에 맞는 장식이 됐지만 현실적으로는 그렇지 않았다. '서울의 봄은 아직 오지 않았다'는 것을 모두 잘 알고 있었기 때문에 스크럼을 짠 것이다. 대학생의 조직력 그리고 정보망은 전두환의 음모와 그것을 지지하는 군부의 능력을 정확히 파악하고 있었다.

그해 5월 15일, 서울역 앞에서 있었던 10만 대학생 집회 때 학생 지도부가 "청와대로 가자! 군이 움직이면 총을 빼앗아라!"라고 소리치는 일반 학생의 혈기를 억누르며 해산한 것은 적을 너무 잘 알기 때문이기도 했다.

그 시기 학생 데모에 관해 나는 친구들에게 자중을 촉구했다. 괘씸한 재일 한국인 유학생이 본국 학생의 빈축을 사는 중에 친구들은 내게 투쟁에 참여할 것을 강력히 요망했다. 농성장소인 도서관에서 전화를 해주는 사람, 데모 대열에서 빠져나와 내 팔을 끌고 가려는 사람, 나와 만나며 분에 넘칠 만큼 좋은 평가를 해주면서 함께 싸우자고 호소하는 사람들 모두 내게 우리가 한 동포라는 것을 확인해줬다.

그러나 나는 혼자 혈기를 억누르며 그런 권유를 거절했다. 이유는 첫째 내가 재일 한국인이기 때문이며, 둘째 유신잔당이 데모를 내버려두는 것은 뒤에 군부가 집권할 때 학생 데모를 써먹을 것이라는 널리 알려진 의혹 때문이었다. 내가 데모에 관해 친구들에게 말한 것은 혈기로 치닫는 기분을 억제해 사태를 냉정히 바라보자는 자숙론이었다.

김용성은 아무것도 물어보지 않고 내가 학우를 선동해 데모하게 했다고 이덕룡에게 쓰게 했다. 지금까지 그랬던 것처럼 이것도 김용성이 완전히 지어낸 이야기였다. 어이가 없어서 말이 안 나왔다. 멋대로 지어낸 그 이야기에 대항하고 싶었지만, 고문 바로 뒤여서 완전히 기력을 잃은 상태였다.

간신히 "일본 학생 데모는 각목을 들고 헬멧을 쓰기도 한다. 이런 모습이 일반 국민이 보기에 폭력이라고 인식돼 국민의 지지를 잃고 있다. 한국에서 그렇게 돼서는 안 된다고 말하면서 친구들에게 폭력화를 부정적으로 이야기한 기억이 있다"라고 말했는데 김용성은 내가 일본 학생운동을 예로 들면서 한국 학생운동의 폭력화를 선동했다고 정반대의 이야기를 조서에 쓰게 했다. 몸과 마음을 갈기갈기 찢어놓고 멋대로 이야기를 만들어내는 이것이 바로 날조라고 생각했다.

석방이라는 희망을 잃고 일주일 정도 구속돼 있었다. 파렴치하게 조작한 이야기를 이만큼 애써서 정리한 것으로 봐 수사관들에게 그 대상에 관한 확신이 있었을 것이다.

대학원은 어떻게 한다 하더라도 직장에 장기간 무단결근하는 것은 치명적이었다. 수사관들은 내게 그런 대가를 지급하게 하며 계속 구속했던 것이다. 폭력배도 아닌 정부 공권력이 이렇게 처신해왔으니 수사관들이 나를 범죄자로 만들어 확정 지어 놓을 것은 틀림없다고 생각했다.

70년대가 시작될 즈음 재일 한국인 모국 유학생 간첩 사건으로 처음 세상 사람을 놀라게 한 서승(徐勝), 서준식(徐俊植) 형제의 뒤를 이어 계속 구속됐던 재일 한국인 간첩의 맨 끝자리에 내 이름이 덧붙여지는 뜻밖의 일은 아무래도 현실로 받아들일 수 없었다. 그러나 몇 십 명의 재일 한국인 선배들이 꿈에 그리던 조국 땅에서 내가 당한 것처럼 고통과 굴욕을 맛보면서 본국 권력이 제멋대로 자행한 해석과 날조에 조작됐다. 나 역시 잡힌 몸이었다. 수사관들은 나를 북 공작원이라고 했다.

재일 한국인 2세와 3세가 그 생활환경 때문에 분단이라는 현실의 절실함을 제대로 인식하지 못하고 있다는 수사관들의 주장은 어느 정도 수

궁이 갔다. 그러나 분단에 관한 인식 부족이 재일 한국인을 간첩으로 만드는 방편으로 이용돼서 좋을 이유는 없을 것이다. 적을 향한 경계심 결여를 구실로 삼아 적의 편이라는 것은 본말전도였다.

"설혹 일본에 있다 해도 김일성과 김일성을 지지하는 자를 철두철미하게 적으로 인식하지 않으면 안 된다. 그것이 애국심이라는 것이다."

고병천이 말했다. 이 말은 몇 십 년 동안 본국과 해외 동포를 계속 공포에 떨게 한 법적 근거였다. 그리고 그 법을 운용하는 방식은 마치 어린아이가 출입 금지된 잔디밭에 들어갔다고 해서 사형을 선고하는 것이나 마찬가지였다. 반공법 오늘날에는 국가보안법은 고병천의 말을 근거로 존재했다.

그러나 본국 정부는 우리 같은 재일 한국인 2세와 3세에게 왜 김일성을 적으로 삼고 반공을 국시로 해야 하는지 말해 준 적이 있는가? 무엇이 죄가 되는지를 말해 준 적이 있단 말인가? 자유로운 발상에 친숙한 우리는 분단에 따른 반목을 민족 전체의 비극으로 파악하고 민족 화해의 이정표를 갈망해 왔다. 김일성에 반대하는 심정을 토로하긴 했지만 그렇다고 해서 남북이라는 말로 분단을 추상화하고 추상화한 북을 적으로 믿으라는 것은 절대로 싫다.

수사관들이 기대하는 것은 A급으로 불리는 거물 간첩이다. A급 간첩이라 정의하려면 무장, 난수표 소지, 밀봉교육 수료, 지도적 임무 종사 등 등 007 뺨치는 것을 찾아야 했다. 말할 것도 없이 나와 전혀 인연이 없었다. 나는 재일 한국인 모국 유학생 한 사람에 불과했다. 수사관들이 내가 지은 죄라고 몰아붙인 것은 조국의 남녘땅에서 유신독재를 거부한 것과 통일 조국의 지평을 들여다보려고 금단의 땅이 된 조국의 북쪽을 알려고 한 것이었다. 뒷날 고병천은 다음 같이 말했다. "본국에 오랫동안 살면서도 서성수의 일을 고발하지 않았다. 그것이 죄다" 그러나 내 윤리 감각으로는 오히려 그 반대쪽이 죄였다.

수사관들은 한학동 효고에 있던 내 주변 인물을 모두 훑어봤다. 원래 어느 정도로 정보와 근거가 있었는지 모르지만, 수사관들은 본국을 왕래하는 인물을 몇 명 노리고 있었다. 혐의가 없다고 '훈방(석방을 이런 말로 표현했다)'하면서 각서를 수리하고 가족의 안전에 위협을 내비쳐 겁먹게 해두면 다음 사냥감을 향한 공작에 그리 지장이 없을 것이다. 하지만 앞에서도 말했듯이 평범한 모국 유학생인 이종수 씨도 중형을 선고받는 것이 모국의 법질서였다. 내게 중형을 선고하는 것도 아주 쉬운 일이었다. 수사관들에게 나는 훌륭한 성과며 간첩이었다. 그래서 수사관들은 나에 관한 조치를 둘러싸고 숙고해야만 했다.

보통 모국 유학생을 연행하는 경우 하숙집 주인과 짜고 설악산 여행을 떠났다는 구실을 만들어두는 게 상투적인 수단이다. 석방 뒤에 일어날 부작용을 대비해 선수를 쳐놓는 것인데 나처럼 가정이 있는 사람에게는 통하지 않았다. 그래서 내 아내와 아이는 연금됐다. 여자 수사관 두 명은 아내에게 남편이 연행된 사실을 밖(특히 일본)에 누설하면 남편의 신상에 큰일이 일어난다는 '교육(공갈·협박을 이렇게 부른다)'을 실시했다. 전화벨이 울리면 수화기를 든 아내 옆에서 귀를 쫑긋하고 엿들었으며 교대로 장을 봐왔다. 나를 연행해 조사한 것에 관한 '보안'은 그렇게 유지됐다.

일본에 절대로 연락하지 말라

비가 오는 날이었다. 아침에 고병천이 방에 나타나 알렸다.

"너를 오늘 집으로 돌려보내 주겠다."

전기면도기를 가져와 수염을 깎으라고 말했다. 석방 가능성을 처음부터 조금씩 내비쳐왔지만 약간 당황스러웠다. 하지만 아내와 상봉할 수 있다는 사실이 내 마음을 설레게 했다. 전기면도기는 상당히 오래된 것이라 일주일 동안 자랄 대로 자란 수염은 뜻대로 깎이지 않았다. 얼굴을 비누로 씻고 머리도 감게 해줬다.

고병천은 이상하게 서둘렀는데 모든 것이 적당히 끝나자 유니폼을 입은 청년이 몰수했던 내 소지품과 의복을 가져와 확인하라고 했다. 현금이 없어졌는지 세어보라고 했지만 그런 것은 이미 안중에도 없었다. 대충 보고 이상이 없다고 대답했지만 노량진 수산시장에서 샀던 방어는 물론 없었다. 썩어서 버렸거나 누군가의 뱃속에 들어갔겠지.

푸른 죄수복에서 해방돼 원래 모습으로 돌아가자 다른 유니폼을 입은 청년이 카메라를 들고 들어왔다. 이덕룡이나 최홍상 등도 한데 어울려 내게 가방을 들게 하더니 나를 벽면에 세웠다. 앞뒤양옆에서 사진을 찍으며 이덕룡이 중얼거렸다.

"이렇게 해두면 어떤 각도에서 봐도 곧 알 수 있겠지."

최홍상과 김국련은 패션모델처럼 포즈를 잡으라는 둥 이죽거렸다. 양손의 열 손가락에 검게 먹칠을 하고 지문을 몇 번씩이나 찍었다. 이런 작업은 혐의가 풀려 석방되는 것이 아니라는 것을 말해줬다. 고병천은 석방을 맞으며 각서를 쓰라고 했다. 어떻게 써야 하는지 망설였더니 자기 말을 옮겨 쓰면 된다고 했다. 고병천은 이렇게 말했다.

"나는 북한 괴뢰 집단의 흑색선전에 현혹된 나머지 조국 대한민국에 돌이킬 수 없는 반역 행위를 저질렀습니다. 나는 어떤 벌도 감수해야 할 대역 죄인입니다. 이런 저지만 관계 당국의 관대한 조처로 갱생의 기회가 주어진 것을 무한한 기쁨으로 생각하는 바입니다. 이제부터 조국을 공산주의 침략의 마수에서 수호하기 위해 관계 당국의 지시 아래 행동할 것을 맹세합니다."

도대체 무슨 짓을 시키려는 건지 고심했지만 서명 날인을 하라고 할 때는 지시에 따랐다. 서빙고에서 나오는 것이 가장 중요한 일이었다. 일주일 동안 수사관들이 나를 인간으로 취급하지 않았듯이 나도 이 사람들을 인간으로 보지 않았다. 외톨이 약자인 나는 쓸데없는 부분에서 저항을 포기하는 것으로 불필요한 마찰을 피하려 했다. 수사관들의 장난에 마음을 닫아버리는 것으로 대응했다. 이 사람들을 인간으로 보지 않는 이상, 이 사람들이 거짓말과 공갈만 되풀이하는 이상 이 사람들과 한 약속에 신의 같은 것이 존재할 리 없었다. 중요한 것은 가족 곁으로 돌아갈 수 있다는 것뿐이었다.

수사관들은 괴물같이 생긴 '만년필'을 건네주며 서독제라고 뽐냈다. 전파 발신기였다. 언제 어디를 가건 이 만년필을 몸에서 떼어놓으면 안 된다고 몇 번씩이나 다짐하게 했다.

"직장 일은 걱정하지 말고 내일부터 여느 때처럼 출근해. 학교에도 나가고"

직장인 삼성종합연수원의 원장이 헌병대 소장 출신이라 자기들에게 협력적이라고도 했다. 남이 무엇을 물으면 병으로 누워 있었다고 대답하라고 요구했다. 놓아가서도 일이 끝나면 오후 2시에서 3시 사이에 매일, 일요일도 거르지 말고 자기들에게 연락하라며 721-0323이라는 전화번호 말고도 번호를 3개쯤 더 가르쳐줬다. 고병천, 이덕룡이라는 이름을 적은 메모도 건네줬다.

지시사항이 자세하게 설명돼 있었는데, 어쨌든 석방이 자유를 의미하는 것이 아니라는 것을 느끼는 데는 충분했다. 수사관들이 가장 역점을 두어 못 박은 것은 '일본에는 절대로 연락하지 말라'는 것이었다. 조사 단계에서 일본의 가족이나 아는 사람이 방한하는지 물어왔을 때 손자 백일잔치를 위해 아버지께서 서울에 오신다고 알려줬다. 수사관들은 사정이 있으니 한국에는 오시지 말라고 전하라고 요구했지만 첫 손자의 백일잔치에 아버지가 참석하지 못하는 것은 곤란하다고 고집하자 도리어 초대를 취소하는 편이 부자연스럽다고 생각했는지 조사받은 것을 아버지가 눈치채게 해서는 안 된다고 엄명하며 아버지의 방한을 저지하는 것은 일단 포기했다.

또한 수사관들은 내일 아침 출근할 땐 집 밖에 수사관을 대기시킬 테니 여권을 가지고 나오라고도 했다. 지시를 거역하면 다시 연행해 두 번 다시는 햇빛을 보여주지 않겠다고 했다. 이덕룡은 이렇게도 말했다.

"너는 내 손바닥 위에서 버둥대는 벼룩 같아. 아무리 뛰어봤자 내 손바닥에서 어디까지 뛰겠나? 꽉 쥐어 뭉개면 끝이야. 섣불리 밀항 따위를 생각해봤자 아까 찍은 사진을 뿌려 지명수배하면 그땐 어떻게 될지 알겠지? 각오하라고!"

김용성 이하 수사 2계 학원반 사람은 모두 여름 양복으로 갈아입었다. 매일 그 사람들이 러닝셔츠만 입는 걸 봐온 만큼 약간 위화감을 느꼈다. 김용성이 몸에 걸친 옷은 큰 체크무늬 양복으로 마치 광대처럼 보였다. 그 사람은 일거수일투족부터 말씨와 복장까지 모두 이미 혐오의 대상이었다. 그 사람에게 도무지 인간으로서 정감이 솟지 않았다.

나를 포함해 여섯 명이 차 두 대에 나눠 탔다. 나를 연행해 온 포니에 태워져 비가 세차게 내리는 서빙고를 뒤로 했다. 용산역 앞이 붐비는 모습을 보니 괜히 기뻤다. 우산을 쓴 사람, 쓰지 않은 사람, 걸으면서 달리면서 숨 쉬는 사람의 모습에 마냥 기쁘기만 했다.

고병천의 판단과 결단

김용성 계장 자신과 상사에게 나를 연행해 조사한 것은 배수진이었다. 그 사람들은 '조국과 민족을 위한다'는 통상적 궤변을 늘어놓으면서 자신의 행동을 정당화했지만, 나를 북 공작원이라고 할 만한 흡족한 물증은 아무것도 확보하지 못했다. 원래부터 그런 것이 있을 리 없으니 당연한 일이다.

나는 다만 일본에서 반정부 활동을 한 경험이 있을 뿐이다. 정부 시책에 비판적이며 부정적이었다는 이유 하나만으로 딱지가 붙은 '불순분자'와 접촉이 빈번했고, 한국어에 능통했을 뿐이었다. 게다가 세를 들어 살던 집주인이 건설 회사 간부로 오랫동안 해외에 체류하고 있다는 것 등이 수사관의 망상을 자아내고 말았다. 수사관들은 다음 같은 나름 희망적인 이야기를 만들고 있었다.

"김병진은 북한 태생으로 대남 공작원으로서, 어렸을 때부터 훈련을 받아왔다. 따라서 모국어가 능통하다는 설명이 가능하다. 어느 시기에 북한은 김병진의 대남 침투를 전제로 실재 인물을 납치하고, 그 사람을 대신하는 사람 바꿔치기 등 어떤 방법을 구사해 일본으로 침투함으로써 재일 한국인 2세라는 합법적 기반을 구축했다. 그 뒤 한학동에 침투해 민단을 와해할 목적의 공작 임무에 종사하던 중 북한의 대남 연락부가 남한 내부에서 지하조직을 재정비하는 일에 분주한 나머지 김병진에게 남한에 직접 침투할 것을 지령했다. 김병진을 위해 아지트를 제공한 사람은 중동 여러 나라를 전전하며 북한 공작원에게 포섭된 우회 침투 간첩(집주인)이며, 그 사람이 국내에서 대인 관계가 원만한 것은 이미 지하조직을 구축했기 때문이다."

뒤에 김국련이나 이덕룡에게서 우스갯소리로 들은 이야기였다. 그런 말을 들었을 때야 비로소 전혀 알지 못할 질문과 연유도 없이 집주인의 중동 체류를 힐문한 일 그리고 집요하리만큼 내 성장 과정을 추적한 것 등의 의미를 겨우 이해할 수 있었다. 수사관들의 과대망상은 우스운 수준을 뛰어넘어 가공할 만한 것이었다. 미치광이에게 칼을 쥐여준 격이라고나 할까.

감금이 끝나던 1986년 2월 1일까지 또한 어떤 의미에서 지금까지 가장 기분 나쁜 존재는 고병천 준위였다. 그 사람은 여러 번 재일 한국인을 간첩으로 조작해 온 만큼 남다른 통찰력이 있었으며, 그 어느 수사관보다도 재일 한국인의 상황과 심리에 정통했다. 계장과 그 위 상사인 장교는 빠르면 1년 늦어도 3년 안에 보직이 바뀌었으며 부하가 지어내 바치는 간첩이라는 성과를 자기의 탁월한 지도력 때문이라고 생각해 만족하며 영전하는 그런 패거리였다. 이런 종류와 달리 고병천에게는 일종의 장인 기질이 있었다. 김용성이 제아무리 지휘 감독하는 위치에 있다 해도 고병천의 조언과 결단이 없으면 어떤 일도 할 수 없었다.

고병천은 망상과 상관없는 사람이었다. 나를 간첩으로 만들어내는 것은 그 경력으로 봐 어려운 주문이 아니었다. 하지만 나는 본국에 가족을 두고 있고, 김일성을 위해 죽으려는 인간도 아닐 뿐 아니라 현재 자신이 어떤 상황에 부닥쳤는지도 파악할 수 없는 사람이었다. 내게 철저한 보안 조치를 세워 아무 일도 없던 것처럼 평정을 가장하면 불순분자는 계속 본국을 왕래할 것이다.

이런 고병천의 판단과 결단을 김용성과 김용성의 상사들은 쌍수를 들고 환영했다. 안 된다고 해도 김병진이라는 성과는 확보한 셈이다. 이리해 석방……. 사실은 일시 석방이 결정된 것이다.

아내의 흐느낌

집에 도착하자 낯도 모르는 정명희(鄭明姬)라는 여자 수사관이 내 아이를 안고 마중 나왔다. 정명희는 나를 데려온 수사관들에게 어째서 늦었느냐며 불평을 털어놓으면서도 동료와 오랜만에 다시 만나 안심이 되는지 만면에 미소를 띠고 있었다. 내 얼굴을 보자 "아기의 아버지입니까?"라고 말을 걸어왔지만 초면인 정명희의 인사에 대답할 기분이 아니었다. 아들이 무사한 것을 확인하자 정명희에게 아내의 소재를 물었다. 2층 집주인 방에 있다고 해서 단숨에 2층으로 뛰어 올라가다 현관에서 집주인 아주머니와 마주쳤다.

"몸은 괜찮으세요?"

아주머니가 처음 한 말이었다.

"네, 괜찮아요."

그 자리를 모면하려고 말했지만 아주머니는 믿을 수 없는지 나를 한 바퀴 빙 돌아보며 자기 눈으로 이상이 있는지 없는지 확인하려 했다.

"집사람은 어디 있습니까?"

"아이 방 침대에 누워 있어요."

사람 좋은 집주인에게 인사도 대충하고 아이 방으로 뛰어들어갔다.

"여보!"

내 목소리를 들은 아내는 한동안 큰소리로 흐느껴 울었다.

"돌아왔어. 이젠 괜찮으니까 마음을 가라앉히고 울지 마. 이렇게 무사히 돌아왔잖아."

아내의 오열은 잦아들 줄 몰랐다. 말을 하면 할수록 울음소리도 커졌다. 보기가 딱했는지 아주머니는 자기가 아래층으로 데려가겠다며 나를 먼저 내려가게 했다. 일층 우리 집으로 내려오자 수사관들이 좁은 내 방에 자리를 잡고 앉아 있었다. 여자 수사관에게서 자식을 빼앗아 안았다. "귀여운 아기예요"라는 칭찬도 아닌 말을 들었다.

"부인께 할 말이 있는데 내려오시게 할 수 없나?"

김용성이 보통 사람처럼 말하자 상당한 위화감을 느꼈다.

"곧 내려오겠지요. 쇼크를 많이 받은 모양이라서……."

수사관들과 서먹서먹하게 앉아 있었다. 아무리 기다려도 아내는 내려오지 않았다.

"오늘은 일단 물러가고 나중에 다시 만나기로 하지"라며 막 일어서기 시작했을 때, 아내는 집주인 아주머니에게 떠밀리듯이 내려와 현관 앞에서 이 사람들과 우연히 만난 것처럼 됐다. 그 자리에서 아내는 다시 주저앉아 울기 시작했다. 그 자리에 별안간 집에 들이닥쳐 가택수색을 한다며 아내를 실신하게 한 남자들이 있었기 때문이다.

우리 집에서 나서려던 수사관들은 다시 줄줄이 방으로 되돌아왔다. 방에서 꾸물거리다 미처 나가지 못하고 서 있던 이덕룡은 다시 그 자리에 앉았다. 여전히 아내는 계속 울었다.

"부인, 이제 울음을 그치시고 이야기를 들어주세요."

기회를 엿보며 김용성이 아내를 설득하려고 했다. 그러나 그 목소리를 듣자 아내는 더 크게 흐느껴 울었다. 불에 기름을 붓는 꼴이었다. 분위기가 어색한 듯 이 사람들은 온순한 얼굴을 하고 있었다. 수사관들은 이야기할 분위기가 아닌 것을 깨닫고 우리 집에서 물러나기로 했다. 그때였다. 이덕룡이 희한한 이야기를 했다.

"김병진 씨(씨 자를 붙였다), 여러 일이 있었지만 김병진 씨는 우리 처지를 이해해줄 것이오. 나쁘게만 생각하지 마요. 이것도 좋은 인연이 될지 모릅니다. 언젠가 마음이 좀 가라앉으면 술이라도 한잔합시다. 실은 우리 집도 이 근처요. 오늘이라도 같이 한잔할 수 있으면 좋겠지만 김병진 씨도 부인과 쌓인 이야기가 있을 것이고, 그리고 내 친구의 아버지께서 돌아가셔서 오늘이 밤샘하는 날이에요. 아, 그렇군. 짐을 좀 맡아 주지 않겠소? 오늘은 집에 들르지 못할 것 같아서 말이요. 2, 3일 후에 가지러 올 테니까."

그렇게 말하며 이덕룡이 커다란 종이봉투를 일부러 서랍장 위에 올려놓았다. 도청기였다. 맡길 물건이라면 방 한구석에 놓아도 될 텐데.

남자들이 돌아간 다음 아내는 아무 말도 하지 않으려고 했고 다만 몸을 씻으라는 말만 했다. 세면대에 물을 받는 아내의 모습을 쳐다보며 나는 '아차'하고 생각했다. 아내가 내 몸을 보면 어떻게 생각할까. 화장실 문을 단단히 닫고 옷을 벗으려고 했다. 아니나 다를까 눈치가 빠른 아내는 여느 때와 다른 모습을 알아차리고 다짜고짜로 문을 열었다. 아내는 옷을 벗은 내 몸에 시퍼런 멍이 있는 것을 봤다. 아내는 얼굴을 굳히며 내 팬티까지 벗겨 버렸다. 그리고 내 등 뒤에서 몇 번씩이나 남편의 나체를 위아래로 살펴본 끝에 흐느껴 울기 시작했다. 내 몸은 어깨, 등, 엉덩이에서 다리에 이르기까지 곳곳이 시퍼런 반점투성이가 돼 있었다.

수사관들은 생각하면서 고문했다. 나중 일을 생각해 여름에 입는 반소매 의복으로 감출 수 있는 부분만 공격한 것이다. 고문 사실이 함부로 노출되지 않게 하려는 배려겠지만, 나처럼 아내가 있는 사람은 아내에게까지 숨길 순 없었다. 아내가 흐느껴 우는 소리를 들으며 VIP실에서 내 목덜미를 거머쥐고 조이며 김용성이 "죽여 버리겠다!"고 소리친 것을 떠올렸다.

어찌해야 할지 갈피를 잡지 못하고 할 말을 잃고 말았다. 모든 폭력과 매도에서 벗어나 이렇게 내 집에서 오랜만의 한때를 보내며 긴장을 풀자

얼빠진 사람이 되고 말았다.

아내는 방으로 돌아와서 이덕룡이 남기고 간 서랍장 위의 종이봉투를 가리키며 왜 이런 것이 있느냐고 소리쳤다. 아내도 느끼는 일이었지만 나는 눈을 깜박이는 시늉을 하며 도청기일 것이라고 전했다. "맡긴 물건이라면 왜 이런데다 놔두죠"라고 아내는 혼잣말을 가장한 큰 소리로 말하며 종이봉투를 현관 신발장 속에 거칠게 집어넣었다. 작은 저항이었다.

그러나 도청기일 것으로 추측했지만, 그 성능까지는 추측할 수 없었다. 그리고 아내까지 정체 모를 사건에 끌어들이고 싶지 않다는 생각 때문에 나와 아내의 대화는 이상야릇한 것이 돼버렸다.

내가 얼마나 가혹하게 다루어졌는지 아내는 집요하게 밝히려 했지만 상세한 것은 말할 수 없었다. 수사관의 지시가 있었고 도청되고 있었다. 그러나 그것보다 아내가 사실을 알면 수사관들의 손길이 아내에게 미치게 될 거로 생각했기 때문이다. 적어도 지금 단계에서는 아내에게 일주일 동안의 사건을 상세하게 말해서는 안 된다고 생각했다.

"여보, 난 지금 이런 것을 생각하고 있어. 우리 삼촌이 학교에서 일본인을 때렸을 때 할아버지는 경찰에 호출돼 불령선인을 키웠다고 거꾸로 매달린 채 죽도록 마구 얻어맞았지. 그 이야기를 아버지한테서 들은 적 있어. 그리고 아버지는 제2차 세계대전이 끝날 무렵 조선인 징용령에 걸려 일본 고베에 있는 마야산 깊은 곳에서 며칠씩 노숙한 적이 있다고 했어. 운 좋게 집에 돌아왔을 때는 8·15 직후라서 피살은 안 됐지. 이제 나는 돌아왔어. 나는 지금 역사를 느끼고 있어. 할아버지나 아버지의 경험이 옛날이야기가 아니라 나와 똑같은 시대의 경험이었다고 생각돼 죽음에서 활기를 되찾은 기분이야. 이런 현실을 어떻게 말해야 할지 잘 모르지만 이런 일은 재일 한국인이 본국에 있으면 누구나 경험해야 하는 홍역 같은 것이라고 들은 적 있어. 한번 경험한 일이니까 오히려 이젠 안심할 수 있을지 몰라……. 이젠 두 번 다시 이런 일은 없을 것 아냐? 나는 그렇게 생각하고 있어."

아내가 안심해주기를 바란 나머지 가능한 한 담담히 이야기했지만 도청기와 많은 지시가 나를 한층 더 불안하게 했다. 하지만 아내까지 불안하게 하는 것은 싫었다.

빼앗긴 여권

수사관들이 큰 은혜라도 베푼 듯이 말한, 수사관들의 표현으로는 배려라는 것 덕분에 나는 다음 날 아침 직장에 가려고 집을 나섰다. 수사관들이 지시한 대로, 아내에게 알리지 않고 여권을 챙겨서 출근했다. 가족의 안전을 생각하면 수사관들의 지시에 저항할 의욕 따위는 솟아오르지 않았다.

집을 나서자 곧 갈색 승용차가 눈에 띄었다. 우영기와 젊은 운전사가 타고 있었다. 하룻밤 내내 내 집을 감시하고 있었을 것이다. 차창에서 우영기가 속삭였다.

"다음 모퉁이에서 기다리고 있을 테니 걸어오시오."

그곳으로 가보니 우영기는 차로 앞질러 가 기다리고 있었다.

"여권을 건네주게."

그렇게 말하고 우영기가 내 여권을 빼앗더니 "어제 이덕룡 씨가 맡긴 물건을 갖다달라고 했어. 집까지 가서 갖다주게"라고 하는 것이었다. 그때 내 뒤에서 "여보!"라고 부르는 아내의 목소리가 들렸다. 꺼림칙한 느낌이 들었는지 아내는 걱정돼 나를 뒤따라온 것이다.

"남편을 또 데리고 갈 작정이세요?"

아내의 항의에 우영기는 당혹스러워했다. 우영기로서는 불행 중 다행으로 내가 여권을 우영기에게 건네주는 것을 아내는 보지 못했다.

"부인, 그런 것이 아니라 어제 저희 직원이 맡겨놓은 물건을 가지러 온 것뿐입니다."

일단 집에 돌아가 종이봉투를 꺼내 우영기에게 건네줬다. 우영기는 차와 함께 떠나버렸지만 아내는 그래도 안심이 되지 않아 직장에서 보내주는 차가 대기하는 장소까지 끝내 따라왔다. 낯익은 운전사인 박 기사가 나타나 말했다.

"김 선생, 이젠 병이 좀 나았습니까? 모두 걱정하고 있었어요."

수사관이 수배해놓은 대로 나는 일주일 동안 병으로 결근한 것이 돼 있었다. 아내는 박 기사가 등장하자 겨우 안심한 모양이었다.

박 기사가 제511보안부대(인천 및 경기도 관할)의 군수 계장 출신이라는 것을 그 뒤로도 오랫동안 알지 못했다. 박 기사가 휴가를 갈 때면 다른 강사와 상의해 촌지로 돈을 거둬 건네줄 만큼 박 기사에게 호감을 느끼고 있었다. 형편이 순탄치 못한 이유는 듣지 못했지만 아마 어떤 사고로 군적을 이탈했을 것이다. 박 기사는 나를 감시하는데 안성맞춤인 감시자였다.

기분 나쁜 음모가 나를 감싸고 있는 것을 느낄 수 있었다. 그러나 그 핵심적인 부분은 완전히 내가 알지 못하는 곳에서 추진되고 있었다. 내 눈에 보이는 부분은 음모가 가장 심한 부분이라 눈에 띈 것이리라. 반대로 수사관들의 처지에서 보면 실책인 부분이기도 했다. 직장에서 내 병결 처리는 표면적이고 연행 사실은 공공연하게 돼 있었다.

연수원 일본어과의 실무 직원인 이 과장과 황 대리 그리고 동료 강사들이 그나마 내 몸이 폭력으로 얼마나 고초를 당했을까 심려해줬다. 물론 표면적으로는 병결이었으니까 남몰래 소곤대듯 번갈아가며 "고생 많으셨지요. 괴로웠죠. 몸은 괜찮으십니까?"라고 말하는 정도였다.

본국 사람에게도 대단히 가혹한 일일 거로 생각했다. 집주인 아주머니와 직장 동료가 보안사령부에서 역적이라고 불리는 것을 견뎌온 나를 피해자로 간주해 동정해줬다. 그리고 그런 주변 인물에게 연행사실을 보안사령부가 은폐할 수 없었다는 것은 어쩐지 우습기까지 했다. 보안사령부는 나와 내 가족뿐만 아니라 내 주변 인물에게도 철저한 함구령을 펴고 있을 텐데, 그 함구령은 거의 소용없었다. 물론, 그 누구도 큰소리로 소문을 낼 수는 없지만 이 일은 모든 사람에게 중요한 화젯거리였다.

"이젠 김 선생과 함께 수산물 시장에는 가고 싶지 않군요. 제가 권해 시장에 들른 뒤, 김 선생이 끌려갔으니 말이에요. 어쩐지 내게도 책임이 있는 것 같아서 마음이 언짢습니다"라고 말한 사람도 있었다.

이렇게 이상한 자책감까지 표시할 정도였으며, 그런 직장 분위기는 도리어 내 기분을 매우 편하게 해줬다. 수사관들의 말을 고지식하게 곧이 곧대로 받아들인 것은 아니지만, 조사를 받은 이상 역적으로 딱지가 붙은 것이나 마찬가지며, 이 나라에서 어디를 다니든 백안시당하지 않을까 하는 의구심이 있었다. 그런 내 마음은 가벼워졌고 곧 직장에서 농담도 할 수 있게 됐다.

그러나 내 마음 한구석은 항상 굳게 닫힌 채였다. 매일 오후 1시 반이 되면 박 기사(일주일의 반은 연세대학교, 나머지 반은 집까지)가 차로 데려다줬다. 차에서 내리면 반드시 공중전화가 있는 곳까지 달려가야만 했다. 전화를 받는 이덕룡은 지금 어디 있는지를 묻고 누구에게도 연행당한 사실을 입 밖에 내면 안 된다는 말을 했다. 일본에 연락하면 안 된다, 연락하면 네 안전 문제는 보장할 수 없다고 강조했다. 도대체 언제쯤이면 이런 옹색한 생활이 끝나고 여권을 돌려받을까 전혀 앞을 내다볼 수 없는 시간이 흐르고 있었다.

이런 생활을 시작하고 나서 며칠이 지났을 때, 관례대로 소재 증명을 위한 전화를 걸자 이상스럽게 친절한 목소리로 이덕룡이 말했다.

"자네 아내가 몹시 고생한 것 같으니까 식사에 초대해 위로하고 싶네."

이 사람이 하는 말의 의미를 알 수 없었다. 아내까지 연행하려는 것은 아닌가 하는 의심이 들었다. 당장은 애가 설사가 심해 병원에 가야 한다며 거짓 구실로 겨우 피했다. 하지만 다음날 이덕룡은 우리 집에 전화를 걸어 같은 말을 되풀이했다.

아내를 연행하려한다면 이미 수사관들은 체면 따위는 상관하지 않을 것이므로 무턱대고 계속 거절하는 것도 상책이 아니다. 나와 이덕룡의 전화 대화를 듣던 아내가 수화기를 달라고 떼를 써 그대로 수화기를 아내에게 건네줬다. 수화기를 향해 아내는 나가겠다고 대답했다. 일종의 항의였다. 아내는 전화를 끊고 일주일동안 고락을 함께한 집주인 아주머니를 불러 수사관들과 만나면 이렇게 말하겠다며 자기 생각을 피력하고 동지인 아주머니에게 코치를 받았다. 두 사람은 의기양양했다.

크라운 호텔

우리 가족은 약속 장소인 크라운 호텔까지 택시를 타고 갔다. 수사관들은 자기들이 있는 서빙고에서 바로 코앞인 곳을 만나는 장소로 지정했다. 우리 가족을 상대하는 수사관들의 응대는 치밀하게 계획된 것이었다. 수사관들의 목적은 아내의 입을 막고 회유하는 것이었다. 처자를 인질로 해 한국이라는 나라 자체를 연금 장소로 만들 작정이었다. 나는 수사관들이 적으라는 대로 진술서나 각서를 내 손으로 작성했고, 지시한 규율에 따라 매일 전화로 소재 증명을 했으며, 연행 사실을 제3자에게 떠들어댄 일도 없었다.

내 생각에는 불가능했다고 말할 수 있지만, 어쨌든 수사관들은 이 단계에서는 나를 충분히 컨트롤하고 있다고 판단했다. 수사관들의 염려는 주로 아내에게 집중돼 있었다. 아기의 백일잔치를 위해 일본에서 아버지께서 오시기 전에 어떻게 해서든 아내를 회유해 둘 필요를 느낀 것이다.

서빙고에서 억지살이를 하고 있을 때 일본에서 내 계모가 한국에 와있었다. 계모는 나와 사이가 나빠 아버지가 지시했는데도 우리 집에 찾아오지 않았다. 원래 그런 사람이라고 생각하고 있었지만 수사관들은 내 생각과 상관없이 긴장했다. 수사관들의 말씨로 짐작하면, 수사관들은 계모가 한국에서 어떻게 지냈는지 일거수일투족을 모두 아는 것 같았다. 그러나 수사관이 계모에게 어떻게 접촉했는지 나로서는 알 수가 없다. 어떠한 경위가 있었든지 서울에서는 계모를 두고 불투명한 이야기가 오가고 있었다. 신문실에 혼자 남겨진 내게 고병철이 불쑥 나타나 "네 계모는 아까 출국했어. 지독한 여자더군"하고 알려준 말이 그때 알 수 있던 모든 것이었다. 그렇지 않으면 계모가 한국에 왔다는 것마저 모른 채 있었을 것이다.

계모가 출국한 것은 수사관에게는 난관 하나를 돌파한 셈이었다. 우리와 계모 사이가 소원한 것이 도움됐다. 그렇지만 우리 아버지께서 한국을 방문하는 것은 그렇게 부드럽게 넘어가지 않았다. 핏줄이 이어진 어버이와 자식이기에 수사관들은 아버지의 방한에 예사롭지 않은 위기감을 느끼고 있었다. 그래서 '고생한 내 아내를 위로한다'라는 구실로 회유 공작을 전개한 것이다.

나 그리고 아기를 안은 아내는 크라운 호텔의 지하에 있는 '구룡'이라는 고급 중화요리점으로 안내됐다. 그곳에는 수사 2계의 전원 곧 학원반과 대일반이 모두 나와 있었다. 김용성은 일본 담배를 피워본 적이 있는데 아무래도 지나치게 순하다 어떻다 하는 저속한 말로 분위기를 누그러뜨리려고 고심했다. 언젠가 외국 여행 때 북한 외교관을 유럽에서 만나 이야기할 기회가 있었는데, 남한에서는 이미 찾아볼 수도 없는 동백기름을 포마드 대신 쓰고 있어 냄새가 지독했다는 그런 이야기도 했다. 그 북한 외교관이 "동백기름이 최고다"라며 으스대더라는 이야기를 길게 늘어놓았다. 다른 수사관들은 그저 묵묵히 맞장구를 치고 있었다.

아내의 얼굴은 처음부터 계속 긴장해 있었다. 나는 나대로 이 사람들의 진의가 무엇인지 단서라도 찾아내려고 한 마디, 한 마디 놓치지 않으려고 긴장하고 있었다. 김용성의 이야기는 결코 그렇게 재밌지는 않았다. 동백기름으로 북쪽의 문화적 후진성을 이야기하는 것은 그렇다 치더라도, 국가 권력이 야만스러운 방법으로 나와 내 가족을 불안과 공포에 빠뜨리고 태연하게 있을 수 있는 남쪽의 문화적 후진성은 어떻게 되는가.

우리나라 속담에 "똥 묻은 개가 겨 묻은 개를 나무란다"라는 말이 있다. 그러니까 오십보백보 아닌가. 문화인인 체 말재주를 부리는 김용성의 태도는 분명히 작위적이었다. 김용성의 지루한 이야기에 남편의 연행에 관한 언급이 없는 것을 간파한 아내는 초조했는지 입을 열었.

"여인이 원한을 품으면 오뉴월에도 서리가 내린다는 말을 아십니까?"

수사관들은 순간 침묵했다.

"남편은 애국자입니다. 고국을 희구했고, 재일 한국인에게 도움이 된다고 해서 국어학을 전공하는 사람입니다. 이런 남편에게 조국은 지독한 처사를 범했습니다. 아무런 죄도 없는 사람을, 가족의 큰 대들보를 멋대로 속여 끌고 가 온몸에 멍을 들게 해 돌려보냈습니다."

"부인, 마음을 진정하십시오."

고병천이 당장 울음이라도 터뜨릴 듯한 아내를 향해 말했다.

"저희 잘못이었습니다. 용서해주십시오."

천만의 말씀이었다. 수사관들은 분명히 뭔가 음모를 꾸미고 있었다. 나를 연행한 것을 매우 간단히 실수였다고 인정하는 것은 다른 의도가 있기 때문이다. 수사관들은 아내에게 될 수 있으면 저자세를 취하려고 노력했다. 그러면서도 고병천은 자신들이 베푼 이 자리의 핵심 목적을 언급했다.

"하지만 부인. 이번 일은 아무에게도 입 밖에 내지 않는 편이 남편을 위해서도 좋지 않을까요?"

"나도 이 나라에서 태어난 사람입니다. 시끄럽게 구는 것이 남편을 위한 것이 아니라는 것쯤은 잘 알고 있습니다."

"시아버님이 머지않아 이쪽에 오신다면서요? 친척이라 해도 이야기를 하면 귀찮은 일이 생기게 됩니다."

"시아버님께 말씀드려 가슴 아파하시는 것을 우리도 바라지 않습니다. 친정이 있는 제주도에서 기관에 연행된 사람의 가족이 어떤 일을 당했는지 잘 알고 있으니까요. 내 친구의 아버님은 어릴 적 친구들이 일본에서 조총련 간부를 한다는 것만으로도 지독한 곤욕을 치르고 집에 돌아온 뒤에 직장에서도 쫓겨나더니 결국 자살하셨죠. 나는 그런 어리석은 짓은 하지 않을 겁니다."

수사관들은 이것으로 목적을 달성했다. 보안 유지는 아내가 확언해 확실한 것이 됐다고 안심한 것이다. 아내는 아이를 안은 채 꼿꼿한 자세로 눈앞에 있는 고급 요리에 한 번도 수저를 갖다 대지 않았다. 김용성은 식사를 권하면서 서툰 말재주로 심기를 누그러뜨리려고 우왕좌왕했다.

뻔뻔스럽다고 생각한 것은 일부러 영수증을 가져오라고 해 "15만 원"이나 나왔다는 것을 이것 보란 듯이 알려준 것이다. 우리 부부는 식사에 거의 손대지 않았다. 수사관들이 열 명 정도가 옆에서 보기에도 딱할 만큼 게걸스럽게 대식가의 실력을 발휘해 먹었을 뿐이다. 15만 원이 정말인지 연극인지는 모르지만 정말이라고 해도 그것은 모두 보안사 직원들이 먹어치운 것이다. 그 사람들은 우리를 접대하며 거금을 썼다고 말하고 싶어했다. 모두 오만한 인간이었다. 어차피 자기 호주머니에서 나가지도 않을 텐데 말이다.

전화 도청과 우편물 검열은 당연히 시행했을 것이다. 독일제라는 괴물 만년필을 가방 속에 감춰 내 생활을 위축하고 무익한 것으로 만들었다. 설명으로는 전파 발신기라고 했지만 혹시나 와이어리스 마이크일 수도 있어, 섣불리 남들과 이야기해 다른 사람에게까지 폐를 끼치면 안 된다 생각했다. 다른 사람과 나누는 대화 속에 고문이라는 말이 나와도 "별로 특별한 일은 없었어요"라고 마음을 굳게 잠글 수밖에 도리가 없었다.

고병천이 서빙고에서 나를 풀어줄 때 "미친개에게 물렸다고 생각하고 잊어 버려"라고 한 말로 이미 모든 것은 끝났다. 그러나 그 말을 악몽을 꿨다고 생각하고 잊으라는 의미로 생각하지는 않았다. 석방은 됐다해도 내 마음은 아직 서빙고에 갇혀 있었다.

훗날 몰래 훔쳐본 자료나 다른 사람의 이야기를 종합해보면 우리 집에 가져온 종이봉투에 든 것은 역시 도청기였다. 그 방면의 전문가에 따르면 소형 와이어리스 마이크는 전원 때문에 지속 시간이 짧아 장시간 도청하는 것이 불가능하다. 우리 집에 놓고 간 도청기는 전파 수신이 가능한 반경도 짧아 우영기가 자동차를 타고서 우리 집에서 수신 가능한 범위 안에서 녹음하느라 하룻밤을 새우지 않으면 안됐다고 한다. 그렇게 고생 끝에 얻은 소리는 우리 집 현관 옆에서 키우는 집주인네 개가 짖는 소리뿐이었다. 도청은 실패한 것이다. 그래서 우영기는 다음 날 그 종이 봉투를 회수해갔다.

수사관들은 다음으로 노린 서 형을 검거하려고 나를 철저히 감시했다. S 공작(S가 어떤 약호인지 자세하지 않지만 권력에 따른 비합법적인 도청을 이렇게 불렀다)은 물론 우리 집과 집주인의 전화 회선을 도청했다. 내게 오는 우편물은 내 손에 닿기 전에 집배원이 수사관들에게 가져갔다. 평소 내 행동을 감시하려고 통장과 반장은 보안사의 협조망으로 활용됐고 직장 속에서는 전직 보안부 대원인 박 기사가 눈을 번득이고 있었다. 그 사람들은 매일 상층부에 내 동향을 보고했다. 나와 내 아내는 공·항만 A급 수배(김포, 김해, 제주의 각 공항은 물론 부산항의 출입국 관리국에서도 수배에 따라 A급은 출현 시 신병확보, 즉 체포)로 취급됐고, 인적사항만으로는 부족해 서빙고에서 여러 각도로 찍은 내 사진까지 뿌려 놓았다.

음모

서 형을 비롯해 한국을 오갈 가능성이 있는 내 주변 인물은 나와 접촉할 것을 염려해 B급 수배(미행 감시)되고 있었다. 한학동 출신자 중에서 주요 멤버는 모두 수배를 당하고 있었다. 그 중 서 형에게 가장 큰 비중이 실려 무역 일로 한국을 방문하는 다른 선배들은 한국을 방문해도 신병연행이 유보되고 있었다. 왜냐하면 가장 큰 비중을 둔 서 형이 얼마 뒤 한국에 올 것을 미리 알고 있기 때문이었다.

수사관들은 서 형의 한국방문 시기를 알아내려고 공작 하나를 전개했다. 서 형 부인의 친정 남동생이 병역에 복무하는 것에 눈을 돌려 군 복무자와 그 상관이 정기적으로 행하는 면담을 교묘하게 이용했다.

"몇 형제인가?"

"누이와 형이 있습니다."

"누이는 벌써 시집갔겠군."

"네, 재일 한국인에게 시집을 가 지금은 일본에 살고 있습니다."

"그래? 외국에 있으면 자주 만나지 못해 보고 싶을 텐데. 편지 왕래는 있는가? 그리고 고국에는 자주 나오나?"

"네, 아기가 태어나서요. 올 8월 15일경에 일본에서 휴가를 얻을 모양입니다. 매부와 함께 아이를 데리고 놀러 온다는 편지가 왔었습니다."

이리해 서 형의 입국 시기는 파악됐다. 서 형의 처남은 자기 가족의 일까지 세심하게 신경 써주는 상관의 배려에 감사할 뿐 그 저의는 전혀 눈치를 채지 못했다.

무슨 일이 벌어지는지도 모르고 8월 17일 다시 소재 증명을 위해 서빙고에 전화를 걸었다. 그러자 이덕룡이 "급한 번역물이 있는데 협조 좀 부탁하네"라며 끈질기게 물고 늘어졌다. 때마침 아내가 처형 집에 아이를 데리고 놀러 가 있어서 아내와 처형 집에서 만나기로 약속이 돼 있기 때문에 그것을 구실로 거절했다. 하지만 이덕룡은 곧 끝난다면서 결코 물러서지 않았다. 시간을 많이 빼앗지 않겠다는 조건으로 크라운 호텔로 택시를 타고 갔다.

호텔 앞에서 기다리고 있으려니까 김국련과 이덕룡이 포니II를 타고 와서 뒷좌석에 태웠다. 이덕룡이 조수석에서 뒷좌석에 있는 나를 향해 돌아보며 작은 눈을 더욱 가늘게 뜨고 기분 나쁘게 웃었다.

"서성수가 연행됐네. 그끄저께 8월 15일, 김포국제공항에서 내가 데려왔어. 그 녀석이 북한에도 갔다 왔다고 솔직하게 털어놓더구먼. 정말, 그

자는 자네가 서울에서 대학원에 다니는 것을 모르고 있구먼. 지금도 자네가 일본에 있는 줄 알고 있어."

이덕룡은 유쾌한 어조로 계속 말했다.

"자네 감시는 이미 끝났어. 자네를 감시하는 데 우리가 얼마나 고생했는지 모를걸? 김병진. 지금 기분은 어떤가."

무자비한 질문이었다. 내 해방과 서 형의 검거를 저울질하고 있었다. 나는 결국 나와 내 가족의 안전을 위해 서 형의 검거를 방관하고만 셈이 됐다. 이덕룡의 말은 인간이 할 말이 아니었다.

"이 봐, 어때. 뭐라고 해보라고."

김국련이 핸들을 잡고서 마치 질문을 즐기기라도 하듯 물어왔다.

"어떻게 대답하면 만족하겠습니까?"

서 형의 검거를 듣는 순간 서 형의 가족이 뇌리에 맴돌았다. 내 아내와 아이가 맛봤던 그 고통을 지금 서 형의 가족이 맛보고 있는 것이다. 참으로 나로선 아무것도 할 수 없는 건가. 후회도 자책도 아닌 생각이 가슴을 무겁게 조여들었다. 서 형이 북한에 다녀왔다고 이덕룡이 말한 이상 이제부터 수사관들이 서 형에게 행할 행위는 내게 행한 행위와 비할 바가 아닐 것이다.

나는 나 자신을 돌이켜 봤다. 어렴풋하지만 수사관들의 음모를 느낄 수 있었다. 24시간 내내 감시받는 상황 속에서 내가 감시받고 있다는 것을 입으로라도 만약 일본에 퍼뜨렸더라면 그리고 만약 한국에는 오지 말라는 연락을 시도하기라도 했다면, 목적을 달성하기 전에 체포당하고 말았을 것이 틀림없다. 나는 밀항도 생각해봤다. 그러나 젖먹이 아이를 안고 밀항을 한다는 것은 그 루트를 탐색하는 단계부터 불가능한 일이었다. 그런 생각에 고민하면서 마음을 굳게 닫고 한 달 정도 지냈다. 그 결과가 서 형의 검거였다. 나는 수사관들의 손안에서 완전히 도망칠 수 없었던 것이다. 이덕룡이 말했듯이 눈에 보이지 않는 감시에서 해방됐다. 그러나 그것은 감시가 실질적으로 끝났다는 의미는 아니며 다만 감시할 필요가 없어졌다는 것에 불과했다.

내 양손에 수갑이 채워졌다. 처음 연행됐을 때 수갑 따위는 그림자도 본 일이 없었는데, 이덕룡은 지금 내 손에 수갑을 채웠다. 서 형이 검거됐다는 것 때문에 일어난 내 정신적 동요를 증폭하려는 의도도 있으며, 수갑을 차고 서빙고 복도를 지나가는 나를 서 형에게 보여줘 후배 한 사람이 자기 때문에 붙들렸다는 자책감을 심어 주려는 의도도 있었다. 수사관들의 후일담에 따르면 수갑을 찬 나를 보고 서 형은 전율했다 했다. 서 형을 심리적으로 추궁하려고 수갑이라는 소도구를 사용한 것이다.

수사관들의 수단은 언제나 야만적이며 신파조 연극 같은 유치한 연기로 일관돼 있었다. 그러나 그 비현실적인 연기도 여러 명의 수사관과 단 한 사람의 피의자가 있는 세계에서는 그것이 피의자에게 이 세상의 모든 사건처럼 보이는 그런 이상야릇한 힘을 발휘했다.

피의자라는 것은 고용 기간도 없는 서툰 배우로 연출자 측인 수사관의 존재 없이는 움직이는 일도 불가능한 존재였다. 연출자인 수사관이 대본을 읽지 않으면 연극은 진척이 없다. 수갑이라는 소도구 때문에 서 형에게는 전율과 죄책감이, 내게는 좌절과 실망이 탄생하는 그런 시나리오가 미리 작성돼 있던 것이다. 시나리오의 주제는 '조국에 화살을 겨냥한 죄에 관한 속죄'며 '국가의 안녕과 질서를 위해 몸과 마음을 바치는 보안사의 영광'이었다.

원숭이 재롱 같은 연극이었다. 그런 서툰 연극에 감명을 받는 것은 관중도, 서툰 배우도 모두 날벼락을 맞는 것이나 마찬가지였다. 더욱 나쁜 것은 이 연출자는 배역을 끝내는 것도, 극장에서 도피하는 것도 결코 허락하지 않는다는 것이다. 서 형은 물론이고 내게도 조사가 처음부터 진행됐다. 김용성이 연행이 두 번째인 내게 말했다.

"네가 말한 것을 믿은 게 아니야. 속이려 들면 서성수와 함께 교수대에 보내버리고 말겠어."

즉결 처분에서 교수대로 처형 시간이 연장된 만큼 득인지도 모른다. 복도를 따라 남자들의 음성이 들려왔다. 그 속에서 "너 말이야"라는 한국어 억양을 닮은 일본어가 들려오기도 했다. 서 형을 위해 일본어를 할 줄 아는 사람을 데려온 것 같았다. 일본어 "오마에나(너, 자네)"가 섞인 남자 몇몇의 노기 띤 음성이 겹쳐 들렸다.

서 형은 내가 당한 것처럼 아니 그 이상으로 인간성을 말살 당하고 있을 것이다. 고문실에는 이미 끌려간 다음일까? 얼마만큼 당했으며, 얼마만큼 당할 것인가. 또한 죽음이 함께하고 있을 것이다. 감시병을 붙이는 것은 무장한 감시병으로 공갈하는 것과 동시에 피의자의 자살을 방지하기 위해서라는 것을 비로소 알게 됐다.

내가 연행당한 사실이 노출되면 한학동 출신은 한국에 건너오는 것을 망설이게 된다. 그러므로 연행 사실을 은폐해 재일 한국인 사회에 알리지 않고 보다 그렇게 할 가능성이 많은 인물이 입국하기를 기다렸다가 성과를 확대한다. 이것이 '유인 공작'인 것이다. 서 형을 연행한 뒤에도 그 공작은 계속됐다. 서빙고에 있는 서 형은 불의의 교통사고 때문에 병원에 입원한 것으로 됐다.

공소보류

서 형을 신병 구속해서 다시 서빙고에 갇히고 김용성에게서 협박당한 뒤, 나약한 인간이라는 인상을 받았던 최홍상한테 위로를 약간 받았다.

"김병진. 이 방은 서성수가 있는 방과 분위기가 전혀 다르니까 걱정하거나 경계하지 않아도 돼. 상부에서는 어쩐지 너를 기소하지 않을 방침인 것 같아. 계장(김용성)이 뭐라고 겁을 주는 말을 해도 신경 쓸 것 없어. 다만 서류를 상당한 기간 작성하지 않으면 안 되니까 이곳에서 한 달 정도 있을 것을 각오하는 것이 좋아."

내 한 몸만 생각한다면 이 이야기는 고마운 말이다. 처자식과 별거하는 것은 어쨌든 걱정하지 않아도 된다는 말이니까.

"그럼, 서 형은 어떻게 되는 겁니까?"

"서성수는 구원받을 수가 없어. 상부의 방침이라서 말이야. 유감이지만……."

최홍상은 수사관 중 사람이 좋은 편이었다. 인정이 있었다.

"그렇게 오래 걸리면 학교와 직장은 어떻게 됩니까?"

"직장으로 복귀할 수 있도록 준비는 해주겠네. 다만, 학교 쪽은 아무래도……. 한 달이래도 아예 두 달 정도는 각오하는 것이 좋고……. 1학기 동안만이라도 휴학계를 내는 편이 좋지 않을까?"

"두 달이라고요? 왜 그렇게 오래 걸리는 거죠?"

"넌 기소하지 않아. 공소보류라는 절차를 취할 거야. 그 수속에 필요한 서류를 서성수의 진술이 전부 갖춰지고 나서 작성하지 않으면 안 돼서 그래."

"내게도 죄가 있다는 말입니까?"

"걱정하지 마. 너를 별로 나쁘게 생각하지 않으니까."

내 처리에 관한 고병천의 설명은 이러했다.

"네 죄는 아직은 가벼워. 서성수와 함께 교도소로 보낼 수 있지만, 우리의 성과로 서성수 하나로도 네 몫까지 포함할 수 있으니까 너를 교도소로 보내지 않아도 좋아. 그러나 만일 너를 교도소로 보내면 너는 일생을 두고 우리에게 저항할 거야. 교도소 생활을 하고 어차피 일본으로 돌아갈 몸이니까. 일본에서 떠들어대면 우리에게 득이 될 것이 하나도 없어. 한번 죽었다 새로 태어난 것으로 생각하고 우리의 은혜를 잊지 말라고."

수사관의 설명으로는 서 형이 체포돼 내가 목숨을 건졌다는 것이다. 서 형 또는 다른 재일한국학생동맹 관계자 중 훌륭한 물건이 없었다면 상부에서는 자기의 성과를 과시하기 위해 설혹 나라도 기소하라고 했으며, 말단 수사관인 자기의 힘으로는 나를 도울 수가 없다는 것이었다. 수사관인 자신들이 제1의 은인이며 서 형은 자신이 체포됨으로써 나를 구해 줬으니 제2의 은인이라는 이야기였다.

이런 논리는 아무래도 이해할 수 없었다. 하지만 그때는 수사관들의 말에 숨어 있을지 모를 진의를 판단하기 위해 추정할 수 있는 정보가 없었다.

훗날 비밀리에 많은 재일 한국인을 연행해 조사한 것을 엿보고 어이없는 사실을 알게 돼 아연실색하고 말았다. 몇몇 재일 한국인이 나와 똑같은 '공소보류 처분'이라는 것을 받았지만, 그 사람들은 보도되지도 않고 표면적으로는 아무런 신분상의 불이익을 받지 않은 것으로 돼 있었다. 다만 간첩으로 전과만 기록돼, 수사과의 구성원들은 훈장과 포상금 그리고 해외여행을 서로 나눠 가졌다. 내가 받은 많은 불이익도 생각해보면 별 대단한 일이 아니었다. 공소보류자 중에서 나만 특별 취급을 당한 것이다.

국가보안법이 규정한 공소보류제도의 취지는 가령, 반국가 행위자라 해도 제반 상황에 비춰 볼 때, 활용하는 편이 국가 이익에 도움이 된다고 판단되는 자는 그 처분을 보류해 당국의 감독 아래 둔다는 것이다. 그러나 그런 공소보류의 본래 취지는 완전히 무시되고 말았다. 서류상으로는 간첩으로서 조작돼있지만 법정에서 공판을 유지하기 위태로운 자, 다시 말해 날조라고 수사관 스스로 인정하지 않을 수 없는 불안정한 물건에 취해지는 처치가 그때의 공소보류다.

간첩죄 성립의 풀코스

재일 한국인을 간첩으로 만드는 것은 간단하다. 조총련계 인물을 적당히 연계하면 된다. 물증 따위는 필요하지 않다.

예를 들어, 서 형의 경우는 여권, 내 경우는 여권과 학생증이 서울지방검찰청에 송치된 물증의 전부였다. 본국을 왕래하기 위한 여권과 국내 대학원에 적을 두고 있다는 것을 증명하는 것만으로 '무기 또는 사형, 또는 7년 이상의 징역에 처한다'라는 간첩죄가 성립하는 것이다.

법정에서 판사가 판단하는 것은 상황뿐으로 피고인이 범죄 사실 내용을 아무리 부인해봤자 그 진위를 구체적으로 검증하지는 않는다. 수사 당국이 작성하고 검찰이 검토해 제출하는 고발장의 줄거리에 대응하는 법조문을 검토하는 작업이 이 나라에서 재판이라는 의식이 수행하는 기능인 것이다.

예를 들면, 어떤 재일 한국인의 주변 인물에 조총련 분회 정도인 말단 조직의 간부가 있고, 그 인물이 사업 고객이었다고 하자. 고객이니까 비위를 건드리지 않기 위해서라도 "공화국(북한)은 세금이 없어 좋은 나라예요." 정도의 '북괴찬양(반국가 단체에 동조)'의 말에 호감어린 분위기를 풍기려고 "그것 참 좋으시겠군요"라고 맞장구를 쳐주는 것은 본의가 무엇이든 아주 자연스러운 일인데 이것을 '고무, 찬양, 회합'이라 한다. "이번에 한국의 친척한테 갔다 오는데 결제를 며칠 늦춰 주시면 고맙겠습니다"라고 했을 때, "그거 다행이네요. 남조선에 다녀오시는 겁니까? 나는 조총련에서 활동하는 바람에 남조선에 있는 고향에 가고 싶어도 갈 수가 없습니다. 그곳에 가시면 제 고향이 지금 어떻게 돼가는지 좀 보고 와서 이야기해주십시오"라고 해 "그거야 쉬운 일이죠"라고 하면 '지령 사항', 그 사람이 한국에 방문하면 '잠입', 돌아다니며 조총련 말단 간부의 고향이 어떻게 됐는지 알아보면 '탐문 수집', 방한 스케줄을 잘 소화해 일본행 비행기에 타면 '탈출', 훗날 거래상의 결제 때문에 그 조총련의 말단 간부에게 전화를 걸면 '통신 연락'이 되며 다음날 결산을 마치면서 "당신의 고향도 도로가 깨끗하게 포장돼 좋아졌습니다"라고 알려주면 '보고'가 되고 만다.

이것으로 간첩죄의 풀코스가 성립하는 것이다. 이런 경우에도 법정에서 하는 일은 그 조총련의 말단 간부가 실제로 존재하는지 여부를 확인하는 데 불과하다. 대부분 조총련 간부는 한국의 정부 기관에서 그 리스트를 파악하고 있고, 리스트에 빠져 있다 해도 일본에 있는 협조망이나 일본의 공안 당국, 경찰 당국의 협력으로 무난히 그리고 신속하게 찾아낼 수 있다. 또한 법정에 그 조총련 간부가 참석할 수 있는 것도 아니라서 일은 수사 당국의 뜻대로 진척되는 것이다.

수사 당국이 공판을 유지하기 위태롭다고 생각하는 경우는 재일 지도원의 이름을 구체적으로 적어 서류를 작성했지만 그 재일 지도원이 실재하는 인물이라는 것을 증명할 수 없을 경우다. 연행돼 조사를 받은 사람이 정보기관이 가한 가혹한 고문 때문에 또는 정신적으로 충격을 받은 상태를 틈타 감언이설(이런 것을 회유라고 한다)로 꾀어 괴로운 나머지 이야기를 조작할 경우는 입증이 곤란하기 때문에 공소보류나 기소유예 등으로 방향을 바꿔 검토한다.

내 경우는 통상적인 이런 케이스에서 벗어나 있었다. 재일 지도원인 한국 민단 단원 서 형이 수사관의 그물에 걸려들었으니까 우선은 서 형이 반국가 단체의 구성원이라는 것을 그럴싸한 미사여구로 꾸며 보여주는 작업을 해야 했다. 서 형이 반국가 단체의 구성원이라는 물증은 내가 알고 있기 때문에 나 자신이 서 형에게 포섭돼 있어야만 했다.

지난날 서 형과 북에 관한 화제로 대화를 많이 나눴다. 그러나 그 구체적인 내용은 김용성과 고병천이 여기가 과연 한국인가 하고 의심할 정도로 북한 서적을 잔뜩 가져다 놓고 처음 듣는 말을 연결한 것이었다.

일본에서 보낸 학창 시절에 나는 북의 주장을 알아보려고 평양이나 재일 조총련에서 출간하는 서적을 손에 넣은 적 있었다. 그러나 그 내용이 상투적인 것으로만 충만한 사실에 진절머리를 내고 있었다. 그런 내게 수사관은 북의 주장을 친절하고 정중하게 공부시켜줬다.

"우리가 피의자를 법정에 보낼 때는 여기서 북의 혁명 사상을 교육해 보낸다."

고병천은 정직하게 말했다. 고병천은 대단히 머리 회전이 빨라 보이지만 때로는 말해서 안 될 본심을 이야기하기도 했다. 그래도 자신은 실언했다고 생각하지 않는 것 같았다. 그만큼 강한 쪽에 서 있다는 확신이 고병천에게 있던 것이다.

고병천이 자신의 실언을 실언이라 생각하지 않는다는 것을 알고 나니 수사관들의 정체에 관한 내 확신은 강해졌다. 그리고 수사관과 내 견해는 처음부터 화해할 수 없었다는 것을 확신할 수 있었다.

"우리가 간첩이라고 말하면 간첩"이라고 호언장담하던 유명한 대사. "교육해 법정으로 보낸다"라는 말. 수사관들은 자신들이 한 말과 저지른 행동이 나쁘다고 전혀 인식하지 않았다.

군사 독재의 법적 표상

그런데 '반국가 단체 구성원'이라는 것은 도대체 어떤 것일까? 한국이 한반도에서 유일한 합법 정부인 이상 지도 위에 '조선 민주주의 인민공화국'은 존재하지 않게 된다. 따라서 한국에서 북한은 '적'일 수는 있어도 '적국'일 수는 없는 존재다. 그러므로 북한은 '적성 단체' 또는 '반국가 단체'며, 김일성 일당은 자기들이 정부라고 자칭하는 것에 불과하다는 논리가 성립한다.

곁들여서 1980년 5월 김대중 씨가 내란 음모죄로 구속됐을 때도 비슷한 논리를 사용했다. 일본에 한민통(한국민주회복통일촉진국민회의 일본본부)이 만들어졌을 때, 김대중 씨가 그 의장에 추대된 것이 반국가 단체의 우두머리 자리에 취임했다고 됐다. 이 경우 형법 내란죄로 무기 또는 사형에 처한다. 김대중 씨의 경우, 논리적으로는 국가보안법을 적용할 수도 있겠지만 정치적으로 배려해 그것은 피하고 있다. 법 아래 평등이 살아있다면 김대중 씨도 물론 국가보안법의 적용을 받아 마땅했다.

이런 사태와 우리의 경우를 비교해 볼 때 본국에서 아무런 정치적 힘도 없는 재일 한국인은 권력의 기분에 따라 어떻게든 요리할 수 있는 존재로 취급된다는 것을 절감했다. 국가보안법은 권력이 내키는 대로 운영을 결정하는 자의적인 통치 수단이며 군사 독재의 법적 상징이다.

포섭

수사관들과 희한한 대화가 서로 오갔다. 수사관들은 내가 언제 서성수라는 반국가 단체 구성원에게 포섭됐는지를 조작하지 않으면 안 됐다. 포섭이라는 말의 의미를 충분히 이해할 수 없었다. 그 단어의 어감이 너무나 어마어마하다.

"그것은 어떤 의미죠?"

"언제 남조선 혁명을 위해 일하자고 서성수에게 권유를 받고 OK 했는가를 말해."

그런 기억도 사실도 없었다. 하지만 수사관이 하는 말에 따르면, 나는 고베 시내의 아즈마 공원이라는 곳에서 서 형에게 포섭됐다. 나는 아즈마 공원이 어디에 있는지 몰랐다. 고베 시청 근처에 있는 공원이라고 가르쳐 주기에 겨우 그곳인가 하고 생각했다. 그러나 서 형이 내게 한 말이란, "조국의 현실에서 눈을 떼지 말고 여러모로 검토해 보자"는 것이었지 "혁명을 하자"는 것은 아니었다.

나는 한국에서 서 형과 한 번도 만난 일이 없었고, 친구인 서 형의 동생에게서 서 형이 부산에 사는 여자와 결혼했다는 말을 들어 알고는 있었지만 그 밖의 소식은 전혀 몰랐다. 그리고 서 형이 북에 갔다 왔다 해도 그것은 누구에게도 손가락질받을 일이 아니라고 생각했다. 외국인은 우리 조국의 남과 북을 자유로이 왕래할 수 있는데 당사자인 우리에게 그것이 허용되지 않는다면 이것은 앞뒤가 맞지 않는 이야기 아닌가.

서 형이 내게 말을 할 때 그 말투는 결코 김일성주의자의 말투가 아니었다. 서 형의 입북이 만약 사실이라면 그것은 김일성의 사상을 배워 '남조선 혁명'을 성취하려는 생각에서 한 행동이 아니라 조국을 관찰하려는 의도에서 한 행동이라고 확신했다. 그것은 괴롭게 번민하는 재일 한국인 청년의 정념에서 비롯된 행동일 것이다.

음산한 소리

지루한 연금 생활이 시작됐다. 수사관들은 서 형을 조작하려고 모두 달라붙었고 나는 감시병과 대좌를 계속했다. 재일한국학생동맹의 친구들이 근거지로 사용하던 고베 미츠노미야 근처에 있는 유명한 다방의 이름을 확인하기 위해 수사관이 가끔 내 방을 찾아 올 뿐이었다. 이런 작업은 서 형의 교우 관계나 행동반경 등을 일본 사정에 정통한 내게 확인함으로써 서 형의 진술이 신빙성이 있는지를 진단하고자 하는 것이었다.

할 일이 없자 잡념이 때로는 공포를 동반해 엄습해왔다. 내 한 몸은 안전할 것이라고 최홍상이 말했지만, 이제까지 속이기를 밥 먹듯이 한 수사관을 향한 불신은 지워버릴 수가 없었다. 최홍상은 유감이지만 서 형을 구제하는 것은 불가능하다고 알려줬다. 서 형과 그 가족의 이별은 바꿀 수 없는 가슴 아픈 사실일 수밖에 없었다.

아무래도 나를 몹시 괴롭게 한 것은 서 형에 관한 것 이상으로, 아직 얼굴도 모르는 서 형의 부인과 아이가 주체할 수 없이 가엾다는 생각이었다. 이런 기분은 연행 조사를 경험한 사람이라면 누구나 이구동성으로 인정할 것이다. 국가권력에 신체의 자유를 뺏긴 자라면 누구나 그러겠지만, 자기 자신에게 내려질 재난보다도 남아 있는 가족에 관한 생각이 말과 글로 다하기 어렵다. 분단된 조국이라는 십자가를 짊어질 서 형을 생각해도 그렇지만 서 형의 부인과 무엇보다도 내 장남보다 몇 개월 더 많은 서 형의 아이가 겪을 일을 생각하면 서빙고의 이 음산한 건물은 이미 지옥이었다.

멀리 서빙고역에서 들려오는 기적 소리와 팔절지의 홍수 그리고 눈으로 확인할 수는 없지만 이웃한 서빙고 국민학교의 운동장에서 떠들어대는 아이들의 함성……. 이 분위기를 전에도 어디선가 느낀 적 있는 것 같아 생각에 잠겼다. 아직 십 대였을 때, 강원도 원주에서 결핵 때문에 요양 중인 시인 김지하가 내 어깨를 끌어안으며 뜨거운 말로 나를 감싸준 일이 있었다. 그 시인의 시 중에서 〈서빙고〉란 시가 있던 것이 생각났다. 전에 감지하도 이 건물로 끌려왔던 것이다.

정체를 알 수 없는 기분 나쁜 소리가 여기저기서 들려왔다. 서빙고 건물의 구조가 어떤 부잣집 같은 탓인지 기묘한 소리가 계속 들렸다. 긴 복도가 공명체가 돼 오르간을 빠른 박자로 치는 소리가 들리고 그 뒤로는 여자의 비명 같은 이상한 소리가 반드시 들려왔다.

그런 것이 2~3일씩이나 되풀이되자 그것이 수사관의 일과 중 하나인 고문일 거라고 나름대로 상상했다. 아마 나보다 더 오랫동안 계속 구금된 여자가 매일 고문을 당하고 있을 것이다. 오르간은 아마 전기 고문기 같은 것이고, 비명의 주인공은 몇 번씩이나 이 서빙고에 끌려온 것이 틀림없다. 망상은 끝이 없었다. 이 기분 나쁜 소리의 정체가 이웃한 국민학교 운동장에서 들려온다는 사실을 알게 된 것은 상당히 오랜 시간이 흘러서였다.

연행된 그날 두 번 다시 가고 싶지 않던 심사실에 수갑을 찬 채 끌려들어갔다. 그해 11월까지 그곳에서 생활을 계속했다. 연행된 날 김용성은 언니 집으로 놀러 간 아내와 아이를 불러내 서빙고로 데려왔다. 자신을 실신하게 한 사람들을 다시 만나자 아내는 악몽이 다시 찾아온 듯해 치를 떨었다. 아내가 정신을 잃고 몸이 비틀거리자 품에 안긴 아이가 별안간 소리치듯 울음을 터뜨렸다. 그 덕분에 아내는 간신히 몸의 균형을 유지했다.

에어컨이 비치된 응접실에 나와 아내를 앉게 한 뒤, 김용성은 아내를 향해 내 죄를 큰소리로 지껄여댔다. 중화요리점에서 내 아내가 멋대로 떠들게 내버려둔 그 사건에 관해 자기들도 하고 싶은 말이 산 같이 많았다는 것이다. 그러나 국가와 민족이라는 대국적 견지에서 참았다고 말했다. 내가 근래 4년 동안 서 형과 만나지 않은 것은 결혼을 하고 마음을 고쳐

먹었기 때문이며, 나아가서는 당신 그러니까 아내 덕분에 한 인간의 죄가 가벼워졌다고 예의 종잡을 수 없는 말재주로 아내를 협박하고 달랬다.

서 형 한 사람에게 국한하는 게 아니라 많은 재일한국학생동맹 선배들에게 몇 년씩이나 내 소식을 전하지 못했다. 일본에서 OB 회를 열어도 좀처럼 모이기 어려운 사회인들인데다 나는 학업을 위해 1년에 절반 이상을 본국에 있었다. 선배들과 만나는 것은 결코 쉬운 일이 아니었다. 김용성은 내가 의식적으로 북괴의 주의 주장에 공감해 조국에 화살을 돌렸다느니, 본국 학생을 선동해 학생 데모가 격렬해지자 광분했다느니(사실은 그 반대다) 당사자인 나를 앞에 두고 득의만면해서 지껄여대고 있었다.

미운 놈에게 떡 하나 더 줘라

내 목숨만은 상부에 잘 이야기해서 살려 줄 테니까 자신들을 은인으로 생각하며 감사해야 한다고 아내를 향해 큰 공이라도 세운 듯이 의기양양하게 호언장담했다. 이때 처음 보는 체구가 작은 노인이 소용없는 항변을 하려는 아내에게 이전에 내가 작성한 진술서를 들이대며 "이것이 거짓말이라는 이야기야?"라고 김용성 편을 들며 말을 내뱉었다. 노인은 육군 준위 김성구(金成龜)였다.

그 진술서는 김성구의 말과 달리 순 거짓말이지만 아내도 내가 진실을 말할 수 없다는 걸 충분히 알고 있었다. 아내는 나를 살리려고 한 마디에 자지구레한 일을 다 내팽개치고 저자세를 취하기로 마음먹었다. 김용성은 총리였던 김종필이나 김재규에게도 담배를 주거나 커피를 마시게 하지 않았다며 나와 서 형은 특별히 대우하고 있다고 자신들의 배려를 강조했다.

아내가 집요하게 나를 조기 석방할 것을 애원하자 김동성은 "한 달 보름 정도는 불가능하지만 선처하겠다"고 둘러댔다. 그리고 "만일에 일본에 있는 가족에게서 국제전화나 어떤 연락이 오면 김병진은 출장 중이라서 집에 없다고 그럴듯하게 꾸며대고, 일본에서 누군가가 찾아오는 일이 있으면 즉각 우리에게 알려야만 한다. 아무튼 조사하고 있다는 사실이 일본에 퍼지면 남편이나 남편의 선배인 서성수를 위해 좋지 않다"고 어려운 주문을 했다. 아내가 얻은 성과는 내게 내복이나 식사를 넣는 것을 인정 받는것이었다.

아내는 쟁취한 권리를 최대한 이용해 매일 아이를 안고서 사식을 가지고 서빙고를 들락거렸다. 아내의 목적은 나를 만나는 것이었으나 내 작업이 바쁘다는 이유(사실은 시간이 남아돌 때가 많았다.)로 옷이나 식사를 놓고서 되돌아가는 날이 대부분이었다고 한다.

아내가 고집을 부렸기 때문인지 며칠 뒤에 면회가 인정됐을 때 아내는 수사관들에게 커피를 대접했다. 아내는 자신이 수사관을 상대하는 태도를 탐탁지 않게 느끼고 실망한 나를 알아차리고서 귓가에 속담 하나를 속삭였다.

"미운 놈에게 떡 하나 더 주는 법이에요."

한국에서 태어나 자란 아내의 말에 깜짝 놀랐다. 이 나라에는 약한 자 나름의 지혜가 있다. 아내는 결코 즐거워서 아양을 떠는 것이 아니었다. 다만, 굴욕을 넘어서 내 안전만을 생각하고 있다. 무모한 무리가 나와 내 가족의 운명을 좌우하는 이상 그 무리의 손아귀에서 벗어나는 일은 중요했다. 무뢰한을 상대로 자신의 존엄을 과시할 필요는 없다. 또한, 수사관들도 아내의 고집에 상당히 시달린 모양이었다. 어느 날 내 담당 수사관인 이덕룡이 말하길 매일 아내에게서 서빙고로 전화가 온다고 했다. 자신이 그 전화를 받아야 하는데 너무 자주 오니 전화를 삼가도록 아내를 설득하라는 것이었다.

"작업을 한시라도 빨리 진행하려는데 수사관이 전화를 응답하느라 시간을 뺏기면 안 되지."

간간이 들리던 "너 말이야"라는 목소리도 며칠이 지나자 들리지 않았다. 대략적인 작업이 끝난 것일까, 비명을 듣지 않게 된 것만으로도 조금 안심이 됐다. 서 형이 어떤 처지에 놓여 있는지 아무도 가르쳐주지 않았다. 최홍상이 "이 방과 분위기가 달라"라고 말한 것은 서 형이 조사를 받는 방의 분위기가 살벌하다는 의미가 분명했다. '엘리베이터 실', 'VIP 실'이라 부르는 고문실의 세례를 서 형도 당연히 거쳤을 것이다. 사람을 때리는 용도로만 쓰는 기묘한 나무 몽둥이는 당연히 서 형의 온몸을 강타했을 것이다. 며칠 동안이나 잠을 자는 것이 허용되지 않았으며 가족을 볼모로 한 협박을 받았을 것이다.

복도에서 전해지는 침묵이 오히려 으스스하게 느껴졌다. 최홍상, 이덕룡, 같은 수사 2계의 직원인 강대범과 김효수가 어떤 용무로 내가 있는 방을 들어 올 때, 그 사람들의 표정이나 말투로 저 쪽(서 형이 있는 곳은 대략적인 방향만 알 뿐이었다) 방의 분위기를 헤아릴 수밖에 없었다.

수사관들은 부산에서 연행하자 곧바로 북한에 갔다 왔다고 서 형이 솔직하게 인정했다는 이야기를 주고받고 있었다. 서 형이 북한으로 갈 수 있도록 주선한 인물(재일 지도원이라고 불린다)은 고베에 사는 서 형의 몇 년 위 선배인 C씨라고 판정하고 있었다. 어느 날, 긴장한 얼굴로 김용성과 다른 수사관들이 그 C씨에 관해 아는 것을 말하라고 다그쳤다. 그러나 나는 C씨에 관해서 C씨가 옛날에 학생운동과 청년운동을 하는 장소에 나간 적이 있다는 사실, 우연한 기회에 들은 이야기지만 C씨는 마작을 좋아하는 완전한 백수라는 사실 등 그런 인상밖에는 아무것도 아는 게 없었다. 그런데 수사관들은 "C가 마작으로 지내는 것은 북괴 공작원이라는 신분을 은폐하려는 위장"이라고 했다. 그 진위를 나로서는 뭐라 말할 수 없다. 마작은 좋아하니까 하는 게 아닐까. 위장을 운운하는 것은 나로서는 믿을 수 없었다. 수사관들이 말하는 것처럼 만일 C씨가 북괴 공작원이라면, 후배 서 형을 자신의 부하처럼 만들어(수사관의 말을 전제했을 때 이야기지만) 혁명하자고 말했다는 것 자체가 비상식적이고 어리석은 일이다. 김일성을 도저히 믿을 수 없는 사람에게 그런 말을 했다면 그것은 한마디로 식견이 없다는 것밖에 안 된다. 그런데 이런 식견 없는 일을 조국 남쪽에 서식하는 군부 독재가 이용하고 있다. 과연 이런 일의 책임을 누구에게 추궁해야 할까?

시간이 지나면서 수사관의 말투는 거의 나를 동정하는 듯한 말투로 바뀌고 있었다. 나를 위로하고 싶은 기분도 있을 것이다. 한번은 수사관 중 한 명이 이런 말을 했다.

"너는 조국의 현실을 모르기 때문에 이용당한 거야."

하지만 이것은 당치도 않은 이야기였다. 나는 지금 보안사령부에 이용당하고 있는 것이다. 김용성의 출세욕 때문에, 보안사령부의 탐욕 때문에, 군사 독재의 반민족적 존재 근거를 위장하는 하나의 액세서리로써 간첩으로 몰린 것이다. 내 한국 유학이나 조국을 향한 집착과 상관없이 재일 한국인이라면 누구에게나 붙일 수 있는 북의 공작원이라는 평가로 내 인생은 바꿔치기 당하고 있다.

그리고 서 형은 6천만 동포가 안고 있는 고뇌 다시 말해 분단이라는 이름의 십자가를 등에 짊어졌다. 이것이 재일 한국인 더구나 나처럼 일본에서 태어나 자란 2~3세에게 조국이 해주는 처사였다. 증오는 끝없이 끓어오른다. 그러나 그 분노를 음울한 서빙고 건물 안에서 터뜨릴 수 없었다.

그러는 사이에 모르는 사람 몇 명이 내 방을 출입하기 시작했다. 처음이 사람들은 구경을 하듯 전후좌우에서 힐끗힐끗 나를 응시했다. 나중에 알고 보니 이 사람들은 전국에 산재한 보안사령부 아래에 속한 보안부 대원들로서 대공 업무를 수행하는 직원들이었다.

그 사람들은 연수를 받으러 와 있었다. 김용성은 자기를 과시하고 싶었다. 그래서 과시하기에 충분한 서 형과 나라는 물건을 조사하는 과정에 교육을 한다는 명목으로 예하 부대원들이 실습하도록 우종일 과장에게 상신해 최경조(催景朝) 대공처장의 재가를 얻어 보안부 대원들을 불러 모은 것이다.

간첩이라는 신기한 물건을 볼 수 있는 좋은 기회를 놓치지 않으려는 마음과 출장으로 서울 구경을 할 수 있다는 점까지 일거양득이라는 계산 때문에 그 사람들은 연수에 앞다투어 지원했다. 처음에는 내게 아무것도 말하려고 하지 않았다. 이 햇병아리들은 서 형이 있는 방이 상당히 따분하니까 사령부 조사과 2계의 일을 방해하지 않고 쉴 수 있는 장소로써 그저 시간을 보낼 뿐인 내게 모여들었다. 내 존재에 어느 정도 익숙해지자 그 사람들은 내게 호기심을 느끼기 시작했다.

"일본의 온천에서는 남녀가 혼욕을 한다던데 정말이냐."

"티키팅이라는 것은 어떤 곳이냐."

이런 종류의 이야기만을 골라 말을 걸기 시작했다. 야비한 녀석들이라고 속으로 생각했지만 지루함을 달랠 수 있는 대화 덕분에 시간이 약간 빨리 흐르는 것처럼 느껴졌다.

대화를 나누면 비록 마음 한 조각이라도 통하는 것이다. 그 사람들이 간첩이 아주 평범한 인간에 지나지 않는 사실에 실망하는 것이 생생하게 느껴졌다. 그 사람들은 내가 나쁜 인간이 아니라는 인상을 받았다. 나는 조총련이라는 조직과 상관이 없는데도 조총련에 속아 이용당했다고 동정하기 시작했다. 보안사 상층부도 그런 이유로 나를 동정해 나를 공소한 것이 보류되리라 그 사람들은 생각했다.

"한국의 법에도 관용이 있어. 고맙게 생각하고 참 인간이 되라고. 알았지. 김병진."

절도 상습범에게 설교하듯, 내 퇴색한 마음속까지는 알지도 못하면서 그런 말을 하며 자기 혼자 희열에 빠진 사람도 있었다. 그런가 하면 대한항공기 격추사건이나 버마랭군 폭파사건이 발발했을 땐, 심사실로 반입이 금지된 신문을 가지고와서 나를 규탄하기도 했다. 대관절 내가 그런 사건과 무슨 상관이 있단 말인가. 분한 마음이 치솟았으나 그 사람들은 김용성이 작성한 각본을 맹신하고 있었다. 민간 비행기에 아무렇지 않게 미사일을 발사하는 소련의 공산주의자. 부끄러움도 없이 외국에서 동족에게 테러를 감행하는 평양의 공산주의자. 그런 것과 내가 동류라는 것이다. 그 사람들은 김용성의 최면술에 걸린 것이다.

재일 간첩 K의 이야기

그런 생활을 3주 정도 계속한 뒤 김용성이 내 방을 방문했다.

"이봐, 김병진. N이라는 녀석은 상당히 결단력이 없는 녀석이야."

심장의 고동소리가 높아지고 몸이 부들부들 떨렸다. 서 형의 검거 소식을 들었을 때와 똑같은 좌절과 흥분이 내 뱃속에서 치밀어 올랐다. N은 여러 인연 덕분에 재일한국학생동맹 시절부터 가장 친한 친구였다. N은 무역 관련한 일에 종사했다. 그러므로 한국과 일본을 빈번히 왕래하고 있었다.

김용성의 이야기는 분명히 N이 서빙고 어딘가에 있다는 것을 전제로 한다. 아마도 지하실일 것이다. 얼마 전부터 들린 남자의 낮은 신음 소리가 N의 신음 소리일 것이 분명하다. 그 녀석마저 당했다. 그렇게 생각하니 또다시 어디에도 호소할 수 없는 증오가 가슴에 치밀어 올랐다.

"그 녀석은 재일 간첩인 K와 맺어져 있었잖아."

김용성이 말하는 '재일 간첩 K'란, 이른바 75년 11·22 사건에서 모국 유학생 간첩단 사건의 배후 인물로 알려진 재일 한국인 2세로 그 K가 사건 발발 이전에 모국어 강습회를 주최한 일이 있었다. 한국의 정보기관에 있어 이것은 틀림없는 북괴의 위장 지하조직이었다. K와 관련이 있다는 걸 구체적으로 확인되면 N도 보안사의 손아귀에서 도망칠 수 없을 것이다.

김용성은 내게 N과 K의 관련을 두텁게 할 수 있는 정보를 원했다. 당연한 일이지만, 김용성이 바라는 그런 정보를 알지 못했다. 김용성에게서 이런 질문을 받는다는 것은 지금 이 서빙고 어딘가에 있는 N에게도 선배인 서 형과 관련지을 조작이 일단 포기 상태에 있다는 것을 보여주는 것이다. 또한 나는 N이 대장부라고 생각했다. 그러나 김용성은 일본에서 정치범 구제 운동이라면서 화려하게 활동하는 K와 관련을 추구하고 있다. 상대방이 국내에 있지 않은 이상 날조는 가능하다.

"N은 정치적인 일을 할 사람이 아닙니다."

나름 그래도 신중하게 한 변호였다.

"그건 네 희망적 관측이야. 하지만 간첩이 되느냐 안 되느냐는 다른 문제야. 너는 지금 주관적으로 말하고 있을 뿐이라고."

김용성이 말하는 객관성은 의심스러웠다. 김용성의 목적은 한 사람이라도 많이 재일 한국인을 간첩으로 만드는 일이었다. 내 경우도 사실의 진위 따위는 둘째 문제가 아니었던가. 2계 김용성 계장이 왔다 간 뒤로 몇 명의 수사관이 내 방을 찾아와 N의 신상을 묻고 갔다. 수사관들의 말투는 언제나 N이 북의 공작원이라는 것을 전제로 하고 있었다. N뿐만 아니라 수사관들은 일단 누군가를 연행한 뒤에는 그 사람이 북의 공작원이라고 자기들 멋대로 조작한 스토리를 일관되게 밀고 나가면서 일을 했다. 아마도 다른 방에서는 서 형이 N을 위해 계속 항변하고 있을 것이다. N은 일 때문에 한국을 찾아와서 억지로 갖다 붙인 구실 때문에 유괴당했을 것이다.

어느 날 김용성이 N을 이야기하면서 "한국에 있는 사람 중 아는 사람의 이름을 대라니까, 김병진, 네 이름을 가장 먼저 꼽던 걸"이라고 말하면서 징그러운 미소를 지었다. N은 나와 서 형이 체포당해 있는 것을 물론 몰랐을 것이다. 앞뒤 사정을 모르고 인간의 존엄이 부정당하는 광기의 세계에서 N은 허둥대고 있는 게 분명했다.

김용성에게 일본에서 자란 심성이 유약한 재일 한국인 2세를 마음대로 농락하는 일쯤은 그다지 어려운 게 아니다. 밥 먹듯이 거짓말을 늘어놓는 사람의 말은 말 자체의 의미보다도 이면에 숨긴 의도를 읽는 것이 중요하다. 김용성의 징그러운 웃음은 N과 나 사이를 이간질하려는 속셈이었다.

"N은 목숨을 구하고 싶은 나머지 친구인 너를 배신하는 거야."

김용성의 저의가 드러났다. 참으로 비열한 사람이었다.

N과 나는 둘도 없는 친구 사이로 N이 본국에 있는 지인으로 내 이름을 댄 것은 당연한 일이었다. 그 당연한 일로 잔재주를 부려 N에게 감정이 상하게 하려는 것이다. 김용성의 말을 계속 무시해 그 음모에 빠지지 않았다. 그런 날이 며칠 지나자 N에 관해서 물으러 전혀 오질 않았다. 이렇게 국면이 변하자 나는 불안과 기대라는 갈등을 겪었다. 한번은 N의 소식을 최홍상에게 살짝 물어 봤다.

"아마, 일본으로 갔을 걸."

최홍상은 간단하게 그렇게 말했다. 나는 N의 얼굴만이라도 보고 싶었다. 그렇지만 같은 건물에 있는 서 형도 한 번도 만나게 해주지 않으니 수사관들에게 그런 인간적 배려를 구하는 것도 어리석은 일이었다. 나는 N이 연행 당했다는 사실만 알 수 있었다.

소형 전기 고문기

며칠이 지나서 N을 대신해 서 형의 동기면서 내 선배인 P형이 연행 당했다는 것을 알게 됐다. P형은 보안사령부가 유인 공작이라고 부르는 거짓 정보를 믿고 서 형 병문안을 왔다가 연행 당한 것이다.

보안사령부는 서 형의 가족에게 서 형이 연행 당한 사실을 입 밖으로 꺼내는 일을 금지하고 있었다. 만일 입 밖으로 내면 서 형의 신변이 안전할지 보장할 수 없다면서(원래 안전은 보장돼지 않지만) 연행 사실을 은폐하려고 "서성수는 한국에 와 서울에서 관광 여행을 하다가 불의의 교통사고를 당해 서울시 한남동 순천향 병원에 입원했다. 회복까지 몇 개월이 걸릴 것 같다"라는 시나리오를 가족이 받아들이게 했다. 서 형의 부인은 남편을 구제하는 한 가닥의 희망을 붙잡고서 또한 일본에 있는 시부모의 심리를 깊이 생각해 보안사령부의 지시를 따랐다. 일본에 있는 가족은 며느리에게서 온 국제 전화의 내용이 뭔가 석연치 않다는 것을 느꼈을 것이다. 상세한 경과를 알 도리는 없지만 어떤 형태로 서 형의 신변에 이상이 있다는 것을 깨달은 가족은 서둘러서 서 형의 동생인 K를 서울로 보냈다. K가 연행 당한 것은 자명한 일이었다. 당국은 형제를 간첩으로 만들려고 한 것이다. 그러나 K는 며칠인가 감금 당한 뒤에 다행히 풀려났다.

다음으로 희생이 된 것은 P형이었다. 서 형이 교통사고로 입원했다는 말을 듣고서 마침 한국으로 고향 방문을 한 P형은 내친 김에 친구인 서 형의 병문안을 하려고 한 것이다. 순천향 병원의 수위는 보안사령부에서 지시받은 행동 지침에 따라서 서성수 방문자 출현을 보안사령부에 보고했다. 수위는 이런저런 핑계를 대가면서 시간을 벌었다. 그 사이에 수사관이 순천향 병원으로 급히 가 P형을 연행한 것이다.

수사관들이 원한 것은 서 형의 입북을 주선했다는 고베의 C씨와 P형이 관련 있다는 증거였다. 서 형의 교통사고가 사실인지 아닌지를 확인하려고 C가 P를 보냈다, 그러므로 P도 간첩이다. 이런 스토리를 원한 것이다.

P형은 비교적 가까운 곳에 있는 듯 "윽, 윽"하는 P형의 신음 소리가 자주 들려왔다. 김영기라는 볼품없는 2계 수사관이 내 방으로 왔을 때 "P 녀석도 상당히 의지가 약하더구먼"이라고 말하면서 독일제라는 회중 전등보다 약간 큰 물건으로 문의 철제 손잡이에 불꽃을 튕겨 보였다. 소형 전기 고문기였다. 물론 협박하는 것이었다.

"이렇게 느긋하게 할 필요 없어. 너나 서성수 그리고 P 같은 놈은 뒷마당으로 끌고 가서 6·25때처럼 빵빵 해치워 버리면된다고."

김영기에게 까만색의 무게가 꽤 나가보이는 그 고문기로 불꽃 세례를 받을 때마다 P형은 "윽, 윽"하고 신음을 토해낸 것이 분명하다. 뒷날 그 물건을 잘 보니 김영기가 말한 것처럼 독일제가 아니라 미국제였다. 미군 CIC에서 양도받은 것이라고 추측한다.

물건에 지나지 않는 재일 한국인

수사관에게 재일 한국인은 인간이 아니었다. 어디까지나 물건인 것이다. 수사관들은 자신들이 이름 붙인 '서성수 일당 사건'을 만드는 한편 또 다른 재일 한국인 관련 사건을 만들고 있었다. '박박(朴博) 사건'이라고 부르는 것이 바로 그것이다.

지방에서 올라온 햇병아리를 비롯해 수사관들이 할 일이 없자 내 방에서 잡담하고 있었다. 내가 옆에서 듣는 것을 알면서도 말을 할 정도니 '박박 사건'은 그 사람들에게 있어 정말 중요한 화제였다.

사건의 개요는 이렇다. 한양대학교 대학원에 유학한 경험이 있는 박박 씨는 일본으로 귀국한 뒤 취직을 못해 고민하고 있었다. 어찌어찌 박 씨 아버지의 친구인 O씨가 경영하는 비즈니스 학교에 취직할 수 있었다. 그런데 그 O씨의 가족 중에 북한 거주자가 있어서 기관에서 사용하는 용어로 O씨는 배후 불온자였다. 더군다나 형제를 만나려고 북한을 방문한 일이 있다는 것을 보안사령부의 재일 협조망인 도쿄 공안 직원 사노 이치로(佐夜一郎)와 원래 세력이 큰 폭력단인 야나가와 구미(柳川租)의 조장인 야나가와 겐지로(柳川 源次郎) 즉 양원석이라는 콤비가 일본과 한국은 형제국이라는 웃기는 이야기를 하며 보안사령부에 통보했다. 보안사령부로서는 절호의 첩보를 놓칠 리 없었다. 그 O씨의 비즈니스 학교와 관련한 일로 일로 박박 씨가 한국을 방문했다. 박 씨를 요리하는 것은 아주 간단한 일이었다.

O씨는 일본에서는 상당히 저명한 인물로 일본 잡지에서도 어려운 환경을 이기고 뜻을 이룬 인물로 소개된 적이 있다. 김용성의 지시로 나는 그 잡지를 서빙고에서 한국어로 번역했다. 그 잡지를 첨부 자료라면서 가지고 온 것은 사노 이치로였다.

O씨가 '조선적(朝鮮籍)'이라는 사실 등을 쓴 자료가 있어 이 사람이 반국가 단체의 구성원이라는 것을 입증하는 데는 문제가 없었다. 사건을 가

능한 크게 키우려고 본국에 있는 박박 씨의 친척들이 날조됐다. 박박 씨는 비즈니스 학교를 위해 일한 것이지 남조선 혁명을 위해 일한 것은 아니다. 하물며 박박 씨의 친척들은 말할 필요도 없다. 그러나 박박 씨의 친척들에게는 '고무 찬양죄'가 적용됐다.

그것이 고문으로 조작한 것이라는 걸 그때 나도 확실히 알 수 있었다. O씨가 '조선적'이며 친척을 만나려고 북한을 방문한 것이 사실이라고 해도 그것만으로는 O씨가 북의 비밀 공작원이라고 할 수 있는 증거는 어디에도 없었다. 우연히 자신이 취직한 곳의 경영자가 '조선적'이었다는 것만으로 간첩이라고 한다면 재일 한국인의 몇 만 명은 모두 북의 비밀 공작원이라는 말이 될 것이다. 친척 사람에게 적용된 '고무 찬양죄'도 뉘앙스를 약간 바꿈으로써(이것은 김용성의 18번이다) 아무렇게나 할 수 있다. "말했다", "들었다"라는 일을 폭력을 써 "네"라고 말하게만 하면 충분한 것이다.

박박 씨의 아저씨인 윤 씨가 내 옆방에서 조사를 받으며 폭행을 당하고 있었다. 대화는 그저 "들었다, 듣지 않았다", "말했다, 말하지 않았다"라는 말을 주고받는 것뿐이었다. 폭행당하는 고통스런 목소리가 수사관의 고함에 섞여 들려왔다.

매일매일 되풀이되는 아비규환은 그 소리를 듣는 것만으로도 미칠 지경이었다. 그러나 그것도 일상이 되면 익숙해지는 모양이다. '오늘은 이 정도로 끝났구나' 또는 '오늘은 심하게 당했군'이라고 그날의 고문을 촌평할 수 있을 정도로 여유가 생긴 나 자신을 깨달았을 때 내 자신에게 놀라고 말았다.

아무튼 박박 씨의 아저씨는 며칠 더 저항한 끝에 꼭 날조하고야 말겠다는 보안사령부의 굳은 결의를 파악했는지 광기의 세계에서 고통 받는 쪽 보다 교도소에서 2~3년을 참는 쪽을 선택하고 말았다. 조카의 범죄 사실은 바꿀 수 없는 사실이라는 수사관의 강변에 대항할 수는 없고, 조카와 면회는 전혀 허용되지 않는 격리된 상황에서 일어난 날조이므로 사태를 판단할 수 있는 어떤 자료도 없었다.

그런 상황에 정신을 뺏기고 있을 무렵 양 회장(양원석을 보안사령부에서는 이렇게 부른다)이 이끄는 우익단체인 아세아민족동맹이나 개인적인 협조망에서 보내는 일본어 자료를 김용성이 가져와 번역하게 했다.

언뜻 보기에도 이 자료는 오자와 탈자가 눈에 띌 정도로 많았고 무엇이 주어이고 무엇이 술어인지도 모를 정도로 못 쓴 잡문이었다. 그리고 이 자료가 말하는 것을 전혀 이해할 수 없었다. 대충 추측할 수 있는 말하고 싶은 내용도 대단한 것은 아니었다. 단지 보안사령부에 충성을 나타내려고 작성해 보낸 것이 분명했다.

죽음은 무엇인가

감시병이 딸린 방에서 생활하는 것이 익숙해 질 무렵 높은 창문의 바깥으로 볼 수 있던 포플러의 잎이 한 장, 한 장 소리도 없이 떨어지고 있었다. 가을로 계절이 바뀌고 있는 것이다. 감시하려고 교대로 내 방에 들어오던 감시병도 완전히 익숙해져 있었다. 감시병들도 감시만 하자니 따분해 나와 말을 나눴다.

어느 날 한 감시병이 내 눈 앞에 놓인 볼펜을 황급히 주워 들면서 "이런 것도 사용하기에 따라서는 훌륭한 흉기가 되지"라고 말했다. 감시병은 자신이 목격한 자살 이야기를 해줬다. 감시병은 그 자살 사건을 수습하는 데 상당히 애를 먹은 모양이었다. 당사자는 무료함을 달래려고 말한 거겠지만 내 처지와 장소를 생각하면 듣기에 그다지 유쾌한 이야기는 아니었다. 이런 곳으로 연행 당하면 죽음을 생각하는 것은 당연할 것이다. 이 감시병이 본 자살뿐만이 아니라 얼마나 많은 사람이 죽음에 도전해 실제로 죽었을 것인가. 감시병은 피의자의 죽음은 어디까지나 관리상의 실수라는 차원에서 말하고 있었다. 그럴 경우 겨우 문책만 받고 끝나는 것 같았다.

그런 이야기를 듣고서 며칠이 지난 어느 날이었다. 이덕룡이 "마음대로 머리를 감아도 좋아"라고 하며 자유 하나를 줬다. 나는 서빙고 안에서 처음으로 비누로 머리를 감았다. 열심히 머리를 긁자 김용성이 말없이 방에 나타나 뻔뻔한 미소를 띠고서 한 번 흘낏 본 뒤에 그대로 나갔다. 그런 김용성의 모습이 불쾌해 그대로 머리 감는 일을 중단하고서 침대에 누웠다. 어중간했지만 그래도 오랜만에 머리를 감은 탓에 쾌적하게 곤히 잠들었다. 시간이 얼마나 지났는지 모른다. 비몽사몽 하는 사이에 누군가 말을 걸어 왔다.

…… 죽음은 무엇이냐, 죽음은 무엇이냐.

…… 아무것도 아니다, 아무것도 아니다.

…… 암흑이다, 암흑이다.

아무리 일어나려해도 몸이 말을 듣지 않았다. 나도 모르게 "으악"하고 비명을 질렀다. 옆방에 있는 목욕탕의 하얀 샤워 파이프가 내 눈으로 튀어 들어왔다. 내가 깊이 잠든 것을 믿고서 맡은 일에서 이탈한 감시병과 상황실에 있던 당번병이 쏜살같이 달려왔다.

"어떻게 된 거야? 무슨 일이 있었냐고."

두 사람은 버럭 소리를 지르며 화를 냈으나 나는 대답할 수 없었다. 젊은 두 사람은 내가 자살을 기도했을까 놀란 모습이었다. 바깥에서는 우중충한 가을비가 슬픈 노래를 연주하고 있었다. 내 아내를 연금하려고 우리 집에 와있던 정명희가 나중에 말해 준 이야기가 떠올랐다. 서빙고에서 내 생활이 끝났으니 말할 수 있다면서 그녀가 말해 준 이야기란……

그리 멀지 않은 옛날에 내가 몇 개월이나 머물던 그 심사실에서 어떤 남자가 끝모를 고통에서 도망치려고 죽음을 선택한 일이 있다는 이야기였다. 감시병이 말한 그 자살한 사람은 내가 있던 방에서 샤워용 하얀 호스를 사용해 목을 매고 죽었는데 비가 부슬부슬 내리는 날이었다고 한다. 그 뒤 서빙고 분실의 관리병들은 죽은 자의 망령에 골치를 썩었다. 망령이 나올 때는 꼭 비가 내리는 밤이라고 한다. 망령이 나타나는 것이 한두 번이 아니자 상층부에서도 이 일을 중요하게 여기고 고사를 지내기까지 했다고 한다.

나는 그런 비과학적인 미신을 믿지는 않는다. 그러나 내 기묘한 절규가 정신적으로 막다른 골목에 몰려 계속 긴장한 끝에 나타나는 몽상의 산물이었는지 차마 죽을 수 없었던 통한의 영혼이 이룬 업인지 아직까지 알 수가 없다.

간첩 보도

기억은 그때의 상황이 빙글빙글 교차해 시간 개념이 흐릿해져 있다. 달력과 시계가 없이 그저 광기의 시간만이 내 희미한 희망도 무시하고 지나가버릴 뿐이었다. 오로지 침묵을 지키며 조용히 앉은 나를 시간이 에워싸고 내 운명을 타인이 논하며 결정하는 시간이었다. 그 시간에 관여할 권리가 전혀 없었다.

김용성은 침묵과 순종을 강요하면서 박박 씨와 서성수 일당(관련자는 나 하나인데 수사관들은 모든 문서에 일당이라는 호칭을 붙였다)이라는 성과 두 개에 회심의 미소를 짓는 것으로 만족하지 않았다. 자신과 상관의 진급 심사에 더욱 선명한 이미지와 센세이션을 작용하려고 전임자가 상투적인 수단으로 구사하던 '보도의 묘'를 이용하기도 했다.

수사과에 근무하는 사건반이 치밀한 계획을 짜 KBS(한국방송공사)와 MBC(문화방송, 5·16 박정희 군사혁명 주체세력 계열의 재단이 운영해서 전두환 정권의 언론기구통폐합 때도 살아남은 유일한 민간 텔레비전 방송)에 있는 보안사령부 정보처의 파견 직원을 통해 주도면밀하게 준비했다. 특별 프로를 작성하는 실무진에게 기생 파티라는 접대를 제공하고 거액의 격려금을 내렸다. 사기극의 사전 교섭은 언론계에 서식하는 타락한 사람을 중심으로 진행했다.

어느 날, 아마 10월 초일 것이다. 단정한 옷으로 갈아입으라는 지시를 받고 아내가 넣어준 가을용 긴 팔을 입고 있자 수사관들이 굽실거리면서 과장이라는 사람을 안내해왔다. 말의 억양 때문에 체구가 작은 그 사람이 충청도 출신이라는 것을 바로 알 수 있었다. 우종일 과장은 첫 대면인 이렇게 말했다.

"김병진. 국가를 위해서 하는 보도야. 사명감을 가지고 임해주게. 당신의 얼굴은 텔레비전 화면에 우윳빛 유리로 보는 것처럼 밖에는 비치지 않아. 목소리도 바꾸지."

수사관들이 전부터 우회적으로 내비치던 보도를 우종일 과장은 구체적이고 상사한 시나리오와 함께 지시했다. 그 옆에서 장점이라고는 몸이 건장한 것밖에 없는 김양규(金☒圭) 육군 중사가 상사에게 잘 보이고 싶은지 지금까지 한 번도 말을 건 적이 없으면서 "이 정도의 일을 하는데 뭘 고민해. 아니면 아직도 우리한테 반항하는 건가?"라고 말하며 흥분하기 시작했다.

미련한 인간이 모조리 모인 곳 같았다. 김양규가 김용성의 부하라는 사실은 태도를 보고 이미 알고 있었다. 김양규는 지금까지 타부대 사람이라고 생각될 정도로 내게 전혀 간섭하려 들지 않았다. 그런데 과장이라는 사람 앞에서는 마치 자기가 나를 취급해 온 듯 위세를 부렸다.

이해하기 어려운 일만 계속 일어나서 사소한 일에는 동요하지 않았다. 그러나 인간적인 모멸감을 주는 김양규의 태도에는 질리고 말았다. 수사관들이 하는 일은 결국 협박과 속임수인데 내가 텔레비전 출연을 거부한다고 받아들여질 리 없었다.

최홍상이 나를 부르러 왔다.

"서성수는 심사실 안에서 인터뷰에 응했지만 너는 야외에서 촬영한다. 자유로운 분위기를 풍길 수 있을 거야."

그것이 네게 베푸는 선처며 지금까지 했던 말이 거짓이 아니라는 것을 간접적으로 입증하고 있다는 듯한 말투였다.

야외로 끌려나갔다. 보도 기자와 카메라맨 대여섯 명이 서빙고 건물의 뒷마당에 모여 내 등장을 기다리고 있었다. 그 사람들은 나를 보자 한결 같이 얼굴을 굳혔다. 그리고 일부러 나와 시선이 마주치는 것을 피했지만 내가 시선을 다른 곳으로 옮기면 그 사람들은 나를 응시했다. 나를 찍기 위해 비스듬하게 좌우에 두 대의 카메라를 삼각대 위에 놓았다. 하나는 KBS 것이었고 다른 하나는 MBC 것이었다.

나는 잔디 위에 앉았다. 최홍상은 지금까지 자신들이 한 말이 거짓이 아니라는 것을 마치 확인이라도 하는 것처럼 안경을 벗으라고 지시했다. 자연스러운 모습으로 잔디에 앉아있는 분위기를 내려고 코치를 받은 뒤에 KBS 아나운서가 진행하는 리허설이 실시됐다.

과장 우종일, 김용성, 김덕룡, 고병천, 최홍상, 김국련, 김효수 등 2계 수사관들과 어디의 누구인지 모를 사람들이 카메라 주위에 모여서 내 데뷔를 지켜보고 있었다.

아나운서가 마이크를 내게로 향할 때마다 나는 우종일이 말한 내용대로 말하려고 했다. 그러나 생각대로 되지 않았다. 경험하지 않은 일을 정말로 내가 한 일처럼 말하는 것이므로 텔런트 정신이 투철하지 못하면 불가능한 일이었다. 김용성이 계속 녹화를 중단하며 주문을 했다.

"김병진. 네가 학생 데모를 선동하니까 국내 학생들이 긍정적인 반응을 나타냈다는 내용이 빠졌잖아."

"국내 학생의 신상정보를 서성수에게 보고했다는 내용이 빠졌잖아."

김용성은 자신이 만든 스토리에서 빠진 곳이 마치 내 부주의 때문이라는 듯한 말투였다. 그 요구는 끝이 없었다.

카메라맨을 의식했는지 김용성의 말투는 평상시답지 않게 부드러웠다. 보도 기자들은 이미 상세한 약속을 보안사령부 측과 끝내서 내게 특별히 주문하는 것 없이 곧바로 녹화로 들어갔다. 나는 배우처럼 머리에 새긴 대본을 읽어내려갔다. 아무렇게나 될 대로 되라고 자포자기한 것이다.

녹화가 끝나자 수사관들이 "잘했어!"라고 모두 나를 칭찬했다. 사람의 기분도 모르고 제멋대로 잘도 지껄인다고 속으로 투덜거렸지만 도리 없는 일이었다. 수사관들은 텔레비전에는 서 형도, 나도 가명으로 나온다고 말했다. 그렇지만 생각해보니 그 말도 이상했다. 수사관들의 말을 나는 결코 믿지 않았다. 그러나 수사관들에게 저항할 수는 없었다.

하라면 하라는 대로 움직이는 내 태도를 보도 기자들이 어디까지 파악했는지 모른다. 그러나 보도 기자들도 묘한 느낌을 느끼고 있던 것 같다. 그런 내 희망 섞인 관측을 섞어 "이렇게 하면 되는 겁니까? 아무래도 이야기가 실감이 나지 않는데요."라고 은근히 불평을 보도 기자들에게 전달해봤다. 그러자 KBS 기자는 내가 아닌 내 말을 옆에서 듣던 고병천을 향해 "상세한 부분은 조금 틀려도 상관없어요. 어차피 보도 간첩이니까요"라고 대답했다.

'보도 간첩'이라니. 묘한 말도 다 있다고 생각했다. 보도를 위해서라면 사실 따위는 아무래도 좋다는 말인가. 매스컴에 종사하는 인간이 "어차피 보도 간첩" 따위의 말을 쓴다면 간첩 보도라는 것은 거짓말이라도 괜찮단 말인가. 어마어마한 속임수를 본 듯했다. '국민의 대공 경계심을 개발 고취한다'는 미사여구를 위해 짜인 기만 하나가 '간첩 보도'의 진실인 것이다.

조서 작성이라는 이름의 거래

서 형의 진술이 모두 나와서 그것에 맞춰 내 진술서를 작성하기 시작했다. 그것은 이덕룡이 지시하는 내용을 내가 옮겨 쓰는 것이다. 내 진술서 내용이 짧으면 안 되는 사정이라도 있는 듯이 이덕룡은 "네가 존경하는 인물이 누구지?" 따위의 즉흥적인 질문을 했다. 그 말을 듣고서 내 가슴에 떠오른 인물은 최현배 선생님이었다. "최현배? 현 주소는? 지금 몇 살이야?"라고 바쁘다는 듯 이덕룡이 재촉하자 나는 잠시 멍하니 있었다. 그리고 이곳이 어디라는 곳도 있고 큰 소리로 웃고 말았다.

"이덕룡 씨, 당신은 정말로 최현배 선생님을 모릅니까? 그 분은 지금 고인입니다. 일본 경찰에 체포돼 독립운동을 하셨다는 혐의로 함흥형무소에서 사형 집행을 기다리다가 해방을 맞이한 애국자예요. 연세대학교에서 국어학을 전공한 내 동문에게는 하느님 같은 존재고 그리고 국민학생도 최현배 선생님의 이름을 모르는 아이는 없을 겁니다."

이덕룡을 비꼬려는 마음은 그다지 없었다. 그러나 이덕룡의 얼굴이 붉으락푸르락해지는 것을 보고서 상당히 비꼰 셈이 됐다는 것을 알았다.

실례된 말이지만 보안사령부 수사관들은 학창 시절에 그다지 공부를 잘하지 않은 모양이다. 한 순간 내게 취하던 고압적인 태도가 누그러진 이덕룡은 말도 안 되는 것으로 나를 추궁하려 들었다.

"거짓말하지 마! 네가 존경하는 건 김일성이야."

이런 대화는 한두 번이 아니었으나 사람의 마음마저 제멋대로 하는 데야 당해낼 도리가 없다. 서빙고 생활에 상당히 익숙해진 탓도 있고 울적한 불만도 겹쳐서 나는 짜증을 내고 말았다.

"왜 그렇게까지 사람을 마음대로 갖고 놀고 당신들 마음대로 말하게 하고 쓰게 하는 겁니까?"

이덕룡에게 대들고 말았다. 이덕룡의 반응이 마음에 걸렸다. '아차!' 하고 생각했다.

"알았어, 알았어, 네가 말하는 대로 해 주지."

의외로 이때만은 순순히 내게 꺾였다.

신문조서나 진술서를 작성하는 것은 이제는 거래였다. 보안사령부의 요구는 어느 부분까지 강요였고, 내 주장은 아주 일부지만 수사관들이 양보해 인정했다.

이때, 사실은 무엇이냐 따위는 상관도 없다. 이런 일이 대수로울까한 일을 수사관들은 대서특필하고 일부러 빨간 볼펜으로 밑금까지 그어서 상부에 보고했다. 옛날에 일본에서 서 형을 만났을 때 한국의 잡다한 이야기를 하면서 "짜장면이라는 것이 중국 요릿집에서 팔리는데 그것이 무척이나 싸고 맛있었다"라고 말한 일이(거의 10년 전 옛날에 서 형에게 말한 기억이 있다) "서울의 물가 시세 등을 탐지, 수집, 보고해 간첩짓을 하고……"라고 쓰였고, "1980년 5월의 계엄령 아래에서 네가 봤던 일을 말하라"라는 질문에는 김용성이 가세해 "연세대학교 내부에 공수여단 부대원 몇 백 명이 주둔했고 대학원생을 제외한 모든 학생의 입교를 통제하고 장갑차 2대가 대학교 정문을 봉쇄하고 병사들은 M16으로 무장하고 있었다. 김포국제공항에서는 각 게이트에서 검문을 실시하고 군부대가 완전히 시설을 장악하고 있었다"라고 마음대로 작성했다.

이 문장은 김용성이 심사실로 가지고 온 그때의 군부 기록에 따라 숫자 등 매우 상세하게 보충됐으나 군대 용어를 모르는 나로서는 기억할 수도 없는 내용이었다. 우선 M16이 어떤 총인지도 몰랐다. 이런 시나리오를 멋대로 쓰고 마지막에 김용성과 이덕룡이 말했다.

"너는 이런 일을 서성수에게 보고했어."

말하지 않았다고 반항해봤으나 수사관들은 이런 부분에서는 결코 지지 않았다. 내 진술과 비교하려고 가지고 온 서 형의 진술을 보더라도 이미 나한테 그런 이야기를 들은 것으로 돼 있었다. 사실을 떠나 제멋대로 조서를 작성하고 그것에 저항하는 것이 불가능하므로 피의자는 그저 시간이 지나기만을 바란다. 이것이 비단 나 하나에게 국한한 일이 아니지 않느냐고 체념하기에 이르렀다.

아마도 감옥에 갈 것이라는 것을 알고 있을 서 형도 보안사령부가 날조한 허위에 그렇다고 말하게 유도당하고 있을 것이다. 허위의 근거를 사람의 마음이 약한 것에서만 찾을 수는 없다. 광인을 상대하면 누구나 그런 무리에서 한순간이라도 빨리 도망치고 싶은 생각만 절실해진다.

언어만 있는 세계에서 그리고 사태를 판단할 여건이 제약된 시간 속에서 내 진술이 서 형의 진술과 일치하지 않을 때 서 형이 겪을 육체적 고통을 생각하면 아무래도 이까짓 일이야 저 쪽이 말하는 대로 하자는 생각이 고개를 쳐든다. 서 형도 나를 배려하려는 똑같은 감회에 빠질 것이 분명하다. 애당초 수사관들이 마지막까지 나와 서 형의 접촉을 허용하지 않으려 한 이유가 여기에 있다. 나와 서 형이 함께 사실을 확인하는 시간이 있었다면 조서의 내용은 조금 더 사실에 가까웠을 것이 분명하다. 보안사령부는 그것을 가장 두려워했다. 나와 서 형을 철저하게 고립하고 격리해야만 우리를 자신들이 원하는 물건으로 최대한 끌어올릴 수 있었다.

서 형의 조서를 작성하려고 내 진술을 조정하는 작업이 끝나자 내게도 진술서를 작성하라는 지시가 내려왔다. 진술서 작성은 아주 단순한 작업이었다. 수사관이 작성한 조서를 보면서 매우 딱딱한 수사관의 법률 용어를 쉬운 표현으로 고쳐서 베낄 뿐이었다. 나는 이 작업을 위해 이덕룡에게서 상세한 코치를 받았다.

조서는 〈간첩 김병진 신문 조서〉라는 제목으로 돼 있으며, 항목마다 수사관이 질문하고 내가 그것에 대답한다는 형식이었다. 그러므로 우선 수사관의 질문이 있다. 평소에는 욕설을 퍼붓는 주제에 문서에는 정중한 말투로 고쳐썼다. 예를 들면, "당신의 성장 과정을 말씀해 주십시오"하는 투다. 내 진술서에서는 그 문장을 "제 성장 과정을 말씀드리자면"이라는 식으로 내가 스스로 말하는 것처럼 수정하면 되는 것이다. 조서 안에 "탐지 수집"이라는 말이 있으면 그것은 "걸어다니며 보면서 잘 기억했습니다"로 고치면 되는 것이다. 나아가서 또한 "보고"라는 말은 "서성수에게 말했습니다"라는 식으로 고쳐썼다. "검사나 판사가 보더라도 강요된 것이 발각되지 않도록 연구하라"는 것이 이덕룡의 주문이었다.

조서나 진술서 안에는 임의성 따위는 눈곱만치도 없었다. 임의성은커녕 완전히 수사 당국이 고의로 만든 작문이었다. 그런데 이런 것도 이 나라에서는 당당히 공문서로 통용되고 취급된다. 나뿐만 아니라 일단 조사를 받은 사람은 모두 그저 권력의 탐욕을 채우기 위한 물건에 불과했다.

진술서를 쓰는 사이에도 약간의 트러블이 있었다. 시키는 대로 열심히 진술서를 쓰는 내 모습을 본 수사관이 안심하고 방을 나간 사이에 나는 조서의 내용을 생략한 것이다. 이것은 내가 수사관들을 약간 얕잡아 봤기 때문이다. 그러나 아무리 눈을 떼고 있어도 진술서의 단어 하나, 문장 하나를 나중에 반드시 점검하곤 했다. 깜박 했다라고 얼버무렸으나 그 작문은 폐기되고 새로운 용지가 주어졌다. 내가 그것을 그대로 쓰자 수사관들은 글씨를 잘 쓴다며 부추기기도 했다.

때때로 나를 '국문학자'라고 부르면서 이덕룡이나 이종극 그리고 김용성까지 한글 철자법을 물으러 왔다. 내 전공은 '국문학'이 아니라 '국어학'이라고 말해도 끝까지 나를 '국문학자'라 불렀다. 가장 자주 물으러 온 것은 이덕룡이었다. 실제로 불어 정도는 아니지만 한국어 철자법은 어른이라도 완벽하게 습득하기 어려운 면이 있다. 한글이 '표음소 문자'기 때문이다. 한국어 형태론은 대학원에서 내가 연구한 테마 중 하나였으므로 나는 수사관들에게 보배로운 존재였다. 그러나 수사관들은 때로는 어린애라도 알고 있을 듯한 것까지 물으러 왔다.

본국에 사는 사람이 더구나 이종극 같은 환갑에 가까운 노인까지 재일 한국인에게 한국어 교습을 받는 광경은 상당히 우스운 것이라고 내심 생각했으며 수사관들이 배움이 없는 사람들이라고 생각하지 않을 수 없었다.

재일 한국인의 마음의 갈등을 누가 풀 수 있는가

이름만 들어도 한국 국민이라면 마음을 긴장하지 않을 수 없는 '천하의 대보안사령부'지만, 그 알맹이는 속임수와 어리석음 덩어리라고 말해도 틀리지 않다고 생각한다. 수사관들이 믿을 것은 국가의 권위와 민중의 어리석음뿐이다. 그런 무리가 권력 기구에 박혀있으며 나아가 권력의 중추며 권력을 생산해왔다. 그러므로 이 나라의 비극은 손을 댈 수 없을 정도라고 말해도 되지 않을까.

　진술서를 쓰는 일에 며칠을 소비했다. 서 형의 방에서 기발한 날조가 만들어질 때마다 그 내용에 맞춰 진술서를 다시 썼다. 그 지시는 물론 이덕룡이 했고 나에게 거절할 권리가 있는 건 아니었다. 아니 오히려 그 이상으로, 내가 부정하면 서 형이 당할 사태를 생각해 "이까짓 일이야 그쪽 말에 맞추지"라는 생각을 했다. 그것은 반은 타성처럼 돼버렸다. 나는 "그래, 그래"라고 말할 수도 없었지만 수사관들이 하는 말을 반론하지 않고 받아들이고 말았다.

　서 형은 북에 갔다 왔다는 사실을 인정하는 바람에 이 광기의 무리에서 도망칠 수 없다는 사실을 확실히 알고 있는 것이 분명했다. 가족 생각 때문에 그 마음은 엉망진창이 됐을 것이다. 나아가 나라는 후배 한 사람이 자신과 관련이 돼 '인간의 존엄성을 부정당하는 일'에 휘말린 것 때문에 속앓이를 하고 있을 게 분명했다.

　수사관들은 "서성수를 만난 것이 너를 망쳤다"라고 했지만 나는 전혀 그렇게 생각하지 않았다. 수사관들이 말하는 망쳤다라는 말은 서 형에게는 교도소로 가는 일이고 내게는(물론 서 형에게도 마찬가지) 간첩이라는 낙인이 찍히는 일이었다. 그러나 이것은 본말이 전도된 이야기다. 정말로 내 인생이 망가졌다면(나는 내 인생이 망가졌다고 아직 생각하지 않는다) 그런 말을 뻔뻔스럽게 내뱉는 이덕룡, 고병천 그리고 김용성의 인생은 도대체 무엇인가. 보안사령부와 그것들에게 봉급을 주며 보필을 받는 전두환 군사 독재 정권은 어떻게 되는 것일까. 서 형과 나는 그것들에게 능욕당하는 나약한 존재에 불과하다. 그것들은 권력이며 우리는 일개 재일 한국인인 것이다. 바로 그것들이 내 인생을 망가뜨리는 것 아닌가.

아무튼 간첩 전과 때문에 앞으로 뒷골목 인생을 걸어야만 한다는 협박은 내 마음에 전혀 동요를 일으키지 않았다. 왜냐하면 그것은 허위기 때문이다. 나는 불행한 이 시대를 사는 재일 한국인으로서 민족 분단의 현실을 엿보려했고 엿보려고 노력한 일은 사실이다. 그렇게 노력하는 과정에 유능하고 견문과 학식이 풍부한 선배들을 만났고, 그 중에 서 형이 있던 것에 불과했다.

"서성수는 북에 간 적이 있다."

그럴지도 모른다. 그러나 분단된 조국 남쪽에서 더군다나 국민에게 총구를 겨누면서 존립하는 군사 독재 정권에서 조국과 민족을 찾고 그 미래를 갈망하는 재일 한국인이 사상적으로 방황하고 마음 속으로 갈등한 궤적을 심판할 권리는 그 누구에게도 없는 것 아닌가. 만일 그것을 심판할 자가 있다면 그것은 오만이라고밖에 할 수 없다.

전두환과 김일성에 관한 몽상

서빙고 내 방은 한밤중에도 소등하지 않았다. 수면이 제한당하는 가혹한 일은 없어졌지만 숙면 따위를 바랄 수 없었다. 왜 이런 처지에 놓였는가. 서 형과 그 가족의 앞날은 어떻게 되는가. 나와 내 가족은·······.

이런 상념에 사로잡히면서 그날 얼마 동안이나마 접촉한 수사관들의 일거수일투족을 되새겼다. 그런 시간을 거듭 보내는 일은 내 망상을 한편으로 끝없이 팽창하게 했다. 수사관들의 행동을 이해하려고 몽상 세계의 도움을 빌어 다음 이야기를 만들었다. 단순히 만드는 정도가 아니라 그것을 진실이라고 납득했다.

나와 서 형을 이런 경우에 빠뜨린 장본인은 다름 아니라 김일성과 전두환이다. 두 사람은 매일같이 그리고 잠시 아쉬워하면서 서로를 통렬한 말로 비판하고 매도한다. 그러나 그것은 그저 몸짓에 불과하다. 두 사람은 출입 금지 지역인 군사 경계선 비무장 지대에 호화로운 별장을 짓고 서울과 평양에서 헬리콥터를 타고 밤마다 날아와서 파티를 연다.

김일성: 전 선생, 당신의 수완은 정말 대단하오. 일본에서 태어난 교포 청년을 그렇게 교묘하게 이용해 국민에게 본보기로 삼고 있으니 말입니다. 이게 몇 명째입니까? 그때마다 남쪽 국민은 위축하죠. 전 선생, 자, 계속 재일 한국인과 나 김일성을 이용해주시오. 서로 기브 앤드 테이크가 아닙니까. 아하하…….

전두환: 그렇게까지 칭찬을 하시다니 황송하군요. 이것도 모두 당신 덕택입니다. 원래 어리석은 인민을 어떻게 통치하는지 김 형 당신에게 배운 것이니까요. 당신이야말로 내 스승입니다. 무엇보다도 재일 한국인을 통치 수단으로 이용한 것은 김 형 당신이 먼저니까요. 몇 십만 명이라는 재일 한국인을 받아들여 부족한 노동력을 보충하면서, 조선민주주의 인민공화국을 지상 낙원으로 그리며, 재일 한국인이 귀국한 것을 나라 안팎에 선전하는 일석이조를 이룬 것은 김 형 당신의 독창적인 작품입니다. 내가 겨우 재일 한국인 몇 백 명을 간첩으로 만드는 것과 정확히 말하자면 차원이 다르죠, 차원이.

김일성: 하하하, 그거야 어쨌든 전 선생, 서로의 전도를 축하하며 건배합시다. 저도 요즈음에서야 아들에게 권력을 이양하는 것을 겨우 끝내서, 야아, 정말 커다란 짐을 내려놓았어요. 오늘은 정말 기분이 좋아요.

전두환: 그저 축하드립니다. 나는 반정부 학생이나 재야 세력이라는 똥파리 같은 녀석들 때문에 밤에도 잠을 이루지 못하는데 정말 부러울 따름입니다. 이제는 더욱 김 형의 지도를 받아야만 되겠군요.

서빙고 방에서 그런 공상을 되풀이하며 전두환과 김일성 사이에 이런 대화가 실제로 오고가는 게 틀림없다고 믿어버렸다. 나와 서 형 그리고 일본과 본국의 많은 사람을 간첩으로 만든 장본인은 그 두 사람이다. 내가 처한 이 상황도 그 두 사람이 합작해 연출한 속이 빤히 들여다보이는 연극이라 믿어 의심하지 않았다.

막다른 곳까지 추궁당하고 고립된 내 머리는 반공과 혁명의 상관관계가 모든 열쇠를 쥐고 있다는 생각에서 도저히 벗어날 수 없었다. 혁명의 지사도 아닌 내가 혁명가 그것도 내가 혐오해 온 김일성의 종복이라니. 아무리 부정해도 조국의 권력은 내 진실을 계속 무시했다. 수사관들은 내가 김일성의 추종자는 아니라는 것을 충분히 알고 있었다. 그러나 만들기 위해서 그런 것은 아무래도 좋은 것이다. 서 형의 경우도 그럴 것이다. 서 형의 진실이 어디에 있든지 "북에 갔었다"라는 것만으로 모든 것이 정리되고 수사관들을 만족시킨 것이다.

기묘한 주문

내 진술서가 대강 끝날 무렵에 이덕룡이 기묘한 주문을 했다.

"그 진술서가 끝나면 이번에는 네 자서전을 만드는 거야."

자서전? 미주알고주알 출생부터 지금까지 일을 들어놓고서 이제 와서 자서전이라니. 도대체 무슨 이야기냐고 속으로 생각했다.

"뭡니까, 그 자서전이라는 것이?"

"대단한 일은 아니야. 높으신 분이 네 경력이나 인간성을 보고 싶다는 거야. 여하튼 이곳에 잡혀와서 살아남은 녀석은 없었거든. 너에게 상당히 관심이 있는 모양이야."

피의자가 아닌 다른 관계로 보안사령부와 인연을 맺고 싶지 않은 것은 당연했다. 한시라도 빨리 이 건물에서, 이 무리에게서 도망치고 싶었다. 진술서를 끝내면 합쳐서 4개월에 이르는 구속 생활에서 해방될 거라는 희망이 또다시 멀어진다고 생각하자 최근 몇 개월 동안 느낀 관료의 방자함이 신경질 나도록 저주스러웠다. 그러나 마지못해 자서전이라는 것을 써봤다. 쓰고 싶지 않은 자서전을 쓰는 붓놀림이 좋을 리 없었다.

"이러면 됩니까?"

"짧아. 이런 건 안 돼. 높으신 분이 성의가 없다고 화를 내면 어떻게 해. 적어도 네가 쓴 진술서 정도의 두께는 돼야지."

어디에서 태어나 어느 학교를 졸업했다는 내용을 몇 장 적당히 써서 건네자 이덕룡은 내용을 보지도 않고서 말했다.

이덕룡은 자서전에 상당히 신경 쓰는 것 같았다. 자서전을 고쳐썼다. 내용도 진술서를 각색해 약간 토를 달고 다시 한 번 이덕룡에게 검열을 청했다. 이덕룡은 불만스러운 듯 투덜거렸으나 아무튼 내 작품을 수리해 줬다. 그런데 그 자서전은 그저 단순히 상부의 호기심을 만족시키기 위한 것이 아니었다. 며칠이 지나자 상당히 말하기 거북해하며 이덕룡이 말을 걸어왔다.

"김병진. 상부에서 너를 보안사령부 직원으로 채용하고 싶어 한다."

아닌 밤중에 홍두깨란 이런 경우를 두고 하는 말이리라. 연행 당한 뒤, 사기와 고문을 되풀이해 당하면서 서빙고에서 한시라도 빨리 도망치는 일이 엉망진창이 된 내 마음과 몸을 다시 살리는 길이라고 믿고 서빙고에서 한시라도 빨리 벗어나는 일에만 기대를 걸고 있던 내게 보안사령부의 요구는 청천벽력이었다.

"무슨 이야기인지 잘 모르겠습니다."

"너를 살려주는 우리의 은혜에 보답하는 길은 보안사령부 일원으로 일하는 것이야."

직장에 복귀하고 공부를 계속할 수 있다고 최홍상뿐만 아니라 다른 수사관도 계속 말했다. 이렇게 되면 감쪽같이 속은 셈이다. 이 사람들은 나를 역적으로 만들고 그 역적을 이번에는 동료로 만들려는 것이다. 도대체 이 사람들은 무슨 생각을 하고 있는 것인가. 이 무리가 이런 사고방식을 가지고 있다는 것이 두려워서 견딜 수 없었다. 왜 이런 생트집을 강요하는 것일까. 역적을 향해 전두환의 하인이 되라는 이 무리의 사고와 행동은 보통 인간으로서는 도저히 이해할 수 없었다.

그때부터 파격적인 취급을 받았다. 진술서가 완성되고 자서전을 완성한 뒤로 완전히 석방된 것은 아니었으나 자택 출근이 인정됐다.

"자아, 진술서를 작성하고 서명 날인한 이상 너는 어디서 객사를 하든 마음대로야."

이것은 이덕룡이 늘 써먹는 틀에 박힌 말이었다. 부분적으로 석방한 목적이 회유라고 짐작할 수 있었다. 나를 자신들의 직원으로 만들려는 나름대로의 생각에서 나를 배려한 것이다.

특별 채용

아내와 아이가 기다리는 집으로 돌아가는 일이 허용됐다. 당연히 석방돼서 기뻤다. 사랑하는 가족과 떨어져 있는 일이 얼마나 큰 고통이며, 반대로 가족과 재회하는 일이 얼마나 사람의 마음을 안심시키는지 그 감동을 절실하게 가슴으로 느낄 수 있었다.

모든 것은 끝났다는 아내의 표정을 보며 아이를 껴안을 때, '그렇지 않아. 아무것도 끝나지 않았어'라는 사실을 말할 수 없었다. 사실을 말해야 했다. 그러나 좀더 기쁨과 안도의 시간을 누린 뒤에 말하는 것이 좋을 거라고 생각했다. "구속은 해제됐어. 그러나 잠무가 남아서 당분간 서빙고로 다니라더군" 이렇게 말하기로 하고 조용한 밤을 보냈다.

이덕룡의 말은 아무래도 마음에 걸렸다. 수입도 없이 몇 개월을 지내면서 아내의 반지 등 액세서리 종류는 모두 자취를 감춘 채였다. 아이에게 주던 젖도 끊긴지 오래라 일본에 있는 아버지께 분유를 부탁했지만 그때까지 도착하지 않았다. 직장으로 복귀가 가능하다는 이야기는 휴지 조각이 됐고, 보안사령부로 출근하는 내게 김용성은 매일 회유했다. 보안사령부로 특별 채용된 것은 처음부터 결정된 회유인 것이다.

"나는 원래 직장에 만족하고 있었다. 학업을 보장받으면서 분에 넘칠 정도의 보수를 받았다. 이제 와서 다른 직장을 생각할 마음은 없다."

계산이 빠른 그 사람들에게 돈 이야기는 설득력이 있으리라 판단했지만 그 사람들은 내 이유를 상관하지 않았다. 항변에 김용성이 한 반론은 시내버스에 염치없이 무임승차해 오랫동안 선전을 하는 외판원의 뻔뻔함 그 자체였다.

"네가 재벌 그룹의 일본어 강사로서 평판이 좋다는 것은 우리도 조사를 해서 알고 있어. 하지만 네가 첫째로 착각해서 안 되는 일은 우리가 너를 살려줬다는 거야. 자아, 김병진. 너는 어떻게 이 은혜에 보답할 생각인가? 우리는 그렇다고 무리한 주문을 하는 게 아니야. 지금까지 생활에 견줘 경제적 수준이 약간 내려간다는 사실은 인정하지. 그렇지만 생활이 조금 힘들어진다고 해서 우리의 은혜에 보답하지 않는다면 높으신 분들은 결코 납득하지 않을 거야. 한 마디로 '쳐 넣어!'라고 말하면 끝난다고."

약간 아연했다. 서 형은 교도소행이 뻔하지만 내 구제는 내가 먼저 부탁한 게 아니었다.

"그렇다면 저도 교도소에 처넣어주세요."

아내와 아이를 생각해 망설이며 한 말을 김용성은 무시했다.

경제적인 이유를 달아서 한 거절은 전혀 결말이 나지 않았다. 김용성은 열심히 보안사령부에서 근무하면 좋은 점을 나열했지만 애당초 내게 보안사령부 근무의 매력 따위는 없었다. 매일 출근 버스가 나오며 해마다 두 번 유급 휴가를 받을 수 있다. 신분도 서기관보로 우대한다. 학업도 상부에 보고해 계속할 수 있게 해주겠다. 수사관들로서는 최고급 감언을 늘어놓았으나 엉망진창이 된 마음속에는 수사관들을 향한 증오가 쌓일지언정 협력(직원 채용을 수사관들은 이렇게 말했다)해 수사관들과 함께 일하겠다는 의욕은 아예 처음부터 없었다.

일본에서 자라 부모, 형제 그리고 친척이라 부를 수 있는 모든 사람이 일본에 있어 공무원이라는 자유롭지 않은 처지가 되는 일이 어렵다고 역설해봤으나 소용없었다.

다른 수사관은 특별 채용에 저항하는 것에 처음에는 동정적이었다. 나를 채용한다는 전대미문의 이야기에 고병천이나 이야기를 처음 꺼낸 이덕룡마저 "계장에게 끝까지 안 된다고 말해"라고 살짝 코치해줬다. 상식적으로 생각해서 나를 자기 직원으로 만드는 일은 당치도 않은 일이다. 아무튼 고병천과 이덕룡은 그런 내 처지를 이해한 것이리라.

도대체 무엇을 하란 말인가. 내가 서류를 작성할 줄 아는 것도 아니고, 내게 조사 기술이 있는 것도 아니다. 통역이라면 내가 아니더라도 있을 것이다. 김용성의 집요한 태도와 그것과 반대인 졸병 수사관의 태도로 봐 이것은 높으신 분의 생각이라는 것은 나도 짐작할 수 있었다. 그러는 사이에 내 고충을 동정하던 졸병 수사관들이 점점 발뺌하는 태도를 취하기 시작했다.

며칠이 지난 뒤, 그 사람들의 요구를 아내에게 말했다. 아내는 최근 몇 개월 동안 말할 수 없을 정도로 충격적인 일을 경험했고 이제 겨우 정신을 차리려는데 갑자기 튀어 나온 새로운 곤욕에 마음고생이 더욱 깊어졌다. 아내에게 내 석방이 모든 고통에서 벗어날 수 있는 유일한 수단이었던 만큼 수사관들의 새로운 요구는 도저히 납득할 수 없는 것이었다. 경제적 이유와 일본에 있는 가족을 핑계 삼아 계속 항변했지만 수사관들에게 먹히지 않는다고 말했다. 아내는 잠시 생각에 잠긴 뒤 이렇게 말했다.

"보안사령부에서 근무하면 제가 이혼하겠다고 나서더라고 거절할 구실로 말하면 어떨까요?"

여자란 위기에 닥치면 남자보다 필사적이다. 이 구실은 왠지 속이 빤히 들여다보이는 것 같아 별로 내키지 않았다. 그러나 지금은 수사관들의 요구를 거부할 수 있는 가능한 한 모든 방책을 시도해야만 했다.

나는 아내와 아이를 데리고 서빙고로 출근했다. 졸병 수사관들이 평소와 달리 가족을 동반한 나를 의식적으로 피하는 게 확실하게 전해졌다. 그 중 오직 한 사람 김용성이 의연하게 아내를 응대했다. 다른 수사관들은 상사 앞이니 어쩔 수 없이 우리 가족이 논의하는 자리에 동석하는 식이었다.

김용성은 언제나 그러하듯 장광설의 독무대를 펼쳤다. 오랫동안 떠든 이야기는 몇 해 전인가 북에서 남으로 간첩으로 파견된 남쪽 출신 남자가 자수한 일이 있었다는 거였다. 그 남자의 고향에는 노모가 홀로 생활하고 있었다. 그 노모는 자신의 아들이 이미 이 세상 사람이 아니라고 굳게 믿어 의심치 않았다. 그 노모에게 아들의 생존을 알리는 것은 매우 위험한 일이라고 김용성은 말했다. 잘못하면 노모가 심장마비를 일으켜서 그대로 아들의 얼굴도 못 보고 타계할지 모른다는 것이다.

그래서 수사관들이 취한 수단이라는 것이 "할머니, 최근에 북으로 간 아들을 꿈에서 본 적 없나요?"라고 죽었다고 믿어 의심치 않은 아들을 슬쩍 노모가 떠올리게 하고 시일을 두고서 서서히 "만일 아드님이 살아서 돌아오면 어떻게 하시겠어요?"라고 약간 의미 있는 듯한 이야기로 냄새를 풍겼다. 노모는 아직도 설마했지만 그래도 가슴 속으로는 죽은 아들을 향한 집착이 고개를 들기 충분했다. 그런 작업을 시간을 들여 되풀이한 뒤, 모자 대면을 시켰다고 한다. 그런 이야기를 오랫동안 한 끝에 김용성은 본론으로 들어갔다.

"김병진 씨의 채용은 훨씬 이전부터 상부에서 결정돼 있던 일입니다. 그리고 이 결정은 공소보류자에게 2년 동안 취하는 조치며, 이 조치에 복종하지 않으면 공소보류 처분은 취소돼 김병진 씨는 기소되죠. 아주머니도 아시다시피 이런 종류의 재판은 시간과 변호사 비용을 낭비할 뿐입니다. 그래도 기소하려고 한다면 그건 배은망덕한 일이죠."

조용히 김용성의 말을 옆에서 듣던 고병천이 "끝까지 못한다고 말해"라고 살짝 코치하던 태도와 완전히 다르게 "원래 공소보류자는 2년 동안 기관에서 근무하기로 돼 있어"라고 신경질적인 말투로 대화에 끼어들었다.

수사관들의 말은 항상 허위였다. 수사관들은 사실을 왜곡해서라도, 어떠한 수단을 사용해서라도 구속 영장 따위는 한 번도 나온 적 없는 나와 다른 피의자에게 "네"라고 말하게 하는 사람이 명수사관이라고 굳게 믿고 있었다.

이혼이라는 핑계도 효과가 없었다.

"그렇다면 이혼하게나."

김용성은 이 한 마디로 깨끗이 정리했다. 처음 연행할 때 차를 운전한 사십 대 김국련마저 태도를 전과 정반대로 바꿔 "이혼한다면 내가 좋은 재혼 상대를 찾아주지. 이화여자대학교 출신 아가씨를 소개해주겠어"라고 히죽거리면서 마치 즐기는 듯 아내 앞에서 대놓고 말했다. 김국련은 이전에 서승 씨 사건(재일 한국인 간첩으로 그때 보안사령부 CIC에 체포당했다)에서 위조 여권으로 일본을 오가며 검거를 진두지휘한 그 시기 대공처장인 김교련의 동생이었다. 그런 연고로 군사 관리로 채용돼 특별히 일다운 일도 하지 않는 존재가 바로 김국련이었다.

이제는 어떤 구실도 수사관들에게 통하지 않았다. 수사관들은 이미 결정해 놓고 있는 것이다. 수법을 바꾼 항변을 들으려고 하지 않았다. 듣기는커녕 김용성은 "아주머니의 반지나 다른 것은 이미 처분했겠지?"라고 내 불행을 모두 알고 있다는 듯한 말투로 우리가 겪는 고난이나 고생이 이쪽과 상관없는 것이라고 선언하고 있었다.

마치 악마의 속삭임 같았다. 가정의 기둥을 뺏기고 더구나 젖먹이 아이를 안고서 어찌할 바를 모르던 아내가 그래도 아이와 남편을 사랑하는 마음으로 사는 일에 집착했을 때, 혼자서 생각해서 겨우 얻은 생활 수단이 여자에게 대단한 의미가 있는 결혼 패물을 처분하는 일이었다.

아내의 젖은 내가 연행 당한 뒤로 한 방울도 나오지 않았다. 우리 아이는 태어나서 그때까지 분유라는 것과 인연 없이 모유만으로 쑥쑥 자라고 있었다.

그런 아내가 필사적으로 김용성에게 매달렸을 때, 김용성은 아내가 겪은 정신적, 육체적 고통은 이미 알고 있을 뿐 아니라 그것은 당연한 일이며 오히려 자신의 기쁨이라는 듯한 미소를 짓는 게 아닌가. 생각해보면 그까짓 일은 수사관들에게는 하찮은 일일지도 모른다. 수사관들의 일 자체가 사람을 불행하게 만드는 일에서 시작하는 것이니까. 그 불행이 크면 클수록 수사관들은 높이 평가받고 출세하며 보상금을 얻을 수 있다. 수사관들은 악마에게 영혼을 판 무리였다.

김용성은 부탁하지도 않았는데 우리 집 전세금을 빼서 좀더 싼 집을 찾으면 좋겠다고 자기 마음대로 생각하며 걱정하는 척 거짓된 태도를 취했지만 말할 필요도 없이 쓸데없는 참견이었다.

어느 날, 김용성은 수사관들을 데리고 점심을 먹으러 가면서 무슨 생각을 했는지 나도 데리고 가 내장탕을 사줬다. 그리고 말했다.

"김병진. 우린 매일 이렇게 고급 요리를 먹고 있어. 수사관 생활도 나름대로 괜찮다고."

내장탕이 그렇게 고급 요리라고 생각하지도 않을 뿐더러 어린 아이에게 부리는 속임수도 아니고 이까짓 음식으로 낚으려고 하는가 싶었다.

눈물 작전

그 무렵, 서 형이 서대문 구치소로 이감됐다. 서 형은 마지막까지 나와 면회하지 못 하고 철창 속에 갇혔다. 서 형은 검사의 호출에 응하면서 의례일 뿐인 재판을 기다리는 몸이 됐다.

김용성은 서 형을 구치소로 보낸 날 나를 불렀다.

"서성수는 오늘 구치소로 갔어. 너도 함께 가야 하지만 혼자서 갔지. 서성수가 마지막으로 말하더군. 김병진만은 살려달라. 살려준다면 자신의 어깨에서 짐을 하나 내리는 셈이라고 말이야."

거짓말 따위는 식은 죽 먹기인 김용성이지만 이 말이 결코 거짓말이 아니라는 것을 알 수 있었다. 서 형은 모국어로 말했겠지만 어깨에서 짐이 내린다는 표현은 한국어에는 없는 일본어 관용구를 한국어로 직역한 것이기 때문이다.

7월 9일 연행 당한 뒤, 처음으로 눈시울이 뜨거워지는 것을 느꼈다. 아무리 협박을 당하고 폭력을 당해도 한 방울도 나오지 않던 눈물이 처음으로 뺨을 적셨다. 서로 만나는 것은 허용되지 않았다. 곁에 있는 것을 충분히 아는데도 격리된 채 결코 짧지 않은 시간 동안 서 형이 했을 고뇌 그러니까 자신의 가족과 나를 생각하며 느낀 측은함이 그 한마디로 생생하게 전해졌다. 이 한마디는 서빙고 안에서 처음으로 들을 수 있었던 진실이라고 생각했다. 서 형의 말에 만감이 교차하는 내게 감정 호소 작전으로 승낙을 얻을 결심이었는지 계속해서 말했다.

"김병진. 서성수는 된 인간이야. 훌륭한 녀석이라고. 우리도 서성수 같은 인간을 언제까지나 감옥에 가둬두고 싶지는 않아. 판결은 아마 중형일 테지만, 조사 당국의 의견이 은사나 특사에 결정적인 구실을 한다고. 서성수를 조기 석방하는 일에 우리도 힘을 써보지. 서성수처럼 우수한 남자가 우리와 함께 일할 수 있다면 국가를 위해서도 플러스가 되는 일이니까. 이것만은 김병진, 너에게 약속하지. 그러니까 그러려면 김병진의 헌신이 필요해. 상부에서는 너에게 그런 헌신을 원하고 있어. 만일 네가 그 기대를 배반한다면, 서성수의 석방에 영향을 줄 염려가 있어. 어차피 한 번은 죽게 돼. 그 죽을 목숨을 겨우 2년만 국가를 위해서 쓰라는 건데 어째서 생트집이지? 눈 딱 감고 2년 동안만 국가에 봉사하는 거야. 서성수도 그걸 원하고 있을 거라고."

서 형은 내가 한시라도 빨리 이 광기의 무리에서 탈출하길 기원하고 있을 것이다. 아니, 기원하고 있을 것이 틀림없다. 그 생각이 "김병진만은 살려달라"는 말로 나온 것이리라. 보안사령부가 만든 시나리오처럼 내 죄를 살려달라는 의미는 아닐 것이다. 서 형은 나를 구하기 위해서도 영어의 몸이 되는 일을 각오하고 있을 것이다. 그러므로 서 형도 "내가 국가에 헌신하길 바라고 있다"라는 김용성의 말은 김용성과 보안사령부의 말이 분명했다.

내가 눈물을 흘릴 때를 노린 눈물 작전은 선배와 후배의 마음이 통하는 것을 이용하려는 계획인 것이다. 서 형의 말 한 마디로 서 형의 모든 마음을 본 것 같은 감동에 젖었다. 겉치레로 가득한 김용성의 말에서 또다시 보안사령부의 어리석음을 느꼈다. 직원 채용과 서 형의 석방을 저울질 하는 일 따위는 엉터리 속임수에 지나지 않았다.

3개망 일망타진

며칠이 지났다. 특별히 하는 일도 없이 서빙고로 향했다. 수사관들에게 관리를 받으려고 교통비까지 빚져가면서 서빙고로 다닌 지도 이미 오래였다.

1983년 10월 19일, 평소처럼 서빙고로 나오자 수사관들이 대기실로 사용하는, 간이침대가 비좁게 이어져 있는 방으로 인도됐다. 2계 수사관들이 텔레비전 앞에 매달려 있었다. 오전 10시 뉴스 프로에서 보도를 시작한다는 것이다. 수사관들은 그 보도를 보라고 했다. 별로 보고 싶지 않다고 말하자 안 보면 안 된다는 말이 되돌아왔다.

KBS의 주부 뉴스가 정각 10시보다도 조금 빠르게 시작했다. 안경을 쓴 중년 여자 아나운서가 입을 열더니 "국군 보안사령부의 발표에 따르면 서성수 일당 등 3개방의 간접단을 일망타진했습니다"라는 말로 시작해 보안사령부의 시나리오를 톱뉴스로 취급하고 있음을 알렸다.

그때 우종일 과장의 말이 거짓이었다는 것이 드러났다. 그것뿐만 아니라 아나운서를 비추던 화면이 바뀌자 보안사령부가 계속 압수하던 내 여권이 나타났다. 하필이면 그 여권에 내 동반자로 붙어 있던, 이 세상에서 처음으로 찍은, 내 장남의 얼굴까지 클로즈업됐다.

역시 속은 것이다. 텔레비전에 나도, 서 형도 가명으로 내보내고 얼굴을 비추지도 않고 목소리도 바꾼다는 약속은 애당초 깨트리기 위한 약속인 것이다. 아이마저 수단으로 이용당했다고 생각하자 말로 표현할 수 없는 증오가 치솟아 올랐다. 누가 간첩이냐. 자기들이 멋대로 만든 이야기를 보도 간첩이라고 말해도 미안해하지 않는 어용 매스컴과 군사 독재의 유치한 합작이 아닌가. 나는 한 가지 사실도 마음대로 말한 기억이 없다. 그것이 국민의 대공 경각심을 불러일으킨다는 구실로 버젓이 통용되는 것이다.

김용성은 보도가 끝나자 또다시 나를 불렀다.

"구체성을 띠고 국민에게 실감 있게 받아들여져야만 한다는 상부의 지시로 어쩔 수 없이 실명을 냈어. 내 힘으로는 어쩔 수 없었네."

또다시 거짓말을 하고 있다. 이 프로그램은 처음부터 계획돼 있었을 것이다.

"김병진. 피해가 가는 말은 하지 않겠어. 이름을 바꿔. 장래를 위해서도 아이를 위해서도 개명하는 편이 좋아."

말없이 마음속에서 소용돌이치는 분노를 가라앉히면서 잠시 침묵한 뒤에 대답했다.

"어떤 일이 있더라도 이름을 바꿀 생각은 없습니다."

김용성은 대답을 듣고서 고개를 약간 갸우뚱거렸다. 이름은 인간 존재의 모든 것을 말해 주는 것이다. 내 과거를 말한다. 보안사령부에서 간첩으로 날조돼 처자와 함께 생과 사를 오가면서 김용성 앞에 서있는 사람이 바로 김병진이라는 이름의 인간이다. 조국의 분단과 군사 독재라는 현실에 농락당하는 사람 역시 김병진이라는 이름의 인간이다. 감옥에 있는 서 형의 관련자가 된 김병진은 서 형이 감옥에 있는 한 그 고통을 함께 해야 하며, 이름을 바꿔 타인처럼 세상을 속이며 산다는 것은 패배가 분명했다. 개명하라는 것은 인간이기를 포기하라는 것이다.

집주인 아주머니가 서빙고로 항의 전화를 걸어왔다. 전화의 취지는 아이마저 텔레비전에 비추다니 그게 웬일이냐는 것이다. 충격을 받은 나머지 아내는 자리에 누웠다고 말했다. 김용성은 당황해 전화가 왔던 것을 알리고 부인을 위로하라고 했다. 김용성이 걱정한 것은 아내나 아내의 건강이 아니라 불상사가 일어나서 혹시라도 자신에게 문책이 미치지 않을까 하는 것이었다. 집으로 전화를 해보니 아내는 의외로 건강한 목소리로 전화를 받았다. 졸도해서 드러누웠다는 이야기는 아주머니가 만든 으름장이었던 것이다. 아내는 보안사령부가 비겁하다고 비난했다.

그날 서빙고에서 바깥으로 나올 때는 용기가 약간 필요했다. 하지만 생각해보니 간첩으로 보도된 지 얼마 되지 않은 인간이, 그것도(국민을 속이기 위해서) 기소됐다고 그날 막 발표된 인간이 서울의 혼잡한 거리를 활보하리라고 보통 사람은 상상도 못할 것이 분명했다. 기분이 급작스럽게 변하기도 해 평소에는 버스로 다니던 서빙고에서 용산에 이르는 길을 저녁노을이 아름답다고 생각하며 15분 정도 걸었다. 용산 역전에 있는 신문 매장에는 그날 석간이 벌써 나와 있었다. 그 앞에 서서 커다란 활자 때문에 튀어 들어올 것 같은 서 형의 이름을 발견했다. 잔돈을 주고서 그 신문을 들었다. 신문을 파는 아주머니는 지금 자신이 판매한 신문에 방금 신문을 산 사람이 실려 있다는 것을 전혀 알아차리지 못했다.

'3개망 일망타진'이라는 제목 밑에 서 형과 나 그리고 박박 씨, 일본에 있는 친척에게 도움을 받은 것 때문에 간첩으로 오명을 쓴 페인트공 김상숙(金相叔) 씨 등 이른바 '3개망'의 주요 멤버인 여섯 명의 사진이 실렸다. 서 형의 사진 밑에 있는 내 얼굴을 찬찬히 바라보면서 묘한 희열을 느꼈다.

이 나라의 군사 독재는 나를 날조했다. 하지만 그것이 이룬 것은 모든 어리석은 행동을 저지르고도 나를 극한으로 몰아넣는 것밖에 없었다. 서 형은 감옥에 갇혔지만 서 형의 양심을 가두는 일은 실패했다. 저녁노을이 아름답다고 느끼는 한 나는 끝까지 패배한 것은 아니다. 간첩으로 신문에 실린 내 얼굴이 잘생겼다고 생각했다.

집에 오자 곧바로 일본에 계신 아버지한테서 전화가 왔다. 아버지는 내가 한국에서 간첩으로 구속됐다는 것을 어떤 신문사의 연락으로 일본에 보도되기 전에 알았다고 한다. 처음에는 무슨 일인지 몰라 당황했지만 곧이어 한국의 '간첩 사건'이 일본의 텔레비전에서도 보도돼 큰일이 났다고 생각한 모양이었다.

전화를 받자 아버지는 조금 안심하신 것 같았다. "걱정하시지 않아도 돼요"라는 내 대답도 듣는 둥 마는 둥 아버지께선 형에게 수화기를 건넸다. 형은 평소에도 무뚝뚝했는데 그런 형답게 아무 말도 들으려 하지 않고 "돌아와!"라고만 말했다. '돌아가고 싶다!' 마음속으로 대답했다. 국제전화로 궁핍한 상황을 호소하는 일은 자살 행위나 다름없었다.

친한 친구에게 전화를 걸었다. 도청을 당할 거라는 불안이 없던 것은 아니지만 구속돼 있어야 할 사람이 집에서 놀고 있다는 사실은 알려야만 했다. 그렇지 않으면 시간이 나를 압살할 것이다.

친구들은 기괴한 사실에 당혹스러워했지만 그날 밤에 우리 집으로 모였다. 친구들 모두 내 얼굴을 찬찬히 들여다보고는 작은 목소리로 말하기 시작했다.

"간첩 보도는 역시 날조야."

"정부가 이런 방법을 쓰니까 아무도 정부 발표를 믿지 않는 거라고."

"이렇게 되면 재일 한국인은 그 누구도 안심하고 조국을 방문할 수 없을 것 아냐."

친구 몇 명 사이에 토론이 시작됐다. 누군가 우리 집을 감시하고 있을 거라는 생각이 들어 친구들과 자리를 옮겼다. 집 근처 노점에서 친구들에게 걱정을 끼친 일을 사죄하는 셈으로 술을 대접했다.

파출소장의 방문

아내가 나를 부르러 왔다. 친구들을 남겨두고 돌아가니 집주인 아주머니가 자기 집으로 들어오라고 했다는 것이다. 2층으로 올라가자 신사복을 입은 한 노인이 소파에 앉아 있었다. 이 지역을 관할하는 파출소장이라 했다. 그 사람은 내가 누구인지 분간이 안 가는 듯 아주머니에게 본론을 꺼냈다.

"김병진이라는 사람이 이 집에 살고 있었나요?"

아주머니는 내 얼굴을 보면서 킥킥 웃었다.

"네, 살고 있었고 지금도 살고 있어요."

노인은 약간 이상하다는 표정을 지은 뒤 말했다.

"그럼, 가족이 아직 있나요?"

아주머니는 그 사람을 놀리는 일이 재밌는 모양이었다.

"물론 가족도 살고 있죠."

"이곳에 살고 있을 때, 뭐 이상한 행동을 하지 않던가요?"

"그런 건 당사자에게 물어보면 어때요. 제 옆에 있는 사람이 그 김병진 씨예요."

소장은 한동안 입을 다물지 못했다. 그러나 직무상 당황해서는 안 됐다. 소장이 소속된 치안본부는 보안사령부와 경쟁하는 부서였지만 결국 동업자인 셈이었다. 보안사령부가 하는 일을 이해할 수 없다면 체면이 서

질 않았다.

"알겠습니다. 더는 아무것도 말하지 않아도 좋습니다."

무엇을 어떻게 알았는지 전혀 짐작이 가질 않았다. 여하튼 소장은 마치 이전부터 알고 지낸 사이처럼 내 이름을 친숙하게 불렀다. 그리고 "자, 곤란한 일이 있으면 언제든지 찾아 와 주게나"라는 상투적인 인사에 불과한 말만 하고 할 일이 남아 있다면서 물러갔다.

소장이 돌아간 뒤에 아주머니는 혼자서 크게 웃었다. 나는 옆에서 그저 쓴웃음을 지었다.

광기의 음모를 펼치는 사람들

벌써 계절은 가을이 됐다. 이 나라의 가을은 매우 짧다. 그 짧은 가을은 일본의 가을과 비교할 수 없을 정도로 처절하게 아름답다. 아이를 안고서 근처 강변에 나갔다. 교회 꼭대기에 펼쳐지는 석양은 졸졸 소리를 내며 흐르는 시냇물이 석양빛을 반사해 만드는 빛의 유희와 환호를 지르며 뛰어다니는 아이들을 상냥하게 지켜보는 어머니 마음과 닮았다.

그런 풍경을 파괴하려는 지하철 공사 소음이 세련되지 못하다고 생각했지만 그래도 평화로웠다. 걸음마를 막 시작한 아들이 호기심에 가득 차서 바닥이 드러난 강변으로 내려가자고 졸랐다. 잠깐 동안 행복을 느꼈다. 이제부터 시작될 새로운 생활은 생각하고 싶지 않았다. 그런 문제에서 잠깐 동안만이라도 도망치고 싶었다.

집근처 이웃은 발표가 난 날, 간첩 아지트가 같은 동네에 있었다는 사실에 호기심을 느꼈다. 혼자서는 무서웠는지 주부 몇 명이 우리 집 현관 앞에서 주소가 신문에 나온 것과 똑같은 걸 확인하고는 이러쿵저러쿵 떠들고 있었다. 창문을 열고서 무슨 일이라도 있냐는 듯 쳐다봤다. 순식간에 동네에 소문이 퍼졌고 사람들은 미스터리라고 말하면서 결국 거짓 보도라고 생각하는 것 같았다.

가장 겁을 먹은 것은 동네 통장인 복덕방 아저씨였다. 아저씨는 보안사령부의 협조망으로서 이전부터 나와 내 가족을 감시해왔기 때문에 더욱 당황했다. 복덕방이 협조망이라는 사실을 알 수 있었던 것은 이덕룡 등이 심사실에 대수롭지 않게 들고 온 번잡한 서류를 훔쳐 읽었기 때문이었다. 이덕룡은 자신의 일을 내 방에서 했다. 당연히 호기심이 발동해 이덕룡이 어떤 일을 하는지 여러 방법으로 탐색했다. 이덕룡은 내 방을 작업장으로 쓰기로 결심한 뒤 서류를 만지는 것은 물론 서류를 보는 것도 일절 안 된다고 못을 박았다. 하지만 서빙고 생활이 길어지면서 수사관들의 행동 양식을 이해할 수 있게 되자 요령이라는 것을 터득할 수 있었다. 호기심을 충족하려고 수사관의 눈을 속여 여러 일을 시도했다.

그러다가 슬쩍 본 서류(아마 이 씨였다고 생각된다)에 그 통장과 관할 우체국의 집배원을 협조망으로 활동하고 있다는 내용이 적혀 있었다. 그것을 보자, 연행되기 얼마 전에 통장이 주민 조사라는 명목으로 두세 번 우리 집을 방문해 신상에 관한 일을 묻고 간 일이 생각났다. 그것도 보안사령부의 지시에 따른 행동이었던 것이다. 집배원은 내게 오는 우편물을 감시하기 위해 필요했으리라.

어찌됐든, 보도가 되고 나서 그 부동산 앞을 지날 때마다 아저씨는 모습을 감췄다. 아저씨는 나를 간첩이라 믿고 보안사령부에 협력했다. 보도에서도 틀림없이 간첩이라고 말했다. 그렇다면 간첩인 나는 교도소에 들어가 있어야 하는데 자기 가게 앞 큰 길을 왔다갔다 하고 있다. 이해하기 어려운 상황 때문에 아저씨는 내 얼굴을 제대로 볼 수 없던 것이다.

한국의 마을은 그 내막을 알면 불신의 마을일지도 모른다. 어디에서,

누가, 사람을 함정에 빠뜨리려고 움직이고 있는지 모를 마을이 아닌가. 이 불신의 근원은 마을 통장이나 집배원 때문이 아니다. 권력이 사람을 조종할 수 있다는 게 근원이다. 마을 통장과 집배원 두 사람을 인간적으로 비열하다고 평가하는 것은 가혹하다. 두 사람을 원망해서는 안 된다고 생각했다.

그 무렵, 별로 할 일이 없는데도 서빙고로 출·퇴근하는데 이덕룡이 위조 영수증 만드는 일을 거들게해 깜짝 놀랐다. 이덕룡은 필체를 바꾸고 이름도 적당히 생각해서 영수증에 사인을 하라고 했다. 몇 백 만원 어치 영수증을 만들려고 어디에서 끌어 모았는지 영수증 수십 장을 날짜를 확인해 사용할 수 있는 것을 골랐다. 그것으로도 모자라 수사요원 협력비 등 가짜 명분으로 영수증을 만들었다.

가짜 영수증 중 비교적 정직하게 작성된 것이 일본 공안 직원의 것이었다. 서빙고에서 가깝고 나와 내 가족을 속이는 장소로 이용된 크라운 호텔에 머물던 공안직원 사노 이치로의 체류비와 관련된 모든 영수증이 서빙고로 들어왔다.

호텔 숙박인 명부에는 일본에서 쓰는 한문 글씨체로 직업란에 국가 공무원이라고 쓰여 있었다. 수사관들의 이야기를 미루어보아 사노 이치로나 야나가와 구미 관계자를 응대한 사람은 장병화(張炳華)였다. 장병화의 생김새는 첫눈에 봐도 그쪽 계통 후예라는 걸 알 수 있을 정도로 몸집이 컸다. 일본어를 조금 할 수 있어서 재일 협력망을 잇는 다리 일을 할 수 있었다.

이덕룡은 실명으로 영수증을 쓰라고 말했다. 금액은 10만원. 명목은 생활 보조비였다. 수사관들이 내 궁핍한 상황을 동정해 뭔가 원조할 생각인가보다 생각했지만 수사관들은 그저 영수증만 받았다. 영수증에 쓴 10

만원을 받기는커녕 어떻게 사용됐는지도 모른다.

이런 일을 보니 아직도 경제적으로 한참 뒤떨어진 가난한 내 조국에서 국민이 낸 귀중한 세금을 이런 식으로 횡령하고 있다는 사실에 아연했다. 이런 일이 국가에 필요한 일인지 아닌지는 제쳐놓더라도 그런 수법은 국민을 업신여기는 일이 분명했다. 수사관들은 공금을 위조 영수증이라는 유치한 수단으로 약탈하고 있었다. 물론, 공금 횡령죄는 불고불리의 원칙에 따라 누군가 고발하지 않으면 사법부는 미동도 하지 않는다. 그러므로 수사관들의 이런 범죄는 아무도 꺼릴 것 없는 것이라고 말할 수 있다. 바로 그렇기 때문에 나를 비롯한 많은 사람들을 부당하게 체포하고 감금하고 폭행하고 공문서를 위조해도, 수사관들은 한국 형법이 정한 '유괴, 감금, 폭행 치상, 협박, 사기, 공문서 및 사문서 위조, 관명 사칭, 주거 불법침입, 횡령, 절도, 명예 훼손 등등' 헤아릴 수 없이 많은 범죄에 관해 한 번도 법정에서 재판을 받지 않는 것이다. 법률도 권력을 위해서만 존재하고 있다.

그 무렵 겨우 이유도 모를 감시와 출근이 해제됐다. 하지만 현재와 앞으로 일을 생각하면 아득할 뿐이었다. 이미 아내를 통해 대학원에는 휴학계를 냈고, 직장에 복귀하는 것은 보안사령부의 지시에 따라 이뤄지지 않았다. 사람을 만나려해도 처지를 생각하면 신중해졌다. 하는 일도 없이 며칠 동안 아내와 아이를 데리고 태릉이나 근처 공원에서 시간을 보냈다.

그럴 무렵, 알던 어떤 재일 한국인 유학생 한 명에게서 전화가 와 그 사람을 만나 여러 이야기를 나눴다. 의식적으로 보안사령부에 관한 험담을 피했다. 예감은 의외로 잘 맞는다고 시간이 흐른 뒤에 생각했다. 그 사람은 이미 나보다 먼저 보안사령부에 연행돼 수사를 받고(수사과가 아니라 공작과로 연행됐다) 보안사령부의 지시에 따라 내 언동을 파악하려고 이용되고 있던 것이다.

  아직도 감시당하고 있었다. 이 감시는 조국에 있는 한 계속될 것이다. 수사관들은 마음대로 폭행하고 협박한 마음 약한 재일 한국인 유학생, 포상금을 노린 복덕방 주인, 타인의 비밀을 기관에 알리는 것이 애국심이라고 믿는 집배원, 훈장을 원하는 일본의 야쿠자 등 어떤 종류의 인간을 이용해서라도 광기의 음모를 계속 펼칠 게 분명했다.

2장

—

1983년 Ⅱ

서빙고에서 한 호출

가을은 깊어지고 시간은 자꾸만 흘러갔다. 가족과 단란한 한때를 보내며 마음을 달래면서 지냈지만 그래도 이제까지 겪은 일이 꿈처럼 생각돼 견딜 수가 없었다. 꿈이기를 바랐다. 현실이라면 너무나 참혹했다. 머지않아 서 형에게 영하 20도를 넘는 혹한이 닥쳐올 것이다. 서대문 교도소는 아마 추위를 견딜 시설이 없을 게 틀림없다. 서빙고 경험을 비춰 볼 때, 피의자에게 흉기로 둔갑할 수 있어 유리창도 없을 거였다. 바깥의 찬 공기를 전혀 막을 수 없는 철창 격자가 끼워져 있을 것이다.

시간이 흐르는 게 이렇게 미칠 것처럼 느껴진 적도 이제까지 살면서 한 번도 없었다. 그러나 몇 개월이 지나자 내일에 관한 희망도 확신도 없이 그저 시간이 흐르는 것을 방관하고 있었다. 내가 나 자신이 아니라는 것을 확인하는 시간이었다.

서빙고에서 호출이 내려졌다. 좋든 싫든 서빙고에 갈 수밖에 없었다. 불안해하는 아내에게 아무 일도 아닐 거라고 위로했다. 다시 구속하는 걸까. 불안했고 긴장했다. 서빙고에 도착하니 수사관들은 의외로 사분사분한 표정으로 나를 맞았다. 수사관들의 용건은 통역이었다. 간단히 설명해 준 것에 따르면 간첩 한 사람을 붙잡았다고 했다. 그런데 피의자는 나이가 43세나 되고 빈번히 한국을 왕래했는데도 한국어가 대단히 서툴러 한글도 쓸 수 없다는 것이다. 붙잡힌 사람에게 대단히 미안하지만, 마음속으로 안도했다. 아내와 내가 염려한 상황은 아니기 때문이다.

곧 간첩이 갇힌 방으로 안내됐다. 체구가 땅딸만한 중년 남자가 나도 입은 적 있는 푸른색 옷을 입고 뭔가 열심히 기입하고 있었다. 안경이 미끄러져 내리는지 자꾸만 눈시울에 손을 가져다 댔는데, 자세히 보니 눈물을 흘리고 있었다. 몇몇 심사관과 함께 심사실로 들어갔다.

중년 남자는 사람이 들어오자 순식간에 그 자리에서 일어서 똑바로 서더니 움직이지 않았다. 상대방의 얼굴은 똑바로 쳐다보지도 못했다. 나를 데려간 이종극과 장병화 뒤에서 몸을 웅크리고 있어 누구에게 깊이 머리를 숙이는지 시선까지는 확인할 수 없었다. 남자의 그 태도를 미루어 볼 때, 다른 사람에게 무조건 머리를 숙이려고 결심했다는 사실을 분명히 알 수 있었다. 상당한 곤욕을 치른 모양이었다.

남자는 아마도 장사꾼 같았다. 자기 자신을 철저히 낮춰 자존심을 세우지 않으려는 게 아니라 지는 것이 이기는 것이라는 철학에 투철한 장사꾼일 뿐이었다. 그런 태도는 비굴해보였다. 우선 무엇보다도 꼴불견이었다. 그저 무턱대고 머리를 꾸벅거리는 모습이 마음에 들지 않았다. 그러나 이런 생각도 중년 남자에게 선입견이 있기 때문일 수 있다. 내가 보는 것이 허락된 서류에 적힌 남자의 자백이 마음을 사납게 했다.

이 남자는 애인을 만나려고 일본에 있는 아내와 아이를 속이고 한국에 왔다. 애인이라는 20대 초반의 여자도 이미 참고인으로 조서를 작성했다. 바람피우러 왔다가 간첩이라는 누명을 뒤집어쓰고 급기야 곤경에 처하게 된 남자가 꼴불견이라고밖에 할 수 없었다. 그렇지만 남자에게 이런 감정은 아무래도 좋은 것으로 머릿속에는 이곳에서 살아서 나가는 것만 있을 것이다. 이 상황에서 취할 수 있는 처신술을 생각해봤다. 통역에 투철하면 된다고 생각을 다지면서 자신을 납득시켰다. 고병천이 그 남자에게 나를 소개했다.

졸작

"이봐 C(중년 남자를 C라고 하자), 이쪽은 너와 같은 재일 한국인이야. 그만한 나이에 한국인이 한국말도 모르다니 한심하군. 당신보다 젊은 사람인데도 모국어가 능숙한데. 일부러 모셔왔으니 고맙게 생각해."

"감사합니다. 감사하게 생각합니다."

C씨는 그래도 모국어를 알아듣기는 하는지 어색한 한국어를 구사하며 자세를 흩트리지 않고 수사관 한 사람, 한 사람에게 깊이 머리를 숙였다. 순간 어안이 벙벙했지만 통역이라고 다시 마음속으로 다짐했다.

"진술서 작성을 도와주게."

고병천의 지시로 C씨의 옆자리에 앉았다. C씨는 볼펜으로 진술서를 일본어로 계속 썼지만 그 원본은 다른 누군가가 쓴 한자 도식표 같은 것으로 사람 이름, 날짜, 지령 사항, 보고 등이 난잡하게 적혀 있었다.

"미안하군요. 일부러 나 때문에 와주셔서."

간사이 지방 사투리였다. 그리움이 밀어닥쳤다. 하지만 본능적으로 C씨가 내 내력을 알면 곤란하다고 생각했다.

"염려하지 마세요. 괜찮으실 거요."

같은 고향 말인 간사이 말이 아무래도 입에서 나오지 않았다. C씨는 진술서 대본으로 건네받은 한자 메모 행간에 때때로 한글이 나타나 그 뜻을 알 수 없다며 물었다.

"미안합니다. 이게 무슨 뜻이죠?"

그런 말을 주고받는 동안에 수사관들이 한두 사람씩 자리를 뜨기 시작했고 마지막에 남은 것은 C씨와 나 그리고 감시병 세 명뿐이었다. C씨는 말이 없는 내게 안심했는지 "댁은 도쿄 사람이신가요?"라고 묻는 등 내 신상에 흥미를 보였다. "네, 그저" 본의 아니게 거짓말을 해 적당히 속이려고 대답하자 "어째서 이런 곳에서 통역을 하십니까. 댁은 이곳 직원이십니까?"하고 물었다. 난처한 것을 다 묻는다고 생각했다.

"아니요. 그렇지 않고 다만 통역을 부탁받았을 뿐이오."

C씨는 혼자 무슨 생각을 했는지 기분 나쁘게 웃으며 말했다.

"한국 보안사령부에서 조사를 받으면 어쩔 도리가 없군요. 안 그렇습니까?"

어이가 없고 불쾌했다. 수사관이 아니라는 것을 알자마자 아까까지 눈물을 흘리고 자존심을 꺾으면서까지 탈출에 집착하던 사람이 마치 자기 처지를 즐기는 듯 굴었다. 이 사람은 풀려날 것이 명백하기보다 보안사령부가 물건으로 만들기에 형편없는 졸작이었다.

일본에서 장사를 하면서 자금을 마련하려고 조총련계 사람에게서 C씨에게는 푼돈에 불과한 20만 엔을 며칠 빌린 것 때문에 간첩이 됐다. 나는 쓴웃음을 지으며 질문에 대답했다. C씨는 학력을 속이고 살아온 사람이기도 했다. 간사이 A시 재일 한국인 사회에서 허풍을 떨어서라도 체면을 좀 세워보려 한 모양이다. 거짓말을 하면 아무래도 경멸받기 마련이다.

C씨에게 처음부터 공소보류 방침이 내려졌다. 기소한다 해도 바로 무너질 것이기 때문이다. 이치가 통하는 변호사가 옆에 붙어 20만 엔 이야기는 사실무근이라고 버티면 유죄를 선고할 수 없다. 내가 느끼기에도 C씨는 고문에 져서 거짓 이야기를 조작한 것 같았다. 여자를 만나려고 한국에 문이 닳도록 온 사람이 간첩이라고는 도저히 생각할 수 없다. 허술하기 짝이 없는 증언이 여러 곳에서 나타났다.

재일 지도원에게서 받은 지령은 전화번호부를 입수해서 일본으로 갖고들어오는 것이었는데, C씨의 설명에 따르면 지령대로 시도해봤지만 완수하지 못했다고 한다. 그러나 이 이야기는 아무리 봐도 날조된 것이다. 보안사령부 수사 2계가 만든 것이 틀림없다. 하지만 국가 보안법에 미수범도 처벌한다고 규정하고 있다. C씨는 기관이 조서를 작성하는 단계에서 훌륭하게 간첩이 된 것이다.

간첩 C씨의 전력

며칠 동안 C씨 옆에 달라붙어 진술서를 작성하는 일을 도왔다. 진술서도 처음부터 만들어놓은 조서를 베껴 쓰는 일에 불과했는데, 나는 C씨가 쓴 일본어를 한국어로 번역하는 일을 했다. 좋든 싫든 C씨가 태어나서 지금까지 살아온 내력을 알게 됐다. 재일 한국인 2세인 C씨는 재일 한국인이 대부분 그러하듯이 일본에서 툭하면 민족 차별을 당하며 살아왔다.

C씨가 차별 받은 기억 중 가장 강조한 것은 젊은 시절 일이다. C씨는 도쿄의 어느 2부 대학교에 다니고 있었다. 어느 날, 일본인과 사소한 일로 싸움이 벌어져 결국 파출소까지 갔다. 상대 일본인은 아무런 문책도 하지 않고 자기만 조센징이라고 매도했고, 신병 구속만은 간신히 면했지만 전과자로 조작됐다는 것이다. 사람을 조금이라도 알면 어떻게든 마음이 통하기 마련이다. C씨에게 품은 선입견은 이 사람도 나와 동류라는 현실 앞에서 고개를 숙였다.

물론, 이 사람이 차별 당한 일은 보안사령부에서 아랑곳하지도 않을 일이고, 다만 범죄 전력이 있다고 표시할 수 있다는 가치만 있을 뿐이었다. 요컨대, 일본에서 민족적 박해를 받아 민족에 관해 자각하면 그 민족적 자각이 적에게 이용된다는 것이다. C씨는 범죄에 이른 동기를 말하며 수사관도 같은 동포라고 생각해 재일 한국인이 겪는 고통을 호소했지만, 그것은 단지 C씨를 날조하는데 이용할 수 있는 자료를 제공할 뿐이었다.

재일 한국인을 간첩으로 날조할 때는 우선 민족을 언제 어떻게 자각했는지부터 조사한다. 조금이라도 조국을 사랑하는 마음이 있는 재일 한국인이라면 이미 국가보안법을 적용할 수 있는 동기가 마련돼 있는 셈이다. C씨의 절실한 호소에 보안사령부가 대처하는 것을 볼 때, 국가보안법은 재일 한국인에게 애국심을 포기할 것을 강요하는 것처럼 보였다. 재일 한국인을 차별하고 억압하는 일본 사회에 그저 짓눌리기만 하면서 살아가라는 것이다.

감시병은 나와 C씨가 가끔씩 일본어로 이야기하는 것이 재미없었는지, 아니면 상관에게 지시를 받았는지 무슨 이야기를 하냐며 견제했다. 감시병은 쇳덩어리 같은 콜트 45구경 권총을 허리에 차고 있었다. 나는 C씨의 유일한 말 상대였고, C씨는 대화가 중단되는 것을 싫어 했다. C씨는 교대하는 감시병의 동태를 계속 살피면서 내게 말을 걸기 위해 골몰했다.

감시병은 일본어를 몰랐지만 분위기로 작업을 위한 대화인지 그저 잡담을 하는 것인지 판단할 수 있었다. 때문에 C씨는 서류 한 장을 붙들고 단어의 의미를 묻는 시늉을 하면서 대화를 하려고 애썼다.

"몹시 지독한 곤욕을 당해서 말입니다."

C씨는 감시병의 눈치를 보더니 멍든 자국을 보여주려고 했다. 당황해 C씨의 옷소매를 붙잡고 안 된다고 눈을 깜박여보였다. 이 방에는 도청기도 숨겨져 있고 감시 카메라도 비치돼 있다. 특히 내가 통역하기 때문에 이상한 조언을 하지는 않을지 지켜보고 있을 것이다. 이종극과 장병화는 쉬운 일본 회화는 충분히 이해할 수 있다. 쓸 것을 찾는 시늉을 하면서 곁눈질로 주의를 줬다. C씨는 가볍게 "아, 아!"하면서 끄덕였다.

인간 백정

애인인 젊은 여자가 어머니와 함께 매일 차입물을 가져왔다. 그 성의에 수사관들도 감탄했다. 일본 태생인 나로서는 첩의 내조라는 것을 이해할 수 없었다. 어머니까지 젊은 딸의 정부를 염려한다는 것이 우스꽝스러웠다. 마치 봉선 사회인 조선 시대를 보는 착각마저 들었다. 수사관들은 차입한 음식을 받아먹으면서 자꾸 그 여자를 칭찬했다. 수사관들은 C씨를 향해 이렇게 정성껏 뒷바라지를 하는 사람을 좀더 소중히 대해주라고 설교하면서 여자가 차입해 넣은 닭튀김을 마구 먹어댔다.

아내가 수사관들에게 커피를 대접한 일을 생각했다. 수사관들과 함께 지내면서 이 사람들이 항상 내 곁에 있는 것처럼 느꼈다. 그렇지만 이 사람들은 손익계산에 따라 행동했다. 먹는 것은 물론 아무리 작은 이익이라도 자기 입에 들어가기만 하면 좋아했다. 내가 석방된 다음에도 수사관들은 아내의 친정에 한란이 많은 것을 알고 음흉하게도 그것을 요구했다. 한란은 한국에서는 천연기념물로서 제주도에서 외부로 반출하는 것을 법으로 금하고 있었다. 수사관들은 제주국제공항에 파견한 자기 쪽 직원을 이용해 한란을 제주에서 서울로 보내는 불법행위를 하게 했다. 이덕룡, 고병철, 최홍상, 김국련 등 4명 그러니까 2계 학원반 사람은 불법으로 입수한 제주 한란을 사이좋게 나눠가졌다. 수사관들은 공적인 자리에 있으면서 위법 행위를 자행해 온 것이다. 나를 감옥에 보내지 않는 대신 마치 당연한 권리라는 듯 제주 한란을 탈취했다. 수사관들은 날조로 사람을 죄인으로 조작하면서 한편으로는 사리사욕을 위해 범죄를 범하고 있었다.

닭튀김을 게걸스럽게 먹는 수사관들의 모습은 구제불능이었다. 무뢰한에게 권력을 맡기고 있으니 정의가 이 사회에서 행해질 수 없는 것이다.

다만 국민은 전전긍긍할 뿐이다. 관가에서 매 맞고, 집에 와서 아내에게 매질한다는 봉건시대에나 통할 화풀이로 자신의 팔자를 한탄할 뿐이다. 이런 시대착오적인 사고방식이 아직도 조국에서는 통하고 있었다.

관직에 오르는 것에 관한 한국 국민의 뿌리 깊은 열망도 이런 사고방식 때문이다. "말이 태어나면 제주도로 보내고, 아이가 태어나면 서울로 보내라"는 격언은 한국인의 강렬한 교육열을 보여주는 동시에 관직욕을 보여준다. 국민학생이 장래 희망으로 가장 많이 뽑는 것이 판사, 검사 등 비교적 높은 위치에 자리하는 직업이다. 일본 대학 수험생들이 의대를 지망하는 것과 분명 다르다. 더 권력 지향적이다. 나라의 권력 구조를 봐도 이런 특성은 잘 나타난다. 국가 원수는 육사 출신자가 계승한다는 불문율이 확립됐고, 여당인 민정당은 대학생들이 '군법당'이라고 말하는 것에서 알 수 있듯이 군부와 법조계로 모자이크된 군사 독재의 장식물이다. 보안사령부 말단 수사관이라는 자리도 군사 독재의 장식물일 뿐이다.

어느 날 이덕룡은 자기가 강원도 산골짜기에서 태어났다면서 "어때, 시골뜨기가 꽤 출세했지?"하고 뽐내었다. 그러나 뽐내는 듯한 그 태도를 아직까지 이해할 수 없다. 사기와 폭행이 직무인 일이 어떻게 남에게 뽐낼 수 있는 일이라는 말인가.

인간 백정이라는 말이 있다. 일본에서 자란 내게 백정이라는 말이 인간을 차별하는 의미가 강해서 그리 입에 담고 싶은 말은 아니다. 그러나 수사관들 같은 사람은 사람을 죽이는 것을 생업으로 하는 비천한 사람이니 멸시하는 의미에서 인간 백정이라 부를 수 있다. 그 두목은 물론 전두환이다. 그 사람을 이 호칭으로 빈번히 부른 것은 1980년 5월 광주민주화운동 때다. 상식인의 도덕률로는 이 사람들이 저지른 일을 이해할 수 없다.

C씨가 당한 폭력

통역으로 차출됐을 때, C씨의 취조는 거의 끝났지만 서류정리라는 마감작업이 여러 이유로 불편했다. 몇 년, 몇 월, 며칠에 한국을 방문했는지는 여권에 적혀 있어 간단하게 사실 확인을 할 수 있었지만 언제, 어느 공항에 내렸는지는 빠뜨리기 쉬웠다. 사실 그것도 여권에 분명히 기록돼 있다. 피의자의 기억만으로 상륙항을 확인하는 것은 불합리하기 짝이 없었다. 그런데도 수사관은 나를 조사할 때도 그랬듯이 언제나 피의자의 기억에 의존하는 수사를 되풀이했다.

재일 한국인의 경우 또는 간첩으로 조작하려는 사람의 경우 한두 번만 출입하지 않는다. 몇 십번 일본과 조국을 왕래하며, 여러 사정으로 한 공항만 이용하는 사람은 없다. 그러니 날짜와 이용한 공항을 정확히 기억하는 사람도 별로 없다. 보안사령부가 법무부에 어떤 인물의 출입국 기록을 송치용 공문서로 요구했을 때에서야 비로소 자기들이 조작해 온 이야기가 엉터리라는 것을 알게 된다. 예를 들면, 서울에서 비행기를 내렸는데 부산에서 내린 것으로 돼 있어 이거 큰일 났다며 당황하는 것이다. 그러나 수사관들은 결코 자기들의 작업 방식을 반성하지 않고 주로 피의자가 거짓으로 진술했다고 결론짓고 말았다. 그 뒤를 따르는 것은 피의자를 폭행하는 것이다.

통역사로 서빙고에 다니게 된지 며칠이 지났을 무렵, 일본어를 아는 장병화가 혈색이 하얘진 채 심사실로 뛰어왔다. 별안간 내가 보는 앞에서 C씨의 얼굴을 손바닥으로 후려쳤다. C씨는 그 자리에서 의자와 함께 풀썩 옆으로 굴러 바닥에 쓰러졌다. 장병화는 갖가지 욕설을 퍼부으면서 쓰러진 C씨의 엉덩이와 등을 마구 발길질하며 걷어찼다. C씨는 양팔로 머리를 감싸며 아무 소리도 못하고 계속 얻어맞고 있었다. 갑작스러운

이 사건에 그저 아연실색해 그 광경을 쳐다보고 있을 수밖에 없었다. 장병화는 계속 C씨가 거짓말을 했다고 길길이 날뛰었다. 처음 한동안 C씨는 사태가 어떻게 돌아가는 건지 알지 못했을 것이다. 다만 등을 동그랗게 웅크리고 고통을 참을 뿐이었다.

"이봐! 감시병! 엘리베이터실 준비해!"

장병화가 소리치자 C씨는 갑자기 일어나 장병화의 다리에 매달렸다.

"용서해주십시오. 용서해주세요."

위증을 했다는 장병화의 억지에 항의는 처음부터 포기한 C씨는 용서를 빌었다. 그러나 장병화는 C씨를 용서하기는커녕 도중에 가세하기 위해 방에 들어와 있던 다른 수사관들과 함께 온 얼굴에 눈물이 뒤범벅된 C씨를 방에서 강제로 끌어내갔다. 고문에 가세하지 않은 김국련만 남아서 새파랗게 질려 있는 내 표정을 쳐다봤다.

"C 녀석이 나빠. 거짓말을 했기 때문에 처음부터 다시 조서를 쓰게 생겼어. 두 번 다시 거짓말을 하지 못하도록 잔뜩 담금질을 해둬야한다고."

김국련은 이 행위를 정당화할 필요가 있다고 생각한 모양이었다.

나는 몸을 떨었다. 내가 당했을 때는 고통과 공포 때문에 깊이 생각할 틈이 없었다. 그런데 남이 그것도 내 눈 앞에서 세게 얻어맞는 광경을 보는 것은 자기 자신이 그 일을 낭하는 것 이상으로 괴로운 일이었다. 김국련의 말에 아무 대꾸도 하지 못하고 다만 끌려간 C씨가 한시라도 빨리 돌아오기만을 기다렸다.

복도를 따라 멀리서 욕설에 뒤섞인 신음소리가 들려왔다.

"용서해주십시오. 용서해주십시오. 이젠 거짓말을 하지 않겠습니다."

어딘지 모르게 어색하지만 그래도 절박한 C씨의 목소리가 들렸다.

몇 십 분쯤 지나 C씨는 겨우 방으로 돌아왔다. 얼굴이 벌겋게 달아올라 있었다. 장병화는 이번에는 갑자기 온화하게 태도를 바꿔 C씨를 대하기 시작했다. 마치, 국민학교 선생이 학생을 타이르듯 거짓 진술 때문에 시간을 얼마나 낭비했는지 차분하게 말해주었다.

순간, 놀라운 생각이 들었다. 스케줄! 그래, 이 사람들은 고문을 계획에 따라 자행하는 것이다. 내 경우도 그랬듯이 이 사람들은 어떻게 해야 할 것인지 합의한 다음에 행동으로 옮기고 있었다. 어느 정도 고문을 하고 그뒤 어떠한 방향으로 피의자를 대할 건지 모든 것을 미리 정해놓았다. 그러므로 C씨가 아무리 잘못을 인정하고 좌우지간 무조건 잘못했다고, 수사관들의 말이 지당하다고 머리를 숙여도 수사관들은 자기들의 스케줄을 완전히 소화하지 않고서는 다음 프로그램으로 나아가지 않았다.

C씨는 완전히 의기소침해 있었다. 아마 이제는 더 고문당하는 일은 없을 거라고 생각하던 차에 당한 괴로움이라서 정신적으로 쇠잔해진 것이다. 다정했던 C씨는 이제는 아무 말도 하지 않으려고 했다. 얼빠진 껍데기가 된 C씨에게 출입국 기록과 합치하는 조서를 작성하기 위한 신문이 시작됐다. 신문의 정확성을 기하려고 통역을 해달라고 했다.

그렇게 큰 소동이 벌어졌는데도 작업이라는 것은 아주 단순했다. 하나, 하나 플롯의 순서를 바꿔 출입국 기록에 맞추면 됐다. 8절지에 볼펜으로 써 있는 내용을 가위로 잘라내어 잇는 작업이었다. 진술서는 그 조서에 맞춰 용지를 뒤바꿔 끼워넣고 부족한 부분은 약간 바꿔썼다. 원래 문장을 볼펜으로 두 줄을 그어 정정하고 엄지손가락에 인주를 찍어 정정날인을 했다. 새 종이로 작성할 필요가 있는 경우 종이 한 장에 써넣으려는 내용이 모두 들어가면서 자연스럽게 보이게 레이아웃해야 해서 글자를 훨씬 크게 하든가 반대로 깨알같이 작게 적어넣어 조절했다.

이 작업에 도가 텄다. 이런 작업의 노하우를 이덕룡에게서 상세하게 기초부터 배운 터였다. C씨의 작업이 빨리 끝나길 바라면서 그 테크닉을 C씨에게 전수했다.

예스라고만 쓰면 되는 작업

C씨의 통역을 하던 때, 김용성에게서 서울지방검찰청에 출두하라는 연락을 받았다. "서성수의 신변을 생각하는 마음이 있다면 검사 앞에서 쓸데없는 소리 하지 말고 다만 '그렇습니다'라고만 대답해"라는 말을 귀에 못이 박힐 만큼 들은 다음 출두했다.

서울지방검찰청 3층에 있는 공안 검사 고영주(高永宙)의 방으로 들어갔다. 이덕룡이 사십 세 정도 돼 보이는 검사에게 정중히 인사했다. 나를 소개하면서 "이 사람은 이제부터 국가를 위해서 일해야 할 사람입니다. 잘 좀 부탁합니다"라고 말한 다음 그 방에 나만 남기고 나가 버렸다. 검사는 나를 두고 조서를 쓰기 시작했다. 서 형의 검사 조서를 쓴 다음이었다.

고영주 검사는 서 형의 담당 검사면서 동시에 내 담당 검사였다. 그 사람은 번거롭게 나를 힐문하지 않았다. 보안사령부가 송치한 의견서를 쭉 읽은 다음 "여기에 잘못된 것은 없겠지요?"하고 묻고는 비서에게 자기 말을 타이핑 시킬 뿐이었다.

공작금 운운하는 이야기가 나왔다. 김용성이 지어낸 이야기였는데 내 자존심 때문에 사실이 아니라고 말했다. 서 형이 한턱을 낸 기억은 많았지만, 큰돈을 받았다는 이야기에 그대로 승복할 수 없었다. 고영주 검사는 비교적 머리 회전이 빠른 사람이었다. 과연 이 나라의 엘리트라 할 만한 인물이었다. 그 사람은 왜 사실이 아니냐고 물었다.

"그런 거금을 받았다면 유학 생활을 하면서 그렇게 고생하지 않았을 겁니다."

검사는 우회적인 표현으로 그 부분을 수정했다. 보안사령부와 사정이 매우 다른 것 같았지만, 허위적인 기관 조사가 엄연히 가로막고 있는 한 검사에게 항변하는 것도 별것이 아니라는 것을 충분히 느낄 수 있었다. 검사도 역시 짜장면 이야기를 물어왔다.

"정말 이런 말을 했나요?"

"했습니다."

김용성의 날조를 제외하면 내가 서 형에게 한국과 관련된 이야기를 한 것은 짜장면 이야기가 전부였다. 자신 있게 했다고 대답했다. 검사는 머리를 갸우뚱했다. 검사가 보기에도 우스웠을 것이다. 그렇지만 국가보안법에는 "반국가 단체가 알 수 있는 사실은 설혹 중지의 사실이라 해도 국가 기밀에 해당한다"는 판례가 있었다. "짜장면이 맛있고 쌌다"고 말한 사실은 훌륭한 국가 기밀인 것이다.

검사 조서를 작성하는데 시간이 오래 걸리지는 않았다. 검사도 바쁜 직업이라 작업은 빠르게 진행됐다. 사흘 동안 매일 두 시간 남짓 검찰청에 나가 검사의 말에 그렇다고만 말하면 되는 작업이었다.

이상하게 명랑한 광경

다시 고영주 검사실에 갔을 때 그 방에서 대학생 두 명과 합석하게 됐다. 검사실 의자에 앉아서 작업을 시작하기를 기다리고 있는데, 맨 먼저 미결수가 입는 하얀 한복을 입고 온몸이 포승으로 묶인 약간 통통한 젊은 여자가 교도소 직원에게 끌려 방안으로 들어왔다. 여자는 부끄러워하는 기색 따위는 조금도 내비치지 않고 검사에게 명랑하게 인사했다. 참으로 이상한 광경이었다. 나이로 볼 때 틀림없이 집에서 부모가 걱정하고 있을 터인데, 포박된 여자는 아무런 고민도 없는 것처럼 보여 괴상했다.

검사는 웃는 얼굴로 여자를 맞아들이며 물었다.

"어때, 반성문을 쓸 생각이 드나?"

"구치소 안에서 여러 생각을 했습니다. 제 주변 사람들을 생각하니 써도 될 것 같은 생각이 들지만……. 검사님, 시간을 더 주십시오."

여자가 말하는 내용을 볼 때, 고영주 검사는 특별한 용무가 있는 것도 아니면서 여자가 구치소에서 밖으로 나가려면 검사의 호출이 있어야 하므로 호의를 보여 여자를 검찰청으로 부른 모양이었다.

여자는 검사에게 거듭 감사해 했다. 그러나 생각하기에 따라 이것은 검사의 회유책이었다. 지금 정권에서 데모 학생은 골칫거리다. 단속해 학생을 연행하면 구속자 석방을 요구하는 다른 이슈가 대두한다. 그렇다고 내버려두면 반정부 학생의 활동은 팽창하고 그 활동이 다른 영역에 연쇄반응을 불러일으킨다. 군사 독재가 선택할 수 있는 가장 나은 방법은 데모 주동 학생을 회유하는 것이다. 검사와 여자가 주고받는 말을 통해 검사가 반성문과 기소유예라는 조건으로 흥정하고 있다는 것을 알았다.

여자는 검사 앞에서 줄곧 명랑한 태도를 보였다. 커피를 내놓자 "며칠만인지 몰라요. 정말 맛있군요"라고 말하며 한잔 더 달라고 졸랐다. 그 여자의 태도를 보며 여걸이라는 말을 생각했다.

서울 내학가에서 오래전부터 알려진 이야기가 하나 있다. 어떤 정부 고관의 딸이 집시법(집회 및 시위에 관한 규제법) 위반으로 검거돼 검사가 아버지를 들먹이며 힐책하자, 그 딸이 "그 사람은 구제불능입니다"라고 대답한 실화가 있다는 것이다. 그 사건이 알려진 뒤, 자기 부모님을 '그 사람'이라고 부르는 것과 '구제불능'이라는 말은 유행어가 돼 국민학생들까지 자기 부모나 선생을 비난할 때 으레 이 말을 쓰게 됐다.

그 엉뚱한 유행어를 만든 학생 역시 내 앞에 있는 여걸처럼 이화여대학생이었다. 나는 내가 처한 상황도 잠시 잊고 그런 감회에 젖어 있었다. 여자는 검사실에서 휴식할 수 있는 시간을 얻어서, 구치소 직원은 근무에서 이탈할 수 있는 시간을 얻어서 기뻐했다.

내 작업은 그 뒤에 계속됐다. 간첩 운운하는 말이 검사의 입에서 나오자 여자는 한순간 긴장하는 것 같았다. 검사는 그것을 의식하고 있으리라. 검사는 내게 반정부는 반국가로 이어진다는 구체적인 사례로써 이 데모 학생을 보여주고 싶었던 것이다.

검사는 재일한국학생동맹의 반정부 활동에 관해서 신문했다. 유신 독재에 반대해 어떻게 외국 일본에서 데모와 집회를 되풀이했는지, 어떻게 북한에 흥미를 느끼기 시작했는지……. 그리고 서성수라는 재일 공작원에게 어떻게 포섭 당했는지 그 여자 앞에서 조서에 써넣었다.

그 동안 여자 옆에 남자 학생이 앉아 있었다. 그 남자도 여자와 똑같은 옷을 입고 똑같은 커피를 마셨다. 표정은 명랑한 여자에 견줘 훨씬 음울했다. 두 사람은 과연 무슨 생각을 하고 있는 걸까. 재일한국학생동맹이라는 조직이 북의 분파 정도라고 생각하고 있는 걸까? 보안사령부의 솜씨 좋은 시나리오를 듣고 반성문을 쓸 마음이 됐을까? 나는 긴장해 잔뜩 귀를 세우고 있을 뿐 두 사람의 마음 밑바닥까지 이해할 수는 없었다.

의미 없는 탄원서

검사 조서는 사흘 만에 작성됐다. 나는 하루 두세 시간씩 검사실 의자에 그저 앉아있기만 한 것 같았다. 검사와 보안사령부가 모든 이야기를 다 해놓았기 때문에 검사가 나를 대하는 일은 데모 학생을 대할 때와 견줘 아주 사무적이었다. 검사가 마지막으로 말했다.

"이 서류는 법정에 송부됩니다. 뭔가 말해 두고 싶은 것이 있으면 지금 말씀하시오."

"서성수 씨에게 관대한 처분을 바랍니다."

"아하, 그런 것이라면 탄원서를 쓰시오. 서류 속에 끼워 넣어줄 테니까. 그래봤자 별반 의미는 없겠지만."

검사의 말이 맞을 것이다. 탄원서를 써봤자 서 형의 형량을 줄이는데 아무런 영향도 없을 것이다.

"그래도 써놓겠습니다."

탄원서 정도라면 내가 쓰지 않아도 가족이 많이 써왔을 것이 틀림없다. 그러나 나 자신을 위해서 탄원서를 쓰고 싶었다. 하찮은 행위라도 서 형을 위해서 무언가를 했다는 사실만 남길 수 있다면 마음이 조금은 구제받을 수 있을 것 같았다. 애당초 내 마음을 잠시 달래는 일에 지나지 않지만 그렇더라도 쓰고 싶었다.

검찰청을 나와 덕수궁 돌담을 끼고 시청 앞 버스정류장으로 향했다. 또 서빙고로 가야 했다. C씨의 작업이 기다리고 있다. 지하도를 걸어 나오자 바람이 써늘했다. 그때야 점퍼 차림이라는 걸 알았다. 점퍼 단추를 목까지 모두 채웠다.

서빙고에 도착하자 김용성이 소파가 있는 소장실로 불렀다. 검사 앞에서 내가 취한 대도가 마음이 쓰였기 때문이었다. 아무 일 없이 검사가 산뜻하게 처리한 것을 확인하자 김용성은 매우 만족스러워했다.

"탄원서를 내기로 했습니다."

그 말에 김용성은 잠시 뭔가를 생각하더니 입을 열었다.

"마, 괜찮겠지. 대수로운 일이 아니니까."

그러고 나서 C씨의 작업을 도와주도록 심사실로 보냈다. C씨의 작업은 이제 초읽기에 들어가 있었다. 보안사령부의 서류는 모두 완성돼 있었다. C씨의 진술서와 내가 작성하는 번역문만 완성되면 보안사령부의 결재를 받아 검찰에 송부했다. 의견서는 범죄 사실을 나열한 뒤 마지막 부분에 "이 자의 행위는 국가보안법, 제 몇 조 제 몇 항 위반에 해당하는 죄를 증명하기에 충분하나 자기의 죄과를 회개하고 또 앞으로 국가 시책에 협력할 것을 서약하는 바이니 공소보류 조치하는 것이 바람직하다"라고 조치 의견을 써 공소보류를 주장했다.

아마추어인 내가 봐도 일의 순서는 피의자가 진술한 다음 수사관이 검찰에 보내는 의견서를 작성해야 맞았다. 그렇지만 어찌 된 일인지 여기에서 진술서는 수사관들이 미리 만든 틀에 맞춰 피의자가 작성하는 것이었다.

C씨의 머릿속에는 나갈 수 있다는 것밖에 없었다. C씨는 자꾸만 자기 이름이 쓰인 신문 조서를 일본어로 번역해달라고 했다. 그리고 그 내용을 적당히 쉬운 말로 고치는 등 손질을 해 진술서를 작성했는데 결국에는 조서를 읽어주는 대로 쓰기 시작했다. C씨는 서둘렀다. 이 작업만 끝나면 나갈 수 있다고 생각한 것이다. 그 태도에 참견하고 싶지 않았다. 글이 비루하더라도 빨리 끝내버리는 것이 절실했다.

풀려나다

서류를 모두 작성하자 풀려났다. 며칠 동안이지만 말을 나눈 것으로 마음 한 조각이 서로 통했다고 생각한 C씨와 이별 인사도 할 수 없었다.

"이제 내일부터 나오지 않아도 좋아. 이쪽에서 연락할 때까지 집에 있도록. 멀리 나가면 안 돼. 금방 연락이 될 수 있게 해."

이덕룡의 말을 뒤로하고 C씨에게 석별의 정을 느끼면서 서빙고를 떠났다. C씨에게 적어도 "잘 가세요"라는 말 정도는 하고 싶었다. 그러나 당연한 말도 할 자유가 없었다. 고독했다.

며칠이 지나서 이덕룡이 나를 호출했다. 또 서빙고에 가는가 싶었는데 뜻밖에 만나는 장소는 광화문이었다. 수사관들 사무실에서 가까워 점심시간에 나오기 쉽다는 이유 때문이었다. 이때까지 서빙고가 수사관들의 사무실이며 직장이라고 생각하고 있었기 때문에 의아했다. 사무실은 서빙고가 아니냐고 묻자 "서빙고는 일이 있을 때만 가고 본부는 이쪽이야"라는 대답이 돌아왔다.

점심때가 지나서 치안본부 뒷문 건너편에 있는 다방에서 수사관들을 만났다. 그곳이 수사관들이 잘 모이는 장소라고 했다. 김용성은 금방 눈에 띄는 회색 군용 점퍼를 입고 털이 붙은 깃을 치켜세우고 육중하게 앉아있었다. 고병천과 김국련을 비롯해 낯익은 2계 수사관들이 김용성을 둘러싸듯이 앉아 있었다.

나를 보자 이덕룡은 이죽이죽 억지 미소를 지으며 불렀다. 좁고 긴 의자에 붙어앉아 있던 수사관들이 자리를 비워 앉을 자리를 만들어줬다.

"생활은 좀 어떤가?"

김용성이 물었다.

"말도 아니지요."

비아냥을 섞어 대답했지만 김용성은 의연하게 "목숨을 건진 것 아닌가. 그걸 생각하면 그까짓 일쯤 대순가"하고 차갑게 받아넘겼다. 여느 때와 같은 태도였다.

이곳은 보안사령부 직원이 자주 이용하는 다방인 듯 다방 직원들은 손님인 내게 별달리 신경을 쓰지 않는 것 같았다. 김용성은 그 다방을 들락거리는 군용 점퍼를 입은 사람이나 사복을 입은 사람들과 악수를 하고 인사를 하느라 여념이 없었다.

김용성의 영전이 정해져 있었다. 모두 인사를 하며 "축하합니다"라는 말을 꼭 덧붙였다. 중령으로 진급하면서 동시에 고향인 전라북도 전주시에 무슨 과장으로 가는 모양이었다. 보도한 성과에 관한 보상이라는 것을 알 수 있었다. 전라도는 한국에서 예향으로 이름 높은 곳인데, 김용성은 벌써 그 고장에 가면 명화명필을 모아야겠다고 말하고 있었다.

이덕룡이 만나자고 한 이유는 특별채용 때문이었다. 그 사람은 서류를 잔뜩 갖고와 건네줬다. 이 사람들이 제정신인지 의심스러웠다. 정말로 채용에 필요한 서류를 건네받자 마음이 짓눌리는 것처럼 무거워지면서 또다시 내가 나면서 내가 아닌 것 같은 기묘한 감정에 빠져들었다.

건네받은 서류 봉투를 갖고 집으로 돌아와 말없이 아내에게 보여줬다. 아내는 아무 말 없이 서류를 하나씩, 하나씩 집어들고 들여다보기만 했다. 그날 밤, 집 옆 가게에서 막걸리를 사다 혼자서 마셨다. 값싼 술이 뱃속에 퍼지자 가까스로 말할 기운이 났다.

"두고 보겠어. 이 나라에서 이 나라의 권력이 무슨 짓을 하는지. 역사를 어떻게 만드는지. 여보, 도망칠 구멍은 없어. 그렇다면 이 현실을 똑똑히 봐주는 것으로 내 존재를 확인할 수밖에 없어!"

아내는 입을 다문 채 내 말을 듣고 있었다. 좋든 싫든 빨리 마음을 정리해야 했다. 활용이라는 명목으로 의사는 완전히 무시당하고 특별채용을 당할 지경이 됐으나 내 나름대로 이 일에 어떤 의의를 부여해야만 했다. 그렇지 않으면 나 자신이 너무도 비참했다. 골똘히 생각한 끝에 얻은 이유는 살아있는 증인이 돼 이 나라가 뒤에서 꾸미는 터무니없는 음모를 목격하겠다는 것이었다.

어떻게 C씨 같은 사람이 간첩이 되고, 어떻게 박박 씨의 숙부같이 선량한 가장이 가족과 헤어지는지. 무엇보다도 서 형과 나를 포함한 많은 재일 한국인이 조국 분단이라는 제단에 어떻게 희생양으로 바쳐지는지. 두 눈으로 확인하는 것을 역사가 요구하고 있었다. 그것을 위해 지금 선택된 것이다.

이렇게 마음을 먹음으로써 나를 위로하고 사명이 있다는 적극적인 의미를 부여할 수 있었다. 사면초가인 상황에 짓이겨진 패배를 평생 짊어지고 살아가느냐 아니면 굴욕을 인내한 뒤 재일 한국인과 민족 전체의 적인 보안사령부 그리고 그 원흉인 군사 독재에 통한의 일격을 가하는 그 날이 오기를 호시탐탐 기다리느냐 하는 선택만 남아 있었다.

고병천이 말한 것처럼 나는 확실히 생명을 건졌다. 그것은 사실이다. "어차피 한 번은 죽은 목숨, 국가를 위해서 쓰라"라는 수사관의 말에 이의를 달 생각은 없다. 다만 조국과 민족을 위해서 생명을 내던진다는 것은 저주받은 이 민족의 역사에 종지부를 찍는다는 것이지 군사 독재에 협력 한다는 것은 아니었다. 내 눈에는 수사관과 군사 독재야말로 국가의 적이고 민족의 적이었다. 조국과 민족을 위해서 몸을 바쳐야 한다는 말이 옳다면, 나는 그 말을 내게 한 권력과 싸워야만 했다.

서울에 눈이 내리기 시작했다. 눈은 만물의 더러움을 없앤다. 눈은 고향을 떠난 사람에게 향수를 느끼게 한다. 1983년의 서울은 나를 더욱더 외롭게 만들었다. 나는 우리 아이를 아버지에게 보여드리고 싶었다. 아이에게도 할아버지와 함께 설을 보내게 해주고 싶었다.

이런 사건이 없었다면 지금쯤 나와 내 가족은 일본에 가기 위한 준비에 쫓기고 있었을 것이다. 하물며, 설에 아이 옷 한 벌도 사줄 수 없는 현실을 생각하니 그저 외롭기만 했다.

돈이 될 만한 물건은 거의 처분하고 없었다. 아내에게 돈을 벌게 해 아이를 비참하게 길러서는 안 된다는 허영심 같은 것까지 있어서 망설이지 않고 빚을 냈다. 지금은 돈 따위는 아무래도 좋았다. 갈기갈기 찢긴 채, 땅에 버려진 나와 내 가족의 존엄을 지키는 것이 중요했다. 그렇게 생각함으로써 산다는 것에 집착했다.

새로운 수사 분실

그해도 사흘 정도밖에 남지 않았을 무렵, 이덕룡이 또 연락해왔다.

"통역해줘, 큰 사건이 났어. 이건 과장과 그 상사가 직접 말하는 거야. 내일 아침 6시 반에 보안사령부 뒷문에서 기다려."

보안사령부 뒷문이 어디에 있는지 잘 몰랐다. 그래서 뒷문이 있는 곳을 물었다. 이전에 만난 광화문에서 청와대가 있는 삼청동 쪽으로 가면 경복궁과 나란히 국립박물관이 있고 그 건너편에 국군 서울지구병원이라는 간판이 걸린 3층짜리 하얀 건물이 있다.

그곳이 보안사령부라는 것이다. 듣고보니 박물관에 갔을 때 건너편 병원에는 언제봐도 환자나 손님의 모습이 보이지 않아 이상한 병원이라고 생각한 기억이 있었다. 그 병원에서 눈에 띄는 것은 간판이 걸린 정문을 군인 몇 명이 지키는 모습뿐이었다. 위장하려고 간판을 건 것이다.

다음 날, 아직 날도 밝지 않아 앞이 잘 보이지 않는 언 길을 몇 번 넘어질 뻔하면서 차도로 나갔다. 시내버스를 타려고 했지만, 버스 노선을 잘 모르고 걷기도 조심스러워 택시를 세웠다. "경복궁 건너편까지 가주시오" 하고 말하자 운전사가 "보안사령부에 가십니까?" 하고 반문했다. 병원으로 위장하고 있지만 택시 운전사에게는 이미 들통 난 모양이었다. 위장이라는 것이 별것 아니란 생각이 들었다.

보안사령부 정문 앞에 도착했다. 위병이 나를 태운 택시 운전사에게 차를 더 앞쪽에 세우라고 소리쳤다. 그래서 정문 앞을 훨씬 지나서 택시에서 내렸다. 그곳에서 병원까지 되돌아와서 정문을 지키는 위병에게 뒷문이 어디냐고 물었다. 위병이 다음 모퉁이를 돌아 바로 오른쪽이라고 말하기에 그대로 찾아갔다.

오른쪽으로 돌자 약간 비탈진 길이 나타났다. 길이 빙판이 돼 두세 번 발을 헛디딜 뻔하면서 걸어가자 두꺼운 점퍼를 입은 위병이 오른손에 M16을 들고 서 있었다. 그래서 거기가 뒷문이라는 것을 알았다. 안으로 들어가려 했지만 들어갈 수 없었다. 위병이 나를 수상히 여기는 것이 뜻밖이었다. 일부러 시계를 자주 보면서 누군가가 기다리고 있다는 것을 알아차릴 수 있게 행동했다.

아침 6시인데도 이따금 검은 세단이 문을 넘나들었다. 그때마다 젊은 위병은 온몸의 힘을 다해 뭔가를 외쳤으며 차가 통과하는 동안 거수경례를 하고 있었다. 처음에는 위병의 말을 좀처럼 알아들을 수 없었으나 몇 번 들으니 그 말이 충성이라는 것을 알게 됐다. 이 말은 처음 듣는 말이 아니었다. 그러나 지금까지 들어온 충성은 대학생 군사 교련용이어서 진짜 군인에게 틀림없이 다른 구령이 있을 것이라고 생각하고 있었다.

왜냐하면, 충성이라는 말은 너무나 시대착오적이었기 때문이다. 모교의 백양로를 걸을 때 학군단 학생들이 빈번히 충성을 반복했던 것을 떠올렸다. 어떤 친구가 충성을 빗내어 큰 소리로 총살이라고 외치면서 거수경례를 하자 모두 폭소를 터뜨렸던 일도 생각났다. 군대라는 곳은 규율을 완전하게 하려면 어리석은 일을 저지를 수밖에 없을까.

몸이 얼어 떠는 동안에도 세단 몇 대가 지나갔다. 차 없이 걷는 사람들도 뒷문을 통과하기 시작했다. 그때 한 무리의 사람들 사이에서 이덕룡의 목소리가 들렸다.

"김병진. 왜 그런 곳에 서 있는 거야? 추운데 왜 면회실로 들어오지 않았지?"

　면회실이 어디를 말하는지 알 수 없었다. 이덕룡은 손가락으로 면회실이라는 곳을 가리켰지만, 그곳은 뒷문을 통과해야 갈 수 있는 곳이어서 민간인은 출입할 수 없는 곳이라 생각했다. 이덕룡은 못 말리겠다는 표정으로 "이제 곧 차가 올 때가 됐으니까 여기서 기다리지"하고 말했다. 시간은 오전 7시를 꽤 지나 있었다. 내게 6시 반까지 오라고 한 것은 일부러 시간을 당겨서 말한 것이었다.

　까만색 포드 세단이 뒷문을 통과하자 이덕룡은 크게 소리쳤다. 차를 운전하던 젊은 남자가 그쪽에 눈길을 주더니 알았다는 듯 고개를 끄덕이고 구내에서 차를 돌려 곧 나왔다. 이덕룡이 조수석에 앉고 나는 혼자서 뒷좌석에 앉았다. 운전하는 남자는 군인인 듯 이덕룡에게 정중한 말씨를 썼다. 어디로 가는 건지 도통 짐작할 수 없었다. 서빙고에 가는 거라면 일부러 이런 곳까지 불러낼 필요는 없었다.

　"도대체 어디로 가는 겁니까?"
　"아, 자넨 몰랐나? 분실을 성남시 쪽으로 옮겼어."

　성남시라면 서울을 벗어난 경기도였다. 엉뚱한 시골로 데려간다고 생각했다. 차는 뒷좌석에도 백미러가 붙어 있고 전화기까지 설치돼 있었다. 김국련의 차만 타봤기 때문에 이런 차를 타보자 과연 기관의 차라는 생각이 들었다. 전화벨이 울렸다. 이덕룡이 수화기를 들었.

　"네, 방금 남산 터널을 통과하는 중입니다. 네, 알았습니다. 네."

　수화기를 내리더니 운전사를 보고 "빨리 가. 과장이 몹시 기다리고 있어"하고 말하면서 날이 밝은 아침거리에서 비상등을 켜고 교통 규칙을 지키지 않아도 되는 특권이 있는 것을 기뻐했다. 교통정리를 하는 경찰까지 이 차가 기관의 차라는 것을 알아보고 교차로에서 모든 차를 막고 경례까지 했다.

잠실 사거리를 지나서 성남으로 가는 고속도로에 들어섰을 때 다시 전화벨이 울렸다.

"네, 아, 자넨가? 응, 응, 지금 성남에 들어왔어. 이제 곧 도착한다."

과장이 아닌 부하가 소재를 확인하는 전화를 건 것이다. 벌써 상당히 가까운 곳까지 온 모양이었다. 몇 분 정도 곧장 남쪽으로 달리고 나서 좌회전했다. 주변은 온통 논밭이 펼쳐진 시골이었고 집이라고는 단층집 몇 채만 있을 뿐이었다. 그 중 중화요리점 하나가 포장되지 않은 도로에서 먼지를 흠뻑 뒤집어쓰고 있었다.

차는 그대로 숲처럼 생긴 나지막한 산 쪽을 향해 계속 달렸다. 도중에 나무들 위로 안테나가 종횡으로 설치된 것이 보였다. 통신 부대라도 주둔해 있는 것일까. 어쨌든 군을 위한 영역인 듯 민간인은 전혀 보이지 않았다. 밤에 이런 곳에 오면 무서울 것 같았다.

L씨의 진술서

아무도 없는 산속 꼬불꼬불한 오솔길을 한참 가자 불쑥 포장도로가 나타났다. 왼쪽으로 차를 꺾자 높은 철문이 눈에 들어왔다. 서빙고에서 본 낯익은 광경이 거기에 펼쳐져 있었다. 통용문에서 서빙고에 있던 낯익은 병사가 나와 진입자를 확인하더니 철로 된 대문을 열고 거수경례를 하며 우리를 통과시켰다. 안은 마치 요새 같았다. 사방이 제법 높은 언덕으로 둘러싸여 있었고 마당은 넓고 잔디가 구획을 지어 곱게 깔렸었다. 도로는 새로 포장이 돼 있었다. 도로를 한 바퀴 돌고 나니 2층짜리 하얀 건물이 보였다. 건물은 깔끔하게 손질이 끝나 한눈에 새로 지은 건물이라는 것을 알 수 있었다. 서빙고와 비교할 수 없을 만큼 규모가 컸고 건물과 부지는 깔끔했다. 그렇지만 이 건물이 사람에게 호감을 주지는 못했는데 부지 사방에 철조망을 쳐놓았기 때문이다.

차를 대자 서빙고에서 자주 본 무슨 장교 같은 남자가 얼른 나와서 "과장님이 기다리고 계십니다. 자, 이덕룡 씨, 어서 소장실로."하고 재촉했다. 이덕룡에게 이끌려 그대로 1층 로비에서 2층으로 올라갔다. 소장실에는 이미 고병천 이하 2계 수사관들이 우종일을 둘러싸고 뭔가 심각하게 말을 나누고 있었다.

고병천은 내 얼굴을 보자 진술서 한 통을 읽어보라며 눈에 익은 육군 양식의 조서 용지 뭉치를 건네줬다.

"김병진. 자네를 부른 것은 처장의 지시야. 지금 간첩 한 사람을 여기 데려다놓았어. 자네의 일은 이 진술서를 읽고 그 내용이 진실인지 아닌지를 판단하는 것이야."

우종일 과장이 말했다. 아무래도 뭔가 이상했다. 수사관들에게는 거짓이든 아니든 간첩이면 그것으로 충분한 것 아닌가. 거짓인지 진실인지 판단하라는 것을 이해할 수 없었다. 또 다른 의문은 왜 내가 판단해야 한단 말인가.

고병천은 자세히 설명해주겠다며 1층 대기실 같은 곳으로 데려갔다. 먼저 진술서를 읽으라고 했다. 진술서를 보면 피의자는 역시 재일 한국인 모국 유학생이었다. 피의자는 와세다 대학 2부에 다닌 L씨로 대구에 있는 의과대학교에 적을 두고 있다. 순간, 재일한국학생동맹의 후배일까 흠칫했지만 그런 이름은 기억나지 않았다. 게다가 진술서에도 한학동과 내 관계에 관해서 말한 부분은 없었다. 그러나 한학동이 아닌 한청(재일한국청년동맹)과 내 관계가 진술서의 비교적 처음 부분에 쓰여 있었다.

그저 한청의 학습회 등에 참가했고, 참가하게 된 계기는 김 모 씨, 이

모 씨가 권유했기 때문이라 썼다. L씨는 자신에게 학습회를 권유한 사람들의 이름도 확실하게 기억하지 못하는 형편이었다. 요컨대 L씨는 한청의 핵심 회원이 아니었던 것이다.

진술서에는 김 모 씨, 이 모 씨가 북의 공작원이고 두 사람의 권유로 입북해 결국 군사훈련까지 받았다고 쓰여 있었다. 긴 진술서를 단숨에 읽고 난 뒤 당혹스러웠다. 너무도 황당무계했다. 군사훈련 상황이나 북에서 받은 밀봉교육 내용이 시시콜콜 상세히 표현돼 있었다. 진위를 판단하라는데 도대체 어떻게 판단하라는 건지 알 수 없었다. 북에서 한 생활이 진술서의 핵심인 모양인데 나는 북에 간 적이 없다. 줄거리는 맞는 이야기인지 모르지만 이 이야기가 거짓인지 진실인지 식별할 수 없었다.

진술서를 대강 훑어보기를 기다린 고병천이 물었다.

"어때, 읽은 감상이?"

섣불리 본심을 말해서는 안 됐다. 당황스럽기만 했다.

"북에서 굉장한 활동을 했군요. 군사훈련까지 받고. 하지만 나는 북에 간 적이 없으니 글쎄요."

"아니, 그건 괜찮아. 일본에서 한 활동은 납득이 돼?"

"글쎄요, 자기를 북으로 데려간, 그것도 한청이라는 조직의 간부 이름을 모른다는 것은 이해하기 곤란하군요."

말을 삼갔다. 일부러 호출당한 이유를 알 수 없었기 때문이다.

L씨는 훌륭한 모국어로 진술서를 작성했다. 글이 약간 매끄럽지 못해도 굳이 통역이 필요할 정도는 아니었다. 그렇다면 왜 내가 동원됐을까.

비원의 희생자

일의 발단은 1002보안부대 대공과에서 짜낸 근원발굴계획에 따른 것이었다. 이 1002보안부대라는 것은 전국에 퍼져 있는 보안사령부 예하부대의 하나로 대구 및 경상북도를 주 관할구역으로 하는 부대다. 이 지역에서 활동하는 제2군단이 관할군이었다. 그 대공과는 사령부 수사과와 공작과의 이중 지휘 체계 아래 짜여 있었다.

1983년 이른바 3개망 간첩단 사건 때는 김상숙이라는 경상북도 칠곡군 출신인 페인트상이 일본을 왕래했을 때 재일 조총련에 소속된 숙부를 만난 적 있었다. 이것을 접촉이라고 빌미 삼아 김상숙을 간첩으로 조작했는데 이 작업은 처음부터 끝까지 수사과의 지시 감독을 받았다.

L씨는 공작과의 지시를 계속 받고 있었다. L씨는 두 달 동안 대구에서 계속 취조를 받아왔다. 공작과는 그 뒤에 간첩을 검거했다고 보고했고, 사령부는 그 보고를 접수해 대통령 보고까지 마쳤다. 그러니까 전두환에게 간첩을 잡았다고 이미 상신을 마친 것이다.

송치 작업을 본격적으로 하기 위해 L씨를 서울로 이송했다. 최경조 대공처장은 장기 구속으로 말미암은 부작용을 염려해 이 일을 검찰 송치 작업에 익숙한 수사과에 명했다. 수사과에서 L씨를 담당한 것은 수사 3계 박성준(朴晟峻) 소령을 계장으로 하는 수사관들이었다. 박 계장은 처장의 명 때문에 자신에게 공적이 전혀 돌아오지 않을 일을 마지못해 떠맡았다. 박 계장은 김석호(金錫浩) 공군 상사를 담당 수사관으로 임명하고, 공작과가 대강 만든 조서를 보면서 L씨에게 조서 작성을 명령했다.

며칠이 지났다. 김석호는 연말도 다가오니 설까지 작업을 끝마쳐 둬야겠다고 생각했을 것이다.

"그때는 적이 놀랐어. 대강 진술서를 다 쓴 것 같아서 마지막에다가 '이상 말씀드린 내용은 사실과 상위하지 않습니다'라고 쓰고 이름을 쓰고 도장을 찍으라고 말하자 L 녀석, 해도 너무했지. '이상 말씀드린 내용은 모두 사실이 아닙니다'라고 써버렸어."

L씨의 저항이 수사과와 공작과의 암투와 얽혀서 일을 더 크게 만들어 버린 것이다. 처음부터 수사과가 L씨를 손댔다면 이런 종류의 저항은 폭력으로 봉쇄해버렸을 터였다. 거기에는 우종일 수사과장과 최 공작과장의 진급 경쟁까지 얽혀 있었다. 보고를 받은 우종일 과장은 결코 자기 선에서 얼버무리려고 하지는 않았다.

최근 몇 년 동안 성과다운 것을 올리지 못해 대령 진급 대상자면서도 몇 년이나 보류당해 온 최 과장에게 L씨라는 성과는 그야말로 비원을 달성시킬 구세주였다. 동시에 우 과장에게는 진급에 마이너스 요인으로 작용할 위험천만한 것이었다. 수사과는 최경조 처장에게 L씨를 검거한 것은 수사 미스라는 보고를 올렸다. 공작과는 이 보고에 노발대발했다. 처장실에서 수사과와 공작과의 실무 수사관들이 격돌했다. 그 광경에 더욱 화가 난 것은 장군 심사를 앞둔 최경조 대공처장이었다. 대공처 안의 분란은 자신이 감독 책임으로 문책당할 사태로 발전할 수도 있었다.

그리해 최경조는 가장 신뢰할 수 있는 부하 수사 2계에 재수사를 명령한 것이다. 모든 측면에서 재검토할 것을 지시했다. 그 일이 채용이 내정된 일본통인 내게도 떨어진 것이다.

L씨를 재조사히는 일에 20년쯤 선에 보안사령부의 전신인 방첩부대에 검거된 뒤, 운 좋게 처벌을 면제받고 지금은 보안사령부 대공처 연구실장 자리에 앉아 있는 이항구(李恒九)가 지명됐다. 이항구는 L씨와 대면해 입북 사실을 확인해야 했다. 그러나 이항구 씨 역시 처세술에 능한 사람이어서 결론 내리기를 꺼렸다. 이 사람은 원래 서울 출신인데 뿌리 깊은 공산주의자였는지 전쟁 중에 북으로 넘어가 모스크바 대학까지 유학한 지식인이었다. 평소에는 보안사령부 대공처 연구실장이라는 직함을 감추

고 대공 전문가라는 이름으로 텔레비전 좌담회 등에 고정으로 출연했다. 이런 사람을 보내고도 진위를 가리는 일을 확신할 수 없어 내게 L씨가 일본에서 한 행동이 사리에 맞는지 판단해보라고 한 모양이었다. 이런 내부 사정까지는 모른 채 고병천의 지시에 따라 L씨를 면담했다.

면담 준비를 위해 고병천에게 안내받은 기계실에 가서 매우 놀랐다. 그 안에는 일본제 모니터 텔레비전 몇 십 대가 장소가 비좁다는 듯 즐비하게 놓여 있었으며 그 중 하나는 죄수복을 입은 청년을 비추고 있었다.

"혹시 알고 있는 사람인지도 몰라. 얼굴을 더 잘 보라고."

그렇게 말하면서 텔레비전 앞의 작은 레버를 작동해 청년의 얼굴을 클로즈업하도록 화면을 조절해 보였다. 청년의 숨소리까지 뚜렷하게 들려왔다. 마이크의 음량은 매우 크게 세트돼 있었다. 다행히 L씨의 얼굴도, 목소리도 기억에 없었다.

"나와 최홍상 씨가 한번 들어가 봤는데, 우리가 기관원이 아니고 검찰이라고 일러뒀어. 두려워 말고 사실만을 이야기하라고 거듭 당부했지."

고병천의 말이었다. 하지만 모니터를 통해 본 L씨에게 안도하는 기색을 엿볼 수 없었다. 감시병에게 시선을 주기도 하면서 온 방 안을 부지런히 둘러보고 있었다.

"자네가 할 일은 자네가 간첩으로 검거됐으나 볼 수 있듯이 아무런 거리낌 없이 자유롭다는 것을 알려주기만 하면 돼. 그리고 두려움 없이 사실을 이야기하도록 설득하는 거야."

고병천과 최홍상에게 이끌려 새로 지은 심사실로 들어갔다. 긴장됐다. 이전 C씨와 달리 한 사람의 운명을 좌지우지하는 작업에 동원됐기 때문이다. C씨는 통역만 완벽하게 하면 그 사람과 운명이 얽힐 게 없었으므로 이 사람에 비하면 훨씬 마음이 편했다. 이번은 달랐다. 대체 무엇을 어떻게 이야기하면 좋단 말인가.

날조되는 과정

수사관을 따라 방에 들어갔다. L씨는 수사관을 보자마자 몸을 굳혔다. 수사관 두 사람은 애써 부드러운 태도를 보이려고 했다.

"어때? 식사는 했나?"

최홍상은 말 한 마디, 한 마디가 역시 다른 동료보다 부드럽다. 원래 성격이 온순한 것일까. L씨는 조금 먹었다고 고개를 숙인 채 대답했다.

"오늘은 이 사람을 데리고 왔지. 너와 똑같은 재일 한국인이야. 이 사람이 어떤 인물인지는 이 신문을 잘 읽어 봐."

고병천은 서류꾸러미 속에서 간첩 보도를 실은 신문을 꺼내어 L씨의 눈앞에 내던졌다.

"이 사람은 간첩으로 검거됐어. 그렇지만 당국의 배려로 이렇게 자유의 몸이 됐지. L, 너도 똑같아. 진실을 말하면 안전은 보장해주마. 우리가 거짓말하지 않는다는 산증인까지 데려왔어. 뭣하면 우리는 자리를 피해주지. 같은 재일 한국인들끼리만 이야기해도 좋아. 감시병도 붙이지 않겠어. 너희 대화를 들을 사람은 아무도 없으니까 안심하고 이야기를 나눠도 좋을 거야. 물론, 일본어가 의사소통이 빠르겠지. 오랜만에 일본에 관한 이야기라도 해보면 어때? L, 어떻게 하겠나, 이야기해보겠나?"

L씨는 고병천의 제안에 동의했다. 두 수사관은 애초의 계획이 차질 없이 진행되는 것에 만족하며 감시병과 함께 방을 나갔다.

당황한 것은 나였다. L씨의 모습은 몇 개월 전 내 모습이었으며 L씨의 마음은 내게도 아프게 전해왔다. 고병천은 자유로운 대화를 보장한다며 나갔으나, 기계실에서 자기들의 계획을 일러주면서 L씨와 나누는 대화는 기계실이나 처장실에서 모든 수사관이 본다고 말했다. 물론, 그 중 일본어를 알아듣는 장병화도 있을 것이다. 고병천은 L씨를 속이고 있었다.

주저주저하는 L씨에게 조심조심 말을 걸었다. 언제까지나 잠자코 있을 수 없는 노릇이다. 방 천장 네 귀퉁이에 설치된 작은 거울 중 하나가 매직미러다. 그 거울 너머에 텔레비전 카메라가 L씨와 나를 번갈아 찍어대고, 어디에 감췄는지 모르나 숨겨진 마이크가 소리 크게 우리의 대화를 수사관들에게 전하고 있을 것이다.

"자네 진술서를 좀 읽어봤지."

가까스로 무거운 입을 열었다. L씨는 내 말은 무시하고 "당신은 간첩으로 붙잡혔습니까? 이 신문에 난 사람은 정말로 당신입니까?"하고 말했다. 신문이 발행된 날 L씨는 대구에서 고문을 당하고 있었다. 아주 최근 재일 한국인이 간첩으로 검거됐다는 것은 L씨는 처음 들었다.

"그 신문은 진짜 신문이야."

"그럼, 당신도 나와 똑같은 일을 당했겠군요. 부탁입니다! 가르쳐주십시오. 어째서 이런 일을 당해야만 합니까! 이게 벌써 3개월째란 말입니다. 억지로 끌고와서 이게 뭡니까? 나를 보고 간첩이라며 욕을 퍼붓더니 이렇게 굵은 몽둥이로 온몸을 마구 두들겨 패더군요. 그리고 전기고문, 정말 견딜 수 없었습니다. 그래서 저 사람들이 말하는 대로 한번 그렇다고 말했더니 그다음에는 언제 포섭당했느냐며 또 폭력이었습니다. 말이 됩니까? 나는 포섭이라는 한국어도 몰랐어요. 그런 간첩이 어디 있단 말입니까. 선배님, 선배님도 나와 똑같은 일을 당했다면 가르쳐주십시오. 거짓말이라도 그 사람들이 하라는 대로 그렇다고 대답하면 살려줍니까?"

선배라고 부르는 L씨의 목소리는 점점 고조됐다. 방을 훔쳐보고 있을 수사관들이 신경 쓰여서, L씨 박력에 놀라서 할 말을 잃고 말았다. L씨는 처음으로 자기 심정을 토로해도 좋은 사람을 만난 것이다. 적어도 그렇게 생각하고 있었다. L씨에게 무슨 말을 해야 할지 알 수 없었다.

"내가 자네에게 할 수 있는 말은 진실을 이야기하라는 것뿐이야."

겨우 입에서 나온 말은 아마도 L씨의 기대를 충족하지 못했으리라. L씨는 이 상황에서 내가 내 힘으로 아무 것도 할 수 없어 무력감을 느끼고 있다는 것을 전혀 알아차리지 못하고 자기 말을 계속했다.

"선배님, 이 사람들은 저를 북에 갔다 온 것으로 만들어버렸어요. 그리고 제가 군사훈련까지 받았다는 겁니다. 어처구니가 없어서 정말 열린 입이 닫히지 않습니다."

그렇다! 흘낏 본 진술서에서 의문스러웠던 점도 바로 그 대목이다.

"그럼, 한 가지 묻겠네. 자네 진술서를 읽었다는 건 아까도 말했지. 그 진술에 따르면 북에 간 경로와 북에서 산 생활 그런 것이 매우 구체적으로 쓰여 있더군. 그리고 무엇보다 놀란 것은 자네가 군사훈련을 받았다는 것을 증명하기 위해 권총을 분해하고 조립하는 순서를 수사관에게 보여줬다는 점이야. 이건 어떻게 된 건가?"

L씨는 기가 막힌다는 표정이었다. 아까보다 더 강한 어조로 말했다. 그것은 전부를 건 필사적인 변론이었다. 계속 이어지는 L씨의 이야기를 다 듣고 난 뒤, 너무도 놀라고 말았다. 날조라지만 2계는 이렇게 하지는 않았다. L씨의 이야기는 이러했다.

타협을 한 번 하자 둑이 무너지듯 차례차례 새로운 타협이 이어졌다. 그 수법은 바로 유도신문이었다. 일본에서 한 행동은 우선 대수롭지 않은 일이라고 치부하더라도 입북 부분은 차마 말로 표현할 수 없을 정도였다. 폭력과 회유로 하는 흥정에서 L씨는 북에 실제로 가지 않았으나 간 것으로 타협했다. 그다음에는 어떤 방법으로 갔는지 추궁당했다. 애당초 L씨는 짐작도 할 수 없는 내용이었다. 거기서 공작과의 염(廉) 소령은 "보통의 경우, 동해의 민가와 떨어진 해안에 고무보트가 와서 사람을 태운 뒤, 먼바다에서 대기하고 있는 모선을 타고 가는데 네 경우는 어땠지?", "북으로 가려면 대개 어느 정도의 시간이 걸리고, 공작선은 1시간에 얼마큼 달리는데 네 경우는 몇 시간 걸렸지?"

L씨는 염 소령의 말을 듣고 산수 계산을 했다는 것이다.

"평양에 가면 천리마 동상이라는 게 있고, 그 높이는 이쯤 되는데 보지 못했나?"

"평양에는 주체탑이 있어. 이러이러하게 만들어져 있고 높이는 이 정도인데 보지 못했나?"

만사가 이런 식이었다고 L씨는 필사적으로 이야기했다. 이것이 내가 읽고 의아했던 구체적인 입북 내용의 정체였다.

공작과 염 소령은 이렇게 해서 조작을 완수하려고 했다. 수사 분실에서 본 염 소령의 집념은 이미 광기의 영역에 이른 것 같았다.

L씨는 말했다. 군사훈련 운운할 때, 여느 때와 마찬가지로 수사관(염 소령)과 줄다리기를 하는데, 권총을 갖고와서는 분해하라고 하더라는 것이다. 물론, L씨는 일본에서 모형 권총 정도는 만진 적이 있었으나 진짜를 만진 것은 처음이었다.

어떻게 해야 좋을지 몰라서 어물어물했더니 "앞쪽을 돌려보는 거 아니냐?"라고 방법을 넌지시 알려줬다. 총구에 손을 가져가자 거기에 돌아가는 부분이 있었다. 그리해 L씨는 총신과 한 개의 관을 떼어내는 데 성공했고 그 뒤에도 암시해주는 것을 따라 끝까지 분해한 것이다. 수사관은 권총에 손대지 않았다. L씨 손으로만 해낸 것은 사실이다. L씨는 계속 말했다. 조립은 분해를 거꾸로 했더니 됐다고 했다. 자기 힘으로 할 수 있었다는 것이다.

그것을 염 소령은 끝까지 L씨가 혼자 힘으로 했다고 대기실에서 우기고 있었다. 우스운 것은 L씨의 주장을 강경히 부정하면서도 "오래된 일이라 L도 잊어버린 것 같아 처음 부분만 가르쳐줬다"고 말해 결국 L씨의 주장을 인정하는 것이다. 분해할 때 우물거린 것을 오래된 일이라고 해석하는 것은 소름 끼치는 아전인수였다. L씨는 가정 형편이 어렵지만 의학에 뜻을 두고 모국에 온 만큼 심지가 굳고 곧았다. 수사관들은 걸핏하면 L씨를 교활하다고 평가했으나 내가 보기에 L씨는 성실한 사람이었다. 교활하다는 평가는 모두 보안사령부에 되돌려줘야 한다.

방에 더 있을 수 없었다. L씨는 구원의 손을 내밀기를 갈망했다. 그러나 그런 일은 불가능했다. 나는 L씨의 독백에 그저 공포에 떨며 무력함을 한탄할 뿐, 한시라도 빨리 심사실에서 도망쳐나오고 싶은 심정이었다.

"가르쳐 주십시오, 선배님!"

그 말이 어쩔 수 없는 내 마음을 더욱 괴롭혔다. 고개 숙인 볏짚을 꼿꼿이 세우는 것처럼 힘이 쑥 빠져 버린 내 몸을 세우느라 안간힘을 섰다. 그리고 L씨의 질문에 "최후까지 진실만을 말해야 해"라고 가냘프게 대답하는 것이 고작이었다.

"진실을 말하면 고문당한다고요, 선배님."

L씨의 눈은 그렇게 말하고 있었다. 몇 번이고 되풀이해서 말한 '정말 있었던 일만 말하라'는 말을 마지막으로 또 한 번 하고 그 방에서 도망쳤다. L씨의 눈초리가 내 그림자를 잡아당기는 것 같아 마음이 따끔했다. 방을 나오면서 L씨는 날조돼 교도소로 송치될 거로 생각했다. 서류가 모두 작성돼 있는데 이 사람들이 후퇴할 리 없었다.

무엇보다 일의 흑백을 판단하지 못하는 것이 수사관이라는 사람들이라고 생각했다. 젊고 전도유망한 청년인데 불쌍하다는 생각도 했으며 이것 때문에 보안사령부를 또 한 번 증오했다. 물론 보안사령부의 내부 사정 따위는 알 바 아니었다.

2계의 송년회

심사실을 나오자 고병천이 복도까지 나와 있었다. 은닉 텔레비전으로 내가 방을 나온 것을 알고 있었다.

"어떤가, 자네의 느낌은?"

"L씨의 말이 거짓이라고 생각하지 않습니다."

말은 그렇게 했지만 그 말은 수사관들이 날조했다는 말이라서 고병천의 반응이 궁금했다.

"그건 괜찮아. 일본에서 했다고 한 행동은 어떻게 생각하나?"

"재일한국인청년동맹의 학습회 정도에 참석한 것은 사실이겠지만, 자기를 데리고 간 사람의 이름을 정확히 모른다는 것은 그 뒤로 접촉이 없었다는 이야기예요. 그런 곳에서는 서로 성이 아닌 이름으로 불러요. 그러니까 이름을 기억하지 못한다는 것은 한청 중에서 유동층에 있었다는 이야기입니다. L씨는 한청의 핵심 멤버가 아니었다는 것이지요. 그런 사람이 정체불명의 사무실에 불려 가고, 그뿐만 아니라 그 사무실이 무슨 사무실인지도 모른 채 그 자리에서 북으로 갔다는 이야기가 나온 것은 내 상식으론 이해할 수 없습니다."

뜻밖에 고병천이 경청하는 모습을 보여 L씨가 결백하다고 주장해봤다.

"알았어, 수고했어."

고병천은 가뿐한 표정으로 어찌 됐든 상관없다는 듯 말했다.

그 길로 과장이 있는 소장실로 갔다. 과장은 모든 것을 보고 있었고,

곁에서 장병화가 앉아서 통역했기 때문에 아무것도 더 물으려고 하지 않았다. 가볍게 수고했다는 말을 할 뿐 다른 용건은 없었다. 고병천을 따라 이 층 대기실로 내려갔다.

"김병진. 오늘 2계 송년회를 영동에서 여는데 자네도 나와. 김용성 계장은 이미 전주로 부임했으니, 자네가 싫어하는 사람도 없어 마음이 편할 거야. 이제부터 자네도 우리 동료야. 새 계장도 올 것이니 따라와."

아무래도 마음이 무거웠다. 이 사람은 내가 김용성을 싫어한다는 것을 빤히 읽었던 것이다. 무서운 사람이다. 지금은 고병천의 권유대로 따라가는 것이 좋을지도 모른다. 그렇게 생각하고 동의했다.

자동차를 타고 영동에 갔다. 이곳이 환락가라는 것은 이미 알고 있었으나 서울에 오래 살면서도 그런 네온 속을 걷기는 처음이었다. L씨의 모습을 아무리 해도 뇌리에서 지울 수 없었다. 같은 서울 시내에 이렇게 천국과 지옥이 공존한다는 불균형이 묘하게 마음에 걸렸다. 조금 걸어가자 어둠 속에서 고병천이 일행의 눈을 피해 나를 멈춰 세웠다.

"김병진. 고생 많지."

매우 놀랐다. 이 남자가 다른 수사관의 눈을 피해 동정하는 말을 걸고 있는 것이다. 고병천은 자기 지갑에서 2만 원을 꺼내 받으라고 했다.

이 남자가 2계 중에서 재일 한국인을 가장 많이 간첩으로 조작한 인물이라는 것을 알고 있었다. 본인이 말하기도 했고 다른 수사관이 말하기도 했다. 가까이는 김정사(金整司) 씨, 유영수(柳英數) 씨, 이종수 씨, 나와 같은 대학교 학생인 김태홍 씨 등. 재일 한국인 유학생에 관련된 사건에는 대부분 손댄 것으로 들었다. 그런 사람이 나를 동정했다. 어둠 속에서 남몰래 돈을 주려고 하는 것은 그런 현장을 다른 수사관에게 보이기 싫은 탓이리라.

이상한 일이었다. 고병천은 돈만 건네주고는 "남의 눈이 있어. 빨랑빨랑 가!"하고 속삭였다. 어리둥절해하며 앞에 가는 일행의 뒤를 쫓아갔다. 이 사람은 괴로워하고 있다. 그렇게 생각하자 인간 백정도 역시 인간은 인간인가 보다고 생각했다.

연회석에서 나는 꿔다 놓은 보릿자루였다. 술을 따라주면 마시고 고기를 먹으라 하면 꽤 오래 먹지 못한 쇠고기를 실컷 먹었다. 요정은 우영기의 누나가 경영하는 곳이라고 했다. 누나라지만 성이 달라 도대체 어떻게 되는 누나인지 종잡을 수 없다는 것이 수사관의 이야기였다.

신임 계장이라는 사람은 꽤 늦게 요정에 도착했다. 이덕룡은 나와 한 자리에 있는 것을 꺼리는지 아니면 신임 계장에게 예의를 갖추기 위해서였는지 제법 추운 밤이었는데도 혼자 현관에서 계장이 도착하기를 기다렸다. 다른 수사관이 미안한 얼굴로 함께 기다리려고 했지만 결국 이덕룡 혼자서만 영하의 추위 속에 나가 있었다.

연회는 눈앞의 진수성찬에 애주가인 김양규가 "배가 고파 참을 수가 없어. 더는 참을 수가 없어"라며 젓가락을 들면서 시작했다. 열 명쯤 되는 수사관과 나는 김양규의 행동을 보고 나서 고기를 입으로 가져갔다. 계장이라는 남자가 도착했을 때는 고기를 담은 접시를 새로 가져와야 할 정도였으니 계장이 꽤 늦게 도착한 셈이다.

계장은 뜻밖에 생각한 것보다 젊었다. 나보다 네댓 살 위로 보였다. 머리는 얌전하게 가다듬고 정장을 입고 있었다. 결혼식의 신랑이 떠올랐다.

계장이 들어오자 수사관들은 젓가락을 놓고 그 자리에서 기립했다. 이덕룡의 안내를 받으며 들어오는 남자가 2계의 새로운 계장이라는 것은 말하지 않아도 짐작했지만 나이 든 수사관들이 식사 중 기립까지 하면서 마중하는 광경이 이상해 보였다. 계장은 잘해야 삼십 대 중반 정도겠는데 장병화 같은 사람은 거의 육십이었다. 고병천만 해도 오십은 될 것 같은 연배였고 김국련도 사십 대 후반이었다. 이것이 계급이라는 것일까 하고 생각하지 않을 수 없었다.

신임 계장은 교통이 정체해 차가 늦어졌다는 말과 함께 신임의 변을 뭐라고 이야기했다. "내년의 성과 앙양"이라든가 "사령관을 비롯한 상관을 보좌하고, 나아가 국가의 반공 기반을 굳건히 하기 위해서 불철주야로 헌신할 것을 바란다"라는 이야기를 한 것 같다. 이야기를 하는 동안 주인공이 늦게 도착한다고 불평하던 수사관들은 모두 경청했다. 아마도 제대로 듣고 있는 것이 아니라 듣고 있는 척했을 것이다.

연설이 끝나자 신임 계장의 선창으로 건배했다. 그 호령이 또 기묘했다.

"위하여!"

최홍상에게 물었다.

"무엇을 '위하여' 입니까?"

조국과 민족을 위하여라고 대답했다. 조국과 민족의 이름 아래 L씨는 지금 이 세상의 일이라고 상상할 수 없는 고통을 당하고 있다. 그리고 C씨는 어떠했는가. 또 서 형은 혹한에 떨며 지금 이 순간 어떻게 살고 있는가……. 겉치레뿐인 계급의식으로 자신을 꾸미던 수완 좋은 수사관 고병천이 내심 괴로워하고 있다는 걸 작은 일로 느끼게 하더니 곧바로 자기 자식보다 몇 살 위밖에 안 돼 보이는 젊은 계장에게 경어를 쓰며 비위를 맞추고 있었다.

자꾸만 울적해졌다. 이런 사람들과 동료가 될 수밖에 없는 처지였다.

기분 나쁜 남자

신임 계장이 한 사람, 한 사람에게 술을 따르며 돌렸다. 내 자리까지 오자 고병천이 옆에 붙어서 나를 소개했다.

"이 사람이 바로 김병진입니다. 오늘은 일부러 데려왔습니다."

그 말에 계장은 일순 당황한 듯 눈을 어디다 둬야 할지 몰라 했다.

"김병진. 이 분이 새 계장님인 배영룡(裵英龍) 소령님이시다."

악수를 청한 그 사람에게 공손하게 응했다. 가느다란 목소리로 "김병진입니다"라고 대답하고 고쳐 앉았다. 배영룡 소령은 내 옆 좌석에 있던 최홍상과 인사를 겸해 이야기를 나누다 그대로 한 사람 건너 내 옆자리에 앉았다. 그리고 잠시 지나서 배영룡이 딱딱하게 말을 걸어왔다.

"김병진 씨, 세상이라는 것이 결국 자기만 행복하면 되는 것 아닌가요? 당신 의견은 어떻습니까?"

순간 계장이 말하고자 하는 바를 이해할 수 없었다. 첫 대면치고는 너무도 당돌한 질문이었다. 질문의 뜻을 영 알 수 없었다. 문자 그대로 해석한다면 배영룡의 질문은 지나치게 어리석었다.

그때, 문득 정몽주(鄭夢周)의 고사를 생각했다. 고려의 충신인 정몽주는 역성 혁명론을 근거로 신왕조를 획책한 이 씨 일문의 축연에 초대돼 함께 영화를 누리지 않겠냐는 이방원의 노래에 "이 몸이 죽고 죽어 일백 번 고쳐 죽어/ 백골이 진토되어 넋이라도 있고 없고/ 임 향한 일편단심이야 가실 줄이 있으랴"라는 노래를 내뱉어 돌아가는 길에 선죽교에서 이방원의 칼을 맞아 멸망해 가는 왕조와 운명을 같이 한 이름 높은 유생이다.

배영룡이 말한 것은 그런 의미일까. 그렇지만 나는 고려의 충신도 아니고, 자신의 의사로는 아무것도 결정할 수 없는 몸이었다. 이방원의 칼을 맞아 지금도 다리 돌 바닥이 피로 물들고 있다고 전해져 오는 사건은 이 경우와 아무리 생각해도 관계가 없다.

배영룡의 질문에 더듬거렸다. 내 깊은 곳을 탐색하려는 저의가 있다면 유치했고, 진지한 마음으로 이야기하고 있다면 용렬했다. 어쨌든 처음 대면한 육군 장교는 정체를 알 수 없었다. 조금이라도 그 사람됨을 알았다면 대처할 방법이 있었을 것이다. 그 사람이 기분 나쁘게 느껴졌다.

기묘한 회의

섣달 그믐날이었다. 또 이덕룡의 호출을 받았다. 뒷문에 아침 9시경에 도착하자 이덕룡이 마중나와 있었다. 이덕룡은 뒷문 대기실 같은 곳에서 빨간 이름표를 한 장 갖고 와 붙이라면서 건네줬다. 이름표에는 한글로 방문이라고 인쇄돼 있었다. 안에 있는 사람들은 모두 표찰을 붙이고 걸어다녔다. 계급에 따라 색이 달랐다. 이덕룡의 표찰은 카키색(하사관)이었다. 그 자리에서 고병천도 만났는데 고병천의 것은 황토색(준위관)이었다. 빨간 이름표는 외부인을 나타냈다.

그곳은 참으로 이상한 세계였다. 군복 차림을 한 병졸들이 반듯이 대오를 짜고오가며, 마주칠 때는 반드시 거수경례를 했다. 이덕룡 등 다른 수사관들은 가볍게 고갯짓을 해줬다. 안으로 더 걸어 들어가니 차량이 줄지어 있었다. 젊은 사복 운전사들이 부지런히 청소하고 있었다. 그 옆을 지나쳐 두 사람을 따라 오른쪽으로 돌았다. 밖에서 보이는 하얀 3층 건물의 뒤쪽이었다. 안으로 들어가서 3층까지 올라갔다. 복도는 매우 넓고 어두웠다. 벽에 붙인 싸구려 네온사인 같은 표어가 몇 개씩 옅은 빛을 발하고 있었다.

'통신보안'

'보안은 생명이다'

여기가 보안사령부라는 것은 알고 있으나 흔하게 쓰이는 보안이라는 말의 의미를 이해할 수 없었다. 나중에 보안이라는 것이 비밀 정도의 뜻이 있다는 것과 보안유지라는 것이 비밀엄수라는 뜻이라는 것을 알았다.

이 말은 아무리 생각해도 군대 용어였다. 징병제도를 실시하는 한국에서는 병역 필자가 돼야 비로소 사회 진출이 가능하다. 이 단어에 위화감을 느끼는 것은 내가 징병이 면제된 재외 한국인이기 때문일 것이다.

넓은 복도에는 창문이 하나도 없었다. 나무로 된 출입문이 규칙적으로 줄지어 있었으나 문에는 번호만 새겨져 있어 하나하나가 무슨 방인지 외부인으로서는 짐작할 수 없었다. 군복을 입은 군인 몇 사람이 서류를 들고 복도를 씩씩하게 걷고 있었다. 군인이 아닌 것으로 보이는 사람은 모두 사복이었다. 보안사령부 안으로 들어왔다고 생각하니 오싹했다.

두 사람은 3층 308호라고 표시된 방으로 들어갔다. 따라 들어가지 않고 복도에서 기다렸다. 308호는 사무실인 듯 책상과 사람이 많았고 전화기도 여러 대 있었다. 두 사람은 곧 방에서 나왔다.

"처장이 기다리고 계셔. 김병진. 이쪽으로 따라와."

우리는 조금 떨어진 맞은편 방으로 잰걸음으로 들어갔다. 안에는 비서실같이 돼 있는 작은 방이 있었다.

"고 준위, 뭘 꾸물대고 있었습니까, 빨리 들어오세요. 그리고 김병진은 어디 있습니까?"

처장 비서인 듯한 남자(대공처 기획반장 유 소령)가 온건하나 이덕룡과 고병천 두 사람을 무시하는 말투로 맞아들였다. 나는 등이 떠밀려 안쪽으로 들어갔다. 방은 넓었고 커다란 책상이 있었다. 책상 위 벽에는 전두환이 찍힌 커다란 사진이 걸려 있었다. 책상 위에는 대공처장 대령 최경조라는 글자가 새겨진 자못 큰 명패가 묵직하게 놓여 있었다. 그 앞 소파에는 열 명 정도의 사람이 앉아 있었고 그것도 모자라 어디선가 의자를 가져와 소파를 둘러싸듯이 스무 명 정도가 앉아 있었다.

"처장님, 이 사람이 김병진입니다."

소파에 다소곳이 앉아 있던 우 과장이 가운데에 1인용 의자에 앉아 있는 사십 대 남자에게 내가 도착한 것을 보고했다. 남자는 내 얼굴을 흘끗 보더니 개의치 않는 표정으로 중단된 대화를 계속했다.

L씨 사건이 대화 소재였다. 수사과장 옆에 있는 사람이 공작과장인 듯 얼빠진 표정으로 멍해 있었다. 회의는 주로 실무자와 처장의 대화로 이뤄졌다.

처음 본 사람들 속에 끼어 마음의 준비를 단단히 했다. 처장은 생각보다 몸집이 작았는데, 그 체격에 어울리지 않게 큰 목소리로 경상도 사투리를 쓰면서 말했다. 목소리에 노기가 가득 차 있었다. 이야기의 초점은 공작과의 주장을 인정하고 L씨를 법정으로 보내야 하는지 말아야 하는지였다. 최경조는 말을 굴렸다.

"김이전(金⊠田), 당신 생각은 어때?"

지명을 받고 작은 목소리로 이야기를 시작한 사람은 머리가 꽤 벗겨진 작은 노인이었다. 너무도 가녀린 목소리였지만 말하고자 하는 뜻은 L씨의 입북 부분은 상당히 무리가 있다는 내용이었다. 이 노인은 수사과 직원이었다. 그러자 누군가 갑자기 일어나 그 노인에게 욕을 퍼부었다. 소리가 난 쪽에는 키가 큰 다른 노인이 있었다. 그 사람의 성난 모양은 맹렬했다. 당장 수사과 노인의 가슴팍을 움켜쥘 것 같은 기세였다.

김이전이라는 노인은 그대로 입을 다물어버렸다. 그런 옥신각신을 말린 사람은 소파에 앉아 있던 젊은 장교였다. 그 장교는 L씨의 재조사라는 달갑잖은 일거리를 떠맡게 된 수사 3계장 박성준으로 김이전이라는 노인은 그 계장 부하였다. 장교가 나서자 노인들 싸움은 어물어물 가라

앉았다. 최경조는 혼자서 계속 독설을 내뱉었다. 어쩌고저쩌고 부하들을 야단친 뒤, "사령관님께 뭐라고 변명할 건가, 각하께 이미 보고까지 드린 내 체면이 말이 아니지 않나. 이것으로 L을 심사한 사람은 모두 한마디씩 한 셈이지. 결국, 북에 갔었는지 안 갔었는지 어느 쪽이야? 김병진. 네가 L을 만나서 받은 인상은 어땠지?"

최경조는 내 얼굴을 보지도 않고 담배에 불을 붙이면서 말했다. 그 말을 들었지만 아까 본 이상한 장면 때문에 뭔가를 말해야겠다는 마음이 생기지 않았다. 처장의 자리 옆에 놓인 가습기가 뿜어내는 수증기가 묘하게 눈에 들어왔다. 뒤에서 고병천과 장병화가 내 등을 쿡쿡 찌르며 말하라고 재촉했다. 딱한 노릇이다. 뭐라고 말해야 좋단 말인가.

"제가 만나서 이야기해 본 것으로 그……. 일본에서 한청 조직과 접촉은 있었던 것 같습니다만 진술의 진위까지는……."

최경조는 내 말을 알아듣지 못한 모양이었다. 옆에 있는 우 과장에게 뭔가를 물었다.

"김병진. 잘 들어. 너는 국가의 은혜를 입었다. 그러니까 그 은혜에 충분히 보답하는 것이 네가 사람으로서 할 도리다. 선배인 서성수가 교도소에 간 것을 생각하면 너는 생명을 건진 것이나 마찬가지야. 네 계급을 5급(서기관보)으로 해주려고 했지만 인사처에서 너무 젊어서 안 된다고 했어. 문관 5급(주사)이라도 대단한 예우다. 너를 조사한 수사관도 7급(주사보)이니까 말이야, 열심히 해! 알았지."

그렇게 말하고 잠시 침묵한 뒤 다시 조용히 입을 열었다.

"L의 검찰 송치 서류에서 입북 부분은 빼. 그리고 조치 의견은 공소보류로 하도록."

그 한 마디로 기묘한 회의는 끝났다. L씨에게 간첩 전과를 씌우고 다른 사람 모두 체면을 살리는 방법은 공소보류뿐이었다.

두고 보겠다!

회의가 끝난 뒤, 고병천은 아까 잠깐 들렀던 308호에 들어갔다. 조금 전 번잡했던 사무실 모습은 오간 데 없고 책상 위에 하얀 종이를 깔아 연회 준비를 해놓았다. 아까 공작과 노인에게 호되게 당한 김이전은 고병천에게 말을 걸면서 승리에 취한 표정을 지었다. 공작과에 오점을 남겼기 때문이리라. 오늘은 일을 마감하는 날이어서 연회를 했다.

우종일 과장이 등장하자 군용 면세 맥주가 사람들 몇 십 명 앞에 부어졌다. 아는 사람은 2계 사람들과 미스 정, 미스 성 두 사람 그리고 L씨를 면담할 때 신축한 수사 분실에서 본 다른 계(3계) 수사관 몇몇뿐으로 다른 사람들은 대부분 처음 본 얼굴이었다. 고병천은 "너도 이제부터 직원이야. 종무식에 참가하고 가야지"하고 맥주잔을 쥐어줬다. 그러나 역시 나는 꿔다 놓은 보릿자루였다.

우 과장이 말하기 시작했다. 긴긴 연설에서 군대 용어에 둔감한 내가 이해할 수 있던 것은 올해 빛나는 성과를 올렸다는 것 그리고 내년에도 더 많은 발전을 위해 건배하자는 것이었다. 건배를 마친 뒤에도 우 과장은 계속 말했다. 그때 내 귀를 의심케 하는 말이 튀어나왔다.

"내년에는 김병진이라는 새로운 멤버가 함께 일한다. 여기에 서성수를 빨리 수사과 식구로 맞아들이면 우리 수사과는 막강해질 것이다."

서 형을 수사과 식구로 삼는다고? 나를 수사과 구성원으로 한다는 것도 이해할 수 없었다. 모두 강요된 것이었다. 그런데 보안사령부 간부들은 자기들 손으로 감옥을 보낸 서 형까지 나처럼 만들겠다는 것이다. 이해할 수 없는 부분이 꽤 많았지만 그래도 내 경우는 살려줬다는 수사관들 나름의 명분이라도 있었다. 그렇지만 서 형에게 그런 것이 있는가. 아니면 수사관들은 서 형을 조기 석방할 구체적인 계획이나 뭔가를 놓고 서 형을 활용하는 이야기를 하는 것일까?

우종일 과장의 거짓말은 벌써 여러 번 겪어봤다. 서 형을 나처럼 자기들 편으로 삼겠다는 말은, 그 말을 하면서 나를 흘깃 쳐다보던 그 사람의 시선을 비춰 볼 때 나를 의식하고 꾸민 말로밖에 생각할 수 없었다.

공소보류는 검찰이 내린 조치였다. 그러나 실질적으로 보안사령부가 내린 결정이지 사법부가 내린 것은 아니었다. 법률을 잘 알지 못하지만 법치국가에서 이런 일이 일어날 수 있다는 것은 도저히 인정할 수 없는 것이었다.

그러나 서 형의 경우, 백 보 양보해서 사법부의 판단에 맡겨진 몸이기는 해도 보안사령부의 손에서는 떠나 있을 터였다. 그럴 뿐만 아니라, 이미 보안사령부는 서 형을 구명할 수 없다는 견해를 명백히 밝혔다. 보안사령부는 서 형에게 중형이 내려지길 바랐다. 이런 상황을 초래한 사람이 서 형의 재판이 아직 시작하지도 않았는데 서 형을 자기의 동지로 삼는 것을 기대한다는 것은 위선에 찬 거짓말이다.

우 과장은 내가 특별 채용에 격렬하게 저항한 것을 여러 루트를 통해 보고받고 알고 있었던 것이다. 나 들으라고 일부러 하는 소리처럼 들렸다. 그 노력을 마음속으로 비웃었다. 보안사의 발상은 빈곤하기 짝이 없었다. 우 과장 그리고 모든 보안사령부의 사람들은 항상 속이 빤히 들여다보여 어리석게 느껴졌다.

해를 넘기면 보안사령부 소속이 돼버렸다. 공부하려고 멀리서 바다를 건너 조국에 왔는데 상상도 못한 정보기관원 일을 떠안게 됐다.

3장

—

1984년

국군 제7599부대 3처 2과

 1984년 1월 4일, 나는 스물아홉 번째 생일날에, 국군 보안사령부 인사처 군무원계 이 주사보의 지시대로 까만 구두를 닦고 머리를 잘 매만진 다음 '방문자'를 의미하는 빨간색 표찰을 왼쪽 가슴 포켓에 넣었다. 오전 6시 반, 아직 밤의 어둠이 채 밝기도 전에 소격동 34번지, 사서함 1599, 국군 서울지구 병원이라는 위장 간판이 걸려 있는, 통상 명칭 국군 제7599부대, 고유 명칭 국군 보안사령부 앞을 향해 택시로 달려갔다.

 후문의 위병은 이전과 똑같이 두툼한 군용 점퍼와 방한 장갑, 그리고 헬멧 차림으로 몸을 감싸고 있었다. 장갑을 껴서 부자유스럽게 보이는 손으로 재치 있게 M16을 앞과 위로 다루면서 문을 통과하고 있는 승용차를 향해 '충성'이라는 구령을 온 힘을 다해 되풀이하고 있었다.

 어둠 속에서 보안사령부의 저쪽에 보이는 국립박물관에 불탑을 본뜬 건물은 아직 그 윤곽을 뚜렷하게 드러내고 있지 않았다. 영하 10도까지는 내려갔으리라. 아버지한테 물려받은 양털 코트에 감싸여 있어도 발 아래에서 스며드는 냉기에 몸이 떨리고 힘이 빠져 자제력을 잃은 내 발은 자주 얼어붙은 노면에 움츠러들곤 했다.

 '충성' 구령에 전념하고 있던 위병은 나를 향해 표찰을 붙이라고 말을 걸었다. 그리고 내가 가슴 호주머니에서 표찰을 꺼내는 것을 확인하자

총을 가지고 있지 않은 손으로 교통정리를 하는 모습으로 출입을 허가했다.

나는 아직 인적이 드문 구내를 지나 본관이라 불리는 하얀 벽의 건물 속으로 들어갔다. 어두컴컴한 널찍한 복도는 처음 보는 것은 아니었는데도 마음을 두렵게 하는 것만 같았다. 붉고 푸른 네온사인, '보안은 생명이다' '통신보안' 등의 불빛이 아무래도 기분 나쁘게 반짝인다.

1층의 넓고 긴 복도의 한가운데에서 양쪽으로 열리는 문을 두 번쯤 떠밀어 열고 안으로 들어가자 인사처 군무원계 사무실이 있었다. 오전 7시도 채 안 된 이른 아침, 더욱이 혹한인 서울은 아직 어둠에 잠겨 있었고 의식을 위한 출동에는 어딘지 모르게 걸맞은 것인지도 모른다.

양편으로 열리게 돼 있는 문을 열고 사무실에 들어가자 군무원계의 이 주사가 먼저 와 있었다. 가볍게 인사를 하고 코트를 옷걸이에 걸자, "지각하지 않으셨군요. 자아 거기 앉아 기다려 주세요. 계장은 이제 올 때가 됐습니다."라고 하며 나를 문가의 철제 의자에 앉으라고 했다.

국군 보안사령부의 직원이라고는 하지만 역시 수사관들의 면면과 분위기가 다른 것 같았다. 이 이 주사보가 마음속으로 무엇을 생각하고 있는지 그런 것이 걱정이 되기도 했지만, 골똘히 생각해봤자 어차피 어쩔 도리가 없는 일이다.

"머리는 말한 대로 단정이 돼 있습니까, 신발은 어때요?"

며칠 전에 그것도 작년 섣달 그믐날 수사과 종무식 뒤에 이덕룡에게 이끌려 이 사무소에 왔을 때, 또 다른 이⊠라는 이 사람이 넌지시 내게 말한 것을 한 번 더 되뇐 뒤 내 어깨를 거머쥐고 한 바퀴 돌렸다.

"머리가 좀 긴 것 같지만 글쎄, 괜찮은 편이군요."

이 주사는 그렇게 말하고 책상 위에서 감색 서류철 비슷한 것을 가지고 와서 내게 건네주는 것이었다.

"연습해두십시오. 신고문 내용입니다."

두툼한 서류철을 열자 커다란 글자로 신고 내용이라는 것이 단정하게 적혀 있었다.

"신고합니다. 나 김병진은 1984년 1월 4일부로 국군 보안사령부 6급 군무원 임용과 동시에 대공처 수사과 수사관으로서 보직 명령을 받았습니다. 이에 신고합니다. 1984년 1월 4일, 김, 병, 진, 충성."

이 임관 신고는 동시에 김용성의 영전도 의미하고 있었다. 김용성으로서는 간신히 따낸 '중령 진급'이었다. 사령부 소속의 계장에서 예하 부대의 과장으로 또한 자기의 고향이기도 한 전라북도 전주(제510보안부대)의 대공과장으로 영전하는 자리가 기다리고 있었다.

고향에서는 보안사 중령의 견장을 번득이고 있는 모습에 사람들은 두려움에 떨고, 개중에는 외경의 마음마저 갖는 사람도 있을 것이다. 굴절된 선망을 품고 아첨해 오는 자도 있을 것이다.

나는 김용성의 심중을 곰곰이 생각해봤다. '내 영화를 모두 이루어 보는 것이다. 그것이 인생이라는 것이다.' 김용성은 그런 생각에 의기양양해하고 있지 않을까.

"나는 대한민국의 명사다. 서성수건 박박이건 김병진이건 이용된 쪽이 패배자다. 덕분에 난 승리했다. 이제부터는 될 대로 돼라. 훗날 일은 타지로 전근하는 이 몸과 관계가 없다. 교도소로 보내진 인간은 특사나 은사를 바라기 때문에 그 가족까지 입을 다물게 된다. 재판까지 가면 자기 성과가 손색을 받을까 해 염려하던 김병진은 사령부의 건물 속에서 감시를 받으며 지내게 됐다. 나로서도 대단한 아이디어였다. 김병진을 가장 확실한 방법으로 감시하면서 사령부에 자기의 성과에 대한 흔적을 언제까

지나 남겨둘 수 있다. 이 절호의 감시 체제가 또한 김병진의 입을 다물게 해 줄 것이다…….'

전라도로 향하는 군용 열차 속에서 김용성은 이런 감개에 젖어 있을 것이다.

그날 보안사령부 사령관 육군중장 박준병(朴俊炳)이 나를 '조사정보군무주사'라는 관직에 임명했다. 박준병은 1980년의 광주민주화운동 때, 이른바 '폭도 진압'을 위해 투입된 공수여단(유사시 적의 후방 교란을 목적으로 하는 게릴라 전력, 한국군이 자랑하는 검은 베레모)의 여단장으로 광주 시민 대학살의 실행 지휘관으로 활동했으며, 전두환의 두터운 신임을 받을 뿐 아니라 전두환 정권의 내조역에 투철한 사람이었다. 박준병은 또한 여당인 민정당(정식 명칭은 민주정의당인데 뜻있는 사람은 이 당을 군법당 곧 군과 법조계가 결탁한 당이라 부른다)의 대표자로서 전두환의 후계자로 지목된 노태우 다음에 전두환의 뒤를 이어 보안사령부 사령관이 된 사람이다. 이렇게 나는 보안사령부의 직원이 됐다.

이제부터 내 태도가 비협력적인가 협력적인가 하는 범주를 넘어서서 지시에 저항하는 행위가 모두 항명죄 대상이 되며, 그 사람들의 일을 타인에게 누설하거나 그 사람들의 발목을 잡아 방해하면 '정보 활동에 종사하는 자의 반국가적 행위'로 가중 처벌을 받아야만 하는 신분상의 족쇄가 채워진 것이다. 만약, 재판을 받게 되면 일반 법정이 아니라 군사 법원에 가야하며, 복역해야 할 곳은 속칭 병신이 돼 나온다는 '남한산성', 곧 군교도소다.

신사협정

참모장이라는 원스타(준장)가 신고를 받았다. 거수경례하는 방식은 이 주사에게서 몇 번씩이나 되풀이해 코치를 받았지만 진짜 차례에서는 잘 하지 못했다. 짧은 리허설 시간으로는 끝내 완전 습득이 어려웠다.

이 주사가 한숨 섞인 말로 참모장의 부관에게 내가 일본 태생이라는 사정을 설명했다. 노인들의 퇴역 신고가 있은 다음 나만의 임관 신고가 행해졌다. 참모장이라는 약간 뚱뚱하고 혈색이 좋은 남자가 엄숙하게 내 앞에 서서 급조된 신고를 받았다.

"충성!" 마지막 대사를 마치고 서툰 경례를 하자 남자는 한동안 나를 살펴본 뒤 겨우 답례를 해줬다. 계면쩍은 시간이 겨우 지나갔다.

"이제부터 나는 어떻게 하면 됩니까?"

이 주사는 순간, '에에' 하고 말했다. 그리고 내게 설명하는 것이었다.

"오늘, 이 순간부터 당신은 대 보안사에서 근무하는 것입니다. 자세한 것은 수사과에서 물어보세요. 당신은 이미 수사과 소속이니까요."

말을 듣고 보니 과연 그러했다. 이 사람에게 물어볼 성질의 것이 아니었다. 나는 한번 끌려간 적이 있는 3층으로 올라가려고 했다. 이 건물의 사정을 몰랐던 것이다. 몇몇 계단이 있는 가운데 건물 중앙에 있는 계단이 가장 가까웠다. 나는 우선 그 계단을 이용하기로 했다. 그러나 막 올라가기 시작하자 헬멧을 쓴 위병이 눈앞에 책상을 놓고 직립부동의 자세로 기립해 있었다. 그리고 내 모습을 보자 하얀 손 장갑을 낀 손을 좌우로 흔들어 보였다.

"사령관 각하가 도착하시게 됩니다. 다른 계단을 이용해주십시오."

나는 무슨 영문인지 몰랐지만 어쨌든 다른 계단으로 올라갔다. 결국 내가 올라가려고 한 계단은 사령관만을 위한 계단이었다.

3층 308호의 문을 두려움 속에서 열자 바로 정면에 그 방에서는 가장 고급스러운 책상과 의자를 사용하고 있는 오세인(吳世仁) 육군 소령이

즉석에서 내게 말을 걸었다.

"아아, 김병진 씨. 벌써 신고를 마쳤습니까?"

이 사람이 이 방에서는 가장 높다는 것은 곧 알았다. 어딘지 모르게 위압감을 주는 형상이었다. 얼굴 한가운데에 털썩 주저앉은 사자코가 거무칙칙한 풍채 중 가장 먼저 눈에 띄었다. 나는 낯도 모르는 한 무리의 시선을 받으면서 곧바로 이 사람 앞으로 다가갔다. 미스 정이나 미스 성의 얼굴이 보여 조금은 살 것 같은 기분이 들었다. 이종극 노인의 모습도 보였다. 나는 "너 말이야, 응" 하고 깔보던 기억이 떠오르기도 했다.

어쨌든 이 방에는 내가 알고 있는 사람이 3명은 있었다. 나머지 7, 8명과 2명의 병사는 종무식 때 얼굴은 봤지만 친근함이 일지 않는 사람들이었다. 선입견이 작용한 때문인지 계장 이하 10명 정도되는 사람들의 형상이 내게는 이상하게만 보여 견딜 수가 없었다. 사자코 계장은 자기를 오세인 소령이라고 소개했다. 이 인물은 김용성이 나온 대학, 동국대학교의 한국단 출신자로 김용성의 직속 후배였다.

우종일 과장의 지시로 내근계에서 내 관리를 맡게 됐는데, 무슨 불상사라도 일어나면 김병진의 직속상관으로서 책임을 져야 할 상황이었다. 귀찮은 짐을 걸머지게 된 셈이니 그 사람에게 나는 결코 환영할 만한 존재가 아니었다.

"자아, 열심히 좀 해주게. 자네 배속은 아직 잠정적이지만 어차피 외근으로 나서게 되겠지. 그때까지 이 내근에서 일을 익히도록 하지. 내 오른쪽이 '사건반'으로 사건반의 이종국 씨는 이미 면식이 있겠지? 내 왼쪽이 '첩보분석반', 앞이 '행정반', 당분간 각 반을 돌아다니면서 일을 보도록 하지."

그렇게 말하고 오세인은 행정반에 앉아 있는 양복 차림의 남자를 불렀다.

"정지용(鄭芝容) 상사. 행정반에서 김병진 씨 교육 계획을 만들어주게. 내 근만이 아니라 외근도 방문 교육으로 할 수 있도록 수배해서 말이네."

정 상사라는 사람은 "알았습니다"라고 말하고 자기 자리에서 뭔가를 적기 시작했다. 비어 있는 자리에 앉아 있으라고 해 정지용 상사라는 사람의 옆자리에 앉았다. 사무실 안은 계속 전화벨이 울리고 전후좌우에서 욕설이 오갔다. 이 녀석들은 호통을 치는 게 일인 것 같다. 전화 상대는 그 말씨에서 하급 부대의 실무자들이라고 추측됐다. 어쨌든 이 분위기에 압도됐다. 좌석에 앉아 있는 간부라는 사람들은 졸병들을 턱으로 부렸는데 동작이 느리다며 빰을 때렸다. 더욱 나를 얼떨떨하게 만든 것은 오세인 소령이라는 남자가 50이 넘어 보이는 늙은 직원에게 태연히 반말을 쓰고 있는 것이었다. 역시 대단한 세계다. 아연실색하고 놀라고 말았다.

오세인이 일을 줬다.

"김병진 씨, 세절기에 이것을."

"네? 세절기요?"

"자네 우측에 있는 것이 그것이네. 이것을 잘게 썰어주게."

아까부터 이상한 소리를 내며 서류를 삼켜버리고 있던 기계에 서류를 넣어 말소시키라는 것이다. 첫 일치고는 참 유치한 일을 시키는구나 하고 낙심했다. 이런 일을 시키려고 나와 내 가족을 함정에 빠뜨렸는가 하는 마음이 들었다.

오세인은 재일 한국인 특별 채용이라는 점을 감안해 융통성이나 편의를 도모하려고는 하지 않았다. 고작해야 검거 간첩을 활용하는 것에 불과하다는 사실을 인식시키려고 하는 것 같았다. 이렇게 네게 일을 시키는 것은 교도소 행을 면하게 해준 것에 대한 보상이며 그 어떤 불평불만도 용서하지 않겠다는 의사가 오세인에게 있는 것처럼 보였다.

나는 건네준 서류가 무엇인지 보지도 않고 병졸들이 하던 흉내를 내며 서류를 세절기 속에 미끄러지듯 넣었다. 순간 사무실 안의 시선이 내게 향하고 있는 느낌이 들었다.

일주일 정도 내근 사무실에 출근해 일을 견습했다. 그 뒤 2일씩 모두 6일 동안 외근계인 2계, 3계, 5계 사무소를 돌았다. 외근 사무소는 '보안 유지'를 위해서 모두 본관이 아니라 별관에 있었다. 자기가 관계되는 일이 아니면 설사 같은 보안대원이라 해도 입 밖에 누설해서는 안 된다는 원칙이 있으며, 외근 사무실에서 어떤 일을 하고 있는지 탐색하려고 해서는 안 됐다.

그러나 이것은 원칙적인 이야기다. 서로 경쟁 관계에 있으며 이웃의 영역은 침범하지 않기로 한다는 이른바 '신사협정'이었다. 이 신사협정은 자칫하면 깨지기 쉽다. 실제로는 간첩으로 가장 만들기 쉬운 재일 한국인 유학생에게 각 계가 떼 지어 모여드는 형편이었다.

연수

그런 일도 있어 내 외근 교육은 각 계를 긴장시켰다. 검거 역이용 간첩 게게 어디까지 보여줘도 되는 것인지 각기 자신들의 처지에서 고민하며 나를 맞아들였다. 2계는 뭐라 표현할 수 없는 일그러진 얼굴로 나를 환영해줬다. 연수인 만큼 자기들의 일을 가르치지 않으면 안됐다.

나는 2계에서 '재일 한국인 모국유학생 위장간첩 근원발굴계획'에 관한 설명을 들었다. 2계의 대상은(물론 이것은 원칙적이라는 단서가 필요하지만) 재일 한국인 유학생이다.

2계 직원들은 1984년의 새로운 성과를 올리기 위해 매일같이 치안본부

신원 조사과에 발을 들여놓았다. 그곳에는 재일 한국인이 여권을 만들 때 일본민단에 제출해 영사관이나 대사관에 건네진, 한국 외무부에 있어야 할 '신원 서류'가 모두 보관돼 있었다.

이 신원 서류는 기관의 신분증을 가진 사람은 무제한 열람할 수 있었다. 게다가 배후 불온 등의 특이 사항이 있으면 치안본부의 대공과나 정보과가 붉은 연필로 일부러 체크해주고 있었다. 그밖에 여기에는 시찰 대상자나 신원 특이자의 기록이 모두 갖춰져 있어 치안본부 출입은 일을 착수하는 첫걸음이었다.

그날도 대부분의 계원이 치안본부로 나섰다. 내 교육을 담당한 사람은 학원반 반장인 고병천 준위와 최홍상이었다.

치안본부에서 신원 조회와 더불어 보안사 휘하의 부대에 지시된 '내사 지시'의 보고를 정리해 대상(간첩으로 하고 싶은 대상)의 주변에 연락망을 부식하는 공작이 착수되고 있었다.

고병천은 재일 한국인 전 유학생의 명부를 보여주면서 알고 있는 자는 없느냐고 내게 물었다. 그러나 그 일은 나를 조사하는 단계에서 이미 있었을 것이다. 한학동 출신자들은 이미 조사필이라든가, "여자에게는 손을 대지 않는다. 손을 대면 뒤가 귀찮다."는 등 별로 말할 것도 없었다.

다만 이때 고려대학교 의과대학에 적을 둔 윤정헌(尹正憲)이라는 학생의 이름이 내 눈에 띄었다. 이해 가을에 2계의 배영룡(裵英龍) 소령이 날조할 예정인 재일 한국인 모국 유학생 명부 중 그 이름이 있었다. 이 사람은 한 다리 건너서 나와 아는 사람이었다. 순간 오싹한 느낌을 갖게 된 나는 아무렇지도 않게 최홍상에게 물었다.

"이 사람도 용의자입니까?"

"아아, 이 자는 여기서 결혼을 해서 말이야, 의대생이라는 게 공부에 쫓기는 녀석들이어서 간첩을 하려고 생각하는 인간은 의대에는 안 가는 거야. 내사비를 청구하기 위해 이름을 넣어두고 있는 정도야."

최홍상의 이야기를 듣고 일단 안심했다. 중점 대상자의 한 사람으로 선별돼 있으면서도 2계에게 윤정헌 씨는 가능성이 희박한 대상으로 인정돼 있었던 것이다. 예산을 청구하기 위해 이름을 차용하고 있다는 최홍상의 말을 나는 고지식하게 받아들이고 있었다.

테니스 공작

2일 뒤 3계 사무실에 갔을 때 나는 당초부터 무용지물로 취급됐다. 3계장인 박성준 소령은 외부 활동 연수를 해주라는 명목으로 나를 동년배인 유영희(柳英熙) 주사보에게 떠맡기고 말았다. 유영희 주사보를 따라다니며 탐문 활동을 견학하게 한 것이다.

유영희 주사보는 이런 정보기관에는 어울리지 않는 성격이었다. 지방대학교이긴 하지만 그래도 전북대학교의 법과를 수석으로 졸업한 전력이 있는 사람이었다. 말씨도 부드러워 내가 가지고 있는 수사관의 이미지하고 많이 달랐다. 유 주사보를 따라 간 곳은 가락동의 주공아파트로, 대공 정보에 관한 탐문이었다.

시내버스로 돌아다녔다. 기관원인데도 너무 초라하다고 생각했지만, 그 사정은 실제로 봉급이라는 것을 받은 뒤 납득이 갔다. 유 주사보는 그날 신참인 내게 산성관사라고 하는 장지동의 새 수사 분실에서 걸어서도 갈 수 있는 곳에 있는 직원 아파트 자기 집에서 점심을 대접해줬다.

그 뒤 서로 알게 됐을 때 실토한 바에 따르면, 처음 만난 내게 직장 선배로서 예의상(물론 한국적 예의지만) 식사를 대접하기는 해야겠는데 빈곤하기 때문에 현금을 쓸 수 없어 부득이 자기 집으로 데리고 갔다는 것이었다.

유 주사보는 자존심 때문에 보안사령부 소속이면 누구나 가지고 있는 스폰서를 만들 수 없던 모양이다. 유 주사보는 계속 고민하면서 전직할 수 있는 조건이 자신에게는 전혀 없다는 것을 걱정했다.

그날의 업무는 목적도 확실하지 않은 채 일본과 한국을 빈번히 왕래하면서 돈을 마구 쓰고 다니는 사람이 있다는 정보를 확인하고 동향을 파악하는 것이었다.

풋내기인 내게는 약간 호기심을 일으키게 하는 내용이었다. 유 주사보는 아파트 근처 주민들에게는 치안본부에서 나왔다고 신분을 속이면서 탐문을 하고 있었다. 보안사라고 하면 질문 받는 사람 쪽에서 지나치게 긴장해 일이 되지를 않았다.

나는 대상자에게 혐의가 있는지 물어봤다. 유 주사보는 "아마 무슨 밀수일 거요"라고 대답했다. 간첩 혐의가 없는 사람이라면 어떻게 대처하느냐고 나는 계속 물어봤다.

"내용이 중요하면 치안본부에 이첩해주지만 별것 아닌 것들은 내버려둡니다."

그 뒤 가락동의 그 주민에게는 보안사가 손을 내미는 일도 없었고, 다른 기관에서 취급했다는 이야기도 없었다. 그렇기는 하지만 재미있는 경험을 했던 것이다.

제3계에서 나를 밖으로 보낸 의도는 자신들이 추진하고 있던 '연서계획'을 정체 모를 김병진이라는 간첩이 알 수 없게 하려고 취해진 조치였다. 연서는 연세대학교와 서울대학교의 머리글자를 따서 만든 이름인데, 이 두 대학에 적을 둔 모국 유학생 중에서 간첩을 조작하자는 것이었다. 휴학 중이었지만 내가 연세대학교 대학원 학생이기 때문에 3계로 보면 사무실에서 나를 교육하는 것은 위험하기 짝이 없는 일이었다.

나중에 알게 된 일이지만, 그때 3계에서는 연세대학교 대학원에 연구생으로 다니고 있던 허철중(許哲中)이라는 사람을 대상으로 '연서 계획'에서 더 전진한 '공작'을 전개하고 있었다. 허철중 씨와 나는 다행히 안면이 없는 사이였다. 허 씨에게는 미안하지만 그래서 내 마음은 덜 무거웠다.

3계는 허 씨에 관한 어떤 정보도 탐을 냈으며 뒤에는 "같은 학교가 아니냐"라고 묻기까지 했다. 그러나 실제로 그 사람과 안면이 없는 사실이 내 마음을 가볍게 해줬다.

'공작 대상자'인 이상 허 씨가 물건(간첩으로 만들 수 있는 사람)이 되는가 아닌가는 그 다음 문제로, 연행돼 조사받는 것은 기정사실이었다. 알고 있으면서 모른다고 해봤자 언젠가 거짓말은 탄로가 나고 만다. 정말 허 씨에 관해서는 몰랐으니 마음은 편했다. 그러나 이것은 3계의 기대에 빗나가는 것이었다.

허철중 씨는 일본에서 조총련계 학교를 나왔다. '과거는 묻지 않는다'는 한국 정부의 선전을 믿은 허 씨는 죄를 문책당하리라고는 꿈에도 생각하지 못했을 것이다. 허 씨가 1975년부터 보안사 육군 준위 출신으로 나중에 중앙정보부로 옮겨 정보 영사로 주 오사카 총영사관에 있던 조일제(趙一濟. '사쿠라' 야당인 국민당 소속 국회의원)가 실행한 조총련 와해 공작에 휩쓸린 가정의 사람이었기 때문이다.

3계가 허철중 씨에게 눈을 돌리게 된 것은 이른바 그 사람들이 말하는 '교양 사항', 곧 북에 대한 지식이 풍부하고 '지도원'을 첨가시키면 모든 것을 풀 수 있는 '대단히 간단'한 대상이라는 점이었다.

허철중 씨는 '과거는 묻지 않는다'는 한국 정부의 말에 안심하고 있었던 것이다. 그리고 그 방심 때문에 목숨을 빼앗기게 된다. 허철중 씨 관련

공작명은 허 씨의 취미를 본떠 '테니스 공작'이라는 이름이 붙어 있었다.

원폭 공작

3계의 박성준 소령과 김석호 공군 상사는 날조 작업에 관한 확신을 이미 가지고 있었다. "만들 수도 있다"이 말이 김성호가 입버릇처럼 늘 달고 다니는 말이라는 사실을 안 것은, 이 해의 가을, 내가 알고 있는 사람이기도 한 아마자키 시 출신 조신치(趙伸治) 군 사건을 고교 시절의 환경에만 의거해 날조할 때였다.

아침에 5계의 방에 들어갈 때부터 계원들의 표정은 무거웠다. (이것도 물론 나중에 알게 된 것이지만) 계장 김상인(金相鱗) 소령의 사악한 성격 탓이 컸다.

이 사람은 장교 중에서도 육사나 학군단 출신들보다 능력이 떨어진다는 제3사관학교 출신이었다. 거기에서는 4년제 군사 훈련을 받지 않고 2년의 단기 훈련만으로 소위에 임관하고 있다.

실제로 내가 느끼기에도 김상인은 전혀 남의 위에 서서 일 할 수 없는 성격의 소유자였다.

5계는 '간첩' 같은 것을 잡아 본 적이 없었다. 그래서 할 수 없이 '특명계'라는 명칭이 부여됐다. 보안사령부의 특명으로 다루어지는 사건, 예를 들어 사령관의 이름이나 연고자 등을 사칭해 사기를 친 자들을 잡아다가 끽소리도 못하게 호되게 혼내주는 것밖에는 할 수 없었던 것이다.

당연히 계원들은 계장의 무능과 부하들 위에 군림할 줄만 아는 성격에 진절머리를 내고 있었다. 사무실 분위기가 험악해지는 것은 당연한 이치다.

그런 분위기 속에서도 김상인은 내게는 유화적인 접촉을 해왔다. 빨리 활동에 나서라고 40세 정도의 부하에게 호통을 치는가 하면 5계에 딸린 운전병에게 커피를 가져오게 해 내게만 인심을 쓸 정도였다.

살벌한 방 분위기에 압도돼 나는 빌려온 고양이처럼 황송해 하며 커피를 마셨다. 김상인은 어디서 들었는지 "생활은 되는가?"라며 내가 경제적으로 고생하는 것을 알고 동정하는 어조로 말을 걸어오기도 했다.

5계는 '공작' 하나를 전개했다. '원폭 공작'이라 부르는 것이었다. 대상은 물론 재일 한국인이었다. 김상인은 두려운 듯이 그리고 신중하게 내게 대상자와 면식이 없느냐고 물어왔다. 대상자는 조일지(趙一之)라는 성균관대학교 학생이었다.

조일지 씨의 출신지인 히로시마를 따 붙인 공작명이 '원폭'이었다. 학교는 달라도 같은 재일 한국인 출신 유학생으로서 안면 정도는 있지 않겠느냐고 끈덕지게 나를 물고늘어졌지만 실제로 만난 적이 없었다.

5계의 신동기(申東基)라는, 보안사 중에서는 좀 명물인 사람이 가져온 정보에 따라 이 대상자는 공작으로 전환됐다. 분명히 말해서 신동기라는 사람은 수사관으로서는 무능하기 짝이 없고 전혀 일을 할 줄 모르는 존재였다. 이 사람은 매일 운전사가 딸린 무선전화까지 가설된 자가용으로 출근했다. 그것 말고도 차를 2대나 가지고 있다는 것이었다.

아침에는 사무실에 잠깐 얼굴을 내밀 정도고 그 뒤에는 자기 사업이 바쁜지 사무실에는 들르지도 않았다. 밤에는 카바레 무대에 서서 노래를 불렀다. 나훈아가 자기 아우뻘이나 마찬가지라고 했다. 신동기는 레코드까지 취입한 프로 가수로, 어떤 일인지는 모르지만 차에 있는 전화로 매일 돈을 마련하고 다니는 사업가였다. 내가 접촉해 느낀 바로는 한국 연예계의 숨은 보스인 것 같았다.

그런 사람이 조일지 씨 이야기를 꺼내었다. 사업을 위해 일본어를 배우려고 가정교사로 고용한 재일 한국인 학생에게서 귀가 솔깃해지는 이야기를 들은 것이다. 발단은 조일지 씨가 성균관대학교 재일 한국인 유학생들과 술자리에서 '북의 발전량이 남의 2배는 된다'고 이야기했다는 것이다.

이 이야기가 사실이라면 이것만으로도 조일지 씨는 고무찬양죄로 국가보안법이라는 올가미를 씌울 수 있지만, 보안사가 바라는 것은 어디까지나 간첩이었다. 단순 정보 사범으로 재일 한국인 모국 유학생이라는 구미가 동하는 '물건'을 간단하게 끝내는 일은 하지 않는다. 어떻게 해서든 간첩으로 만들 수 있는데, 이렇게 좋은 조건을 갖춘 대상을 가지고 성과를 올리지 못한다면 그야말로 수사과의 조롱거리밖에 되지 않는다.

조일지 씨는 일본에서 교토 산업대학교를 졸업한 뒤 모국에 유학을 왔는데 고등학교를 졸업한 뒤의 긴 시간은 '요리'에 어떤 처방을 하느냐에 따라 마음대로 조작하기에 충분한 시간이었다.

그래서 수사관들은 이 '원폭 공작'에 모든 것을 걸었던 것이다. 재일 한국인 학생 한 사람을 끄나풀로 포섭해 조일지 씨가 일본에 돌아갔을 때는 돈까지 건네 조 씨의 집을 방문하게 했다. 앞잡이의 임무는 조 씨의 가정, 그것도 조 씨의 방에 들어가 책장이나 다른 소지품을 파악하는 것이었다. 신동기에게 조종된 앞잡이인 젊은 학생은 조일지 씨의 방에서 책 한 권을 발견했다. 그 학생의 보고에 따르면 "표지에 김일성의 얼굴 사진이 크게 나와 있고 제목은 《주체의 나라 조선》으로 돼 있다"고 했다.

조일지 씨의 일본 본가에 앞잡이를 침투시켜 얻은 성과는 이것뿐이었다. 그러나 5계의 처지에서는 이 정도 성과라면 미쳐 날뛸 만한 것이었다. 김상인은, 그리고 5계는 이미 조일지를 간첩으로 믿어 의심치 않았다. 이 이야기를 들은 뒤에 나는 김상인의 질문을 받았다.

"이렇게까지 조건이 갖추어지면 조가 '북'과 연계를 갖고 있다는 것은 의문의 여지가 없겠지. 안 그런가?"

나는 김상인의 말이 재일 한국인 상황에 관한 몰지각에서 나오고 있다는 것을 곧 이해할 수 있었다.

"그 책은 아마 10년 전쯤 일본의 요미우리 신문사가 출간한 잡지일 겁니다. 민단이 야단법석을 떨며 항의 소동을 벌였습니다. 그 책은 일본에서는 어느 책방에서나 팔고 있는 것으로 북과 관련이 있는지 그 책 한 권만으로는 운운할 수 있을지 모르겠군요."

김상인의 사악한 추측에 나는 부정적인 견해를 말했다.

"그럼 북의 발전량 운운한 것은 어떻게 설명할 수 있지?"

나는 난처해지고 말았다. 그렇게 물으면 김상인이 말하는 조일지의 간첩설에 대답할 말이 없었다. 내 의견 같은 것을 말해 봤자 김상인은 결코 이해할 수 없을 것이라고 판단했기 때문이다.

조일지 씨의 고교 시절, 나와 그리 다르지 않은 세대인 조일지 씨의 그 시절에는 교사들이 '조선 문제'에 대단히 관심이 많던 시절이기도 했다. 그런 교사나 또는 교사는 아닐지 모르지만 주위에 있는 사람들이 이야기하던 것을 기억하고 있었을 것이라고 나는 막연히 유추해 봤다.

의문인 것은 북의 발전량이 징말 남의 2배가 되는가 하는 것이었다. 나 자신이 북의 간첩으로 조작돼 있었지만 그런 문제는 전혀 몰랐으며, 상식적으로 생각해 북의 공업 발전 정도가 남쪽을 능가할 리가 없는 것이다. 사실 조일지 씨가 술자리에서 농담 삼아 허풍을 떨며 거짓말을 했으리라 생각돼 어이가 없었다. 그렇지만 나는 김상인을 상대로 파고들어 논의할 수 있는 처지가 아니었다.

함부로 김상인의 꿈을 허물어뜨리려고 서두르는 것은 내 처지상 바람직스럽지가 않았다. 나는 적당히 얼버무리며 물러나는 데 급급했다.

외근을 도는 일주일 동안은 정신적 긴장의 연속이었다. 나를 맞아들이는 쪽의 마음가짐이 그대로 내게 전달되었으며 또한 상대방에게 공손하고 또한 유순하게 의사 표시를 해둘 필요가 있었기 때문이다.

정보 분석 작업

별관에는 수사과뿐 아니라 보안처(1처), 정보처(2처)의 외근, 그리고 대공처(3처)의 대공과 (3처 1과), 수사과(2과), 공작과(3과), 심사과(5과), 그리고 편찬실이라 불리는 대공사를 정리하는 노인들의 사무소가 있었다.

자기들 방에 한번 들어가면 다른 방들과 완전히 격리돼 있어 서로 관계하지도 아는 척하지도 않는 이상한 세계였다. 그곳을 떠나 나는 다시 본관의 내근 사무실로 돌아왔다.

본관의 내근 사무실에서 나를 기다리고 있던 자리는 '정보 분석반'이었다. 각 예하 부대나 다양한 루트에서 보내오는 첩보를 처리하는 일이다. 정보 분석반 반장은 육군사관학교를 나와 몇 년 동안 공군 수송부대에서 야전 근무를 했다는 조기재(曺基在) 육군 대위로, 커다란 체구에 큰 얼굴을 가지고 있었다. 그 무서운 눈빛은 보기에도 무장의 눈빛이었다. 왠지 공연히 두려움마저 느꼈는데 그 이유의 하나는 곧잘 졸병들에게 폭력과 욕설을 퍼부었기 때문이다.

그러나 겉으로 드러난 인상이 아무리 나빠도 같은 사무실에서 매일 접하고 보면 인간이라는 것은 의외로 순한 구석이 발견되기도 하는 것 같다. 조기재는 이 이상한 사무실 속에서 어울리지 않는 곳에 있는 나를 음양으로 보호해주는 존재였다.

조 대위가 "첩보 분석 일을 배우라"라고 했다. 나를 '교육'한 사람은 그 반에 속해 있는 윤여섭(尹汝燮) 육군 중사였다.

윤 중사는 첩보 중에서도 '조총련계 간첩용 첩보'와 '우회 침투 간첩용 첩보'라는 것을 다루고 있었다. 서류 더미가 산처럼 많았다. 서툰 선입견에서 이것이 모두 간첩으로 되는 것인가 하고 놀라 아연실색했다. 그러나 잘 알고 보니 첩보라는 것은 100이 있으면 99 이상이 '후카시'('후카스'라는 일본어를 쓰고 있었다) 정보로 실무자인 윤여섭 중사 자신도 그 알맹이를 전혀 믿고 있지 않는 상태였다.

내가 소속되기로 돼 있는 정보 분석반이 전화로 예하 부대에 욕설을 퍼붓는 이유 중 하나는 실적 때문에 빤히 들여다보이는 거짓말이나 조작된 이야기를 '간첩 첩보'로 보고하기 때문이다. 예하 부대에게 간첩의 정보를 내놓으라고 하는 것이 처음부터 무리한 이야기였다.

그러나 거짓 보고라도 내지 않으면 부대의 실적, 나아가서는 그 부대 상급 간부들의 출세에 지장이 생기게 된다. 그래서 거짓말이라도 보고를 하는 것이다.

사령부 수사과의 정보 분석반은 대부분의 보고는 거짓이라는 것을 알면서도 속아줬으며, 어쩌다 생각이 난 듯 예하 부대에 전화를 걸어 욕설을 퍼부었다.

"아아, 글쎄 그렇게 뿔만 곤두세우지 말고 이쪽 일도 이해해주세요. 한 번 이곳으로 내려오시지 않겠습니까. 생선회가 좋은 곳이 있는데요."

이 정도로 일은 수습되고 만다.

나는 조총련이나 우회 침투로 분류되는 첩보를 분석하는 일에서는 제외됐다. 당연한 일이었다. 나는 통제받고 있었으며, 다른 직원들과 똑같이 생각해 줄만큼 보안사의 사고는 단순하지 않았다.

그런데 내 앞으로 이런 첩보를 분석해달라고 가져왔으니 이게 웬 일일까. '거수자'(擧殊者. 거동 수상자, 곧 거동 불심자)로 분류돼 있는 내국인에 관한 첩보였다.

나는 약간 당황했다. 내국인의 용의 정보라면 완전히 문외한이기 때문이었다. 그저 흉내만 내어 어떻게 해서든 모양을 갖춰 조 반장의 책상 위에 가져가면 한국 생활, 그것도 시골 생활에 관한 강의를 받고 말았다.

예를 들어 용의자의 집 뒤뜰에 동굴이 있다는 대목이 있다. 북에서 용의자의 이종형제인 월북자가 간첩으로 남파될 때 숨겨두기 위한 것이라고 적혀 있으면, 나 같은 일본 태생에게는 그런 게 있나 보다 믿을 수밖에 없다. 그런데 조기제 대위의 말로는 한국전쟁 때 시골에서는 피신용으로 어느 집이나 만들어놓았다고 한다. 그대로 북과 연결 짓게 되면 안 좋은 분석이 되는 것인데, 이렇게 되면 나 같은 사람은 통 감을 잡을 수 없게 된다. 덕분에 한국 사회의 실정을 깊이 알 수 있게 됐지만 처음 한동안은 난처하기 이를 데 없는 경험의 연속이었다.

예하 부대라는 것은 한국의 전국 어디에나 산재해 있다. 가장 규모가 큰 것은 500 단위 보안부대라고 불리는 것으로, 501(부산을 중심으로 하는 지역), 502(501의 관할을 제외한 경상남도 지역), 505(전라남도 지역), 506(서울 지역, 위장 명칭 범진사), 507(충청남도 지역), 508(제주도 지역, 위장 명칭 한라기업사), 509(충청북도 지역), 510(전라북도 지역), 511(경기도의 비교적 넓은 지역) 등이 있다.

1000 단위 보안부대는 각 군단을 관할하는 보안부대로, 1001(강원도 원주를 중심으로 하는 육군 제1군단의 주둔 지역), 1002(경상북도 대구를 중심으로 하는 제2군단 주둔 지역), 1003(경기도를 중심으로 한 제3군단 주둔 지역), 1005(경상남도 진해를 근거지로 한 해군 지역), 1006(K-6이라 불리는 경기도의 공군 기지 지역)등이 있다.

그밖에 100 단위, 200 단위로 불리는 최전선 부대나 해병대 등을 관할

부대로 하는 소규모 부대와 300 단위, 70 0단위(700, 국방본부. 701, 육군본부. 705, 해군본부. 706, 공군본부)가 있어, 모두 50여개의 예하 부대가 있다. 정보 분석반에 보내오는 '첩보'는 이런 잡다한 부대들이 보내오는 것이었다.

분류기호: 국대공 (2)

제목: 거동 수상자에 대한 첩보 입수 보고

수신: 사령관

참조: 대공처장

발신: 제502보안대장

1984년 ×월 ×일

1. 다름 거동 수상자에 대한 간첩용의 첩보를 입수해 하기와 같이 보고합니다.

2. 용의자 인적 사항

    원적: 이북 이하 미상

    본적: 경상남도 김해군 이하 미상

    주소: 부산 동래구(첨부 약도 참조)

    성명: 김, 이름 미상(통칭 고물상 김씨) 약 60세

    직업: 고철 폐품 수집업

3. 첩보 내용

상기의 자는 홀몸으로 생활하며 평소 이웃과의 교제가 없고 주위에서 정체불명의 노인이라 평가받고 있는 자로서,

○ 직업인 고철 폐품 수집업에는 관심이 없고, 카메라를 지참해 부근의 군사시설 주변을 배회하며 부대에 근무하고 있는 장교들에게 음주 접대를 하는 등 군 간부에 대한 의도적 접근을 자행.

○ 술자리에서 취중에 '인민군 군관동무' 등 북한 용어와 방언을 구사, 고향에서는 자기의 형이 인민군 간부라고 실언.

○ 고령임에도 불구하고 가족 친척 등의 왕래가 전혀 없으며 야밤에는 북한 방송을 청취하고 때때로 무전음이 용의자 입에서 들리고,

○ 한 달에 한두 번 행선지가 모를 곳에 외출해 그때마다 며칠씩 자택을 비우는 등 거동이 수상하다.

4. 분석 및 처치 의견

이 자의 제반 언동을 비추어 볼 때 이북 출신자가 단독으로 생활하고, 재북 연고 가족이 북괴 간부 등이라는 발언에서 북괴의 그 어떤 지시 아래 남한 지역에 정주한 고첩(고정간첩)일 가능성을 배제할 수 없는 고로 엄밀히 내사 후 연행 조사에 의해 성과를 거두는 것이 바람직하리라 생각합니다.

첩보는 거짓말이라는 상식

이런 첩보 보고는 거동 수상자 중에서도 고정간첩의 첩보라고 불리며, 내게 분석 작업이 돌려졌다.

내용만 볼 때는 아마추어의 눈에도 틀림없이 이 노인은 간첩이다. 처음 한동안 나는 '우글거리는 간첩'이라는 현실에 경악했지만 알고 보니 아마추어의 짧은 소견이었다. 깜짝 놀라 옆에 있는 윤여섭에게 도움을 청하니 윤여섭은 마지못한 표정으로 '첩보하달'할 것을 권했다. 이 '첩보하달'이라는 것은 이 용의자의 거주 지역을 관할하는 부대-이 경우는 502가 되는데-에 이런 첩보가 있다는 것을 알리는 것뿐이며 사령부에서는 무엇을 어떻게 하라는 사령이 나오지 않는 처리였다. 사령부로서는 관심이 없다는 뜻이다.

윤여섭의 의견은 '후카시'인 것이다. 오랫동안 이 의자에 앉아 있어 터

득한 육감이라는 것이 생겼다는 윤여섭의 주장을 좀더 자세히 말하면 "첩보에서 간첩은 생길 수 없다"고 했다.

매년 1만 건 가까운 첩보가 예하 부대에서 올라온다. 그러나 이 몇 년에 걸쳐 예하 부대의 첩보로 간첩을 잡은 사례는 83년의 '김상숙(金相叔) 사건' 1건뿐이었다고 한다. 그러나 이것도 정확히 말하면 첩보에서 시작된 게 아니고 1002가 일본 왕래가 빈번한 용의자에게 몇 년 전부터 눈을 돌려 협조망을 침투시키는 등 방법을 써서 일본에 있는 조총련 소속 숙부와 접촉한 사실을 파악했고, 연행해 조사하기 위한 절차로 사령관의 재가를 받으려고 수사과에 첩보 보고를 한 것으로, 첩보 분석에 따른 성과는 아니라는 설명이었다.

"첩보는 거짓말이다"라는 말이 이런 일에서는 상식이었다. 우왕좌왕하는 나를 보기가 민망한지 조기재 대위가 일단 컴퓨터로 이 사람을 추적해보라고 임무를 부여했다.

수사과의 내근 사무실 안에는 대공 인물의 신원 정보를 언제나 열람할 수 있는 기계가 마련돼 있었다. 이 건물 지하에 있는 자료실에 케이블로 연결돼 있는 것이다. 매일 바뀌는 패스워드를 입력하면 검거 간첩 명단, 정보 사범 전과자(데모 규제법 위반자나 반공법, 국가보안법 위반자 등 치안 법 전과자로 간첩 이외의 자), 납북 귀환 어부(조업 중 월경 등을 이유로 북측에 억류된 경험을 가진 어선원), 밀항 도일자(일본 밀항 후 일본의 입국관리 당국에 검거돼 자비 또는 강제를 불문하고 본국에 송환된 자), 반공 포로(북의 인민군 장병으로서 한국군 또는 미군의 포로가 돼 휴전 후의 포로 교환 때 남한에 잔류를 희망한 자), 조총련의 연고 가족 등등의 신상 정보가 인출된다.

앞에 든 노인 같은 경우에는 첩보가 사실이라는 전제에서 생각하면

'반공 포로' 리스트에 수록돼 있을 것이다.

이름과 연령이 부정확하기는 하지만 반공 포로의 전산화된 정보 중에서 현주소 등을 단서로 해 유사 인물이 몇몇 사람으로 좁혀진다. 그 뒤 첩보의 신빙성이 평가되며, 만약을 위해 보고 부대인 502의 대공 계장을 충성전화(보안사령부 독자적인 전국 유무선 전화망)로 호출해 의심나는 부분을 이것저것 확인한다. 전화로는 용의자의 이름이나 주소, 본적지 등 그 대상을 특정할 수 있는 사항은 일절 입 밖에 내서는 안 된다.

성 정도는 같은 성이 많아 상관없지만, 예를 들어 "어제 보고해 준 김에 관한 것인데"라는 식으로 했다. 왜 이렇게 하는지 이해하기 어려운 구석도 있었지만, 이유를 물어보니 유선이건 무선이건 북측에서 내용을 도청할 수 있다는 것이다. 현대 과학의 성과에 놀랐다. 도청도 유선 전화 선을 통해 끌어들이는 것만이 능사가 아니게 됐다는 말이다. 그러므로 서류 전달은 모두 연락병이 직접 가져가게 하는 게 원칙이며 긴급한 경우는 암호화돼 전파를 타게 된다.

보고 부대와 나누는 전화 대화가 이 사무실을 언제나 떠들썩하게 하고 있는 욕설의 정체였다. 502의 보고에 결정적인 약점이 있는 경우에는 정보원에 관한 언급이 일절 없다. 윤여섭은 이것만으로 충분히 거짓 보고라고 생각하고 있었다. 윤여섭이 전화를 했다면 틀림없이 노성을 지르고 있었을 것이다.

여기서 나는 조기재 반장의 주의를 받지 않으면 안 될 처지에 놓이고 말았다. 한 번도 본 일이 없는 사람, 또한 예하 부대의 대공 계장이라는 존재는 500 단위 등의 경우 준위 계급으로 하사관 생활을 대개 20년 가까이 한 사람들이다. "지휘부에 있으니까 당연하다"고 조 반장은 말했지만 그런 상대에게 마구 호통을 치는 나로서는 도저히 불가능한 일로 언제나 상대에게 휘말리게 됐다.

어쨌든 첩보에서 어느 정도의 가치를 발견하게 되면 다음에는 내사 지시라는 공문서를 작성한다. 첩보 내용의 복사를 첨부해 지시 사항을 작성하는 것인데, 그 항목은 대개 틀이 결정돼 있었다.

1. 정확한 인적 사항 및 가족 사항.
1. 본인 및 친·인척의 배후 사상 및 전과 관계.
1. 재일 및 재북 연고 가족 유무.
1. 학력, 경력 및 병력 사항.
1. 재산 관계 및 현 생활 동향.
1. 중요 접촉 인물 및 접촉 시의 동향.
1. 평소 언동 사항 및 이웃 주민의 평.
1. 기타 대공 용의자의 유무 및 의견.

이런 내용의 문서를 써 반장, 계장, 과장의 재가를 얻어 예하 부대에 지시가 전달되도록 한다.

내 '기본 임무'란 결국 문서 관리였다. 김원일(金源一) 중사와 이원협(李源鋏) 하사라는 두 하사관이 나와 같은 업무 담당이었다.

서 형을 다시 만남

처음으로 봉급을 받은 때의 일이다. 나는 그때까지 특별하게 급료 이야기를 들은 적이 없었다. 김용성이 "삼성에서 받던 것보다는 적지만 생활에 지장은 없어"라고 말한 것만이 내게 허용된 새로운 생활에 관한 유일한 정보였다. 그러나 그 봉급을 손에 쥐었을 때, 나는 아연했다. 아내에게 월급 봉투를 건네면서 말을 할 수가 없었다.

앞으로 어떻게 살아갈 것인가. 삼성에서는 분에 넘치게 받고는 있었지만, 보안사령부가 이것으로 살아가라고 내게 건넨 금액은 삼성의 4분의 1에 불과했다. 아내와 둘이서 멍하니 있노라니 분노를 넘어 "죽어버릴까?"라는 말이 입에서 튀어나오고 말았다. "그렇게 합시다"라고 아내가 대답한 순간, 우리 부부는 아들이 자는 모습을 응시하고 있었다.

다음 날, 나는 파업을 하고 말았다. 끊임없이 사무실에서 전화가 걸려와 오세인이 "나와!"라고 몇 번이나 말했지만, 몸이 안 좋다면서 거절했다. 오세인은 "처장님이 알게 되면 어떻게 할 거야? 나를 곤란하게 만들지 말라고. 어떻게든 내 선에서 오늘 일은 수습을 할 테니까 나오라고. 좀더 냉정하게 생각해봐"라는 말을 되풀이했다.

그 전화보다도 분한 마음을 풀 길이 없게 만든 것은 사건반의 최순화(催順花) 여군 중위가 아내에게 한 전화였다.

"월급이 적다고 불평할 정도라면 왜 간첩짓을 했나요."

말괄량이 여군에게 아내는 농락당하고 말았다.

파업은 내 패배였다. 저항은 모든 것을 처음으로 되돌리는 것을 의미하는 일로서 지금까지 한 여러 저항이 결국 패배로 끝난 것처럼 의미 없는 일이었다. 어차피 나는 자유로운 몸이 아니다. 내 모든 것은 고삐를 잡혀 있었던 것이다.

그날 오후 사무실로 나가자 내근 직원들은 아무 일도 없던 것처럼 나를 맞이했다. 옆자리에 있는 김성구 준위, 서빙고에서 아내를 향해 내가 쓴 진술서를 내밀고서 "이게 거짓말이라는 말이야?"라고 호언하던 노인이 내게 동정적인 말을 걸어왔다.

"월급이라는 것이 결국 얼마나 들어 있었나?"

나는 월급 명세서를 보여줬다.

"이건 좀 너무했군. 17만원이라······."

이 이야기를 옆에서 듣던 이원협 하사가 끼어들었다.

"김성구 선생님, 저도 그 정도 금액인데요."

"무슨 이야기야? 너는 겨우 스물 몇이고 무엇보다도 독신이잖아. 김병진과 상황이 달라."

김성구라는 노인은 평소에는 아침에 출근한 뒤에 어디론가 사라져버렸다. 어떤 특명 사건을 맡아 그 일 때문에 매일 뛰어다니는 것이다. 어떤 특명 사건이란 다음 같은 일이다.

1980년 5·17 조치 때 김종필 전 총리의 부정 축재 '조사'와 관련해 보안사령부가 수백 억이 되는 '서울트럭터미널'을 어떤 사람에게 헐값으로 불하한 일이 있다. 그런데 세상이 안정되자 그 트럭터미널의 원래 소유주가 보안사령부의 감언에 막대한 재산 피해를 입었다고 청와대에 진정을 하고 말았다. 뿐만 아니라 현재 소유자를 상대로 민사 소송마저 제기한 것이다.

보안사령부는 당황하고 말았다. 소송을 제기한 쪽의 이야기는 국군 보안사령부가 사기를 쳤으며 불하에 관련된 보안사령부 사람들도 떡고물을 먹었다는 사실을 증명하는 것이다. 나아가 전두환의 집권을 위한 막후 공작에도 이런 돈이 유용되고 있다는 것이다.

김성구가 바쁜 것은 이 소송을 와해시키라는 사령관의 특명 때문이었다. 나는 내 처지에 또다시 체념 같은 것을 느끼면서 매일 내근을 나갔다. 얌전하게 책상에 앉아 서류 정리에 쫓기다 보니 그래도 어떻게 조금은 익숙해진 것처럼 느껴지기 시작했다.

그러던 중 할 이야기가 있으니 2계의 사무실로 오라는 고병천의 전화가 왔다. 가보니 진술서를 하나 쓰라는 것이었다.

"이종수라는 사람을 모르나?"

나는 짐작이 가지 않았다.

"예전에 우리가 체포한 간첩이야. 교토의 한학동 출신이지. 자네 후배 뻘 될 텐데?"

그 말을 듣고 보니 몇 년 전 일본에 돌아갔을 때, 교토의 한학동 출신 자가 한국에서 검거된 이야기를 들은 적이 있었다.

"지금 재판 중인데 자네가 할 일은 검사 측 증인으로 법정에서 증언하는 일이야. 까짓것, 어려운 일은 아니야. 자네가 한학동에서 서성수에게 포섭 당했다고 말하는 거라고."

곤란한 일이었다. 안면도 없는 한학동 후배에게 불리한 증언을 하라니.

"그러나 자네가 지금 보안사령부에서 근무하고 있다는 사실은 숨기도록. 어디까지나 재일 한국인 유학생으로 증언하는 거야. 서성수도 증언대에 설 거야."

무서운 일을 꾸미는 놈들이라고 생각했다. 나나 서 형이나 그저 도구인 것이다. 재판을 앞둔 서 형에게는 보안사령부의 요구는 검사의 요구이므로 출두하지 않을 수 없을 것이다. 내 사정도 별반 차이는 없다.

"나는 그 이종수라는 사람을 몰라요. '범죄 사실'과 상관없을 텐데 뭘 말하면 됩니까?"

"그건 관계없어. 법정에서 서성수가 너를 '포섭'하고 네가 '포섭당했다'라는 사실을을 판사에게 보이면 된다고."

재치 있는 고병천이 재판에서 변호인 쪽이 계속해서 한학동은 북과 관련이 없는 단체라고 주장하자 서성수는 한학동 지방 본부의 위원장까지 역임하고 북의 노선에 동조해 김병진이라는 후배를 포섭했다는 '논리'를 고안해낸 것이다.

그런 '논리'를 서 형과 나 자신에게 '증언'하게 해 재판의 흐름을 검사와 보안사령부에 유리하게 바꾸려는 책략이었다.

우종일 과장의 지시에 따라 2계의 고병천 등과 함께 나는 어느 날 서울지방법원으로 향했다. 제지 때문에 나는 증인 대기실이라는 곳에는 들어가지 못했다. 서 형이 있기 때문이라는 게 이유였다.

고병천이 말했다.

"아무것도 깊이 생각할 것 없어. 검사가 질문하면 '그렇습니다'라고 대답만 하면 돼. 구체적인 것은 질문 속에서 검사가 하기로 돼 있어. 자네는 그저 그렇다고만 하면 되도록 돼 있어."

그 사람들은 수갑을 찬 내 모습을 서성수 형은 봤다고 말했다. 그러나 내 쪽에서는 서 형의 모습을 볼 수가 없었다.

보지도 알지도 못하는 재일 한국인을 위해서, 더구나 검사 쪽 증인으로 출두하는 일은 결코 기분 좋은 일이 아니었다. 당사자 그리고 무엇보다도 가족의 일을 생각하면 쾌히 수락할 수 있는 일은 아니었다.

그러나 내 뒷걸음질을 이해해줄 정도로 보안사령부는 관대하지 않았다. 나 자신을 변호할 생각은 아니지만 이 상황은 서 형이라도 마찬가지 아니었을까.

잠시 뒤 양일근(楊一根)이라는 준위(이 사람도 김성구 준위처럼 내근에 있었지만 아침에는 사건반의 자기 책상에 잠깐 들른 뒤에 검찰 대상 교섭관으로 곧바로 검찰청이나 재판소를 돌아다니는 일을 하러 나갔다)가 내 순서라고 알렸다.

1층의 소법정으로 들어가 방청석에 앉자, 한산한 법정 안에 무엇인가에 매달리는 듯한 모습의 중년 여성이 눈에 확 들어왔다. 옷차림과 앉아 있는 모습에서 재일 한국인이라는 사실을 쉽게 알 수 있었다. 아마도 피고의 어머니였을 것이다.

개정이 선언되고 미결수의 하얀 한복을 입은 피고가 포박된 채 안으로 들어왔다. 이종수 씨였다. 안면도 없는 이 후배의 얼굴은 새파랬다. 마르고 키가 큰 청년이었다. 서 형은 포박된 채로 구치소 간수에게 인도돼 증인석에 나타났다. 고영주(高永宙) 검사가 서 형에게 눈으로 말을 걸었다.

'계획대로 하게.'

서 형도 눈으로 대답하면서 검사를 향해 허리를 구부려 인사했다.

얼굴은 창백하고 부어올라 구치소 생활이 서 형의 육체를 좀먹고 있다는 것을 충분히 알 수 있었다. 서 형의 복장은 피고인 이 씨하고 완전히 똑같았다. 왼쪽 가슴에 적힌 빨간색 미결수 번호표시가 정치범이라는 사실을 말해주고 있었다.

검사는 증인 신문이라면서 자기만 말하더니 자기가 말한 줄거리에 대해 "네"라는 대답만 하라고 요구했다. 내용은 서성수 씨가 한학동의 간부 출신이라는 것, 그리고 '북'에 갔고 김병진이라는 후배를 '포섭하여' 활동했다는 것이었다. 특별하게 만든 이야기가 그대로 반복됐다.

서 형의 증언이 끝났다. 대신 김병진이 증언대에 서라고 판사가 말했다. 나는 고병천에게 재촉을 받으며 일어나 증인석으로 향했다. 그 자리를 떠나려는 서 형과 일순간 마주쳤을 때, 나는 남의 시선 따위는 개의치 않고 서 형에게 말을 걸었다.

"몸은 괜찮습니까?"

서 형은 내 눈을 보지 않고 고개만 끄덕였다. 주위의 시선을 신경 쓰는 것이다. 그리고 자신 때문에 내가 고초를 당하고 있다는 자책마저 느끼는 듯하던 순간에 서 형은 손목에 감긴 포승줄에 이끌렸다. 증인석을 내게 양보하고 그곳을 떠나려는 순간 서 형은 나를 보면서 고개를 들고 입을 열었다.

"건강해, 힘내고!"

이것이 나와 서 형이 몇 년 만에 그리고 지금까지 마지막으로 나눈 대화가 됐다.

1984년 2월경, 3계는 '테니스 공작'을 종결했다. 그 뒤 허철중 군은 기소돼 1심에서 징역 8년의 판결을 받았다. 김이전(金利田)이 말했다.

"그 녀석은 판결이 내려졌을 때 춤을 추더군. 자기는 20년 이상의 형을 받을 거라고 생각하고 있었기 때문에 기뻐서 어쩔 줄 몰랐던 거야. 우리도 형을 줄이기 위해 꽤 고생했지."

이 말이 나를 향해 하는 말이라는 것을 이해할 수 없을 정도로 나는 어리석지는 않았다.

'테니스 공작'의 성과와 김병진이라는 성가신 재일 한국인에 대응하는 문제의 딜레마에 빠진 내근 사무실에서 내게 여봐란 듯이 한 말이었지만, 그 책략은 김이전의 제멋대로 논리를 뒷받침한 궤변일 뿐이었다. 재일 한국인 허철중은 고국 정부에 속은 것이다. 그것이 이 사건의 진상이다.

봄이 찾아 왔다

최경조 대공처장은 박정희의 5·16 군사 쿠데타를 기념하는 '5·16 민족상' 보안 부문 수상을 목표로 심사회에 제출할 자신의 업적 목록을 작성하라고 수사과의 내근에게 명령했다. 최경조가 체포한 간첩이 60여 명에 이른다는 책자가 만들어졌다. 그 속에는 내 이름도 들어 있었고, 서 형, 박박 씨, 허철중 씨의 사진도 첨부돼 들어가 있었다.

최경조의 '5·16 민족상' 수상 축하연으로 이 해의 봄은 끝났다. 보안교육대에서 실시된 대공처 축하연은 수사과의 분실장인 김관호(金官湖) 공군 대위와 처장실 부속기획반 반장인 유 육군 소령이 벌인 싸움으로 막을 내렸다. 장기 자랑을 하려는 마이크 쟁탈전이 두 사람이 벌인 싸움의 원인이었다. 200여 명에 이르는 대공처의 간부와 사병은 아무 일도 없었던 것처럼 해산했다.

위하여!

최경조가 '5·16 민족상'을 받기 1~2개월 전에 우종일 과장은 대령으로 진급해 제109보안부 부대장으로 영전했다. 109는 장지동에 생긴 분실 근처에 주둔하는 9사단, 블랙 베레모를 관할 부대로 하는 보안대였다.

행정상의 관할 지역은 경기도 성남시 대부분의 지역으로 주변에는 제300보안부대(보통은 통신보안대라 불리지만)가 주둔하며, 남한 지역에서 북쪽으로 보내지는 8개망의 전파를 관측하거나(기술이 발전돼 있어 전파가 보내지고 있다는 사실은 파악할 수 있지만 발신지는 파악할 수 없다고 한다) 북에서 보내지는 여러 가지 대남 공작용 전파를 수신해 분석한다고 한다.

뿐만 아니라 국내 전파는 중요 인물의 전화를 포함해 항상 감시하고 있다. 내가 이 부근에 처음 왔을 때 목격한 안테나망은 이 제 300보안부대의 것이었다.

수사 분실에서 열린 과장 이임식 겸 취임식 때 우종일은 내게 "신임 과장에게 네 일을 잘 부탁한다고 말해놓았어"라고 말하면서 지난날 '각하'인 박정희가 즐겨 마셨다고 하는 '산성 탁주'를 따랐다.

내 '사건'을 취급한 장교 중에서 계장이던 김용성에 이어 과장마저 사령부를 떠나는 것이었다. 어차피 사령부에 있어야 하는 내게 김용성에 이어 우종일의 사령부 이탈은 마음을 편안하게 해준다는 의미에서 환영할 만한 일이었다.

얌전히 막걸리를 비우고는 잔을 되돌려줬다. 우종일은 50명 정도의 수사과 과원 한 명 한 명에게 탁주를 돌리기 위해 술이 든 커다란 주전자를 들고서 식당을 돌았다.

어디선가 삽을 가지고 왔다. 주빈석에는 구운 멧돼지 한 마리가 누워 있었다. 바비큐란다. 우종일이 삽으로 멧돼지의 귀를 자르고는 하얀 장갑을 낀 손으로 들어 보였다. 우레 같은 박수가 쏟아졌다.

이어서 신임 과장인 오희명(吳熙明) 중령이 우종일과 똑같은 행동을 해 박수를 받았다. 502(경상남도 관할)의 대공처장에서 영전한 사람이다.

멧돼지의 모습에 나는 연민을 느꼈다. 귀가 잘리고 배가 갈라져 술안주가 돼 남자들의 위장으로 들어가는 모습이 서 형이었고, 나였고, 허철중과 박박 씨, 이종수 그리고 헤아릴 수 없는 동포의 모습과 겹쳐졌다.

우종일과 오희명이 건배를 선창했다.

"위하여!"

"대 수사과의 더욱 큰 발전과 성과 증진을 위해, 위하여!"

유학생 사냥

2계의 신임 계장인 배영룡(裵英龍)은 신년의 선두를 3계에 빼앗긴 뒤에 (허철중 씨 사건) 신임인 오희명 과장에게 성과를 바치는 일에 집착하기 시작했다.

그 대상은 김용성이 점찍어 두고서 남겨놓은 고려대학교의 모국 유학생 T씨였다. T씨는 김포국제공항에서 입국할 때 연행됐다. 내근 사무실에 있자 분실의 팩시밀리에 '입소자 인적 사항'이 들어 왔다.

3일 정도가 지난 날, 고병천이 분실에서 내근 사무실로 전화를 걸어 왔다. "용건이 뭐죠?"라고 묻자 "분실로 나와!"라고 했다.

2계에 배차된 차로 장지동의 조사 분실에 도착하자마자 고병천에게서 T씨의 조사 요지 그쪽 용어로는 '시타가키'를 전달받았다.

"우리로서는 이 녀석이 말하고 있는 것을 전혀 모르겠어. 한국말을 전혀 모르는 인간은 아닌 것 같은데 종잡을 수가 없어. 시타가키를 읽고 한번 T와 면접해주게."

이것이 내 임무가 됐다.

T씨를 연행하기 위해서 억지로 갖다 붙인 용의 내용은, ① 재일 한국인 수백 명이 다니는 오사카의 K대학교에 입학한 뒤 4년 가까운 공백 기간 뒤에 모국 유학, ② 학업에는 전혀 관심이 없고, ③ 국내 여성과 결혼해 아이 하나를 낳고 가정생활을 영위하는 몸이면서 전세금(임대 주택의 보증금) 300만 원을 빼내어 그 사용 용도가 불투명, ④ 학기 중인데도 목적이 분명하지 않은 일본 왕래가 빈번함이었다.

조서의 '시타가키'에는 간첩으로 만들 수 있는 단서가 전혀 없었다. 그러나 2계는 조사 중에 아무래도 석연치 않은 것을 느끼고 있었다. 학교에 다니던 기간 중 계속 자신은 열등생이었다고 T씨가 진술하면 '열등생이 어떻게 대학에 들어갈 수 있었나'라는 의문이 남고, 300만 원의 돈을 도박으로 날렸다는 진술에는 '생후 얼마 되지도 않은 아이를 가진 어른이 할 일이 아니다'라며 상식적으로 납득하기 어렵다고 했다.

더구나 일본을 빈번하게 왕래한다. 모든 것이 거짓말이라는 생각에서 2계 사람들은 벗어날 수 없었던 것이다.

일본어로 비교적 짧게 쓰여 있던 T씨의 진술서를 읽었다. 대학 시절의 생활 태도라는 항목에 T씨는 K대학교에 입학한 뒤로 한 번도 강의에 나간 일이 없고 친구와 차를 타고 놀러 다니기만 했다는 부분이 있었다. 이 점도 2계의 사람들이 보기에는 아주 이해할 수 없는 것이었다.

내게 감상을 물었다.

"이 녀석은 '폭주족'이군요."

그렇게 대답한 뒤에 폭주족이라는 현상을 한참이나 설명해야 했다.

아무튼 수사관들의 입회하에 면접이라는 것을 해봤다. 공소 보류가 된 L씨 때의 일을 생각하면 훨씬 마음이 편했을 뿐 아니라 T씨가 어떤 사람인지 한 번 보자는 호기심마저 솟구쳐 올랐다.

도무지 어떻게 할 도리가 없는 사람을 '날조'할 만큼 모험은 하지 못할 것이라는 내 나름의 판단과 마음의 여유 덕분이기도 했다.

심사실로 들어가자 키가 큰 T씨의 얼굴에 일그러진 흉터가 눈에 들어왔다. 칼에 베인 상처는 아닌 것 같아 물어 보니 '신나 놀이(본드 환각)의 후유증'이라고 한다. 공부도 제대로 하지 않고 어떻게 대학에 들어갈 수 있었느냐고 묻자 '뒷문'이라고 한다. 300만원의 거금을 카지노로 유명한 워커힐에서 잃은 이야기를 들은 때는 인간적인 경멸도 느껴졌다. 똑같이 처자를 거느린 내 처지가 생각나 어울리지 않는다는 것을 알면서도 방종한 T씨의 생활 태도를 나는 수사관처럼 충고했다. 그러나 대답은 의외로 시원스러웠다.

"맞는 말씀입니다. 반성도 하고 있어요. 그렇지만 이런 일을 할 수 있는 것도 젊을 때뿐이잖아요. 좋은 공부를 했다고 생각하고 있어요."

'간첩 수사'라는 것이 무척 웃기는 일로 생각됐다. "서투른 사격 솜씨라도 많이 쏘면 많이 맞는다"라는 식인 것이다. 그러나 이것은 재일 한국인이라면 언제든지 '연행할 수 있다'고 생각하는 보안사령부의 오만함을 말해주고 있는 것이며, 영장 없이 납치당한 뒤에도 한국인과 일본에서 자란 사람의 사이에 놓여 있는 인생관이나 사회관의 차이라는 간극이 더욱 재일 한국인을 괴롭히고 있다는 현실을 보여주고 있다.

물론 이 T씨의 경우는 약간 예외라고 말할 수 있을지도 모른다. 같은 재일 한국인인 나로서는 T씨 같은 인간이 존재한다는 것은 이해할 수 있다. 그러나 한국의 수사관들의 생활 감각으로는 T씨 같은 예를 이해하기 어렵다. 도덕에 관련된 미묘한 가치관의 차이가 간첩의 근거가 되므로 정상적인 유학생은 언제까지나 간첩 예비군이 되는 것이다.

2계는 나를 부른 시점에서 '만들 수 없다'라는 달갑지 않은 사실을 느끼고 있었다. 나를 부른 이유는 '만들 수 없다'는 보고를 쓸 재료가 필요했기 때문이다.

수사 회의에 동석한 나는 침울한 표정의 수사관들 사이에서 도저히 웃음을 참을 수가 없었다. 배영룡 2계장이 심각한 얼굴로 나를 노려보고 있다는 것을 깨달았을 때, 내 웃음이 그 장소에 어울리지 않는다는 사실을 깨달았다.

분실을 방문한 오희명 과장에게 배영룡 소령은 송구스러운 듯이 작은 목소리로 말했다.

"여러 각도에서 분석해봤습니다만 적과 연관을 찾을 수가 없었습니다. 김병진도 일본에서의 상황을 납득할 수 있다고 말하고 있으므로 훈방할 생각입니다. 죄송합니다."

오희명 과장은 가볍게 "알았네"라고 응답한 뒤 인터폰으로 운전병에게 대기하라고 말하고는 신경질적인 모습으로 나가고 말았다.

나로서는 배영룡이 어째서 과장에게 사과하는지 이해할 수 없었다. 한 청년, 그리고 남편이자 아버지인 T씨가 무죄라면 그건 그것 나름대로 좋은 일이 아닌가. 그런데 배영룡은 왜 과장에게 사과를 하는가. 생각해 보면 나는 정예 보안대원은 아니었다. 오희명의 대령 진급 문제가 절박한 상황이라는 것을 나는 몰랐던 것이다.

석방되기 전에 T씨는 "신세를 졌다"면서 딸에게 주려고 일본에서 가지고 온 바나나를 수사관들에게 하나씩 나눠줬다. 내게도 하나를 줬다. 2계의 수사관들은 그 자리에서 먹어치웠다.

"김병진. 왜 안 먹지?"

바나나를 먹지 않는 나를 보고서 이덕룡이 옆에서 의아해 했다. 내가 바나나를 먹지 않은 이유는 뇌물을 받았다는 저항감 때문은 아니었다.

"가지고 가서 아들에게 주려고요."

"웃기지 말고 빨리 먹어."

그렇게 말하는 이덕룡의 말을 들으면서 마음속으로는 억울한 느낌이 솟구치는 것을 억누를 수가 없었다.

이 나라에서는 전두환의 친동생인 전경환이라는 사람이 총재로 앉아 있는 새마을운동본부라는 정체불명의 조직이 민정당의 정치 자금으로 쓰려고 수입 바나나의 가격을 올려 한 꾸러미가 아니라 한 개가 1500원이나 2000원씩 한다. 오랜 감금 생활과 예기치 않은 빈곤 때문에 일본에서는 흔한 그 바나나를 아들에게 사 줄 수 없는 지금의 내 모습을 생각하니 억울하기 이를 데 없었다.

평화 공작

보안사령부는 그 시기 전대미문의 공작을 전개하고 있었다.

교황 요한 바오로 2세의 방한이 결정된 1984년 이전의 일이다. 전두환은 국가안전기획부(안기부), 치안본부(경찰), 보안사령부 등 세 기관에 밀명을 내렸다.

"예산에 개의치 말라. 청와대에서 공작 자금을 낸다. 종교계에 침투한 간첩을 로마 교황 방한 이전에 색출하라."

로마 교황이 평화의 사자인 것에 착안해 이 특명 공작은 '평화 공작'이라고 명명됐다.

전두환 정권이 이런 공작에 의욕을 불태운 저의는 교황의 방한이 종교계, 특히 가톨릭계 반정부 세력의 활동을 결과적으로 고무하는 사태를 염려했기 때문이다. 만일 운이 좋아 북한과 직접 연락을 취하며 종교계의 반정부 운동을 선동하는 인물을 검거할 수 있다면, 반군부 민주 세력에 결정적인 타격을 줄 뿐 아니라 대통령 전두환의 임기 후반을 탄탄하게 만드는 효과가 있다고 예상한 게 분명하다.

이 '평화 공작'은 보안사령부 대공처 심사과(다른 부서 직원들은 흔히 '의식과(意識課)'라고 불렀지만 지금은 거듭되는 실책 탓에 해체됐다)의 과장인 서의남(徐義南) 육군 중령(현재 제706보안부대 부부대장)이 전두환과 직접 담판해 채택되고 승인받은 공작이었다.

서의남과 전두환의 긴밀한 인연은 보안사령부 안에서는 상당한 화젯거리였다. 전두환이 국군 보안사령부 사령관이던 시기에 최경조의 '5·16 민족상' 수상 축하연이 벌어지던 보안교육대, 서울시 수색동의 북방, 행정 구역으로는 경기도가 되는 산 속에서 사령관도 참석한 장교들의 연수가 있었다.

교육대의 대공학(방첩 이론) 교관이던 서의남 소령은 전두환을 상좌에 모신 강당에서 한 브리핑을 통해 전두환의 격찬을 받았다고 한다. 이 브리핑이라는 것이 훗날 대학생들의 증오의 대상이 되는 '학병제', 곧 데모 학생(의식화 학생이라 부른다)의 강제 징병, 병영 내 순화와 신입 대학생의 최전선 부대 방문 군사 훈련을 골자로 하는 반정부 학생을 상대로 한 군부의 대응을 나타낸 것이었다. 서의남은 전두환의 후원을 받아 중령으로 진급했고 보안사령부 대공처에 신설된 '심사과' 과장으로 발탁됐다.

그러나 전두환을 감동하게 하고 보안사령부 직원들을 경탄하게 만든 서의남의 기발한 아이디어는 1983년 강제 징집한 이른바 의식화 학생 중에서 사고사 6명, 그중 자살 2명이라는 불상사가 거듭되면서 보안사령부보다 먼저 전두환의 측근들이 의문의 목소리를 높이기 시작했다.

사고사라고는 하지만 '순화'의 이름 아래 실시된 보안부대원들의 폭력이 죽음의 원인이며 자살이라고는 하지만 정신적 고문의 결과인 이상, 20세 전후에 목숨을 잃은 청년들의 가족과 학병제에 계속 반대하던 학생들이 말하듯 보안사령부 때문에 그리고 전두환 때문에 죽은 게 틀림없다.

서의남의 의기양양한 구상은 오히려 학생들에게 반정부 행동을 하게 하는 근거를 제공했다. 학생들은 보안사령부의 학생 '학살'에 항의하며 데모를 거듭했다. 신입생은 하필이면 38선의 북쪽 인민군 대남 감시탑 눈앞에서 반정부 데모를 전개했다.

서의남은 전두환의 총애를 받고 있다. 세인들은 그것을 의심하지 않으며 인정하고 있었다. 하물며 1979년 12월 12일, 전두환 육군 중장이 자신보다도 상급 지휘관인 계엄사령관 정승화 육군 대장에게 돌린 하극상의 총구가 계획대로 늘어맞은 그날, 서의남의 장래는 약속됐다.

직속상관인 대공처장 최경조 대령도 심사과가 제출하는 예산 신청이나 상신서에는 쉽게 거부 사인을 할 수 없다고 생각할 정도였다.

최경조(현재 701보안부대장)는 대구공고 출신으로 전두환의 후배였지만 갑종 장교(한국전쟁 뒤에 부족한 장교를 보충하기 위해 하사관 중에서 선발한 변칙적 장교)로서 사관학교 출신의 선배인 전두환의 기억에 남기에는 역부족이었다.

그 서의남이 곤경에 빠진 것이다. 의식화(반정부) 학생을 조사하려 하면 가톨릭교회로 피신해버리고 군의문사 유족은 계속해서 교회의 보호와 지원을 요청했다. 애타는 마음 탓에 종교계를 매우 혐오하기 시작했다. 1984년 말 눈앞에 다가온 대령 진급 심사를 앞두고 실추된 권위를 회복해야만 했다. 잘못하면 중령 진급 때처럼 전두환의 도움을 다시 얻기는커녕 미움을 받아 군복을 벗을 처지가 될지도 모른다.

인간이 생각하는 방식은 그렇게 쉽게는 변하지 않으리라. 서의남은 궁지를 벗어나고 나아가서는 영광된 길을 찾으려고 고심했다. 그리고 기사회생의 방법으로 스스로 생각해내서 '대통령' 전두환에게 직접 대가를 받은 것이 '평화 공작'이었다.

공작의 규모는 전무후무했다. 안기부, 치안본부, 보안사령부라는 한국 첩보 기관의 총력이 결집돼 활동관들이 그날 모두 사용할 수 없을 정도의 활동비가 매일 아침 배정되고 있었다.

세 기관의 연합 공작이 주체가 되고 갑자기 만들어진 조정 기구가 공작 전체의 지휘를 맡았다. 그리고 그 실무 지도를 맡은 사람은 당연히 서의남 중령이었다. 서의남의 계획서에는 수사과의 지원이 포함돼 있었다.

최경조는 수사과로서는 달갑지 않은 지원을 승인하고는 오희명 조사과장(현재 307보안부대장)에게 명령했다.

오희명 중령은 전임자인 우종일 대령에게서 과장직을 인수받을 때 '평화 공작'의 개략은 알고 있었다. 그러나 설마 수사과가 지원을 명령받으리라고는 예상하고 있지 않았다.

수사과 내의 한 개의 외근계와 내근 여성 수사관인 정명희, 미스 성(결혼을 이유로 곧 퇴직했다), 그리고 사병 출신인 이원협 하사의 협력을 구하는 게 서의남의 계획이었다.

오희명 쪽에서는 내근 몇 명은 그다지 큰 전력이 될 수 있다고 생각하지는 않지만 외근계 한 개 전체를 지원하라는 요구가 마땅치 않았다.

그러나 명령은 명령, 싫다고 해서 거절할 수 있는 게 아니다. 심사과장 서의남과 한 사무 접촉에서 상대방은 지체 없이 "2계, 3계"를 외쳐댔다. 수사과장 오희명에게는 도저히 안 될 말이었다. 2계와 3계는 실제로 '간첩'을 계속 만들어온 수중의 보배로서 이것 중 어느 하나라도 서의남에게 준다는 것은 적에게 칼자루를 넘겨 줄 뿐 아니라 대령 진급을 놓고 경쟁하는 라이벌에게 처음부터 백기를 드는 것과 마찬가지 일인 것이다.

"안 돼. 2계도 3계도 현재 전개 중인 대공 공작 때문에 도저히 손을 뗄 수 있는 상태가 아니야. 우리 사정으로는 5계밖에 빌려 줄 수 없네."

수사과 중에서 가장 무능하다는 딱지가 붙어 있는 김상인(金相鱗) 소령 이하의 멤버가 제공됐다. 그러나 그 무능한 김상인도 이 세계의 처세술에는 일가견이 있는 듯 직속상관인 오희명의 뜻을 알아차리고는 그저 지원하는 시늉만 할 뿐이었다.

자신들이 발굴한 '가치'있는 근원을 '평화 공작'에서 꺼내어 자신들의 대공 공작으로 빼돌리고 있었다.

L의 경우

보안사는 기독교계 반정부 인물을 대상으로 '거미줄 공작'이라는 것을 전개하고 있었는데, '평화 공작'에서 입수한 정보를 근거로 이 '거미줄 공작'을 발전시켜 독자적인 대공 공작에 도입하고 있었다. 보안사가 득의의 미소를 지은 '근원'은 이전부터 '거미줄'로 눈독을 들이고 있던 대상 때문이었다. 일본에서 반정부 활동 경력이 있고, 재일 한국인 여성과 결혼한 뒤에 한국으로 유학한 두 청년이 대상이었다.

이 공작은 '원자(元子)', '거머리' 공작이라 이름이 붙었다. 심사과의 손에 들어가기 전에 수사과의 업무로 행정조치를 했다. 행정 처리라는 것은 공작으로 상부에 신청하고 허가와 함께 공작비를 받는 일로, 사령관의 서명을 받으면 나중에 아무도 이의를 제기할 수 없다.

이 두 쌍의 부부는 공항 항만 수배 A급(출입국 때 신병확보 조치)이 취해져 있었다. 그리고 5계는 이 사람들의 귀국을 애타게 기다리고 있었다. 그러나 용의점으로 삼고 있던 부분은 부부가 모두 반정부 활동 전력이 있다는 사실 하나뿐이었다.

내근에서 '평화 공작'으로 돌려진 정명희 등 2명의 여성 수사관은 출신지가 이북이고 '문제 종교인'(반정부라는 뜻)이자 가톨릭 신부인 함세웅(咸世雄) 신부의 성당에 일반 신자를 가장해 침투했다. 특히 청년회 운동에 밀착해 하이킹이나 친목회 같은 행사에는 빠지지 않고 참가했으며, 동향을 매우 상세하게 서의남에게 보고했다.

"일요일에도 미사 때문에 저는 쉴 수가 없어요. 정말이지 신경질이 나요."

내근 사무실에 얼굴을 내밀었을 때 미스 정이 한 말이다.

내가 파업을 했을 때 "검거 간첩 주제에"라고 투덜거린 이원협 하사는 심사과의 미스 조(趙)라는, 술꾼으로 유명한 여자와 짝이 돼 학원가를 휩쓸었다.

이원협은 아직 24세였지만 나이에 견줘 늙어 보였다. 흔히 서빙고 창고라는 이름으로 알려진 조사실의 조사 분실(문제의 장소로 악명을 떨친 곳)에서 사병으로 근무한 일이 있었다.

이원협은 서의남과 이상한 연관이 있었다. 이원협이 사병일 때 학생들의 반독재 투쟁이 전개되자 서의남은 그때 공작과 계장으로서 학생 사냥에 광분했다. 이때 도주 학생들을 검거하느라 뛰어다니며 실제로 성과를 올린 것이 당시 이원협 병장이었다.

사병을 실제 검거 활동에 사용할 정도로 상당히 일손이 부족했겠지만, 아무튼 그때부터 서의남은 병역을 마치고도 하사관으로 지원해 보안사령부에 남은 이원협을 "행동력이 있고 믿을 수 있는 녀석이다"라고 판단했던 것 같다.

서의남을 이런 배경 때문에 수사과에 이원협의 지원을 요구했을 것이다. 그렇지만 이원협의 행동에는 약간 문제가 있었다.

사병 근무 시절 서빙고에서 사령관의 명령을 받고 어떤 특명 사건을 서빙고에서 취급한 일이 있었다고 한다. 어떤 회사의 사장이 참고인으로 서빙고에 호출됐다. 그 사장은 참고인이지 피의자는 아니었다. 그러나 서빙고로 호출된다는 것 자체로 죄인 의식을 가지게 된다. 이원협은 그 사장을 심사실 안에서 협박해놓고는 그 사장이 훈방되자 회사로 찾아가 자신의 친구를 회사에 취직시켜 달라고 다그쳤다. 곤란해진 그 사장은 자신을 조사한 보안사령부의 수사관에게 연락해 이 일의 내막을 알렸다. 사태는 그것으로 일단락됐다고 한다.

이원협의 행동은 어리석기 짝이 없는 것이었다. 이 사람이 믿는 것은 보안사령부의 절대적인 권위와 말단이라도 이름을 내밀 수 있는 권력이었다. 이런 사람이 상급 간부에게 기억되기 쉽게 보국훈장을 이미 손아귀에 넣었다고 착각하기 시작한 뒤부터 '평화 공작'은 점점 진흙 속으로 빠져들고 말았다.

이원협은 서의남이 상상하던 국내 종교계 간첩과 연결된 북한의 연락 책임자(웬일인지 재일 한국인이어야만 했다)를 색출하기 위해 혈안이 됐다. 그 보답으로 원래 소속인 수사과에서 완전히 이탈돼 항상 냉대받는 처지가 됐지만 그런 일 따위에 동요하지는 않았다. 보국훈장만 딸 수 있다면 그만인 것이다.

이원협은 매일 심사실로 보내지는 모국 유학생에게 온 편지를 문서 수발인보다도 먼저 내게 가지고 왔다. 덕분에 나는 그 사람들이 하는 일의 대략적인 윤곽을 파악할 수 있었다. 그런데 상상 속 연락 책임자의 근원을 재일 한국인기독교 청년부에 관련된 인물 중에서 구하고 있었다.

그렇게 선정된 사람이 연세대학교 대학원에 다니는 L이라는 재일 한국인 여성이었다. 하필이면 L은 내가 다닌 국문학과 대학원생이었다. 이 여성이 선정된 이유는 재일 한국인기독교 청년부의 몇 명인가와 알고 있다는 것, 그것뿐이었다. 그러고는 재일 한국인기독교 청년부의 지도적 위치에 있는 어떤 사람과 전화나 편지로 연락하고 있다는 사실을 파악하자 그것만으로 미친 듯이 기뻐했다.

곧바로 L의 하숙집 주인을 포섭해 심사과의 미스 조를 공작원으로 L의 옆방에 '하숙'시켰다. 미스 조를 L에게 접근시켜 친밀한 관계를 만든 뒤에 간첩으로 만들 수 있는 언동을 찾자는 것이었다. 술꾼인 미스 조는 서의남 수사과장의 기대에 어긋나지 않게 L에게 접근하는 데 성공했다. 결국에는 설악산으로 둘이서 여행할 정도의 사이가 돼 L의 일거수일투족까지 면밀하게 관찰한 것이다.

상사병

그러나 성과는 좋지 못했다. 모국 유학생인 L은 매일 도서관에 살 정도로 학업에 열중하고 있었다. 정치 문제하고는 인연이 먼 사람이라는 사실은 수사관들에게 질문 받았을 때 내가 대답하기도 했다. 그런데 간첩을 조작하는 데 혈안이 된 인간은 처음으로 이성 의식하는 첫사랑에 빠진 사람과 비슷해 '제 눈에 안경'이었다.

김성구 준위가 가르쳐줬다. 간첩을 만들려고 할 때, 한 대상에 집착하면 '상사병'에 걸린다. 아무리 오랜 세월을 수사관으로 일해도 그렇다고 한다. 하물며 수사과의 어린 풋내기가 상사병에 걸렸으니 옆에서 보기에도 도저히 손을 댈 수 없는 심리 상태였다.

"이원협 씨, 이제 이 아이를 쫓는 것은 중단하는 게 무난하지 않을까요?"

완전히 소녀 취향으로 일본에서 오는 L이 보내는 편지를 번역하는 일이 나로서는 이제 고통스러워 견딜 수가 없었다. 그리고 그것 이상으로 '적'(북한)과 연관을 나타내기에 충분한 물건 따위는 조금도 나타나지를 않는 것이었다.

"김병진 씨, 당신, 그렇게 속단을 내리고 책임을 질 수 있어요? 같은 정보 분석반에서 책상을 나란히 하고 있어서 충고 드리는데요, 그런 일은 그렇게 입 밖으로 내지 않는 편이 좋아요. 당신의 처지를 생각해서 말씀 드리는 거예요."

대상의 약점을 이용하라는 것은 대공 업무의 기본이었다. 이 풋내기에게 나는 꼴사납게 협박당했다. 아무튼 이 하사를 비롯해 '평화 공작'에 전력투구하는 심사과 사람들에게는 "대상의 정치적 무관심은 자신의 정체를 은폐하기 위한 북괴 공작원의 기본적인 행동 원칙이다"라는 알 듯 하면서도 알 수 없는 논리로 도색돼 계속 L에게 감시 체제가 드리워졌다.

이 L에 관련된 부분은 '평화 공작' 전체로 보면 그 입체적 공작의 빙산의 일각에 불과했다. 그러나 '평화 공작' 전체가 전망이 밝지 않을 것으로 거론되기 시작하자 '좀더 만들기 쉬운 재일 한국인 유학생'으로 회귀하지 않을 수 없었을 것이다.

이원협이 물건이 안 될 여자를 쫓고 있다는 이야기는 심사과에 헌신하는 모습을 좋게 생각하지 않는 수사과에서는 조소의 대상이었다. 그러나 이원협에게는 이원협 나름대로 할 말이 있었다.

"만들기만 하면 되는 거잖아."

아직도 어린 이원협이 '왜 간첩으로 만들 수 없는가'를 깨닫게 하려고 술자리를 같이 한 일이 있었다. 그때 그 사람의 입에서 나온 말이 이것이었다. 그리고 그때의 음험한 눈길은, "너도 그렇게 해서 간첩이 됐잖아. 나는 시골에서 고등학교를 나오고 곧바로 보안부대에 와서, 그것도 서빙고에서 3년이나 근무한 몸이야. 간첩을 만드는 방법 정도는 알고 있다고"라고 말하고 있는 것 같았다.

보안부대원이라는 사실만으로 동네 태권도 도장의 이사로 있는 이 24세 청년의 모습이 어쩌면 순수한 보안부대 대원의 상인지도 모른다.

이 사람의 머릿속에는 인간의 정 따위는 손톱만큼도 없는 것이다. 아무튼 나는 시간의 흐름을 기다리기로 했다. 왜냐하면 '평화 공작'이 로마 교황의 방한에 초점을 맞춘 이상, 로마 교황이 한국을 떠나는 시점에는 공작 종결 처리가 돼 있어야 한다. 그렇지 않으면 공작을 계속하는 의미가 없다. 나는 그런 예상을 하고(하지만 실제로는 내가 할 수 있는 일은 없었다), 사태를 조용히 관망하기로 했다.

그런데 국내 종교인 대상 공작이 지상 명령인데도 '평화 공작'은 늑장을 부리며 진전되지 않았다.

예하 부대의 활동관들 사이에서는 "어차피 반정부가 아닌가, 그게 왜 간첩이 되느냐?"라는, 서의남 중령의 논리를 부정하는 체념이 여기저기서 생겨났다. 청와대에서 중간보고를 요구받은 서의남은 국내인 대상 '공작 성과'를 그런대로 미사여구로 장식한 뒤에 하필이면 이 L의 일을 크게 강조해 보고했다. 간첩으로 만들 수 있는 가능성이 있는 부류는 재일 한국인밖에 없었던 것이다. 이것은 어떤 의미로는 서의남의 도박이기도 했다. 부도 수표가 될지도 모르는, 그런 위험한 도박이었다.

서의남은 꾸며 낸 중간보고를 들고 청와대로 들어갔지만 1984년의 성과는 수사과에게 선두를 빼앗기고 있었다.

"조총련이더라도 그 과거는 묻지 않는다"라고 말한 군사 독재의 궤변을 믿은 허철중 씨에게는 서울지방법원이 1심에서 징역 8년의 형을 내린 무렵에 보안사령부에서는 '평화 공작'의 종결이라는 말이 기정사실처럼 공공연히 떠돌게 됐다. 로마 교황은 벌써 한국을 떠나고 말았으므로 평화 공작을 계속할 의미를 아무도 찾을 수가 없었다. 교황 방한이 준 감격도 한국 국민들 사이에서 엷어지기 시작하고 있었다.

그러나 이 공작에 자신의 모든 것을 걸고 있던 서의남은 이미 재일 한국인인 L을 간첩으로 만들 수 있다는 과대망상의 포로가 돼 있었다. 재일 한국인기독교 청년부가 '적'의 대남 침투 거점 중 하나라고 확신해버렸다.

"재일 한국인기독교야말로 적의 대남 공작의 아성이다. 그 증거로 김 모(1975년, 중앙정보부에 검거된 재일 한국인 신학생, 현재 무기수로 광주 교도소에 있다) 같은 전례가 있지 않은가. 더구나 현재의 재일 한국인기독교 청년부의 수뇌부는 모두 김 모와 일맥상통하는 자들이며 틀림없이 L은 그 속의 북과 연관된 자에게서 지시를 받고 있을 것이다."

이 발상이 또다시 서의남을 각하와 직접 담판하도록 부추겼다. 공작의 규모는 크게 축소됐다. 그러나 종결되리라 생각하고 있던 보안사 내부의 구경꾼들의 하마평은 과녁을 빗나갔다. 몇 번에 걸친 재가를 얻은 서의남은 미스 조가 하는 보고에 온 신경을 곤두세웠다.

일본에서 L에게 온 편지를 번역해달라고 부탁하러 온 미스 조에게 나는 넌지시 물었다.

"정말로 간첩이라고 생각하나요?"

"글쎄요, 오랫동안 함께 살아서요, 정이 생겼고 그리고 무엇보다도 사람이 너무 순진해요. 학교를 졸업하고 뭘 할지 매우 고민하는 모습이고 학생 데모라든가 정치에는 전혀 관심이 없어요. 그런 여자가 간첩일까요?"

"다만 한 번, 한학동에 있었다는 고영자(高英子. 가명)와 국내의 여학생 몇 명이서 하숙집에 모여 술잔을 기울인 적이 있었죠. 물론 나도 함께 있었는데 '전두환 대머리' 운운하는 데모 노래를 부른 일이 있었어요. 어차피 학교에서 귀로 듣고는 반은 재미로 노래한다는 느낌이라 솔직히 말해서 간첩이라고는 생각되지 않아요."

미스 조의 관찰이나 느낌은 아마도 맞을 것이다. 그리고 미스 조의 말을 들은 나는 L, 하물며 고영자를 정말로 연행할 수는 없을 것이라고 생각했다. 결과적으로는 보안사의 생리에 아직도 정통하지 못하던 내 잘못된 판단이었지만 두 가지 이유가 있었다.

첫째, 나 자신이 연행될 때 담당 수사관인 이덕룡에게서 고영자가 일본에서 반정부 활동을 한 내력(한학동에 참여한 것)은 주지의 사실이라는 말을 들은 일이 있었다. 그것뿐 아니라 나를 향한 협박인 게 분명한데 진위 여부는 아직 확실하지 않지만 고영자 건은 "이미 조사가 끝났다"라고 이덕룡이 말하는 것을 듣기도 했다. 바꾸어 말하자면 구체적이지는 않지만 내 생각에 고영자는 이전에 어떤 형태로 보안사령부에 찍혔을 가능성이 컸다. 내사 단계에서 끝났는지 모르지만 고영자와 관련된 사건 그 자체는 이미 종결됐을 것이다.

둘째, 고영자는 기독교인이 아니다. '평화 공작'이 추구하고 있는 것이 '종교계 간첩'이고 보면 그 영역의 바깥이다. 하물며 보안부대 중의 보안부대인 대 수사과가, 더구나 재일 한국인 킬러인 고병천 육군 준위가 반장으로 있는 2개 학원반이 "노"라고 말하고 있는 대상을 정말 간첩으로 '만들 수 있다'라고 생각한다면 미친 짓거리라고 나는 생각했다.

농락당하는 마음

최경조가 5·16민족상을 받아 장군 심사를 향한 고지를 점령한 일로 기분이 좋던 무렵에 예고 없이 각 과의 사무실을 시찰하며 돌아다닌 적이 있었다. 첩보 보고를 앞에 두고서 악전고투하고 있는데 갑자기 오세인 소령의 "차렷!"이라는 구령이 방 안에 울려퍼졌다. 방 안의 사람들은 그 자리에서 일제히 기립해 시선을 전방으로 고정했다. 뭐가 뭔지 모르고 겁을 먹고 있자 김원일 중사가, "김병진 씨, 빨리 일어나"라며 등을 밀었다.

최경조는 기분이 매우 좋은 듯 사건반에 있는 여성들에게 계속 말을 건 뒤에 방을 한 바퀴 돌아 정보 분석반이 있는 곳까지 왔다.

"김병진. 어때, 일에는 익숙해졌나, 생활은 어때, 곤란한 일은 없나?"

대단히 신경을 쓰는 말투였으므로 나는 그만 궁핍한 상황을 호소하자는 마음이 생기고 말았다.

"한 가지 곤란한 일이 생겼습니다. 제 일본 재류권 문제인데요, 1년에 한 번은 일본에 가서 일본의 입관사무소에서 재입국 허가를 받아야만 하는데 금년에도 그 시기가 와서 곤란합니다."

그러자 최경조의 표정이 갑자기 굳어졌다.

"부대원이 외국의 재류 자격 따위를 가지고 있으면 어떻게 하나? 그런 건 버려버리라고."

또 하나의 청천벽력이었다. 김용성은 내게 부대원으로 일해야만 된다고 말하면서도 확실하게 공소 보류인 2년뿐이라고 말했다. 그리고 나를 향해 자기 마음대로이기는 하지만 약속한다고 한 말 속에는 일본을 자유롭게 왕래하는 것도 포함돼 있었다.

최경조가 나간 사무실에서 직원들이 긴장에서 해방된 한숨을 내쉬고 있을 때 나는 힘없이 의자에 기대었다. 눈앞이 더욱 깜깜해지는 것이었다. 오세인이 멀리서 내게 말을 걸었다.

"왜 그렇게 처장에게 말을 가볍게 하는 거야? 처장이 어떤 사람인지 아직 모르는 모양이군."

나는 오세인의 말에 대답할 기력도 없었다. 처장의 말은 내 친형제와 친척, 친구, 그리고 내 과거가 모두 살고 있는 일본과 나의 단절을 선언하는 것 말고는 아무것도 아니었다.

"속았어. 김용성에게 이것도 속은 거라고."

억울함에 가슴이 답답해졌다. 그러나 그렇다고 물러설 수는 없다. 오세인을 향해 내가 일본에 있는 협정 영주권을 포기할 수 없는 이유를 간곡하게 설명하고는 선처를 구했다. 다행히도 최경조의 성격, 평소 부하들에게 그 출신 때문에 '최 하사'라고 불리며 험담을 들을 정도로 방자한 성격이 의외로 동정론을 낳았다.

"서둘러서는 안 돼, 좀더 시간을 들여 요령 있게 행동하는 것을 김병진 씨는 터득해야 된다고. 정보처에서 일본 대사관에 나가고 있는 사람이 있으니 그런 사람을 이용해서 뭔가 방법이 없는지 일단 찾아보라고. 그리고 앞으로는 윗사람에게 무슨 말을 하고 싶을 때는 서열을 지켜. 우선은 계장에게 이야기하라고. 그게 조직이라는 거야."

일본 재입국 허가는 현지의 일본 대사관에서 1년에 한해 연장할 수 있다는 것을 정보처의 직원이 몰래 알려줬다. 하루 동안만 최경조에게 알려지지 않도록 여권이 반환돼 보안사령부 바로 옆에 있는 일본 대사관에서 수속을 마칠 수가 있었으니, 결국 이 일은 지구전이 됐다.

"김병진 씨, 지금 처장이 언제까지나 처장은 아니야. 새로운 사람이 오면 어떻게든 되니까 지금은 참고 있으라고."

오세인의 말에 왠지 믿음직하지 못한 기분이 들었지만, 앞날의 불안을 남겨놓은 채로 나는 이 건에 관해서는 훗날을 기대하기로 했다.

그때 나는 생활고 때문에 익숙해진 신림동 집을 처분했다. 오희명 수사과장의 주선으로 입주 희망자가 장사진을 치고 있다는 직원 아파트인 도림아파트 다동 519호로 이사할 수 있었다. 같은 동에 이덕룡이 살고 있었다. 당면한 큰일을 위해서는 다른 일에는 일절 신경을 쓸 수 없다는 이유로 과거에 박정희를 살해한 김재규가 보안사령부 사령관이던 시절에 부대원의 복지를 위해 만들었다는 사연이 있는 고물 아파트였다.

건너편 520호에는 정보처의 엄 중사와 그 가족이 살고 있었다. 우영기와 하사관 학교 동기생이라고 한다. 엄 중사의 아내라는 여자가 검거 역용 간첩인 나와 가족에게 쓸데없는 호기심을 가지고서 감찰실에서 주어진 임무에 충실하려 한 나머지 우리 집 전화가 울리면 즉각 집으로 들어와, "어디에서 왔어요, 무슨 일이에요"라고 아내에게 따졌다. 감시는 남이 모르게 하는 것이라고 내심 이웃의 어리석음을 생각하면서 동기생이라는 우영기에게 옆집의 무례함을 자세히 알려 꾸짖은 뒤로는 노골적인 간섭이 없어졌다.

어느 날, 내가 없을 때 치안본부의 형사가 집에 온 일이 있었다. 이 일로 치안본부 대공과에서 정기 시찰을 하고 있다는 사실을 알았을 때 나는 한밤중 근처의 파출소로 전화를 걸어 항의하고서 이 일을 오세인 과장에게 알렸다.

오세인은 곧바로 치안본부에 사실을 문의한 뒤 시찰 사실을 확인하자 처장 결재의 공문 한 통을 작성해 송부해줬다.

검거 간첩 김병진은 현재 당 보안사령부에서 역이용 활용 중인 자이며 당 사령부 근무 기간 중에는 시찰 활동의 정지를 요망함.

나는 하나하나의 부자유를 제거하는 일에 급급했다. 그럴 무렵에 5계의 서재두(徐在斗) 준위라는 북한 출신 사람이 509(충청남도 대전시)에 함께 가자고 말했다. 대전 한남대학교에 다니는 일본인 여성을 감시하기 위한 협조망에 내가 아는 사람의 협력을 구하고 싶다는 것이다. 전 삼성종합연수원의 일본어 강사이며 한남대학교 일본어 전임강사로 적을 두고 있는 사람의 협력을 구하기 위해 통역을 해달라는 것이었다.

결국 서재두의 꿈은 수포로 돌아갔고 그 일본인 여성은 무사할 수 있었지만, 대전을 방문한 우리에게 509의 대공계장인 백 준위는 관할 내에 있는 대전교도소에 수감돼 있던 박박 씨를 정기 관리하면서 또 다른 공작을 구체화시키려고 혈안이 돼 있다고 말했다.

박박 씨가 근무하던 곳의 경영자를 둘러싼 상황만으로 간첩으로 몰린 것처럼 박박 씨의 직장 안에 재일 한국인인 여성이 있다는 것을 파악하고 그 대상을 노획하려고 박박 씨에게 회유공작을 실시해 가족에게 어떤 편지를 쓰게 한 것이다.

지난번에 받은 《문예춘추》는 잘 읽었습니다. 이곳 생활에도 조금은 익숙해진 것 같고 몸은 건강하니 너무 염려하지 마세요. 그리고 한 가지 부탁이 있습니다. 이곳 직원이 제 특사를 위해 필요하다고 하는데 제 직장에 청소부로 있는 한국인 아주머니가 있습니다. 그 사람의 이름이나 나이, 가능하다면 본적지 등을 조사해 가르쳐주실 수 있을까요. 그리고 이 일은 은밀하게 해주시기를 부탁 드립니다. 또 책을 보내주세요.

대상은 '청소부'였다. 백 준위의 꿈을 이룰 수만 있다면 조선적 경영자 밑에서 일하는 아무라도 좋은 것이다. 박박 씨가 간첩이 된 것처럼 청소부라 하더라도 한국에 오는 일이 있으면 훌륭한 간첩이 완성되는 것이다. 박박 씨는 감옥 속에서도 보안사령부 예하 부대의 인간에게 농락당하고 있었다.

그날 집에서는 아내를 깜짝 놀라게 만들 일이 벌어지고 있었다. 갑작스런 대전행에서 보안사령부에 돌아오니 때는 벌써 오후 8시가 돼 있었다. 귀가가 늦은 사이에 2계의 학원반 사람들이 이사를 축하한다면서 집들이 선물을 가지고 나타난 것이다. 그러나 내가 대전으로 간 것을 알고 있는 아내는 지난날 김용성의 거짓 전화와 가택 수색의 기억이 있었다. 내가 집에 없는 날 수사관이 나타나자 아내는 당황하고 허둥거렸다. 학원반 사람들은 내 대전행을 알고 있었지만 이제는 돌아왔을 것으로 생각하고 쳐들어왔는데, 예상이 빗나가 내 아내만 낭패하게 만드는 결과를 빚고 말았다.

풋내기가 펼친 보자기

'평화 공작'의 대상자인 L은 1984년 7월에 대학원에서 석사 학위를 받기로 돼 있었다. 다음 귀국 일정이 결정돼 있지 않다는 미스 조의 보고를 받은 서의남은 매우 당황해 김포에서 도쿄로 향하려던 L을 연행했다. 그 연행 작전에는 이원협이 가장 먼저 발탁됐고 그대로 L의 담당 수사관이 됐다.

수사관들은 L을 데리고 김포국제공항에서 그대로 경기도 과천에 있는 또 다른 심사과 분실로 직행했다. 직접 본 적은 없고 이야기만 들었지만 그 곳은 일반 주택으로 위장돼 있다고 한다. 정신이 아찔해지는 이야기였다. 내가 앉아 있는 수사과의 내근에서는 다른 과인 심사과의, 그것도 본 적이 없는 분실에서 하는 작업은 도저히 파악할 수가 없다. 며칠 뒤 나는 사령부에 나타난 미스 조를 붙잡았다. L은 어떻게 됐느냐고 물었다. 미스 조는 웃으면서 말했다.

"간첩으로 만들 수 있는지 없는지는 좀더 상황을 봐야 알겠지만 그 아이가 말이에요, 첫 대면인 서 과장을 보자마자 '아저씨, 안녕하세요'라고 말하면서 활짝 웃고는 인사를 했대요. 그게 웃겨서 말이에요."

L은 의외로 건강하다고 생각됐다. 그렇다고는 하지만 내 낙관이 배신당한 억울함보다 L의 말은 명언이었다고 생각됐다. 아마도 L로서는 자신이 놓인 처지를 아직 이해하지 못하고 있었을 것이다. 간첩으로 만들려고 연행한 사실을 믿을 수 없는 상황에서 나온 애교였을 것이다.

나는 보안사령부의 분위기에 약간은 익숙해졌고, 그것은 또한 동시에 시치미 떼는 일에도 친숙해지기 시작한 시기이기도 했다. 그러나 내가 아는 한은 전혀 혐의를 가질 수 없는 L이 피의자가 된 사실 자체를 마음 한구석에서는 낙관하고 있었다. 며칠이 지나면 몇 달 전의 T씨처럼 훈방될 거라고 판단했다. 머지않아 이원협은 풀이 죽어서 수사과 내근 사무실에 나타날 것이다.

그럴 무렵, 이원협이 내근 사무실 전화로 나를 찾았다.

"김병진 씨, 잠깐 물어볼 말이 있는데요. 일본 도쿄에 있는 조총련 본부 건물은 몇 층입니까?"

나는 조총련 본부 따위는 본 적도 없었다. 모른다고 말하자 조사해달라고 했다. 사무실 옷장 안에 판매 금지 서적 몇 권인가가 소장돼 있다. 그 안에는 조총련 본부 사진도 나와 있으리라 생각하고 들춰봤지만 생각보다 쉽게 찾을 수가 없었다. 내가 찾는 것보다 외근인 그 계통의 베테랑에게 묻는 편이 빠르다는 생각으로 자주 조총련 이야기를 하던 김이전에게 구내전화로 물어본 뒤 이원협에게 연락을 취했다.

"4, 5층 정도 되는 것 같다더군요."

"이상한데요. 본인은 3층 건물이라고 하는데, 까짓것 3층이나 4층이나 똑같은 거지 뭐."

일이 이상해졌다. 시간상 간첩 제작을 포기하고 피의자를 상대로 하는 '훈방' 전의 회유, 곧 "의심받은 네가 나빠. 그렇지만 전도유망한 젊은이고 자신의 부덕을 깊이 반성하고 있기 때문에 이번만은 아무런 조치 없이 보내준다. 조사를 받은 일은 일절 입 밖에 내서는 안 돼. 입 밖에 내면 네 신상에 좋지 않은 일이 일어날 테니까. 이것도 다 인연이라고. 곤란한 일이 있으면 우리가 도와주지. 우리한테 협력해. 우리가 네 은인이라는 사실을 절대로 잊지 말라고"라는 평상시의 파렴치한 장기가 행해져도 괜찮을 무렵이었다.

그런데 '조총련 본부'라니 무슨 말인가.

"이 하사, 결론은 아직 안 나왔나요?"

"아아, 김병진 씨, 그렇게 서두를 필요는 없죠. 아무튼 L은 북한에서 김일성 배지마저 받아온 초일류 여자 간첩이니까요. 조사할 일은 산더미처럼 남아 있어요."

설마! 북한의 대남 공작 부서, 노동당, 대남 연락부, 사회안전부 등이 온갖 정성을 다해 육성하는 대남 공작원에게 남파 때 증거가 되는 김일성 배지나 그밖에 북한 제품이라고 알 수 있는 물건을 준 경우는 한 번도 없었다. 사무실 안에서 시간을 내서 읽은 《대공 30년사》라는 두꺼운 책(다만 모국 유학생의 이야기는 상당히 과장돼 있어 눈길도 돌리지 않았지만)의 어디를 봐도, 직접 간첩(무장 게릴라)도 그런 것은 소지하지 않는다.

먼저 대남 공작원의 은밀성 원칙(사실은 이것이 날조를 위한 보루로 이용되고 있지만 L의 경우에는 그 원칙)에 반한다.

조총련 본부라는 공공연한 장소, 사람들의 출입이 빈번한데다가 일본 공안이나 경찰의 감시가 24시간 미치고 있는 그런 곳에서 이원협이 말하는 '초일류 여자 간첩'이 양성된다는 생각은 어리석음의 극치다.

사태는 분명하다고 나는 생각했다. 서의남 과장의 묵인 아래 '만들고 있는' 것이다. 나는 짜증이 날 정도로 L의 편지를 번역하면서 이 사람의 마음이 섬세하다는 것을 알고 있었다. 그 섬세한 마음이 고문 앞에서 산산조각 나고, 주어진 줄거리 앞에서 "예스"라고만 대답하고 있을 것이다.

"주임 심사관은 누가 하고 있나요?"

"접니다."

사태는 최악이었다. 이 풋내기에게는 사람과 진실을 판단할 능력이 없다. 그러나 잠시 시간이 지나면 고문 앞에 짓이겨진 L의 모습을 떠올리면 찾아드는 가련한 생각과 별도로, 나는 어떤 사실을 깨달을 수 있었다. 이것은 송치할 수 없다.

김성구 육군 준위가 가끔 말해주던 '수사의 묘,' 그리고 베테랑 수사관의 좌우명인 '무리를 해서는 안 된다'라는 금기를 이 하사는 어기고 있는 것이다. 베테랑 수사관이 L에게 손을 대고 '만들자'라고 생각했다면 결코 김일성 배지나 조총련 본부 같은 이야기는 만들지 않는다. 성명 미상, 신분 불명의 북한 공작원에 '포섭'됐다고 하면 포상금의 최저 기준인 600만 원과 보국훈장, 대통령 표창, 국무총리 표창, 국방부 장관 표창이 각각 두개씩 뿌려질 것이므로.

풋내기가 펼친 보자기는 너무 컸다. 누가 보더라도 뻔한 거짓말인 것이다. 이 하사가 이런 상태로 조서를 작성한다면 상부는 그 내용에 아마 두려워하며 당황할 것이다. 그렇지만 그렇게 되기까지는 시간이 너무나 오래 걸린다. L의 몸과 마음은 그때까지 계속 득볶일 것이다.

3계와 5계

L이 연행되기 1개월쯤 전에 5계의 김상인 소령이 나를 자신의 사무실로 불렀다.

"여어, 김병진. 사실은 부탁이 있어. 다른 일은 아니고 '우리' 조일지의 가택 수색을 몇 번 했는데 일본 서적을 몇 권 발견했어. 그런데 그 내용을 몰라서 곤란하거든. 그러던 차에 김병진 씨가 우리한테(보안사) 오게 돼 잘됐지 뭔가. 이번 조일지의 가택 수색 때는 함께 가서 봐주지 않겠나? 책을 가지고 올 수 있으면 좋겠지만 상대방이 눈치를 챌 것 같아 그럴 수도 없다고."

내근계에서 내가 맡은 기본 임무인 거동 수상자 첩보 분석, 검열 우편 번역, 일본 공안과 경찰이 협력 차원에서 보내는 재일 한국인 용의 대상자의 외국인 등록 원본 복사나 수사 자료 번역에 덧붙여 나는 대상자의 가택 수색에도 동원됐다.

조일지 씨는 동숭동에 있는 외국인 유학생만 들어갈 수 있는 호사스러운 기숙사에 살았다. 5계 사람들은 기숙사 관리 직원의 협조를 얻어 그날 있는 야유회로 학생 대부분이, 물론 조일지 씨도 기숙사에 없다는 것을 사전에 알고 있었다. 개중에는 야유회에 참가하지 않은 학생도 있었지만 기숙사 협조망이 제공한 정보로 몇 층 몇 호실의 누구인지 파악하고 있어서, 남은 학생들의 방에서 먼 쪽 계단을 골라 5층 조일지 씨의 방까지 접근해 협조망이 준 열쇠로 방문을 열었다.

가택 수색 때 김상인의 희망은 서적 등 소지품 속에 좌익계 서적, 또는 북한 서적이 존재하는 일이었다. 일본어 서적을 그 자리에서 판독할 담당자로 나를 동행시킬 가치가 있다고 판단한 것이지만, 김상인이 기대하던 금서는 발견되지 않았다.

가택 수색의 또 하나의 목적은 (같은 기숙사에 사는 학생의 협조망이 정보 제공한 것이었지만) 조일지 씨가 뭔가 열심히 쓰고는 소중하게 보관하고 있다는 서류를 찾는 일이었다. 그 서류는 책상에서 어렵지 않게 발견됐다. 그 두터운 종이 뭉치를 동숭동에서 비교적 가까운 보안사까지 차로 운반해 복사한 뒤에 신속하게 원래의 위치로 되돌려놓고서 침입자의 흔적을 남기지 않고 흩어졌다. 수색 사실을 은폐해야 한다는 사정 때문에 창문을 열 수가 없어 5계 직원들과 내 몸은 땀투성이가 돼 있었.

이 문서를 번역하는 일은 당연히 내 담당이 됐다. 전체가 산문으로 글쓰기를 좋아하는 사람의 감상주의가 가득한 문장이라는 인상을 받았다. 김상인이 한 기대하고 아무래도 거리가 있는 글이었다. 글 내용에 관해 질문을 받은 나는 "상당히 섬세한 사람이군요"라고 대답했다.

사실은 이 글은 조일지 씨가 쓴 게 아니었다. 조 씨의 친구인 재일 한국인 학생이 저널리스트 지망자라 매일 칼럼을 쓰는 기분으로 써놓은 글을 조 씨가 논평해주겠다고 보관하고 있었을 뿐이라는 게 조 씨를 연행 뒤에 판명됐다.

아무튼 이 글을 통해 5계는 조일지 씨가 매우 섬세한 성격의 소유자이며 적(북한)과 연관이 있는지 직접 뒷받침하는 증거가 나오지 않는 것도 '공작원으로서 위장에 철저하기' 때문이라고 제멋대로 판단하는 재료로 이용했다.

조일지 씨의 가택 수색을 전후해 나는 3계의 호출도 받았다. 5계가 나를 가택 수색에 활용한 사실을 듣고 3계도 경계심이 완화됐는지 자신들 일에 나를 동원하자는 생각이 든 것이다.

수사과는 심사과의 평화 공작에 대응해 과의 총력을 기울여 비상사태에 돌입해 있었다. 허철중이라는 성과를 올린 직후였지만 3계에도 또 하나 과제가 주어져 있었다.

허철중 사건으로 얻은 성과는 우종일이 109보안부대장으로 영전하는 선물로 가지고 가버리고 말았다. 지금의 오희명 과장과 아무런 관계도 없는 것이다. 그러므로 3계도 오희명의 품에 안겨줄 성과를 만들어야만 했다.

드디어 올 것이 왔다

3계의 김석호(金錫浩) 공군 상사는 자신들이 추진하는 '연서 계획'의 개요를 알리면서 연세대학교 부속 한국어학당의 재외 한국인 명부 사본을 보여주더니 그중에서 한 대상을 가리켰다.

"조신치……."

나는 올 것이 왔다고 생각했다. 자신도 모르게 나는 서류에 첨부돼 있는 조신치 씨의 얼굴을 응시하고 있었다.

"김병진 씨, 알고 있죠?"

김석호가 내 얼굴을 들여다보며 물었다.

"알고 있습니다. 그런데 조신치의 자료는 전부 2계에 있을 텐데요. 이건 2계의 일이 아닌가요?"

2계의 이덕룡이 보관하던 조신치 씨 관련 자료를 보고서야 나는 조 씨가 한국에 있다는 것을 알았다. 같은 연세대학교 안에 있으면서도 한 번도 얼굴을 마주친 일이 없었고, 서로 서울에 있다는 사실을 모른 채 지냈다. 2계의 이덕룡은, "조신치는 어학연수를 하려는 단기 체류고 출입국 횟수도 적어 가지가 없어"라고 말한 적이 있었다. 그래서 나는 조신치 씨가 서울에 있구나 하는 정도 느낌만 느끼고 그 뒤로는 전혀 걱정하지 않고 있었다.

"괜찮아요, 2계도 알고 있죠. 이번에 낚기로(연행 조사) 돼 있어요."

그 말을 듣고는 이제 소용없다고 생각했다. 지금까지 연행되고 조사받은 재일 한국인 학생은 다행히 안면이 없는 사람들뿐이었다. 그렇다, 나로서는 다행이었다. 하지만 조신치 씨는 그렇지 않다. 올 것이 온 것이다.

조신치 씨와 내 관계는 일본에서 보낸 고교 시절 조선 장학회에서 겪은 일로 거슬러 올라간다. 조 씨는 효고 현립 아마자키 공업고등학교에 다녔고 학년은 나보다 한 학년 아래였다. 더욱 나쁜 것은 최근 조선 장학회에서 장학금을 받고 일본에서 유학 생활을 보낸 사람을 간첩으로 만든 적이 있는 3계는 말하자면 장학회하고는 '서로 통하는 게 있다'고 생각하는 것이었다. 이 무리의 편견 앞에서 조신치 씨는 어디까지 견딜 수 있을까. 조신치 씨가 간첩이라는 자료는 전혀 없다. 그렇다고 해서 조신치 씨의 연행과 조사를 전제로 하고 있는 이상 내가 그 사람들 손에서 어색한 거짓이나 허식으로 도망칠 수는 없었다.

사건의 발단은 '근원' 색출을 위해 김석호가 '연서 계획' 대상자, 곧 주로 연세대학교 한국어학당에 다니는 재일 한국인의 하숙집 등을 돌던 끝에 하숙집 주인이 조신치 씨는 "반정부 데모에 매우 동정적인 교포 학생이다"라고 말한 일이었다.

"데모가 있던 날에는 방에서 열심히 수첩에 메모를 하고 있다"라는 등의 그럴싸한 이야기마저 붙어 있었다. 또한 조신치 씨가 대만이나 미국에 여행한 경험이 있어 "어학연수가 목적이라는 국내 단기 체류는 조신치의 공작 임무가 제3국을 통한 연락이기 때문이다"라는 망상마저 덧붙여지고 말았다. 2계에서는 부정적인 견해의 근거가 된 것이 3계에서는 '연락 책임자'론 때문에 불식되고 있었다.

3계는 벌써 상당한 자신감을 갖고 있었다. 이미 조신치 씨 주변에 심어 놓은 협조망에서 3계는 조 씨의 언동과 교우 관계를 상세히 파악해 전두환 정권에 비판적인 조 씨의 언사만으로도 '고무 찬양죄'까지 몰고갈 수 있는 가능성을 포착했다고 한다.

조신치 씨를 간첩으로 만들기 위한 '활동 사항'은 완성돼 있었고, 나머지는 일본에서 조 씨를 '포섭'하고 간첩으로 보낸 '지도원'만 파악하면 훌륭한 간첩이 탄생하는 순간이었다.

조선인 차별 규탄 투쟁으로 유명한 조 씨의 출신 고교로 보나 조선 장학회로 보나 얼마든지 조신치 씨는 '만들 수 있었다.' 김석호의 말을 빌리자면 '어떻게든 만들 수 있었다.' 내가 조신치 씨의 연행 사실을 알게 된 때는 이미 그런 사태로 발전해 있었다.

황당무계한 스토리

대학교가 여름 방학을 맞자 수사과의 활동은 더욱 활발해졌다. 2계는 결국 T씨 사건이 가져다준 아픈 실점을 만회하기에 충분한 대상을 찾은 끝에 T씨와 같은 조건(어디까지나 외적으로 같다는 말이지만)인 윤정헌

(尹正憲) 씨를 '톱타자'로 만들었다.

 일본에서 대학 생활을 경험한 뒤 취직하고 그 뒤 모국에 유학한 기본 조건에 덧붙여, 일본에 있는 협조망인 야쿠자 두목 야나가와 겐지로, 일명 다카이라는 명함을 뿌리는 재일 한국인 양원석, 도쿄 공안의 사노 이치로, 오사카 공안의 이시다 조사과장이나 교토 부경 외사과의 후쿠모토 형사 등이 보내는 공안 자료에서 윤정헌 씨 가족이 이전에 조총련과 관계한 일 그리고 윤정헌 자신이 교토 대학교 농학부에 다니던 무렵 조총련 산하 유학동(㊀學同)과 교류한 일을 재빨리 보고했기 때문에 배영룡은 윤 씨를 1번 타자(수사과에서 속칭)로 지명한 것이다.

 그때 도쿄 공안을 정년퇴직한 사노 이치로에게 보안사령부는 사령관 박준병의 이름으로 감사패를 증정했다. '박박 사건'이라는 성과를 거둔 일에 하는 감사였다. 일본인에게 주는 그 감사패의 한글 문장을 일본어로 번역한 사람이 바로 나였다.

 양원석의 경우는 김용성의 뒤를 이은 배영룡의 주선으로 민간인으로서는 처음인 '보국훈장'이 상신됐고, 훗날 양원석은 이 훈장을 손에 넣었다.

 장교 진급 심사가 있는 연말까지 애드벌룬을 띄워 진급 경쟁에 승리해야만 한다. 더구나 심의과 서의남 중령의 의욕을 생각하면 수사과장 오희명의 각오는 예사롭지 않다.

 대개의 경우, 으레 가을에 간첩 검거 보도가 나가는 것은 이런 집안 사정 탓이었다. 대상자가 일본에서 입국하는 시점, 8월 말부터 '공개 수사(연행 조사)'를 개시한다는 수사과의 방침이 결정됐다.

 김포국제공항에 내릴 때를 노리는 것은 일본에서는 그 학생이 한국에 갔다고 생각하고 한국의 지인들은 아직 이쪽에 오지 않았다고 생각하는 에어포켓(비행 중인 비행기가 함정에 빠지듯이 하강하는 구역) 같은 순간을 노려 '낚기' 때문이었다.

수사과가 이런 방침을 결정할 무렵 심사과가 연행한 L은 아직 과천의 심사과 분실에 있었다. 서의남의 초조함 때문에 출국하기 직전 연행된 L은 벌써 1개월 가까이나 감금돼 있었다.

"아저씨, 안녕하세요"라고 서의남에게 인사한 L의 애교는 벌써 사라졌을 것이다. 모두 3개월이나 이어진 L의 연금을 생각하면 결말까지는 아직 머나먼 초반전의 일인 것이다. 앞으로 시작될 수많은 재일 한국인의 수난을 생각하고, 그 수난을 알면서도 아무런 손길도 내밀 수 없는 자신의 모습에 나는 몹시 애타는 심정으로 세월을 보내고 있었다.

지인인 윤정헌 씨나 조신치 씨에게 어떤 방법으로든 연락을 취해 보려고 생각하지 않은 것은 아니다. 그러나 설사 보안사의 눈을 속여 연락에 성공하더라도 몇 년이나 소식이 없고 보도에 따르면 간첩으로 기소돼 교도소에 있는 것으로 돼 있는 내가 하는 당돌한 이야기를 어떻게 받아들일 것인가. 설마 하고 무시해 버리지나 않을까. 그리고 연행된 뒤에 그 사람들의 입에서 내 이야기가 나오면 나와 내 가족은 이 나라에서는 살아남지 못하는 것이 아닐까? 그렇게 생각하자 내 마음은 점점 닫히만 갔다.

가끔 이원협이 전화를 걸어왔다. 그쪽에서는 L의 상황은 일절 말하지 않았으므로 이 하사가 하는 질문의 내용으로 L의 상황을 판단할 수밖에 없었다.

질문은 주로 재일 한국인기독교 청년부의 구성원의 신상에 집중돼 있었다. L은 간토 출신이라 도쿄 쪽에서 산 내 대답이 별 도움이 되지 않았다. 이 하사를 상당히 애타게 만든 모양이지만 주고받은 말로 추측할 수 있는 상황은 '지도원'이 없다는 것이었다. 황당무계한 조총련 본부 교육이나 김일성 배지 이야기와 이제 겨우 아귀가 맞아간다.

폭력과 공갈로 진술을 받았지만 그 과정이 완전한 유도 신문이며 이 하사의 머릿속(그것도 단세포의 그 머리로)에서 작성된 이야기라는 게 증명된 것이었다. 허구의 골조에 살을 붙이려는 때가 돼서야 가장 중요한 결함을 처음으로 깨달았다.

지도원이 없다.

그 '지도원'은 기독교인을 위장한 북의 공작원이어야 한다. L이 알고 있는 교회 쪽 인물의 이름은 L의 입에서 곧바로 튀어나왔을 것이다. 그렇지만 그 다음에는 그 인물이 '위장 기독교인'이라는 사실을 입증해야만 된다. 이 하사가 L을 연행하면서 '마음을 굳히고 있던' 인물은 그저 반정부 '요소'를 가지고 있을 뿐이었다. 일본 정부를 상대로 '인권 운동' 따위를 하는 녀석은 사상이 빨갛게 물들어 있을 게 뻔하다는 무식한 선입견만이 이 하사의 원칙으로서, 실제로 그 인물을 반국가 단체 구성원으로 결정할 증거는 아무것도 없는 것이다. 이 하사의 이야기대로 엮으려면 일본에 있는 그 인물을 연행해 특기인 강력 심사(고문)를 통해 허위 시나리오를 작성하는 방법 밖에 없었다.

일본통인 내게서 조금이라도 자신들에게 유리하게 전개할 정보를 입수할 수 없을까 하는 게 심사과와 이 하사의 본심이었다. 성가시기 짝이 없는 일이었다.

"김병진 씨, 무슨 일이야? 시큰둥한 얼굴로. 심사과 전화가 마음에 걸리나보지?"

직속상관인 조기재 정보 분석반 반장의 말이었다.

"이봐 여 상병(사무병), 앞으로 심사과 사람이나 이원협에게서 김병진 씨 찾는 전화가 오면 없다고 그래."

심사과의 노력과 이원협의 헌신을 달갑게 여기지 않는 수사과의 분위기가 나를 구해줬다. 그리고 시간이 흘렀다.

시작된 간첩 사냥

8월 말일, 2계가 신학기 등록을 위해 고려대학교로 향한 윤정헌 씨를 대학문으로 통하는 길에 잠복해 있다가 연행했다.

그날 밤부터 비가 내리기 시작했다. 이 비는 쉽게 그치지 않아 한강 물을 넘치게 해 서울이 물에 잠기고 말았다. 집에서 빗소리를 들으며 T씨 때처럼 2계가 나를 호출해 달라고 기원했다.

비가 내리는 칠흑 같은 밤을 '군인 아파트'라고 근처의 사람들이 부르는 도림아파트 4층 창문에서 내려다봤다. 아내와 아들의 자는 얼굴을 보니 심사과가 연행한 L과 오늘 이 비가 내리는 칠흑 같은 밤을 장지동의 수사 분실에서 보내고 있는 윤정헌 씨의 모습과 나, 그리고 내 가족의 관계 등이 좋든 싫든 내 마음을 괴롭혔다. 빗발이 상당히 굵어지고 있었다. 슬리퍼를 신고 바짓가랑이를 걷어 올리고는 바깥으로 나갔다. 작은 가게의 노파가 항상 싸구려 술만 사가는 보안사 인간에게 질린 듯한 얼굴로 탁주를 팔았다.

이불 속으로 들어가 있던 아내가 밤늦게 술을 마시는 나를 보고는 혀를 찼다.

"상관하지 말고 빨리 자구려."

전화 다이얼을 돌렸다.

"아아, 내근의 김병진인데 2계의 최홍상 씨를 바꿔주게."

어느새 사병들에게 말을 놓는 것에 익숙해져 있었다. 최홍상이 응답하는 시간은 의외로 길었다.

"윤정헌의 상태는 어때요?"

"글세……. 오늘 막 와서……. 물건이 될지 어떨지는 아직은 몰라."

"본인은 어떤 상태인가요?"

"응……. 본인은 내일이라도 나가리라고 생각하고 있어."

"그럼 간첩이 안 됐다는 말이군요."

아까부터 최홍상의 말투가 어딘지 개운치 않은 것 같았다.

"아니야, 그게 아니라 곧 돌려보내겠다고 우리가 말했을 뿐이야. 심사는 이제부터야."

항상 피의자에게 거짓말을 하는 일부터 조사는 시작된다.

"괜찮으면 제가 한번 분실로 나갈까요?"

"아니, 그럴 필요는 없어. 우리끼리 조사하기로 했거든."

이 말은 내게서 전화가 왔다는 사병의 전갈을 받은 뒤 최홍상이 배영룡 계장에게 지시받은 내용이라는 직감이 들었다. 배영룡은 내가 윤정헌과 지인인 점을 경계하고 있는 것이다. 다음 날, 사무실로 고병천이 전화를 걸었다.

"유 모라는 교토 대학교 조문연(朝文硏)의 간사장이던 사람을 모르나?"

"그렇다면 윤정헌은 유학동에 있었던 겁니까?"

"그래, 집으로 곧 되돌려 보내줄 테니까 믿고 말하라고 하자 솔직하게 털어놓더군. 그런데 유라는 남자는 알고 있어?"

"유학동과 인연이 없었어요. 그리고 교토면."

"알았네. 지도원의 이름이 나온 것만으로도 짧은 시간에 성과가 있었어."

만들 수 있다. 2계는 윤정헌 씨가 대학에 다니던 그 시기의 조문연 간사장의 이름을 알고 있는 것만으로도 충분한 것이다.

그날 오희명 수사과장은 나를 자신의 방으로 불렀다.

"이제부터 피의자가 계속해서 분실로 들어올 거야. 자네가 각 외근을 지원하는 편이 좋을 거야. 잘 듣게, 심사과에서 오는 연락에는 일절 응대하지 말라고. 이건 과장 명령이야."

오세인 내근계장의 계획이라고 생각했다. 심사과에서 오는 전화 공세를 고맙게도 오희명 과장에게 보고해 준 덕택으로 과장의 초조함을 달랠 수 있었고, 나를 외근 지원이라는 구실로 심사과에서 격리하기로 한 것이다.

윤정헌 씨가 연행된 다음 날, 분실로 뛰어갔다. 배영룡 2계장과 다른 계원들은 어제 막 연행한 윤정헌이라는 물건을 어떻게든 '작품화'하려고 내 분실 출입에 관심을 가질 여유가 없다는 소식이 내게 생생하게 전해졌다. 남은 연행 대상은 모두 재일 한국인 유학생이었다. 이제부터 간첩 사냥이 시작된 것이다.

박용호의 기세

내근 전용차로 분실에 도착하자마자 기계실로 들어갔다. 몇 년 만인가! 스크린을 통해 보는 윤정헌 씨의 얼굴은 불면의 흔적으로 매우 초췌했다. 그렇지만 옷이 단정한 것을 보니 아직 세례는 받지 않은 모양이었다. 마이크에서 겁먹은 소리가 전해졌다.

"아내의 임부복을 내일까지 준비해야 하는데요."

"알았어, 알았어. 내일까지 귀가시켜 주겠어."

고병천의 성가신 듯한 목소리가 윤정헌 씨 말 뒤에 이어졌다. UDT라 불리는 정보사령부 대북 직접 침투 요원으로 북한 지역에 갔다 온 경험이 있는, 말하자면 '남의 무장 간첩' 출신인 김효수가 어느새 들어와 옆에서 웃으면서 말했다.

"저 자식, 아직도 집에 갈 수 있다고 믿고 있군."

이런 광경을 엿보고 있을 때 분실 관리병이 나를 찾으러 왔다.

"김병진 수사관님, 5계장님이 찾고 계십니다. 5계 사무실로 가보세요."

나를 감시하던 젊은 사병은 수사관이라 부르며 어쩌면 과거의 일로 내가 보복을 하지나 않을까 눈치를 보면서 말을 전했다. 윤정헌 씨의 모습을 좀더 보고싶은 생각을 떨치고 나는 분실 안에 있는 5계의 사무실로 갔다. 김상인 소령이 넓은 방을 지키고 있었다.

"아아 김병진 씨, 자네가 분실로 와서 정말 다행이군. '우리' 일지(조일지를 말함)가 마침 이곳으로 오고 있는데, 공항에서 온 연락에 따르면 전혀 한국어가 통하지 않는다는군. 일지가 오면 상황을 보면서 통역해주지 않겠나?"

이 사람은 내가 보안사를 그만둘 때까지 결국 가장 힘든 일만 시킨 당사자다. 처음으로 가택 수색을 시킨 일부터 시작해 조일지 씨 통역. 그것도 '고문'을 전제로 한 조사가 처음 시작한 때부터 시켰으니, 싫다고 거부할 수 있었으면······.

그 와중에 5계의 박용호 준위와 계원 몇 명이 사무실로 함께 들어왔다.

"계장님, 연행했습니다."

"좋아, 잘 들어. 초반에 거는 거야. 마음을 놓아서는 안 돼."

"걱정하지 마십시오. 저런 애송이야 시간을 들일 필요도 없죠. 애초부터 세게 나가면 금방 끝장납니다."

박용호가 기를 썼다.

야수

김상인이 말했다.

"김병진 씨도 심사실에 함께 들어가게."

"아닙니다, 계장님. 통역이라면 어느 정도 확실해진 다음에 해도 괜찮습니다. 기초적인 일본어라면 저로 충분하니까요."

박용호 준위의 말로 나는 일순간 살아난 듯한 기분이 들었다. 그러나 김상인이 소리쳤다.

"무슨 소리야? 대상의 입에서 어떤 말이 튀어 나올지도 모르는데 처음부터 정확한 통역이 필요해. 김병진 씨! 들어가 줘."

박용호는 자신보다 상당히 연하인 상관의 명령을 투덜거리면서 수락했고 나는 나대로 공소 보류가 된 L씨의 일을 떠올리며 마음이 무거워졌다. 박용호는 어쩔 수 없다는 듯한 몸짓으로 나를 5계 사무실에서 끌어내 다른 수사관 몇 명과 함께 기계실로 또다시 몰려갔다.

이미 텔레비전과 마이크의 스위치는 켜 있었다. 가택 수색 등에서 사진으로 익숙해진 얼굴, 조일지 씨의 실물이 거기에 있었다. 조일지 씨는 방 안에서 그 소지품을 몰수당하고 있었다. 내 경우와 다른 것은 몰수하는 장소가 심사실이라는 것과 감시병이 무장하고 있지 않다는 것이었다.

이종수 씨가 공판 때 자신이 서빙고에서 한 진술이 공포 분위기에서 강요당한 것이며 감시인이 항상 무장해 위협하고 있었다고 법정에서 말한 일이 있었다고 한다. 물론 최근의 일이리라. 그 폭로가 형량에 어떤 영향을 주지는 않았지만, 그 뒤로 최경조 대공처장은 피의자 무장 감시를 보류하라고 지시했다.

이종수의 법정 진술이 보안사 쪽의 양보를 얻어낸 것이다.

상당한 승리였는지도 모른다. 그러나 최경조의 지시는 결코 임의의 진술을 보장하려는 의도에서 나온 것이 아닌 게 분명했다. 단순한 법정 대책으로서 피의자의 자의에 따른 진술을 억제하는 관행은 계속되는 것이다. 우선 윤정헌 씨도 조일지 씨도 그리고 L도 사법 당국이 발행한 구속 영장 따위는 없는 상태에서 납치돼 와 있다.

조일지 씨는 얼굴이 상기되고 눈에는 초점이 없었다. 조 씨의 심장에서 높은 고동 소리가 들리는 듯한 착각을 나는 느꼈다. 50대의 박용호가 말했다.

"이런 애송이를 요리하는 데 시간을 낭비할 필요는 없어. 처음부터 강력수사(고문)야."

이 분실에서도 별관이라고 불리는 피의자 수용동은 지하실에 수십 대의 간이침대가 붙은 개인실이 있고, 지상에는 약간 넓은 10개 정도의 심사실, 엘리베이터실(고문용인 엘리베이터식 앉는 의자와 그밖의 장치가 설치돼 있고 서빙고보다 훨씬 근대화돼 있다), 거짓말 탐지실(거짓말 탐지기가 있는 방), 기계실이 있다. 지상의 동쪽 끝 방에 윤정헌 씨가 넣어졌고 반대쪽 서쪽 끝에 조일지 씨가 수용돼 있었다.

나는 박용호 준위와 5계 수사관 3명의 뒤를 따라 심사실로 들어갔다. 조일지 씨는 눈을 크게 뜨고 사람들을 바라봤다. 먼저 박용호가 서투른 일본어로 말했다.

"조일지, 왜 네가 연행됐는지 알고 있겠지?"

조일지는 고개를 가로 저었다.

"모르면 알게 해줄까? 잘 들어, 이곳은 북의 간첩을 조사하는 곳이야. 너는 간첩이기 때문에 연행된 거야."

박용호의 서투른 일본어를 알아듣기 어려웠다기보다는 갑작스런 박용호의 말에 놀란 것이리라. 박용호는 계속했다.

"이쪽에서 모든 것을 말하기 전에 네 입으로 죄를 고백하고 용서를 빌어라. 그렇게 하면 결코 나쁘게는 하지 않아. 그렇지 않으면 조일지, 네

안전을 보장할 수 없어."

 내가 처음으로 서빙고로 연행된 때 고병천이 읊은 대사와 그다지 다르지 않았다. 2계든 5계든 간에 최초의 인연 만들기는 똑같은 것이다. 조일지 씨는 여전히 사정을 파악할 수 없다는 표정으로 겁을 먹고 있었다.

 "이렇게 말을 해도 모르겠나, 응? 조일지!"

 "빨리 말하고 편해지라고. 그래서 빨리 여기서 나가."

 다른 수사관들이 맞장구를 치면서 박용호의 추궁에 호응했다.

 "빨리 말해, 그리고 빨리 돌아가란 말이야!"

 박용호는 어조를 낮춰 말했다. 조일지 씨는 그래도 침묵했다. 잠시 시간이 흘렀다. 그러자 박용호는 서투른 일본어를 포기하고서 갑자기 한국어로 욕설을 퍼부었다.

 "이 새끼야! 사람이 얌전하게 타일러주려니까 기어올라. 도대체 몇 번이나 북한 영화를 봤어, 응?"

 박용호는 아까부터 계속 서 있던 조일지 씨에게 성큼성큼 다가가서 그 멱살을 잡았다. 그때, 조일지 씨는 처음으로 말문을 열었다.

 "본 적 없습니다."

 그 한마디에 4명의 수사관은 야수로 변신했다. 조일지 씨는 그 무리에게 삽혀 개처럼 방 안을 끌려 다녔다.

 "뭐라고? 어쨌다고? 북한 영화를 몇 번이나 봤다고?"

 "본 적 없습니다."

 박용호의 오른손 주먹이 조일지 씨의 얼굴을 강타했다. 나도 모르게 눈길을 돌렸다.

 그때

 "두세 번 봤습니다."

조일지 씨의 입에서 외마디 말이 튀어 나왔다.

"일지, 그래, 그런 식으로 솔직하게 말하면 아픈 맛을 안 보고도 끝날 수 있어."

이종빈(李鍾彬)이라는, 도림아파트에 사는 5계의 문관이 조일지에게 타이르듯 말을 건다.

"드디어 말할 마음이 생긴 모양이군. 갑자기 이것저것 질문당하는 일도 괴로울 테니까 잠깐 시간을 주지, 천천히 생각하라고."

박용호는 그렇게 말하고는 수사관들을 이끌고 방을 나섰다. 기계실로 돌아가자 김상인이 모니터에 매달려 있었다. 초반에 거둔 성과치고는 그런대로 괜찮은 것이다. 다들 만족스러워하고 있는 것 같았다.

"김병진 씨!"

박용호가 내게 말을 걸었다.

"김병진 씨, 당신은 이제 피의자가 아니야. 훌륭한 보안사의 수사관이라고. 더구나 6급이면 현역 군인 장교와 똑같은 직책이야. 이 정도 일로 겁을 먹어서는 곤란하다고."

이 남자는 그 끔찍한 광경 속에서도 내게 주의를 기울이고 있었던 것이다.

김상인이 말을 이어받았다.

"그래, 좀더 의연하지 않으면 곤란해."

나는 마음속으로 말했다.

'나는 통역이라고.'

초반에 북한 영화를 봤다는 '자백'을 끌어낸 만큼 '만들 수 있다'고 안도하는 분위기가 5계 계원들과 김상인 사이에 감돌았다. 추궁할 재료는 아직도 얼마든지 많이 남아 있다.

조일지 씨에게 주어진 시간은 연행된 사람의 심리를 황폐하게 만들기 위한 것이었다. 그리고 그 얼어붙은 시간은 조일지 씨 자신이 번잡한 생각과 불안을 심화시켜 자기 자신을 산산조각 내는 프로그램으로 작용했다.

영문도 모르고 연행된 사람에게(나도 경험한 일이지만) 설사 지옥의 문지기처럼 보이는 수사관의 입에서 터져 나오는 아무리 더러운 폭언이라도 그 한마디 한마디에서 무엇이 시작되려고 하는지 알고 싶다는 생각은 절실한 요구였다.

그날 중 조일지 씨는 자신이 다닌 히로시마 전기고등학교 교사의 권유로 히로시마 조총련 본부의 고교생 모임인 '학생회'에 몇 번 참석해 북한 영화를 본 사실이 확인됐다. 조일지는 한국어를 못한다고 김상인은 걱정했지만 의사소통에 그다지 지장을 줄 정도는 아니었다. 첫날부터 시작된 '시타가키'의 작성 작업은 수사관들과 조일지 씨가 직접 대화하면서 진행됐다.

나는 심사실에서 할 일이 없다는 것을 좋은 구실로 삼아 '땡땡이'를 결심했다. 첫날은 그것이 허용됐다.

좋아! 만들었다!

다음 날, 조신치 씨가 연행됐다. 이것으로 하루 걸러 세 명의 피의자, 그것도 각계의 1번 타자가 완비됐다. 나는 조신치 씨가 도착했다는 말을 본관 식당에서 듣고는 저녁도 먹는 둥 마는 둥 기계실로 뛰어갔다.

이미 박성준 3계장이 모니터 정면의 의자를 끌어당긴 채 화면을 노려보고 있었다.

"아아, 김병진 씨. 신치가 드디어 왔어. 가장 늦게 와서 꽤 애를 태웠지."

박성준은 옆의 의자를 가리키며 내게 앉아서 보라고 권했다. 조신치 씨도 조일지 씨처럼 소지품을 몰수당한 뒤에 3계의 김석진(金錫鎭)을 선두로 두 명의 계원이 화면에 등장했다. 김석진이라는 베테랑 수사관이 더듬거리지만 어휘력 있는 일본어로 조신치 씨를 협박하면서 작업은 시작됐다. 조신치 씨는 김석진의 질문에 양손을 크게 벌리는 몸짓을 섞어가면서 대답했다.

"왜 내가 이곳에 끌려 왔는지 모릅니다. 왜······."

김석진이 데리고 간 덩치가 큰 두 명의 수사관은 여유를 주지 않고 폭언과 폭행을 가했다. 어느새 준비했는지 내게 사용한 것과 다른 각목을 가져와 조 씨에게 육체적 고통을 주기 시작했다.

강제로 조신치 군을 꿇어앉힌 뒤 그 각목을 무릎 사이에 끼웠다. 그러고는 수사관 두 명이 그 각목 끝에 서로 균형을 잡으면서 올라탄 것이다. 조신치 씨는 비명을 질렀다. 얼굴에서는 핏기가 가셨다.

김석진이 그 광경 앞에 유유히 앉아 지도원이 누구냐고 추궁했다.

그 말을 조 씨는 이해하지 못했다.

"남조선 혁명을 하라고 시킨 자가 누구냐는 뜻이다."

그렇게 용어를 해설하고 조신치 씨의 고교 시절과 일본, 그리고 대만 유학에 관해 전부 알고 있다는 말을 되풀이하는 동안 비명은 계속됐다.

"말하겠소······."

고통을 뚫고서 조 씨가 겨우 입을 열자, 두 명의 수사관도 각목에서 내렸다. 그러나 조 씨의 말은 요구를 만족시키지 못했다.

"왜 내가 이런 일을 당해야만 하는 겁니까?"

고문이 계속됐다. 이런 일이 세 번 정도 되풀이되자 조 씨는 완전히 기력을 잃고 말았다. 그때를 적당히 가늠해서 김석진은 갑작스러운 듯 하지만 순서상 이치에 맞는 질문을 했다.

"네가 일본에서 만난 조총련계의 인물은 누구누구지?"

조신치 씨는 아마자키 공업고등학교 선배 중에서 조총련계 청년 조직에 가입한 인물과 조선 장학회의 조총련계 직원의 이름을 댔다. 박성준이 옆에서 환호성을 올렸다.

"좋아, 만들었어!"

나는 멍하니 모니터만 응시했다.

조일지 씨의 경우

세 명의 재일 한국인은 마치 당번제처럼 그날부터 교대로 한밤중 엘리베이터실로 들어갔다. 세 개의 계는 무슨 이유 때문인지 고문 내용이 다른 계에 알려지지 않도록 조용히 복도를 오가며 자신들이 말하는 '공사'를 진행했다. 전기 공사(전기 고문), 수도 공사(물고문), 토목 공사(각목 등을 사용한 폭력)……. 고문실에는 훌륭한 방음 장치가 돼 있어 바깥에 소리는 들리지 않지만 다음 날 어느 계의 수사관이 초췌한 모습인지 보면 어젯밤의 사냥감이 누구였는지 알 수 있다.

다행스럽게도 김상인은 엘리베이터실까지 가서 통역하라고는 하지 않았다. 한밤중에 본관 내무반(사병의 숙박실)에서 자고 있는 나를 깨운 일이 한 번 있었지만 자는 척하며 속였다.

조신치 씨나 윤정헌 씨의 조사 진행 상황이 마음에 걸려 기계실에 있으면 반드시 김상인이 통역을 요구했다. 이 세 명의 한국어 능력을 볼 때 김상인이 좋아하는 '정확한 통역'이 가장 필요한 사람은 조신치 씨였다. 한국에 머문 기간이 짧아 그만큼 한국어가 서툴렀다. 그러나 박성준 계장은 결코 내게 통역을 부탁하지 않았다. 조신치 씨의 지인인 내가 등장하면 모처럼 애를 써가며 조여놓은 피의자의 긴장이 풀리게 돼 먼저 한 말을 뒤엎을 염려가 있기 때문이었다.

나는 조일지 씨의 전속 통역처럼 돼 어느새 조일지 씨의 방이 내 방처럼 돼버렸다. 조일지 씨는 고등학교 시절에 조총련계 인물과 안면이 있었던 것은 사실이다. 그러나 김상인이 "간첩이 분명해"라고 말하게 만든, "북한의 발전량은 남한의 2배나 된다"는 협조망이 수집한 발언을 조일지 씨는 전혀 기억하지 못했다.

그뿐 아니라 조일지 씨가 정말로 그런 이야기를 했는지도 의문스러웠다. 그리고 《주체의 나라, 조선》이라는 책은 고등학교 시절에 학교 선생님이 읽어보라고 빌려준 것이라는 사실이 조일지 씨의 입을 통해 밝혀졌다.

5계는 곤란해졌다. 조총련계와 어떤 형태로든 연관이 조금은 있다는 것은 수확이었지만 그것만으로는 조일지라는 '작품'을 만들 수 없었다. 고무 찬양죄에 걸리고 해도 이미 '시효'가 지났던 것이다.

김상인은 크게 화를 내며 부하를 꾸짖었다. 박용호와 이종빈 두 사람은 교대로 조 씨를 신문했다. 달래기도 했다가 눈물을 빼게도 했다가 여러 수단을 다 동원했다. 말뜻을 모르는 게 아니냐는 의구심 때문에 반드시 내게 일본어로 반복시켰고 조일지 씨도 나를 매개로 한국어로 다시 말해야 했다.

5계가 부딪친 벽은 조일지 씨가 고등학교를 졸업한 뒤에 '학생회' 사람과 아무런 관계를 가지고 있지 않다는 사실이었다.

조일지 씨의 항변은 강력해 통역을 하고 있는 내게는 사실로 받아들여졌다. 왜냐하면 폭력 때문에 고등학교 시절 조총련계 서클과 가진 관계를 인정한 이상, 그게 사실이라면 되풀이되는 폭력 속에서 대학 시절의 조총련과 가진 관계를 부정할 필요는 없기 때문이었다.

첫날보다도 강력해진 폭력 앞에서도 조일지 씨가 집요하게 아니라고 주장하는 것을 보면 그런 사실이 없는 게 분명했다.

그러나 5계는 만들어야만 했다. 나는 그 시점에서 2계에서 겪은 T씨 때의 일을 떠올리면서 조일지 씨가 '훈방'되리라고 생각했다. 일본에서 고등학교 시절에 학교 교사가 권유해 조총련 모임에 몇 번 참석한 사실만으로 간첩으로 만들지는 않으리라 생각했다.

'교제'가 길어지면서 조일지 씨가 욕도 퍼붓지 않고 그저 담담히 통역에 열중하는 내게 친근함을 느끼고 있다는 것을 알 수 있었다. 조 씨는 폭행을 당할 때마다 호소하는 듯한 눈길로 나를 바라봤다. '당신이라면 이해할 수 있겠죠'라고 호소하며 내게 도움을 요청하는 것이다.

무표정을 가장할 생각이었지만 어느 날 김상인이 나를 힐책했다.

"왜 조일지에게 욕지거리는 한마디도 안 하는 거야?"

아무래도 조사가 연장되고 진행되지 않는 이유를 분석하면서 그 중 하나는 조일지 씨가 내 마음에 조금이나마 의존하려고 하기 때문이라고 김상인은 생각했던 것이다.

"나하고 둘이서 심사실로 들어가자. 내 눈앞에서 조일지를 매도하는 거야. 뺨따귀 하나라도 날려. 그렇지 않으면 사건은 '해결'되지 않아."

김상인은 내게 그렇게 말했다. 나는 김상인이 잔혹한 인간이라고 생각했다. 내게 인간이라는 것을 잠시 잊으라고 김상인은 말하고 있는 것이다. 그것만으로는 만족하지 못하고 내게 조사 방법까지 지시한 것이다.

나는 김상인에게 몇 번이나 다짐을 받았다. 그러고는 심사실로 들어갔다.

"조일지, 너는 왜 그 모양이냐? 언제까지 우리를 애먹일 거냐고. 네가 한 말은 아무도 믿지 않는다는 것을 아직 모르는 모양이군. 통역을 맡은 김 선생이 네 말을 충실하게 통역해주니까 기고만장한 거야. 잘 들어, 이

얌전해 보이는 김 선생도 너를 믿고 있지 않아. 거짓말이라고 생각되면 직접 물어보라고!"

김상인은 내가 입을 열지 않으면 안 되도록 멋지게 유인했다. 속이 부글부글 끓어오르는 듯했다.

"김 선생, 그렇지 않은가? 이 녀석에게 한마디 해주라고!"

김상인이 재촉했다. 일순간 나는 마음이 차가와졌다.

"조일지, 언제까지 시간을 낭비할 생각이야. 이렇게 굴면서 언제까지나 사실을 이야기하지 않는다면 돼지우리에 처넣을 거야."

김상인은 내 말을 들으면서 나를 응시하고 기분 나쁜 웃음을 띠웠다. 조일지 씨는 몸 안의 힘이 쭉 빠진 듯 멍하니 있었다. 내게 배신당한 것이다. 김상인이 말한 것처럼 내가 조일지 씨의 뺨이라도 한 대 쳤다면 김상인은 더욱 만족했을지도 모른다. 어설픈 욕설만으로도 김상인이 만족하고 있었으므로 나는 손을 대지 않아도 됐다. 그러나 심사실에 홀로 남겨진 조일지 씨에게 내가 한 말은 5계 수사관이 한 폭행 이상으로 충격적일 게 틀림없다.

그런 일을 시킨 김상인에게 나는 증오를 느꼈다. 그리고 그것 이상으로 조일지 씨를 향한 죄의식이 나를 괴롭혔다. 그러나 그 심정을 토로할 수 있는 상대가 없었다.

조일지 씨가 성인이었다면 이해해줄까. 아니, 가망 없는 일이다. 우선, 조일지 씨에게 나는 보안사의 직원까지는 몰라도 보안사가 데리고 온 통역이었다. '검거 역용 간첩'이라는 사실을 모르고 있었다. 내가 어떤 기분에서 그 말을 한 것인지는 조일지 씨하고 관계없는 일인 것이다.

날조의 구조

그러고 나서 며칠이 지났다. 이미 조일지 씨가 나를 대하는 태도는 이전과 달랐다. 마음을 닫고 있다는 것을 내가 느낄 수 있을 만큼 나를 경계했다.

그 무렵 이종빈이 한밤중 조일지 씨를 '회유'하는 데 성공했다. 북과 남의 문제에 관해서 자신은 중립이라고 우겨대는 조일지 씨를 '북쪽에 동정적'이라는 식으로 설득한 것이다. 내가 내무반에서 자고 있을 때였다.

"김병진 씨, 일어나요. 조일지가 불었어요. 불었다는 말예요. 빨리 심사실로 가서 통역을 해줘요."

김상인은 아이처럼 기뻐 날뛰고 있었다. '불었다'는 말은 결국 조일지 씨가 '나는 북쪽에 동정적이다'라고 인정했다는 것이었다. 이 말을 우려내려고 이종빈은 여섯 시간이나 조일지 씨를 설득했다. 조일지 씨는 수사관의 억센 고집에 굴복해 '타협'한 것이다.

그러나 이 말이 나오면서 5계는 조일지 군에 대한 유도신문의 길을 텄다.

'북에 동정적'이라면서 고등학교를 졸업한 뒤에 조총련계와 관계가 없다고 하는 것은 사리에 어긋난다. 관계를 맺고 나서 북한에 관해 공부를 했을 것이다. 북한 공부를 한 김일성주의자라면 남조선 혁명을 위해 활동했을 것이다. 그러므로 지도원인 것이다.

조일지 씨는 이미 물러설 수 없게 됐다. 몇 번이고 자신의 말을 뒤바꾸려고 버텨봤지만, 5계는 결코 용납하지 않았다. 그리고 또한 '진실을 털어놓으면 돌려보낸다'라고 마지막까지 믿고 있었던 것이다.

그 허위 유도 때문에 5계가 지시하는 암시에 빠져들어 조일지 씨는 이미 조작된 이야기대로 끌려갈 수밖에 없었다.

조작된 이야기란 이러했다.

조일지 씨는 고등학교를 졸업하고 교토 산업대학에 진학해 하숙을 했다. 그 하숙집에 '북괴 대남 공작 지도원'이라는 '야마모토'라는 남자가 나타나 히로시마 조총련 청년 간부의 친구라고 자기를 소개했다. 그리고 그 사람에게 '포섭'돼 1년에 한 차례나 두 차례씩 만나면서 '교양'을 받았다. 대학 졸업 후, 한때는 히로시마에서 취직했지만 그 지도원의 지령에 따라 한국으로 유학 왔다는 것이다.

이것은 날조다.

먼저, 조일지 씨가 정말 고등학교 시절부터 북쪽 사상에 공감한 김일성주의자였다면 지하 공작원으로 포섭되기 이전에 교토에 있는 조총련 산하의 학생 조직인 재일본 조선인 유학생 동맹(유학동)에 가입했을 것이다.

둘째, 조총련계 인물의 소개로 공작 지도원이 접촉해 온 것이라면 그 공작원을 소개한 히로시마의 인물이 중개인으로서 수고를 맡는다는 시나리오가 있어야 한다. 더군다나 야마모토라는 너무나도 부자연스러운 공작원 이름이 가공인물이라는 점이 뻔히 들여다보인다.

셋째, 북의 공작원이 조일지 씨는 실제로 한국에 침투시킬 목적을 가지고 있었다면 1년에 한 번이나 두 번 접촉하는 것만으로 공작을 실행할 리가 없다. 비현실적이 않은가?

넷째, 조일지 씨는 북한에 관해 갖고 있는 지식이 아주 빈약했다. 한국인이면 누구라도 알고 있을 만한 일도 알지 못했다. 또한 북에 관해 갖고 있는 미약한 지식도 그나마 심사실 안에서 교육받은 것이었다.

하기는 이 날조 구조는 2계의 윤정헌 씨, 3계의 조신치 씨에게도 꼭 들어맞았다. 윤정헌 씨는 교토 대학교 조문연의 간부에 포섭돼 만경봉호

(북한의 일본행 여객선)를 타고 북한을 방문해 간첩 교육을 받은 것으로 됐다. 이야기는 앞뒤가 바뀌지만 이 스토리는 윤정헌 씨가 송검된 단계에서 완전히 다시 윤색된 것이다.

송치된 뒤 검사의 요구로 북에 간 사실을 입증하는 구체적 증거를 수집하기 위해 2계의 장병화가 국방부 내의 어느 학교 교사라고 위장한 여권을 가지고 일본에 건너가 재일 협조망인 도쿄 공안 요원 사노이치로의 안내를 받아 니가타와 도쿄의 출입국 관리 사무소에서 윤정헌 씨의 출입국 기록을 찾아 헤맸지만 결국 발견하지 못했다. 윤정헌 씨는 북에 가지 않았고, 어떤 사정인지 나로서는 확실히 알 수 없지만 지도원 유 모는 지도원으로 만들기에 부적격이라는 점이 판명돼 급히 변 모라는 조총련 기관지《조선신보》의 기자로 바꿔치기했다.

일구이언의 약속

만사가 이런 장단으로 굴러갔다. 조일지 씨는 내가 가장 깊게 관여한 점도 있고 해서 마음을 바싹 조였지만 타협하는 일밖에 허용되지 않는 조사라는 것은 하나마나한 짓일 수밖에 없었다.

조신치 씨의 조사는 김석진이 미리 틀을 짜놓고 본인에게 그렇다고 말을 전해주는 식으로 진행됐다. 조신치 씨의 입에서 튀어 나온 조총련계 인물 중에서 북의 공작원으로 봐도 무리가 없으며 또한 송치를 위해서도 무리가 없을 만한 알맞은 인물로 조선 장학회의 김 선생이 뽑혔다. 물론 조총련계 직원이다.

이따금 보는 텔레비전 모니터나 3계 직원들 이야기에서 그 김 선생이 '물색 지도원'(실제 대남 공작을 지도하는 공작 지도원에서 선발된 예비 '혁명가'를 인계해주는 중계역)으로 추대된 사실을 알았다.

그 김 선생이 만약 물색 지도원이라면 분명히 말해서 내 쪽이 조신치 씨 보다 접촉이 많았을 것이며, 그 이야기대로 간다면 내 쪽이 좀더 지어내기 쉬울 것이라는 생각을 해봤다.

그것 말고 필요한 것은 '공작 지도원'이다. 이 공작 지도원은 조일지 씨의 경우와 마찬가지로 인물을 특정할 필요는 없다. 대남 공작의 은밀성이라는 원칙에 준해 정체불명인 채로 놓아둬도 좋은 것이다. 적당한 가명, 조신치 씨의 경우는 '기타무라(北村)'라는 공작명을 가진 정체를 알 수 없는 존재가 창작됐다. 김석진이 일본어로 "북, 북, 북"이라고 말하면서 조신치 씨를 집요하게 추궁할 때 '기타무라'라는 이름이 나온 것이다. 폭력을 동반한 '북'의 누구냐고 묻는 추궁의 결과 나온 이름이라는 점에서 보면 가공인물이라는 게 너무나도 뻔히 들여다보이고 있다.

2주가량 소란을 피우는 동안 이 세 사람의 재일 한국인을 송치할 각본이 모두 완성됐다. 피의자에게 타협을 강요하면서 이야기를 꾸며낸 것이다. 그리고 조금이라도 앞의 말을 뒤집으려고 하면 엘리베이터실이 세 사람을 기다리고 있었다.

일은 사무적인 단계로 옮겨졌다. 나는 조일지 씨의 진술서 작성을 거들게 됐다. C씨 때와 마찬가지로 '간첩 조일지 조사 요지'라는 진술서를 바라보면서 무엇이 쓰여 있는지를 설명하고 그 내용이 진술서에 빠지지 않고 포함되도록 쓰게 한 것이다. 조일지 씨는 아무도 없는 때를 틈타서 내게 물었다.

"정말로 석방되는 겁니까?"

김상인은 조일지 씨에게 석방한다고 항상 단언하고 있었기 때문에, 그 약속이 정말이라고 믿어지지는 않았지만 나로서는 어쩔 수 없는 일이었다. 그러나 그 말은 심사실에서 조일지 씨를 마주 하고 있을 때만 한 말로, 그 방을 떠난 5계의 '의견서' 작성은 '기소' 방침으로 진행되고 있었다. 최후까지 멋진 일구이언으로 조일지 씨를 계속해서 속이고 있었는데, 그것이 사실이냐고 조 씨가 물을 때 나는 진실을 말해줄 수 없었다.

"쓸데없는 걱정은 하지 말게."

자네는 속고 있는 것이라고는 아무래도 말할 수가 없었다.

국빈을 중대가리라고 부른 센스

세 사람의 재일 한국인이 수사과 직원들 손에 감쪽같이 요리되고 담담한 서류 작성 작업에 몰두하기 시작할 무렵 심사과 직원과 이원협 하사가 수사 분실로 구르듯이 들어왔다. 복도에서 스쳐 지나친 이원협에게 놀라서 무슨 일이냐고 물었더니, "처장의 허가를 받아 L과 고영자의 조사를 이곳에서 계속할 수 있게 됐답니다"라고 말하는 것이다.

L 조사는 이미 수렁에 빠져 있었다. 안절부절못한 서의남 심사과장은 만에 하나 L이 소용없어지면 접촉 인물인 고영자라도 '작품'으로 할 수밖에 없다는 한 가닥 희망을 걸고 이미 연행해 둔 것이다.

심사과는 어찌할 바를 모르며 쓸데없이 시간만 보내고 있었다.

"김일성 배지를 도대체 어떻게 해서 얻었다고 말하던가요?"

초조해진 나는 이원협에게 말을 계속했다. 이 일이 수사과 일이었다면 아마 나는 명확하게 불쾌감을 드러낼 수 없었을 것이다. 수사과의 분위기가 3개월이나 질질 끌고 있는 심사과의 무능을 조소하고 있다는 것을 알고 있었으므로 가능한 행동이었다.

이원협은 내게서 도망치기로 결정했는지 말을 돌려, "승부는 지금부터지요"라고 말하고는 L과 고영자가 수용된 지하 심사실로 내려갔다.

나는 기계실로 들어갔다. 지하실의 모니터는 작동되고 있지 않았지만 누구에게 양해를 구할 것도 없이 스위치를 넣었다. 공작과의 미스 최라는 여군 중사가 L을 상대로 신문을 시작하고 있었다. 처장 지시로 공작과에서 심사실을 지원하고 있는 것이다.

"너는 여자인가 남자인가, 어느 쪽이지?"

"여자입니다."

"그 정도도 아는 인간이 어째서 말하는 게 뒤죽박죽이지"

"그래서 북한에 가서 김일성 배지를 받아 조총련 본부에서 교육을 받고…… 그러고 나서……."

이미 시나리오를 낭독하고 있었다. 그때 문이 열리는 소리가 났다.

L은 이원협이 들어오는 것을 곁눈질하더니 몸을 떨며 뒷걸음질치기 시작했다. 이원협은 이전에 내 선배인 P형을 2계의 김영기가 위협할 때 사용한 미제 소형 전기 고문기를 손에 들고 있었다.

몸을 떠는 L에게 "이대로 사실을 털어놓지 않겠어?"하고 호통을 치며 고문기를 철제 책상에 대고 불꽃을 튀겼다. L은 "꺅!" 짧은 비명을 질렀다.

L이 여성이라는 점이 이원협이나 심사과 직원을 향한 증오를 집요한 것으로 만들었다.

기계실에 들어와 있던 수사과 직원 몇 명에게 나는 거리낌 없이 불만을 표시했다. 3계의 수사관이 맞장구를 쳤다.

"그래요. 그 녀석들은 간첩 조작 방식을 알지 못한다는 말이야. 우린 조신치인가 뭔가, 세 사람(수사과의 대상) 중에서 가장 늦게 데리고 왔어도 가장 빨리 물건으로 만들어버리지 않았어요?"

내 불만과 전혀 초점이 어긋나 있다. 그렇지만 L 건에 관한 결론에서는 내 의견에 동조하고 있는 것만으로 만족해야 했는지도 모른다. 심사과가 수사과 분실에 밀려든 수사과 직원들의 시선도 압력으로 작용할 것이다.

애초부터 심사과가 수사 분실로 들어온 것은 이 분실에 고문 시설이 완비돼 있고 일반 주택보다 살벌한 수사 분실에서 조사하면서 새로운 국면을 열고 싶었기 때문이었다.

그때 이름도 확실히 알지 못하는 심사과 사람이 좁은 기계실로 들어왔다.

"어이 관리병, 심사과가 하고 있는 심사는 모니터에 넣도록 해. 이건 심사과장님 명령이야."

서의남 과장은 상당히 초조한 상태였을 것이다. 수사과의 험담에도 조바심이 났을 것이다. 이 L과 별개의 방에 있을 고영자를 연행한 원인을 따져보면 서의남의 황당무계한 꿈과 국민을 상대로 한 전두환의 어리석은 지배 의식이 발단이었다.

"보안사령부는 국민들이 두려워하는 존재여야 한다."

"평화 공작에 매진해 반드시 성과를 거두어야 한다."

올해 초 수사과의 내근 사무실에서 우왕좌왕하면서 '연수'를 하고 있을 무렵 대통령 교서이므로 숙독하라고 지시된 게시판의 인쇄물 내용이었다.

전두환이라는 사람은 봉건 시대 군주의 감각을 갖고 있는 것이다. 어이없다기보다는 질겁해서 그 교서를 읽은 기억을 잊을 수가 없다.

더욱이 김성구 준위와 김원일 중사의 말에 따르면 "로마의 중대가리가 오기 전에 반드시 종교계에서 간첩을 색출해야 한다"고 전두환은 청와대 안에서 천박한 말을 뱉었다고 한다. 국민이 감사와 외경의 마음을 가지고 맞이한 국빈인 요한 바오로 2세를 한 나라의 대통령 전두환(무엇보다도 그 정당성을 나는 부인하지만)은 '중대가리'라고 부른 것이다. 통치권자가 대통령이라고 큰소리치는 이런 파렴치한 사람과, 반정부 성향이라는 것만으로 대학생을 징벌하고 징집하는 방안을 생각해 낸 서의남, 이 두 사람이 꾸민 음모의 결과 이 여성들이 연행된 것이다.

그날 밤, 밤이 깊어 자정 무렵이었다. 여느 때처럼 '허위 진술서'를 작성하려고 조일지 씨에게 신문 조서 내용을 읽어주고 있는데 전 분실을 울리는 벨소리가 세 번 났다. 한 번은 계장급이 왔다는 뜻이고 두 번은 과장급, 그리고 세 번은 처장이 이 분실에 나타난 것을 뜻한다. 사병들이 여기저기 뛰어 돌아다녔다. 먼지나 쓰레기 같은 게 처장의 눈에 띄지나 않을까, 각 실이 깔끔하게 정리 정돈돼 있는 가 황급히 확인하고 있다.

"김 수사관님, 처장님 오십니다. 책상 위를 정리하고 피의자의 복장을 고쳐주십시오."

관리병 중 하나가 문 쪽에 서면서 내게 알렸다. 잠시 있자니 다른 관리병이 작업 중인 내게 기계실에 있는 전화를 받아보라고 알려왔다. 그곳으로 가 보니 전화기에서 떨어진 수화기가 책상 위에 아무렇게나 놓여 있는 것이 눈에 들어왔다. 관리병에게 "이것인가?" 하고 묻고 수화기를 귀에 갖다 댔다.

"여보세요……."

잠시 응답이 없었다.

"여보세요, 누구십니까?"

"자네는 피의자의 진술서 작성을 어떤 식으로 하고 있는 건가?"

최경조 처장의 목소리였다.

"예?"

"어째서 조서 내용을 피의자에게 번역해주느냐 말이야. 뒤에 법정에서 수사관의 말을 베꼈을 뿐이라고 피의자가 진술한다면 어쩔 셈인가!"

나는 말이 막혀버렸다. 본시 진술서란 것은 '쓰게끔 하는' 것이다. 내 경우에도 그러했으며 모든 '간첩'이 그러했다. 그리고 이 좀처럼 없는 일을 '신속'하게 처리할 필요가 있다 해 김상인 5계장이 내게 조서 내용을 조일지 씨에게 읽어주라고 지시했던 것이다.

나보다 상급 지휘관의 명령을 수행하고 있는 일 때문에 더 높은 상급 지휘관에게 트집을 잡힌다는 것은 억울한 노릇이다. 관료 사회의 지겨운 측면이라고 생각했다. 어차피 날조되고 있는 '사건'인데 무슨 모양을 낸다는 말인가.

개새끼

폭력과 회유의 반복이었다. "진실만을 말해야 한다"는 정해진 말투같이 돼버린 내 대사도 조 씨에게는 경우에 따라서 "거짓말이라도 그렇다고 말해"라는 의미로 들릴 수밖에 없었을 것이다.

실제 피의자의 정신과 육체를 철저히 소모시키는 과정을 통해 당사자는 국면의 변화만을 갈망하게 된다. 그리고 그 갈망은 허위와 타협하는 유혹이기도 한 것이다.

조일지 씨가 이종빈의 '회유'에 굴복해 허위 사실에 그렇다는 말을 뱉어낸 시점부터 5계의 일은 완결됐다. 그 일을 충분히 감지하고 있었을 조 씨에게는 일을 속히 끝내 검사 앞이든 서대문 구치소든 어쨌든 이 분실에서 빠져나가는 게 선결 문제인 것이다.

그러므로 자신의 말로 진술서를 쓰라고 몇 번이나 다짐하는 통역관인 내 말에, "그렇게 하겠다"라고 말하면서도 어느새 단지 써서 베낄 뿐인 진술서가 작성돼 있었던 것이다.

훗날 공판의 추이를 보고하는 '법정 동향 보고'라는 서류를 보면 조 씨는 "재일 한국인인지 본국인인지 모르겠지만 일본어에 상당히 능통한 수사관이 조서 내용을 읽어준대로 진술서를 작성했다"고 법정에서 진술했다. 이 정체불명의 수사관이 다름 아닌 나를 지칭한 것이니 그 법정 진술은 사실인 셈이다.

그러나 그 진술에 관한 사실 심리는 행해지지 않았다. 내가 법정에 서야만 심리가 진행될 텐데 그런 일은 한 번도 없었다. 하기는 만에 하나 내가 법정에 서는 일이 있었다 해도 지휘관의 '명령'에 따라 피의자에게 유리할 만한 진술은 전혀 할 수 없었을 테지만…….

복잡한 심정으로 수화기를 내려놓은 나는 그대로 기계실 모니터 앞의 의자에 걸터앉았다. 상관의 질책받은 사람에게 마침 그 자리에 있던 수사과의 몇몇 젊은 수사관들은 동정적이었다.

자신들은 몇 달이나 집에 들어가지도 못하고 때로는 밤을 새우면서까지 애쓰고 있는데 최경조라는 사람은 술 냄새를 풍기며 분실에 나타났으니 도리 없더라도 한탄 섞인 불평을 늘어놓을 만도 하다. 그중 한 수사관이 수십 개나 되는 모니터 설비 스위치 중에서 한 스위치를 켰다.

놀랍게도 화면에 나타난 것은 '소장실'이었다. 소장실에도 은폐 카메라와 마이크가 설치돼 있는 것이다.

"개새끼!"

누군가가 조그만 목소리로 중얼거렸다. 모니터 안에서 최경조는 소주를 들이켜고 있었다. 이 분실 안에 다섯 명뿐인 여성 수사관 전체와 수사과와 심사과의 두 과장 그리고 계장들이 동석해 있다.

조그만 소주잔을 단숨에 들이켠 최경조는 히죽이죽 웃으며 이렇게 말했다.

"미스 최, 애인은 없나? 없으면 좋은 사람을 소개해줄까. 응, 어때?"

그 말을 받아 L을 상대로 사내 문책하던 미스 최가 조용히 웃었다. 그 말수작을 받아 자못 우습다는 듯이 소장실 안은 남자들의 웃음소리로 가득 찼다.

지금 이 분실 안에는 다섯 사람의 피해자가 있다. 더욱이 모두 나 같은 재일 한국인이며 또한 학생이다. 폭력과 협박에 부들부들 떨면서 내일이라는 미래는 생각할 수도 없는 절망의 시간을 보내고 있다. 그것 또한 1년 전의 내 모습과 겹쳐진다. 나라는 인간은 마음을 닫으며 '명령'에 따른 행위지만 이 사람들은 간첩으로 날조해내는 일을 하지 않으면 안 된다. 그 사실이 어딘가에서 내 마음을 꽉 죄어 온다.

소장실 안에서 희희낙락하며 주연을 열고 있는 무리를 악마라고 생각했다. 인간이 아니라고 생각했다.

오희명 수사과장은 최경조 처장이 담소를 나누는 사이를 틈타 수사과에 있는 세 사람의 용의자에 관한 수사 상황을 간단히 설명했다.

"추후는 공판 유지에 전력을 다하겠습니다."

의기양양한 듯한 태도로 말하며 미소를 끊이지 않는다. 그 옆에 앉아 있는 서의남의 얼굴이 조금 굳어지는 듯 보였다.

"심사과장, 심사과에서는 여자 둘을 3개월이나 여기저기 끌고 돌아다니고서도 아직 물건으로 만들지 못한다는 말이오?"

최경조 처장이 담배에 불을 붙이면서 초조한 듯이 물었다.

"죄송합니다. 이제 잠시 유예 기간과 인내를……. 처장님, 이렇게 된 바에는 반드시 놈들의 꼬리를 잡아 보여드리겠습니다. 여느 수사과가 가지고 있는 재일 협조망을 L과 고영자의 체일 동향을 파악하기 위해 심사과의 수사에도 활용할 수 있도록 수사과장에게 말씀해주셨으면 합니다."

서의남은 아직도 체념에 익숙해지지 않았다. 최경조 처장은 그 자리에서 수사과에 있는 피의자 세 사람 때문에 출장 수사가 결정돼 있는 장병화를 매개로 일본의 공안 관계자와 양원석의 동료들에게 협력을 구하도록 수사과장에게 지시했다. 또 그 사노 이치로라는 인물이 활동하는 것이다.

심리전

그 뒤 며칠이 지나 내가 모르는 사이에 심사과는 수사 분실에서 모습을 감췄다. 일본에서 장병화가 어떤 선물을 가지고 올지 모르겠지만 3개월이 걸려도 안 되던 L과 고영자를 '북의 공작원'이라고 문책할 확증을 찾아낸다는 것은 매우 힘든 기술이다. 무엇보다도 수사과처럼 확증이 아무것도 없는 상태에서 간첩으로 만들어버리지 못하면 반증이 나타난다.

그때의 일을 생각하면 심사과의 방식은 정공법이 아니다. 서의남은 대공학의 권위자라고 자부하고는 있지만 이론과 실제는 다르다. 간첩이라는 것은 '만드는' 것이지 심사과에서 말하듯이 '찾아내는' 게 아닌 것이다.

장병화의 출장을 전후로 2계는 윤정헌 씨에게 일본으로 국제전화를 걸게 했다. 전화를 걸게 된 경위는 확실하지 않지만 신변의 안전은 보장한다는 식의 거짓말로 윤정헌을 속인 게 틀림없다.

그 내용을 녹음한 테이프를 한번 들어봤다.

"대학교수가 일본 집에 보관하고 있는 서적을 보고 싶다고 하는데 마침 일본에 갈 용무가 있어 가는 길에 집에 가서 가져오고 싶다고 하는군요. 그러니까 그 사람이 찾아가면 내 방에 들여보내 책을 가지고 나오게 하세요."

훗날 어느 인물이 윤정헌 씨의 오사카 집을 방문해 윤 씨의 서가에서 서적을 가지고 나오는 데 성공했다.

그 서적이 '증거'로 법정에 제출됐다. 들리는 말에 따르면 전직 중앙정보부원이며 양원석의 한국거주 비서라는 오십 안팎의 김경식(金京植)이라는 남자다. 수사 2계하고는 절친한 사이며 훗날 나도 보안사 근처의 어느 다방에서 소개받은 적이 있다. 언행도 부드러워 얼핏 봐 선량하게 보이는 초로의 신사였다. 그런 사람이 대학교수 행세를 했으니 연기도 의젓하게 잘 했을 것이다.

송치 작업도 결말에 이르고 있었다. 2계에서 T씨를 훈방하던 상황을 조금이나마 지켜본 경험으로, 설마 세 사람을 모두 간첩으로 만들 수는 없겠지 하는 생각을 마음 한구석에서는 계속하고 있었지만 그런 내 낙관론은 기소로 멋지게 박살이 나 버렸다.

실의라고 해야 할지 일종의 기묘한 실망을 느끼면서, 그런데도 그런 기분을 내색도 하지 못한 채 주어진 일을 처리하면서 나는 '생각한다'는 것이 두렵게 여겨지는 시간을 보냈다.

그 무렵 한강을 넘치게 한 폭우 피해자를 돕겠다고 북측이 제안한 물자 자원을 한국 쪽이 받아들이는 이변이 발생했다. 한국 쪽은 경제 성장의 도량을 북에게 보여주는 것이지만, 북은 자신들이 제안한 것을 한국 쪽이 받아들이겠다고 말하고 있는 이상 이제 발을 뺄 수 없게 됐다. 판문점에서 그리고 인천에서 북의 물자가 한국으로 건너왔다. 군 용어로 말하자면 전쟁의 한 형태에 속하는 '심리전'이 전개된 것이다.

국가안전기획부의 통제 아래 치안본부와 보안사령부에서도 인원이 차출돼 북에서 오는 사람들을 감시하고 '첩보 유출'을 꾀하는 공작이 전개됐다. 나는 보안사령부에서 근무한 경험을 통해 남과 북의 이른바 '대화'는 일말의 기대도 걸지 않는다는 지론을 지니게 됐다. 그것도 그럴 것이 남북 대화라는 게 남에게도 북에게도 '심리전'으로 인식되고 있을 뿐이기 때문이다.

훗날 이산가족 상호 방문 때도 그랬지만, 북에서 수행원으로 온 보도요원이라는 사람들은 북의 기관원이며 한국에서 평양을 방문하는 보도요원 또한 위장된 기관원이라는 점은 남북이 서로 암묵적으로 양해하는 사항이다.

오세인 계장은 1985년에 《강원일보》의 오 기자로 위장해 평양에 건너가 흥미를 돋우는 선물 이야기를 많이 해줬으며, 이 해의 구원 물자 수납에는 내 직속상관인 조기재 대위가 판문점으로 나가 북의 트럭 기사에게 말을 걸어 정보를 수집하는 임무를 띠고 있었다.

조기재 대위에 따르면 평양에서 취재하러 와 있던 라디오 아나운서는, "위대한 수령 김일성 동지의 자애 넘치는 배려에 남조선 인민은 눈물을 흘리며 구원 물자를 받아들이고 있습니다"라고 전했다고 한다. 완전히 어릿광대짓이다.

남과 북의 동포들은 남북 위정자의 손에서 계속 우롱당하고 있는 것이다.

서대문 구치소로

한밤중이 다 돼 이제는 엘리베이터실의 아비규환은 없겠지 하고 생각하고 있던 참이었다. 그런데 그때 갑자기 2계의 수사관들이 윤정헌 씨가 있는 심사실에서 큰 소리로 욕을 퍼붓는 소리가 나더니 그 소리가 복도에 울려퍼졌다.

엘리베이터실의 두꺼운 문이 닫히는 소리를 들은 뒤 나는 기계실로 가봤다. 마침 그곳에 있던 김국련에게 물었다.

"어떻게 된 일입니까?"

"글쎄 윤정헌이라는 그 작자, 애를 먹이지 뭡니까. 진술서를 얌전히 쓸

줄 알았더니 '이곳에서는 더는 사실을 말할 수 없다. 검사 앞에서 진실을 털어놓겠다'라며 시치미를 뚝 떼고 말하지 뭐예요. 검사 앞에서 진술을 뒤엎을 수도 없겠지만, 그런 근성만큼은 두들겨서라도 고쳐놓을 필요가 있지요."

임신 중인 처의 안전을 생각하는 윤정헌 씨를 비추던 텔레비전 모니터를 떠올렸다. 2계가 윤 씨를 열심히 만들고 있을 때, 나는 조일지 씨 작업에 눌어붙어 있었으므로 강력 심사(고문)나 수사관의 수작은 상세히 알고 있지 못했다.

그러나 2계 수사관들의 말에서 추측할 수 있는 것은 윤 씨가 마지막까지 가족의 품으로 돌아갈 수 있다고 생각하고 있는 게 틀림없다는 것이었다. 일본에서 보낸 대학 시절에 조총련계 인물과 안면이 있었다는 이유 하나만으로 간첩으로 만들어졌기 때문에 재일 공작 지도원이라든가 지령 사항, 활동 사항 등도 날조라는 심증을 나는 아무래도 지워버릴 수 없었다.

윤 씨가 관계된 사건의 구성에 관해 내가 가진 의문을 정리해보겠다. 첫째, 증거물로 윤 씨의 동숭동 자택에서 가정용 가위가 압수돼 있었다. 그것이 무슨 증거냐고 물어보니 '한국 신문을 스크랩해 일본에서 공작원에게 넘겨줬다'고 한다. 그러나 모든 일은 냉정히 생각해야만 한다. 정말 윤 씨가 '북의 공작원'이라면 일본에서도 구독할 수 있는 한국의 일간지를, 수사관들의 말을 인용하자면 '가족의 눈을 피해서'까지 스크랩할 필요는 없지 않은가? 여의도 국회도서관에 가면 '북'의 노동당 신문이 배달돼 있는데 '북' 역시 한국의 신문쯤은 '공작원'을 이용한다든지 하는 위험을 무릅쓰지 않더라도 충분히 볼 수 있을 게 아닌가? 그리고 증거란 것은 그 가위뿐이고 실제로 스크랩한 신문 기사 따위는 전혀 찾지 못하지 않았는가?

둘째, 증거로 채택된 것에 관광지의 사진이 있고 증인으로 그 사진을 현상한 사진관 주인이 있다. 2계가 말하기는 그것이 '탐지 수집'이며 사진관 주인은 그 인적 증거라고 한다. 이 대목은 결론적으로 말해 카메라를 가지고 있는 사람은 모두 간첩이라는 말밖에 되지 않는다.

하기야 조일지 씨의 경우도 비슷한 일이 벌어졌다. 인천에서 배를 타고 어느 섬(섬의 이름은 잊어버렸다)에 동기들과 놀러 가 찍은 사진, 게다가 '국군의 날'(10월 1일) 국군 퍼레이드를 찍은 사진 등이 '군사 기밀을 탐지 수집했다'는 혐의의 증거로 돼 있다. 한국 속담에서 말하는 '코에 걸면 코걸이 귀에 걸면 귀걸이', 권력이 있는 자의 자의적 해석과 날조가 바로 이런 것이다.

셋째, 앞서 말했지만 윤정헌 씨의 범죄 사실을 구성하는 중요한 뼈대를 윤 씨의 송검을 전후한 시기에 뜯어고쳤다는 것이다. 교토 대학교 조문연의 간사장인 유 모 씨가 '재일 공작 지도원'으로 돼 있던 '범죄' 줄거리 중에서 나머지는 그대로 두고 '재일 공작 지도원'을 조총련 기관지인 《조선신보》 기자 변 모 씨로 바꿔치기한 일, '만경봉호'를 타고 윤 씨가 북에 왕래했다고 하는 '입북'을 삭제한 일 등이다.

이런 수정의 의미는 아주 중대했다. 그것은 바로 2계의 '수사'가 터무니없이 엉터리였다는 점을 말해주고 있는 것이다.

수사과의 피의자들은 진술서에 오른손 엄지손가락으로 한 장 한 장 날인했다. 신문 조서는 국가안전기획부의 사법 경찰관인 김세중(金世中)이 도장을 찍는 것으로 마무리된다. 원래 군 수사 기관인 보안사에는 민간인 수사권한이 없다. 생각해 보면 이게 가장 중요한 데, 보안사는 '위법 행위'를 저지르고 있으며, 이것이 국가안전기획부의 협력 아래 행해지는 행위, 요컨대 국가까지 가세한 위법 행위라는 점에서 본다면 그런 행위를 방지할 억지력 등은 존재할 턱이 없는 것이다.

사법 경찰관 김세중의 이름으로(곧 국가안전기획부의 이름으로 이 시점에야 비로소 '구속 영장'이 서울지방법원에 청구돼 10일과 1회에 한해 연장할 수 있는 기간을 포함해) 모두 20일 간의 '합법적 구속'이 시작된다.

세 사람은 서대문 구치소에서 온 교도관에 이끌려 포승으로 몸을 결박당한 채 분실에서 나갔다. 나가는 순서는 들어올 때의 반대였다.

김상인이 조일지 씨에게 파렴치한 통고를 하는 자리에 나도 마침 함께 있었다.

"어떻게 도와주려고 했지만 여기에 쓰여 있는 자네의 행위가 너무나도 반국가적이어서 상부에서 용서해주려고 하지 않는다는 말이야. 그리고 교도소에 가더라도 온순하게 지내고 있으면 특사나 은사라는 게 있어. 건강에 주의하고 지내도록 해."

조일지 씨는 얼굴이 창백해진 채 시종 말이 없었다. 내 추측으로는 속고 있다는 사실을 감지하고 있는 듯했다. 가볍게 고개만 옆으로 저어 대답한 태도에서 이미 각오하고 있었다는 것을 충분히 알아차릴 수 있었다.

서대문교도소의 교도관이 익숙한 동작으로 조일지 씨의 몸을 묶었다. 그때 조 씨의 뺨에 눈물이 흘러내렸다. 나도 당해본 '보도' 녹화를 어떻게든 거부하려고 김상인에게 호소하던 광경이 그때 떠올랐다.

"나는 상관없지만 내가 간첩이라고 보도되면 일본에 계신 부모님의 처지는 어떻게 되겠습니까? 부탁입니다만 보도만 하지 말아주십시오."

조 씨는 부모를 소중히 여기는 사람이었다. 그러나 보안사는 그 청년을 포함한 세 사람의 재일 한국인 학생, 게다가 납북 귀환 여부로 간첩이 된 몇 명의 사건을 언론에 발표했다. 되풀이되는 폭력과 협박을 나 몰라라 외면하는 텔레비전 마이크와 카메라에 사실 따위가 비쳐질 리 없다.

구치소에서 온 차가 조일지 씨를 싣고 멀어져 갔을 때, 나는 이상한 광경을 목격했다. 5계의 수사관 중 한 사람이 분실의 벽에 숨듯이 서서 울고 있는 것이었다. 그 수사관은 조일지 씨에게 가장 심하게 폭력을 휘두른 사람 중 한사람이었다.

사실 나는 그 눈물의 의미를 지금까지 이해할 수가 없다. 자책감일까 하고 생각해보기도 했지만, 그렇게 단정하면 내 추측이 잘못된 것으로 끝나버릴지도 모른다. 그러나 한 가지 분명하다고 생각되는 것은 폭력과 협박이 되풀이되는 시간이었지만 그동안에도 정이 들고 있었다는 점이다. 헤어지는 것이 괴로울 만큼 오래 그렇게 시간을 함께 지낸 것이다.

조일지 씨 가족을 만나다

조일지 씨를 구치소로 보낸 날 일본에서 조 씨의 부모와 남동생이 서울에 왔다. 보안사는 가족에게 조 씨의 기소 사실을 알려주지 않을 수 없었다. 나는 불길한 예감이 들어 김상인 계장에게 일이 끝났으니 사령부로 돌아가겠다고 말했지만 내 뜻대로는 되지 않았다. 예감이 그대로 적중했다.

"박용호 준위를 따라 조일지의 가족을 만나주게."

"통역할 필요는 없지 않습니까? 모국어를 할 줄 아는 세대의 사람들이니까요."

"모친은 2세이고 부친도 어렸을 적에 일본으로 건너가 우리말을 잘 못한다는 말일세."

발뺌하려 했지만 김상인은 이렇게 못을 박았다. 나는 하는 수 없이 박용호 준위를 따라 면회 장소로 정해진 서빙고 분실(그때는 서울 관할 506보안부대에 불하돼 있었다)로 향했다. 지겨운 추억의 장소를 오랜만에 방문한 것이다. 조일지 씨의 가족은 근처 크라운 호텔 1층 커피숍에서 수사관이 오기를 기다리고 있다가 그곳에서 서빙고 분실까지 동행했다.

부모의 표정은 어두웠다. 그 표정과 대조적으로 남동생 쪽은 지금이라도 누군가에게 덤벼들듯이 분노를 감추지 못했다. 남동생은 506의 관리병들을 곁눈질로 흘겨보면서 "어째서 형을 돌려보내지 않는 거야!"하고 일본어로 호통쳤지만, 그 말의 의미를 알아들을 수 있는 사람은 나와 박용호 두사람 뿐이었다. 2층의 한 방으로 세 사람을 안내해 커다란 목제 책상을 사이에 두고 마주앉았다.

박용호 준위의 옆에 앉으면서 이름을 밝히지 않은 채 일본어로 어중간하게 자기소개를 했다.

"통역해드리겠습니다."

박용호 준위는 좀체 주제를 끄집어내지 않았다. "조일지 씨는 가정에서는 어떤 아드님이었나요?"라든가 "집에서 떠나 생활하고 있을 때의 일에 관심을 가지고 지켜보셨나요?"라는 식의 겉도는 대화로 일관하고 있었다.

조 씨의 부모는 사태의 흐름을 어느 정도 알고 있는 듯했다. 어떤 경위로 알게 된 것인지는 모르겠지만, 한국에 온 목적이 아들을 데려 가려는 것이라는 사실은 틀림없었다. 아버지는 줄곧 말이 없었다. 어머니만 박용호의 말 상대가 됐고, 말이 통하지 않는 부분은 내가 통역했다.

"이번 수해로 많은 피해자가 나왔다고 해서 히로시마의 민단 부인회에서는 제가 선두에 서서 모금 활동을 벌였답니다."

조국을 위해 나도 일하고 있지 않은가, 그런 사람의 자식을 어째서 조국이 사리에 맞지 않게 취급을 한다는 말인가 하는 안타까운 하소연이었다.

"일지의 부친은 어릴 적에 일본에 건너와 조센징과 바보 취급을 당하며 자랐답니다. 학교도 변변히 다니지 못해 무학이지요. 그런데도 가족을 위해 열심히 용접 일을 하셨어요. 그러다 보니 지금은 한쪽 귀가 전혀 들리지 않는답니다."

나는 그 말을 듣고 내 아버지를 떠올렸다. 히로시마 사투리를 쓰는 조씨 어머니의 억양이 조금씩 내 가슴을 죄어들었다. 그 어머니가 이 박용호에게 무슨 말을 한들 가족의 소망이 달성될 리 없다는 것을 충분히 알면서도 나는 그저 묵묵히 통역만 할뿐이었다. 어머니는 나한테 호소하는 듯한 말투로 매달렸다. 괴로웠다.

박용호는 끝까지 무슨 혐의로 아들이 체포당했는지 가족에게 말해주지 않았다. 단지 "한국에 유학할 때 충분한 돈을 주지 않아서 이렇게 된 것입니다"라고만 말해 부모에게도 책임이 있다는 뉘앙스를 풍길 뿐이었다. 공작금 운운하는 날조된 사실을 내세워 박용호는 그 자리를 벗어나려 한 것이다.

마지막으로 내가 통역한 박용호의 말은 이렇다.

"댁의 아드님은 기소됐습니다. 속옷과 차입 등은 우리가 책임지고 본인에게 전하겠습니다. 변호사 선임 등 재판 준비를 하도록 하십시오."

"일지의 인생은 이것으로 무너졌다."

처음으로 입을 열면서 눈물을 흘리던 조일지 씨 아버지의 모습이 지금도 잊히지 않는다. 나는 그날 자꾸만 아버님 생각이 나 뵙고 싶어졌다.

L과 고영자의 훈방

세 사람의 재일 한국인 유학생을 서대문 구치소로 보내면서 수사과의 1984년은 일단락됐다. 오희명 과장의 대령 진급은 이제 기정사실로 받아들여지고 있었다. 이웃 공작과에서도 재일 한국인 유학생을 건수로 삼고 있었다. 수사과 내근 사무소에서 김성구 준위는 이렇게 말했다.

"그 녀석들(공작과), 되지도 않는 물건을 가지고 와 강력 심사로 꾸며냈단 말이야."

만든 것까지는 좋았는데 아무래도 기소할 수 있는 물증이 없어서 공소 보류로 처리했다고 한다. 성과의 질로 보면 수사과에는 미치지 못한다. 공작과의 성과라는 것은 들어보니 재일 한국학생 동맹에 교토 출신의 K라는 청년이라고 한다. 나하고는 안면이 없다. 기소되지 않고 공소 보류 끝났다니 다행이라고 생각했다.

심사과 쪽도 L과 고영자를 날조하는 작업을 포기한 듯했다. 사령부에 돌아와 있던 미스 조에게 두 사람은 어떻게 됐느냐고 물었다.

"과천 분실에서 훈방 준비 교육을 받고 있어요. 일본으로 돌아가고 나서 쓸데없는 소동을 일으키지 않게 말이에요. 그리고 마사지와 약으로 치료도 하고요."

그 이야기를 듣고 나서 얼마 되지 않아 두 사람은 서울을 떠났다. 이제 두 사람이 한국을 방문하는 일은 당분간 없을 것이다. 좋든 싫든 보안사 때문에 조국을 빼앗긴 것이다.

5계가 505(전라남도 관할)가 계속해서 쫓고 있던 '나' 씨 성을 가진 국내인 간첩 용의자를 수사하는 일에 협력하기 시작한 사람을 빼면 수사과는 이제 한 해의 업무를 끝마치고 있었다.

내근 사무소에서는 각 예하 부대의 활동 실적을 평가할 목적으로 통계 작성에 매달렸지만 평온한 시간이 지나고 있었다. 때때로 보게 되는 나 씨 성을 가진 공장 사장의 '범죄'에 관한 자료와 아침마다 얼굴을 내미는 김상인 계장의 자만 섞인 이야기, 엉뚱하게 고생한 이야기, 그곳에서 북으로 간 누이 탓에 고통받는 나 씨의 모습과 어떻게든 '시효' 성립을 뒤

엎으려고 '계속범'으로 이야기를 꾸미느라 고심하는 5계의 집착이 머릿속에 교차한다. 사형에 상당하는 범죄라도 15년으로 시효가 만료된다. 나 씨의 '범죄'가 설사 사실이었다 하더라도(물론 나는 진위를 알지 못한다), 살인이나 도둑질을 한 것도 아닌 데 이제 소용없는 게 아닌가 하면서 나는 5계의 탐욕을 업신여겼다.

그 무렵 일본 쪽 협조망에서 '한국 정치범 구원'을 게재한 몇 개의 그룹 팸플릿을 보냈다. 대공처 전체의 번역관이기도 한 나는 직무상 그 팸플릿을 볼 수 있었다. 그 안에 고영자가 당한 고문을 규탄하는 글이 있었다. 마음속으로 회심의 미소를 띠었다. 내근으로 돌아와 있던 이원협에게, "이런 것이 도착해 있군요"라며 그 내용을 한국어로 번역해줬다.

"아무러면 어때요, 이제 나와는 관계없는 걸요."

이원협은 심드렁하게 대꾸했다.

일본에서도 모두 꿋꿋이 버티고 있구나 하고, 보안사 수사관으로서는 번지수가 한참 다른 연대 의식을 나는 보안사령부의 대공수사과 심장부의 방 안에서 느끼고 있었다. 우스꽝스러웠다. 그저 팸플릿에 실린 글을 보고 구원 활동을 하다니 일본에는 크게 오해하고 있는 사람도 있는 듯해 유감스럽게 생각한 것도 사실이었다.

고영자의 석방이 일본에서 한 활동이 거둔 성과며 구원 활동에 덕분에 고영자가 구제됐다는 인식을 가진 사람들이 있었다. 그 기분은 이해할 수 있지만, 유감스럽게도 일본에서 펼치는 구원 활동은 날조된 재일 한국인 정치범이 석방에 이른 지금 단계에서는 아무런 영향도 주지 못하는 것이었다. 내가 번역하는 팸플릿은 '참고 처리' 부류로 분류돼 내 등 뒤의 옷장에 그대로 잠자고 있으니 말이다.

의원인 덴 히데오(田英夫)가 박박 씨를 위한 탄원서를 전두환 앞으로 보낸 적이 있다. 청와대가 담당 기관인 보안사에 그 편지를 돌려보냈다. 일본의 의원에게 고마움을 느낀 나는 한 나라의 의원이 보낸 편지니 대통령은 읽겠지, 아니면 적어도 보안사령관 정도는 보겠지 생각하면서 보고서를 작성했다.

그러나 '참고 처리'였다. 편지를 본 사람은 나, 반장, 계장, 과장뿐이었다.

해방가

몇 달이나 이어지던 긴장이 한꺼번에 풀려 제정신이 들자 마음속에는 상흔밖에 남아 있지 않았다. 재일 한국인 간첩을 날조하는 과정에서 발휘된 내 처세술이 하나하나 한꺼번에 나를 압도하듯이 핍박해온다. 조일지 씨 가족을 만난 그날 나는 집에서 술을 들이키며 울었다. 아내도 함께 울었다.

사람을 사람으로 생각하지 않는 최경조의 뻔뻔스러운 표정이 머릿속을 오갔다.

그때부터 나는 목소리를 죽이고 도림아파트, 보안사 직원아파트 안에서 학생 시절에 배운 《해방가》를 부르게 됐다. 아내가 걱정이 돼 그만두라고 했지만 목소리를 죽여 계속해서 불렀다.

어둡고 괴로워라 밤이 깊더니
삼천리 이 강산에 먼동이 튼다
동포여 자리 차고 일어나거라
산 넘고 바다 건너 태평양까지
아아, 자유의 자유의 종이 울린다

어둠아 물러가라 현해탄 건너
눈물아 한숨아 너희도 함께
동포여 두 손 모아 만세 부르자
광막한 시베리아 벌판을 넘어
아아, 해방의 해방의 깃발 날린다

유구한 오천 년 우리의 역사
앞으로도 억만 년을 더욱 빛내리
동포여 어깨 걸고 함께 나가자
억눌린 우리 민족 해방을 위해
아아, 투쟁에 투쟁에 이 몸 바치리

보안사 심사과에서는 간첩 검거에 따르는 포상 분배가 시작되고 있었다. 수사과뿐 아니라 간첩 검거에는 상관없는 부서의 직원들에게도 포상은 확대됐다.

내근 사무실을 방문한 김상인 5계장에게 오세인 내근 계장은 이런 부탁을 했다.

"김 소령, 이원협 하사가 심사과에서 그만큼 수고했는데도 아무것도 없다는 말입니다. 사령관 표창이 하나 남아 있는데 이원협 하사에게 주면 어떨까요? 훈표창(훈장과 표창)이 아직 하나도 없다는 말입니다."

그러자 김상인은 이렇게 대답했다.

"훈표창을 받지 못한 사람 중 내근 말고 누군가 있을 것이오. 그렇군. 오 소령, 김병진 씨에게 주도록 합시다. 조일지 통역으로 몇 개월이나 수고해주지 않았소."

나는 반기를 들 만한 말을 골똘히 생각하기 시작했다. 내 마음의 어딘가에서 2년만 참고 견디는 것이다, 그것밖에 도리가 없지 않은가 하면서 자기 자신을 계속 납득시켜 오던 심정이 네 명의 재일 한국인 간첩 날조(수사과 세 명, 공작과 한 명)와 심사과에서 두 명의 여성에게 저지른 만행 때문에 소리를 내며 무너져가고 있었다.

그럼 어떻게 한다? …… 밀항. 어쨌든 일본으로 가족을 데리고 도망치는 것이다. 나는 그렇게 생각하기에 이르렀다. 그러던 것이 진심이 돼버렸다.

이것저것 갖가지 루트와 방법, 일본에 가고 난 뒤의 행동, 그런 것을 생각하자 밤에도 잠이 안 오는 날이 계속됐다. 아내에게도 내 생각을 알렸다. 아내는 불안해했지만 굳이 반대하지는 않았다.

누군가의 안내가 필요하다고 나는 생각했다. 이전에 학교가 문 닫았을 때 광주에서 도피한 남녀가 앰네스티의 도움을 받아 일본을 거쳐 미국까지 갔다는 보도에 접한 일이 있었다. 한국 앰네스티에 연락을 취할까하는 생각도 했다. 그러나 그것은 안 된다. 그곳 전화는 모든 정보기관이 도청하고 있다. 앰네스티를 직접 찾아가면 어떨까 생각했다. 그러나 앰네스티로 들어가는 장면을 들키기라도 하면 어떻게 될 것인가, 설사 접촉에 성공하더라도 누굴 믿고 이야기를 해야 한다는 말인가. 일본 대사관도 안 된다. 한일 관계가 순조로운 이 시기에 일본 정부에게는 성가신 이야기밖에 안 될 것이다.

이것저것 생각하고 있자니 어느 방법을 취하더라도 위험이 따랐다. 그래서 나는 일본 신문의 특파원과 접촉하는 게 그중에서도 가장 무난하다고 판단했다. 수사 자료로 비치하고 있던 서울 일본인회의 명부에서 신문 기자 몇 명의 이름과 자택 전화번호를 베꼈다.

1984년 12월의 어느 일요일이었다. 나는 '나카무라'라는 가명을 사용하고 있는 일본의 신문 특파원에게 접촉했다. 그러나 결국 밀항 이야기까지는 꺼내지 못했다. 특파원은 처음에 나를 정신이상자로 생각한 모양이었다. 상식적인 사람은 내 이야기를 이해하기 어려울 것이다. 겨우 상황을 파악한 특파원에게 나는, "재일 한국인은 본국에 와서는 안 된다"라든가 "언젠가 일본에 갈 수 있다면 내 체험과 목격한 내용을 글로 써서 보안사령부를 깨부숴버리겠다"하는 종잡을 수 없는 이야기를 되풀이했다.

특파원은 내 일본에서의 재류(在留) 자격 건으로 일본 대사관에 넌지시 접촉해보겠다고 약속해줬다.

또 연락한다는 특파원의 말을 들었지만 한 번 접촉 한 뒤 커다란 위험을 무릅썼다는 후회 같은 것도 있어서 한국에서는 두 번 다시 연락을 취하지 않았다. 그러나 누구에게도 열 수 없던 내 마음을 짧은 시간이나마 받아주고 내가 알아차리지 못하는 곳에서 지켜봐 준 그 특파원에게 나는 지금도 깊이 감사하고 있다.

밀항은 수포로 돌아갔다.

신동기의 실수

간첩을 검거한 포상으로 두 개 그룹으로 나뉘어 미국과 일본을 일주일쯤 '시찰'하고 온 수사관 중 5계의 신동기가 있었다.

외화 반출이 제한돼 있는 나라 사정에도 모두 암달러를 준비해 떠난 여행이었다. 돌아온 동료가 준 선물 이야기로 내근 사무실은 매일같이 웃음이 흘렀다. 그중에서 한 사람 신동기만이 얼굴빛이 창백해져 평소의 익살을 찾아볼 수 없었다. 신동기는 매일 아침 내근 사무실에 나타나 처장실에서 호출이 떨어지기를 기다리고 있었다. 왜냐하면 로스앤젤레스에서 중대한 실수를 저지르고 돌아 온 때문이었다.

실수란 이러했다. 신동기는 전라남도 목포 출신인데, 재미 한국인이 밀집해 있는 로스앤젤레스에서 동향 사람들과 접촉하면서(아마 기관원으로서 다짐하는 확고한 의미도 있었을 것이라고 나는 생각하고 있지만) "김대중 같은 놈은 내가 권총으로 쏴 죽이고 말거야"라고 말한 것이다.

그때 쫓기듯이 고국을 떠나 미국에 머무르고 있던 김대중 씨도 목포 출신인데, 그 사람의 귀에 그 말이 전해지면서 문제는 정치화됐다.

보안사령부가 김대중 씨 암살을 기도하고 있다고 판단한 김대중과 그 측근들은 미국 정부에 신변 보호를 요청했다. 미국 정부는 공식 루트를 통해(덧붙여 말하자면 미국에서 송부된 영어 공문서 사본을 사무실에서 받아본 적이 있다) '동기 신'이라는 이름까지 들먹이면서 한국 정부에 각서를 보냈으며, 외무부에서 온 연락을 받은 보안사령부는 무척 당황했다. 그 실수 때문에 신동기는 매일 아침 불려간 것이다.

그러나 신동기는 결국 아무런 제재도 받지 않았다. 최경조 처장이 이 일을 잘 수습한 듯싶다. 최근 월간지 ≪신동아≫에 김대중이 대통령이 되면 불행한 일이 벌어진다고 '실언'한 박희도 육군 대장과 별개로 김대중에게 수류탄을 투척하겠다고 발언한 육군본부 보안부대 부대장 최 장군이 바로 최경조 처장이다. 최경조도 신동기에게 심적으로는 공감하고 있었을 것이다.

수사과는 인사동에서 망년회를 했다. 각 외근이 빠짐없이 모여 성과를 올린 것과 오희명 과장의 대령 진급이 내정된 일을 축하하는 축제 같은 소동이었다. "위하여!"가 연발됐다. 군용 면세 위스키 베리나인 골드의 뚜껑을 수십 병이나 땄다. 세 명의 밴드가 연주하는 유행가 선율과 술을 따르는 여자들의 애교가 어우러져 흥을 더했다.

누군가가 "열차, 열차"라고 리듬을 밟으면서 외치기 시작했다. 50명 정도 되는 사내들은 어린이들이 하듯이 열을 지어 앞에 있는 사람의 허리를 두 손으로 붙들었다. 기다란 열차는 방 안을 빙글빙글 맴돌았다. 선두는 오희명이고 그 뒤에 장교들이 뒤따랐다. 조재기 대위가 내 손을 잡아 끌려고 다가왔다.

조 대위 쪽에서 보자면 내가 소외돼서는 안 된다고 염려한 일이겠지만, 나는 아무래도 그런 유희에 가담할 수 없었다.

바깥에 나서자 길바닥이 얼어 있었다. 잠시 동안 나는 서대문 구치소에서 겪은 일을 생각했다.

4장

―

1985년

어떤 첩보 보고

두 번째 봄을 맞았다. 사무실 구석에 있는 책상에 앉아서 한가할 때는 낙서를 하는 것이 어느덧 버릇이 되고 말았다. 중학교 다닐 때 암송하던 두보의 절구는 몇 번씩이나 써서 구겨버렸다.

碧鳥逾白/山靑花欲然

春看又過/何日是歸年

강물이 푸르니 새는 더욱 희고/

산이 푸르르니 꽃은 타오르려하는구나/

이 봄을 눈앞에 대하며 또 보내는구나/

어느 날이 다시 돌아올 해인고

쓰고 쓰고 자꾸만 썼다. 쓰고는 누군가의 눈에 띄어 마음이 엿보이는 게 아닐까 염려하며 불필요한 서류에 살짝 끼워 세절기에 넣었다. 창밖에는 봄이 활짝 피어오르고 있었다. 그 푸르름이 짙어질수록, 그 향기가 감돌수록 '귀년(歸年)'이라는 말을 향한 집착이 미칠 듯이 고개를 들었다. 옥중의 사람들에 대한 생각도 건조해져 버린 좌절감, 무관심을 가장하는 것이 내 처세술이라고 생각하면 생각할수록 도리어 주위의 눈에 신경이 예민해지고 속수무책인 내 모습에 죄책감 같은 것이 느껴졌다. 흐르는 세월이 원망스러웠다.

그러던 어느 날 오후에 작년까지 정보 분석반의 동료였지만 이 해 (1985년) 부터 외근 5계에 배속돼 전근 간 윤여섭 중사가 나 혼자 도시락을 펴놓고 지키고 있는 사무실에 나타났다(모두 외식을 하는데 나만 언제나 도시락을 "김병진 씨! 어때 요즘 무슨 좋은 일이라도 있나?"

오랜만에 얼굴을 대하는 것 같았다. 매일 아침 통근 버스 안에서 보고는 있지만 낮에 만나니 그런 것도 잊고 "오랜만이요"란 말이 자연스럽게 나왔다. 윤여섭은 묘하게 히죽히죽 웃고 있었다. 무슨 좋은 일이라도 있냐는, 이 사무실에서는 너무나 흔해빠진 인사를 차리고 있는 윤여섭 자신에게 도리어 좋은 일이 있는 것 같았다.

"무슨 용무라도 있어 13층에 올라왔습니까?"

내 질문에 윤여섭은 기다리고 있었다는 듯이 옆구리에 끼고 있던 서류 봉투 책상 위에 올려놓더니 느긋한 얼굴로 내게 말했다.

"실은 첩보 보고를 하나 하려고 해서 말이야……. 한번 당신의 감상도 물어보고 싶은 생각도 있어서."

"허어 굉장한 내용인 것 같군요."

"내용도 내용이지만 이 첩보의 출처가 색다르다는 말이야. 일본의 시모노세키라는 곳이 어디 있는지 알고 있나?"

"하관(下關)을 말하지요. 부관페리호가 도착하는 일본 쪽 항구……."

"그래요, 그 하관을 말하는 거야. 그곳 공안의 뭐라고 하는 계장 저어……."

그렇게 말하면서 윤여섭은 봉투 속에서 서류를 꺼내놓았다.

"마츠무라를 한자로 어떻게 쓰지?"

"성씨라면 아마 소나무 송(松), 마을 촌(村)이겠죠."
"그래, 그게 맞을 거야. 김석진 씨도 분명히 송촌이라고 한 것 같아."
원래 3계에서 조신치 씨를 날조해낸 노인인 김석진은 이 해부터 5계로 옮겨와 있었다. 인간관계 문제가 배치가 바뀐 이유인 것 같았다.
"그 송촌이라는 하관의 공안계장이 제공해 준 정보야."
"허어, 그렇다면 구라(뻥튀기)는 아닌 것 같군요."
"그야 물론이지, 어쨌든 김석진 씨가 일본의 강산(岡山), 오카야마라고 하든가, 그곳에 있는 협조망을 통해 가져온 거야. 내용이 어쨌든 굉장해. 자아, 한번 봐요."
한글 타자기(타이프라이터)로 친 서류 몇 장을 훑어봤다. 확실히 이 육군 중사의 말대로 한 점 의심의 여지없이 용의자가 간첩이라는 것을 이야기하고 있었다. 그러나 너무나 잘 짜여 있어서 오히려 이해가 가지 않았다.
내 표정을 하나도 놓치지 않겠다는 듯이 심각하게 숨을 죽이고 응시하던 윤여섭은 내가 서류를 쭉 끝까지 읽은 것을 확인하자 '후' 하는 소리가 분명히 들릴 만큼 깊은 숨을 쉬고 곧 질문을 퍼부었다.
"김병진 씨, 당신의 감상은 어때?"
윤여섭은 어딘지 모르게 아이들처럼 들떠 떠들어댔다. 나는 묻는 말에는 대답하지 않고 이 첩보의 신빙성을 윤 중사의 태도에서 추측해보려고 했다.
"이 이야기의 출처는 확실하겠죠. 그리고 이것을 가져온 사람도 남을 홀리는 게 장기라든가 중증의 정신이상자는 아니겠죠."
내가 이런 말을 해도 윤여섭은 불쾌하게 생각하거나 의아해 하지는 않을 것이다. 윤여섭이 아직 내근 사무실에 있을 때 간첩 정보를 제공한다며 일부러 보안사령부 면회실까지 찾아오는 민간인을 몇 번 응대한 적이 있는데 그런 축들은 모두 정신이상자였기 때문이다. 정보를 제공받으면 먼저 신고자가 정신 병력이 있는지 없는지 예하부대에 알아보게 하는 것을 두 사람 모두 잘 알고 있었다. 그런 만큼 내가 윤여섭을 의심하는 것도 당연한 일인 셈이다.

윤여섭은 첩보의 신빙성을 의심하는 염려를 필사적으로 부정하려했다.

"괜찮아요. 이 첩보 제공자는 일본에 A신문사라는 큰 신문사의 전 기자였고, 무엇보다 민단 오카야마 현 본부의 단장을 지낸 사람이야. 그런 사람이 평소에 친밀히 지내고 있는 일본 공안 간부를 통해 입수한 것이니까 걱정할게 못 돼요. 원래 안기부의 협조망이었는데, 이번에 우리 김(김석진) 선생한테 사람을 통해 알려준 거야."

윤여섭이 뭔가를 열심히 믿으려고 하는 것 같은 어색한 느낌을 받았다. 그리고 이야기 자체에 이미 모순이 나타나 있었다. 첩보 제공자인 유일록(柳一錄, 가명)이라는 재일 한국인이 그 A신문사의 기자였다는 말은 아무래도 미심쩍었다. 그리고 안기부의 협력자였다는 사람이 어째서 보안사령부에 첩보를 제공하느냐 말이다. 이야기가 너무 지나치다.

"윤 형, 재일 한국인이 일본에서 그렇게 큰 신문사의 기자였다는 게 사실입니까?"

"난 자세히 모르지만 김 선생이 그렇게 말했어."

"네에, 정말인가요? 일본 신문사에 한국인이 입사해 있었다, 그것도 A신문사에. 경력을 속이고 있는 게 아닐까요. 첩보 내용이 너무 잘 짜여 있는 것도 마음에 걸리고요."

윤여섭은 조금 당황한 것 같았다.

"기자라 해도 어느 시골 지사에 근무했는지도 모르지. 그래도 첩보의 알맹이만은 확실한 거야. 어쨌든 일본의 공안부에서 나온 것이니까."

"그럼 (용의자가) 북에 갔다 왔다는 이야기도 그 공안부에서 나온 것이군요. 아무래도 모략 같아 보이지만 글쎄요, 진짜 스파이가 아니면 함정이겠죠."

나는 이젠 그 정도로 끝내버리려고 했다. 윤여섭의 얼굴에 좀 재미없어 하는 표정이 뚜렷하게 나타났기 때문이다.

"어쨌든 건투를 빌겠습니다."

서둘러 그 자리를 마무리했다. 첩보 제공자인 유일록이라는 사람의 성격이 묘하게 실감나게 다가왔다. 완고하고 고집스러우며 자기의 주장을 내세우기 위해서는 남을 함정에 빠뜨리는 것을 아무렇지도 않게 생각하는, 그런 재일 한국인 사회에 있는 진드기 같은 사람. 아마 그런 인간임이 틀림없을 것이라고 나는 생각했다. 뭔가 개인적인 원한 때문에 국가 권력을 이용하고 싶은 것이다. 안기부에서 받아들여 주지 않으니까 이쪽으로 가져왔을 가능성도 생각할 수 있다. 어쨌든 여기에는 어떤 계략이 숨어 있는 게 틀림없다.

이 첩보란 것은 대체적으로 말해 이러했다. 민단 오카야마 현 본부의 총무부장으로 있는 용의자 유지길(柳志吉)은 친형과 형수 가족이 북송선을 타 현재 북한에 살고 있다. 그 위 형 두 사람은 조총련의 분회장이나 조총련계 상공회의 간부였다. "배후 불온 분자"라는 것이다. 이렇게 보면 간첩으로 만들 만한 조건은 좋다. 또한 첩보에 따르면 등산복 차림으로 때때로 외출하고 일단 집을 나선 뒤에는 오랫동안 오카야마에 돌아오지 않는다고도 했다. '입북(북한에 간첩으로 교육을 받으러 가는 것)'이 그럴듯하게 암시되고 있는 것이다.

또한 이런 대목도 있었다. 오카야마 민단 본부의 단장을 선출하는 선거와 관련해 조총련 쪽에서 특정 후보자에게 많은 현금이 흘러들었는데 용의자가 그 교량 구실을 했다고 한다. 이 부분은 이 첩보가 모략이라는 확신을 준 첫 번째 단서였다.

이 첩보가 진짜라면 민단 현 본부의 집행부 자체가 간첩 조직이 되는 게 아닌가. 용의자가 단장으로 추대한 인물이 현재의 단장인 이상 그 단장이야말로 간첩의 우두머리가 될 것이다.

그러나 이 첩보 보고에는 그런 방향에 관한 지적은 하나도 없었다. 유지길이라는 금융업자 하나만 공격 목표로 돼 있었다.

용의자는 매년 한국을 방문하고 있다. 방문 목적은 장애인 시설에 휠체어를 기증하는 자선 사업이었다. 그런 사람이 돈으로 모략을 꾸미고 민단 와해를 획책하는 간첩일까? '배후 불순'은 재일 한국인 사회 어디에나 널려 있는 이야기였다. 그것의 진위 여부를 규명할 생각은 없지만 그것 말고는 아무래도 납득이 가지 않았다. 내사를 추진하는 과정에서 첩보 가치가 자연히 낮아지게 되리라고 나는 생각했다.

3시간에 그친 일본 방문

오세인 소령이 말했듯이 언제까지나 최경조가 처장의 자리에 있지 않았다. 준장으로 진급하자 육군본부를 관할하는 701 보안부대의 보안대장으로 영전했다. 오희명은 대령으로 진급했고, 최경조를 대신해 새로 대공처 처장 자리에 앉게 된 이영국(李英國) 육군 대령의 보좌관으로 사령부에 남아 있었다.

이영국은 전체 대공처 구성원을 모아 사령부 강당에서 신임 인사를 가졌다. 예정보다 늦게 강당에 이른 이영국은 업무와 전혀 관계없는 이야기만 했다.

"나는 영등포에서 입후보한 이찬혁이라는 인물하고는 조금도 안면이 없다. 그러나 나는 그 사람의 당선을 위해 분골쇄신해 돌아다니고 있다. 왜냐……. 보안사령부를 위해서이기도 하고 각하 때문이기도 하며 나아가서는 조국의 안녕과 질서 때문이기도 하다. 대공처의 제군 한 사람 한 사람이 20표씩만 모아보라. 지금의 시국에 관한 확고한 인식을 가지고 이 선거를 완수해달라."

여당인 민정당을 위해 힘을 쓰라는 말을 늘어놓는 것으로 신임 인사는 끝났다.

나는 작년에 다음 1월에는 일본에 가는 것을 하나의 교섭 자료로 하고 싶은 생각에서 8개월간의 재입국 허가 연장을 주는 일본대사관에서 받아놓고 있었다. 그러나 잔여분인 4개월을 다시 연기해달라고 해 모두 2회 연장한 결과 재입국 기간은 1년이 유예돼 있었다. 그러나 5월이 되면 그 기간도 마감된다. 1년 동안 그 일로 나는 몹시 고민하고 있었다. 그러나 미리 준비를 해둔 게 도움이 돼 신임 이영국 처장의 결재로 1일간 일본 방문이 허락됐다. 물론 아내와 아이의 출국은 인정되지 않았다. 인질이니까.

내 일본 방문에 관련된 준비는 2계가 모두 떠맡기로 돼 있었다. 뜻하지 않은 사태, 곧 도피를 방지하기 위한 수단이 강구됐다.

1985년 5일 16일 배영룡 2계장이 세운 일정에 따라 그날 12시에 오사카 공항에 도착했다. 가족과 접촉하거나 연락하는 일도 금지돼 있었다. 비행기가 착륙하자 대한항공 직원이 나를 불렀다. 입국 수속도 그 직원이 옆에서 지켜보는 사이에 끝마쳤다. 입국장 로비로 나서자 출발 전에 소개받은 김경식(金京植)과 깡패처럼 보이는 남자가 나를 기다리고 있었다. 남자가 명함을 건네주었는데, 거기에는 '야나가와 겐지로(양원석) 비서'라는 직함이 붙어 있었다.

김경식이 서둘러 나를 택시에 태우고 다니마치의 법무성 출입국관리 사무소까지 고속도로를 달려 재입국 허가를 받고 그대로 오사카 공항까지 택시로 달렸다. 대한항공 직원이 비행기에 탈 때까지 붙어다녔다.

2년 만에 일본 땅을 3시간 밟았다. 택시에서 뛰어내릴까 하는 유혹이 마음속에서 일었지만 처자식을 모두 버리는 게 더 큰 죄악일 것 같았다.

김포에서 그대로 집으로 돌아갔다. 사무실에 연락해 오세인 계장에게 도착 사실을 전하고 고맙다는 인사를 했다. 이것으로 다시 1년 동안 그리고 일본 대사관에서 재입국 기한을 1년 더 연기해주면 2년간 일본에 갈 수 없어도 내 일본 영주권은 살아 있게 된다. 짐을 하나 벗은 셈이 됐다.

코일이 성기에…….

다음 날 오전 4시 도림아파트의 비상벨이 요란스럽게 울렸다. 비상 소집이 내려진 것이다. 전 직원이 사령부로 뛰어갔다. 훈련이었다. 전선 부대에서 적이 침공했다는 상황 보고가 들어온다. 사령부 지하에 있는 벙커(지하호)가 내 담당 장소였다. 전황을 관찰하면서 보고서를 작성해 상급 지휘관의 결재를 얻어 예하 부대에 지시를 내리는 것이다. 머리만의 전쟁 훈련……. 그리고 최후에는 우리들만이 적을 쳐부수고 승리한다.

내가 일본에 가기 며칠 전 5계는 유지길 씨를 부산의 동래온천에서 연행했다. 일본의 5월 연휴를 이용해 단체로 한국에 와 있던 용의자를 단체 일정이 끝나 일행과 헤어질 때를 엿봐 502부대 요원이 사령부의 지시를 받아 호텔에서 한밤중에 연행했다.

5계에서 분실로 와달라는 기별을 받은 것은 토요일이었다. 아무런 사건이 없을 때는 나도 여느 샐러리맨처럼 주말을 소중히 보내고 싶었다. 그러나 김상인 계장이 조작한 조일지 씨 '사건'이 떠올라 아무래도 수상

쩍어 견딜 수가 없었다.

"피의자가 수첩을 많이 가지고 있어 빨리 번역하지 않으면 안 된다."

그런 요구를 거절할 수도 없어 지하철과 버스를 갈아타며 장지동까지 갔다가 분실에서 보낸 차를 타고 목적지에 닿았다. 유지길 씨가 가지고 있던 수첩을 직접 한글 타자기로 치며 서둘러 번역했다. 알맹이는 스케줄표 같은 것이었다. 때때로 'R', 'H', '석(石)'이라는 등 뭔가를 생략한 글자가 나왔다. 번역을 옆에서 보고 있으면서 이원협(윤여섭처럼 그 해부터 5계에 있었다)이 "이 녀석 버젓이 암호까지 사용하고 있군"하고 말했다. 이미 처음부터 간첩이라고 믿고 있는 것이다. L씨나 고영자 씨 때도 틀림없이 이런 상태였을 것이다. 이 용의자는 43세, 역시 액년(厄年)이라는 것이 있기는 있는 모양이라고 생각하기도 했다. 이전 C씨도 43세였다.

일본에서 정보를 제공한 유일록이 지명하고 있던 '재일 공작 지도원', 유재식(柳在植, 가명)이라는 조총련 간부의 이름이나 주소 같은 것을 주의를 기울여 찾아달라고 말했지만 그 수첩에는 없었다.

정보 속에 등장하는 인물은 정보 제공자부터 시작해 유 씨 성이 많았다. 뒤에 유지길 씨한테 들은 말에 따르면 한국이 일본 식민지이던 시대부터 오카야마에는 유 씨가 많이 살아 유 씨 집성촌이 형성돼 있었다고 한다. 그래서 유 씨가 많다는 것이었다.

"김병진 씨! 민단 간부까지 지내고 있는 남자가 공산당이라는 말을 모른다고 하는 것을 믿을 수 있는가?"

김상인이 물었다.

"아무리 그래도 한국어 정도는 알 수 있지 않을까요?"

그러나 내 추측과 정반대로 유지길 씨는 공산당이라는 말을 실제로 몰랐다.

뒷날 5계의 직원한테서 들은 일이지만 연행 첫날 '공산당'이라는 한국어를 알고 있다 알지 못한다 옥신각신하며 3시간이나 '다다키'(일본어 '때린다'에서 온 은어)를 했다는 것이다. 유지길 씨는 일본에서 가라데 도장에 다녀 그 솜씨를 익혔다. 그래서 처음 한동안은 차려 자세를 갖추며 맞서는 태세로 대적했지만 네 사람이 달라붙어 팔을 비틀어 눌러버렸다. 마지막에 한자를 써 보여주니 '아, 쿄산도(共產黨) 말인가'라고 하며 이해했다.

번역만 마쳐놓고 서둘러 돌아가려 했다. 간첩 심사라는 일에 깊이 관계하고 싶지 않았다. 작년에 겪은 사건들이 아직도 내 마음을 무겁게 짓누르고 있었다. 그러나 김상인이 다시 나를 멈추게 했다.

"피의자는 전혀 한국어를 말할 수 없어요. 박호순(朴鎬淳) 과장(오희명의 후임)과 오세인 소령에게는 잘 이야기 해놓을 테니 통역을 맡아줘요."

그날 밤부터 나도 심사실에 들어갔다. 통역이라고 소개하면서 유지길 씨의 얼굴을 처음 봤다. 키는 그렇게 크지 않지만 단단한 몸매였다. 얼굴은 가무잡잡하고 윤기가 있었다. 질문은 처음부터 '재일 지도원'은 누구냐 하는 것이었다. 내가 그 말을 통역했지만 유지길 씨는 어마어마한 수사 용어가 영 알 수 없다는 표정이었다. 김석진이 일본어로 "오이, 야나가와(柳川)"라고 유지길 씨의 일본 이름을 부르면서 추궁했지만 문답은 조금도 결말이 나지 않았다.

엘리베이터실로 들어갔다. 나는 남으려고 했지만 김상인이 따라오라고 했다. 유지길 씨는 알몸뚱이가 돼 의자에 양손과 양발목이 끈으로 묶였다. 물을 뒤집어쓴 유지길 씨의 시선은 적의에 가득 차 있었다. 지금까지 봐온 학생들과 어딘지 달랐다.

방 양쪽 모퉁이에 있던 야전용 수동 발전기에서 2중의 코일을 풀어 유지길 씨의 두 손 손가락에 감았다. 김석진이 발전기의 레버를 돌렸다. 유지길 씨의 물로 젖은 몸은 그때마다 신음소리를 내며 펄쩍펄쩍 뛰었다. 김석진이 위협을 주려고 레버에 손이 가 닿기만 해도 유지길 씨는 "와!"하고 소리치는 지경이 됐다. 그래도 마음먹은 대로 불지 않자 이번에는 코일 한 가닥을 성기에 얽어 놓았다. 나도 모르게 밖으로 뛰어나갔다.

유 씨의 자서전

나는 엘리베이터실에 들어가 있지 않은 다른 수사관들과 첩보가 아무래도 과장된 것 아니냐는 이야기를 하고 있었다. 몇몇 수사관들도 나하고 똑같은 의문을 갖고 있었다. 그때 윤여섭이 나를 찾아왔다.

"김병진 씨, 좀 와주게. 야나가와가 통역을 해준 그 사람이라면 사실을 말하겠다고 하고 있어."

다시 모두 엘리베이터실 안으로 들어갔다.

"자아, 데려왔어. 통역하는 김 선생과 둘만 있게 해줄 테니 사실을 모두 털어놔야 해. 알지."

김상인은 그렇게 말한 뒤 다른 수사관들과 함께 방을 나갔다. 다시 기분 나쁜 장면이었다. 유지길 씨는 다른 사람들이 모두 나가고 문이 닫히는 것을 확인하자 묶인 그대로 내게 말을 걸었다.

"미안합니다. 불러대기까지 해서……."

말씨가 의외로 온순한 사람이라고 생각했다.

"아까부터 모든 사람의 모습을 보고 있었는데 당신이라면 내 마음을 알아주리라고 생각했습니다."

그때 묘하게 당황스런 기분 같은 게 느껴졌다.

"부탁입니다. 가르쳐주세요. 거짓말이라도 모두 그렇다고 시인하면 나는 풀려날 수 있습니까?"

어디선가 들은 대사였다. 그렇다. L씨다. 1983년에 공소 보류 처분이 된 그 L씨였다.

"당신은 수사관들이 말하는 것에 정말 짚이는 데가 없습니까?"

"그렇습니다. 지도원이라든가 포섭, 그리고 뭡니까 야나기 자이쇼쿠(柳在植)라든가, 대체 누구 이야기인지 전혀 모르는 일입니다."

거짓말은 아니라고 생각했다. 그런데 그렇다고 해서 어쩌자는 것인가. 5계는 지금 조작하려 하고 있다. 말만으로는 자기들 뜻을 꺾으려 하지 않을 것이다.

"알겠습니까? 그렇다면 최후까지 사실만을 말하세요. 거짓말을 하면 안 돼요. 그저 모른다고만 말하세요."

지금 엘리베이터실 안을 모니터로 보고 있는 자는 없다. 내 대답은 수사관으로서는 할 수 없는 말들이었다. 피의자에게 타협하지 말라고 하고 있으니 말이다. 5계는 유지길 씨 공략 방법을 숙고하지 않으면 안 됐다. 먼저 쓴 방법은 유지길 씨에게 '자서전'을 쓰게 하는 것이었다. 인생의 궤적을 자세히 문서로 쓰게 한 뒤 그 내용을 토대로 추궁할 재료를 만들어 내자는 것으로, 김석진의 착상이었다. 이 수사는 결국 최후까지 김석진의 주도로 추진됐다. '자서전' 작성은 시간이 걸리는 작업이고, 번역은 물론 내 일이었다. 덕분에 특징이 있는 유지길 씨의 일본어에 나는 완전히 익숙해졌다.

유지길 씨는 가난한 조선인 가정의 다섯째 아들로 태어났다. 국민학교는 자기 아버지 나이 뻘은 되는 맏형의 도움으로 오사카에서 졸업했고, 중학교는 오카야마에서 나왔다. 그런 다음 가난 속에서 이 사람의 싸움은 시작됐다. 잠을 줄여가며 일하는 방법을 익혔다고 한다. 중졸 학력이라는 약점을 안고 경영 자문 회사에서 실적을 올려 금융업계에 발을 들여 대성했다. 그러나 인생에는 좋은 일만 있을 수는 없는 법이다. 전신 류마티스 관절염이라는 난치병에 걸려 생사를 넘나든 끝에 건강을 지키려고 가라테를 배우기도 했지만 지금도 후유증이 계속되고 있다. 세무 처리와 관련해서 민단계의 한국경우회에 출입하게 됐고, 그 뒤 오카야마 민단 본부의 총무부장까지 오르게 된 것이다.

자서전을 번역하면서 정의감이 강한 사람이라고 생각했다. 재일 한국인으로서 참 부끄러운 이야기이지만 민단 사회에는 돈이 얽힌 더러운 부분이 상당히 많았다. 나도 어릴 적부터 봐서 알고 있었지만 오카야마도 사정은 마찬가지였다. 상업은행을 무대로 한 횡령이나 권모술수라든가 경우회나 민단이라는 재일 한국인의 공적기관을 사유물처럼 삼으려는 무리가 오카야마에도 있었던 것이다. 그 원흉의 한 사람으로서 오카야마 민단의 전 단장인 유일록의 이름을 유지길 씨는 알고 있었다. 물론 유지길 씨는 유일록이 서둘러 한 보고 때문에 자기가 이런 곤경에 빠진 것을 모르고 있다.

이 사람이 유일록의 원한을 산 이유는 민단의 단장 선거였다고 나는 판단했다. 민단 정화를 위해 지금은 고인이 됐지만 인망이 두텁던 초대 오카야마 민단 단장의 장남을 추대하려는 움직임이 일어나 유지길 씨가 선거 참모로 나서 유일록 일파를 패배시킨 것이다. 그렇게 해서 민단에서는 일본 최초로 2세 단장이 탄생했다. 유일록이 한 이야기로는 이런 유지길 씨의 행동이 '만단 와해 공작'인 것이다.

자서전에서는 5계가 바라는 내용은 나오지 않았다. 다만 유일록이 말하는 재일 공작 지도원 유재식을 "오카야마에서 오랫동안 살아왔으면 모를 리가 없다"고 김석진이 추궁해, "내가 태어난 유 씨 부락에 촌장 자격으로 있던 사람이 조총련 간부였는데, 그 사람인지도 모른다"라는 막연한 사실이 문서에 포함되는 것으로 끝났다.

수사 회의에서는 내 주장을 개진하는 것을 삼갔다. 내 처지를 생각하면 당연했다. 다만 개별 수사관과 접촉하면서 내가 일본통이라는 것을 앞세워 모략설을 밀고나갔다. 5계는 간첩과 모략설, 그리고 사고 정지파로 나뉘게 됐다. 계장과 김석진, 이원협, 윤여섭(첩보 보고자로서 유지길 씨가 간첩으로 판명될 경우 훈장이 예약돼 있었다) 그룹은 완강하게 간첩설을 거두어들이려 하지 않았고 신동기나 추재엽(秋在燁) 같은 수사관들은 감히 주장을 진술하지도 않았다.

"그 녀석은 진짜(간첩이)라고 생각하나?"

"아니요, 이건 틀림없이 모략입니다."

"역시 그렇게 생각하나? 그렇지만 그런 말을 아무에게도 하지 말게, 자네를 위해서도."

어느 날 신동기가 한 질문에 내가 솔직히 대답하자 친절한 충고가 돌아왔다.

인간 바비큐

애초 수사 회의에서 김상인은 모략설에 관해 결론을 서두르지 말라고 견제하는 정도였지만 회의를 거듭하는 동안 '모략설을 주장하는 것은 수사관으로서 자질이 의심스럽다'라고 하는 쪽이 되고 말았다. 아무도 모략이라고 선뜻 말할 수 없게 됐다. 그런 뒤에 오늘은 '바비큐'를 한다고 말했다. 수용동의 1층에서 지하층으로 내려가는 계단이 꺾이는 곳에서 '바비큐'를 시작할 준비가 진행 중이었다. 철제 책상 둘과 각목, 포승, 고춧가루를 탄 물이 들어 있는 용량이 10리터나 되는 주전자 등을 분실 관리병들이 준비했다.

"김병진 씨는 어디 있어?"

김상인의 목소리가 아래층에서 들렸다.

"그러면 안돼요, 옆에 있지 않으면 안 돼. 피의자에게서 어떤 말이 튀어나올지 모르는데……."

어쩔 수 없는 잔혹한 사람이라고 생각했다. 유지길 씨는 무릎을 꿇은 채 두 손발이 밧줄로 꽁꽁 묶였다. 팔과 무릎 사이의 얼마 안 되는 틈새에 쉽게 부러지지 않을 각목을 끼우고 그 나무의 양 끝을 들어 올려 두 철제 책상에 걸쳐놓았다. 미끄러지거나 하면 안 되기 때문에 각목 양쪽 끄트머리에 수사관들이 걸터앉았다. 유지길 씨의 몸은 등이 아래로 처진 모습으로 허공에 매달렸다. 머리가 뒤로 젖혀지고 입이 위로 향해 있었다. 추재엽이 젖은 손수건으로 코부터 눈 사이를 덮었다. 숨 쉴 구멍은 입밖에 남지 않았다.

"불어라 불어."

"항복해!"

수사관들의 욕설이 한층 더 높아졌다.

추재엽이 주전자를 들고 있었다. 생명을 이어가고 있는 최후의 구멍에 새빨간 물이 부어졌다. 나는 이 광경을 더 쓸 수 없다.

오랫동안 지옥의 그림을 봤다. 실제로는 얼마나 시간이 지났을까? 지금도 짐작이 가지 않는다. 누군가가 "잠깐 기다려. 죽는다!" 하고 소리쳤다. 유지길의 몸은 미동도 하지 않았다.

"연기를 하고 있는 거야."

김상인이 혼자 중얼댔다. 그래도 유지길 씨의 몸은 움직이려 하지 않았다. 잠시 침묵이 주위를 감쌌다. 그때 다른 수사관이 "큰일났다, 빨리 내려! 군의관을 불러" 하고 소리쳤다. 그 한마디로 '인간 바비큐'는 끝났다.

심사실에 데려간 유지길 씨를 침대에 눕혔지만 아직 의식이 없었다. 군의관 대신 한방의사 자격을 가진 관리병을 데려와 맥을 봤다. 의식을 잃기만 했고 생명에는 별로 지장이 없다는 진단이었다. 전신 류마티스 병력이 있다고 대학에서 의사 자격을 따고 군복무 중인 그 관리병에게 말해 줬다. 무리하지 않는 게 좋다고 그 젊은 한의사가 내게만 알려줬다. 계속 자고 있는 유지길 씨를 김상인은 '허풍 떠는 연극은 집어치워'라면서 몇 번이나 흔들어 깨우려고 했다. 그러나 유지길 씨는 일어나지 않았다.

유지길 씨가 오랜만에 잠을 자고 있을 때 5계는 수사 회의를 열었다. 회의란 게 고작 김석진의 계획을 들을 뿐이었지만 말이다.

"그 녀석은 가라테를 해서 체력에 상당히 자신을 가지고 있어. 일단 그 체력을 완전히 소모시키지 않는 이상 기력을 죽일 수가 없다."

유지길 씨를 보고서 나는 놀란 것이 많았다. 젊은 학생이었다면 얌전해져야 할 시간이 이미 훨씬 지났지만 수사관들을 향한 적의랄까 반항심을 조금도 버리려 하지 않는다는 사실과 밥을 국물 한 방울까지 남김없이 마구 집어넣는 것이다. 내 경우 밥을 만족스럽게 먹는 데 며칠이 걸렸는데 이 사람은 그렇지 않았다. 살기 위해 먹고 있는 것이다. 대단한 정신력이라고 생각했다. 그렇지만 그게 언제까지 계속될 수 있을까 하는 게 문제였다.

김상인이 기발한 발상을 꺼냈다.

"좋아 밥을 주지 마. 훨씬 양을 줄이는 거야"

5계는 수단과 방법을 가리지 않고 유지길 씨를 괴롭혔다. 소금을 듬뿍 친 밥만 줬고 물을 주지 말라고 지시했다. 5계가 하는 짓이라는 게 이렇게 유치했다. 유치하니까 훨씬 더 두렵다. 침대에 잠을 재우지 않고 하루

종일 막대기를 발에 끼워 정좌시켰다. 이원협은 사인펜을 몇 개 가져와 손가락 사이에 끼워 고통을 주기도 했다. 이원협은 고문의 선봉대였다. 통역자인 나는 고문 때마다 옆에서 그 광경을 보지 않으면 안 됐다. 조일지 때하고는 비교가 되지 않았다. 죽느냐 사느냐 하는 치열한 싸움이었다.

그 사이사이 '민단 와해 공작'의 증거가 되는 단서를 찾아내려고 유지길 씨에게 작문이 강요됐다. 경우회에 들어간 경위, 상업은행 총회를 겨냥해 활동한 내용, 단장 선거에서 한 활동을 자세히 쓰게 했다. 유지길 씨가 적은 상세한 내용은 도리어 정보 제공자인 유일록 일파의 부패상을 폭로하는 것이었지만 5계가 보기에는 '이런 민단의 허점을 이용한' 행위라고 해석되고 말았다.

솟아오른 용기

그 즈음부터 나는 나 자신도 알 수 없는 사이에 약간의 용기를 내게 됐다. 재일 한국인 유학생 간첩 조작을 목격하면서 아무런 손도 쓰지 못하고 다만 지시하는 대로 행동하지 않으면 안 된다는 자책감과 더불어 유지길 씨의 결연한 태도가 나를 고무한 것 같았다.

어느 날 유지길 씨와 나 둘만 있게 된 때를 노려 나는 유지길 씨에 사인을 보냈다. 눈만 깜빡이며 뭔가를 이야기하고 싶다는 뜻을 전달했다. 처음에는 어리둥절해 있던 유 씨는 "뭡니까?"라고 작은 목소리로 대답했다. 숨겨놓은 카메라는 내 등 위의 천장 네 모퉁이에 설치돼 있는 매직미러 너머에 있다. 나는 눈짓으로 은폐 카메라나 은폐 마이크가 있다고 전했다. 유지길 씨가 싱긋 웃었다. 그리고 내가 한 것처럼 눈을 깜빡여 '이해'한다고 알렸다. 그쪽 표정은 카메라에 비친다. 그만두라고 고개를 저었다.

5계는 장기전 태세로 들어갔다. 정보를 보완한다는 이유로 유일록 일파의 전 오카야마 민단의 직원이던 사람을 일본에서 불러오거나 유일록의 심부름을 하고 있는 윤충(尹忠)이라는 깡패를 일본에 파견해 상업은행의 이사를 접촉한 뒤 유지길 씨를 간첩으로 조작할 만한 재료를 찾았다.

망중한으로 수사관들은 일도 하지 않고 빈들거리기 시작했다. 피의자를 쉬게 하면 안 된다며 계속 작문을 시킨 탓에 번역을 해야 하는 나만 유지길 씨와 함께 심사실에 있어야 했다. 모니터를 전혀 틀지 않는 시간도 있다. 그런 시간이면 나와 유지길 씨는 '동지'가 됐다.

"작년 그 이원협에게 재일 한국인 여학생 둘이 3개월이나 끌려 다닌 일이 있어요. 다행히 석방되기는 했습니다만. 알겠어요? 최후까지 타협해서는 안 돼요. 괴롭겠지만 힘을 내주세요. 내가 봐온 학생들은 녀석들에게 멋지게 요리돼 감옥에 갔습니다. 나는 아무 도움도 줄 수가 없었어요. 그렇지만 당신이라면 괜찮아요. 하나만 약속해주시오. 어떤 일이 있어도 내가 당신을 도우려고 한 것만은 입 밖에 내서는 안 된다는 것을. 만약 입 밖에 내면 내 생명까지 빼앗기고 말아요."

"괜찮아요. 죽어도 말하지 않을 겁니다."

위험한 모험이었지만 나 나름대로 유지길 씨라는 인물을 눈여겨보고 결정한 뒤라 이런 일이 가능했다. 그리고 마지막까지 유지길 씨는 이 약속을 지켜줬다. 조일지 씨 때는 이런 모험이 불가능했다. 우리 둘은 서로 이야기를 나누었다. 내 신상 이야기도 했다.

"이미 이것은 유지길 씨 당신 혼자만의 문제가 아닙니다. 나는 재일 한국인이 여기서 어떤 처치를 당하고 있는지 계속 봐왔습니다. 당신의 싸움은 이제는 재일 한국인 전체의 싸움입니다. 그리고 이 민족 전체의 싸움이기도 하고요."

"알겠습니다. 동감입니다. 끝까지 부인할 수 있게 힘을 내겠습니다."

"육체적으로 괴롭겠지만 힘을 내 버텨주세요, 당신은 할 수 있어요."

내가 육체적으로 괴로움을 당하고 있는 게 아니어서 어딘지 모르게 비겁한 말처럼 생각되기도 했지만 이 사람을 돕는 길은 먼저 철저한 부인밖에 없었다. 유지길 씨가 내게 농담을 해왔다.

"수사관에게 별명을 붙였어요. 김석진은 대머리 주전자, 이원협은 사마귀, 윤여섭은 웃음의 천사."

"맨 마지막의 '웃음의 천사'가 아무래도 잘 납득이 가지 않는데요. '웃음의 악마'라면 모르지만 말이요."

"아뇨, 야유인 겁니다."

윤여섭은 고문할 때도 언제나 히죽히죽 웃으면서 고문했기 때문에 붙은 별명이다. 훈장을 받게 된다는 생각에 기뻐 견딜 수가 없었던 것이리라.

법정의 증인으로

그 즈음 서울지방법원에서 조신치 씨 공판에 내가 증인으로 출정하게 해달라는 서울지방검찰청 이사철(李史哲) 검사의 요청이 보안사에 왔다. 조 씨의 공판에서 일본에 있는 재단법인 조선장학회에 조총련계 직원도 있다는 것과 물색 지도원으로 돼 있는 김 선생이 실재하는 인물이라는 것, 그리고 조신치 씨 자신도 그 김 선생과 아는 사이여서 조선장학회에서 가까운 다방에서 담소한 일이 있다는 내용을 '검거 간첩'인 내게 증언하게 해 재판의 흐름을 검찰 쪽에 유리하게 돌려보려는 것이었다. 이종수 씨 때하고 마찬가지로 내가 보안사령부에 근무하고 있다는 것은 일체 덮어두기로 했다. 그 일로 잠시 사령부에 돌아와 있던 나는 "진술서만 가지고는 안 됩니까? 조신치는 내가 아는 사람입니다"라고 내근 사무실에서 누구에게라고 할 것 없이 호소했다. 그러나 함께 있던 3계의 김리전이 자기 계의 일이기도 해서 내게 괴로운 말을 던졌다.

"어차피 구해준 몸이지 않나, 나라면 그런 정도의 일은 100번이라도 기꺼이 하겠네."

사무실의 모든 사람이 침묵을 지켰다. 나도 아무 말을 할 수 없었다.

공판 당일, 서울지방법원에 들어서자 조일지 씨 어머니의 모습이 보였다. 순간 가볍게 인사를 했다. 그 옆에 앉아 있는 부인이 아마 조신치 씨의 어머니일 것이다. 조일지 씨 어머니는 옆의 부인과 뭔가를 소곤소곤 말한 뒤 나를 노려보았다. 그 기분을 알면 알수록 더 그쪽으로 시선을 보낼 수가 없었다. 3계에서 계획한 대로 조신치 씨의 증언을 위협하기 위해 수사관 3명이 방청석 맨 뒷자리에서 팔짱을 끼고 눈을 번득이고 있었다. 눈을 들자 조신치 씨의 변호인석에 앉아 있는 한승헌 선생이 보였다. 재야 민주 인사로서 저명한 한승헌 선생을 만난 적이 있었다. 물론 1983년 사건 전이다. 결혼식 주례를 해주신 조승혁(趙勝赫) 목사가 소개해주셨다. 1983년 뒤로 한국에서는 어버이나 마찬가지인 조승혁 목사와 한 번도 연락할 수가 없었다. 조승혁 목사처럼 민주 인사라고 불리는 사람들을 접촉하면 내가 보안사령부 직원인 이상 폐가 될 뿐 아니라 내 처신에도 바람직스럽지 않다고 판단하고 있었기 때문이다. 한승헌 선생은 조신치 씨를 변호하고 있어서 아는 사이인 것처럼 행동할 수는 없었다. 선생도 나를 만난 일을 잊고 있는지 어떤지 나를 모르는 모습이었다.

피고인 조신치 씨를 위해 통역하는 사람이 앉아 있었다. 내 말을 제대로 번역할 수 없는, 통역 구실을 하지 못하는 사람이었다. 내가 하는 한국어를 엉터리 일본어로 바꾸고 있었다.

유 씨의 눈물

장지동 분실에서는 유지길 씨를 '회유'하려고 불고기를 먹이는 등 꼼수를 부려보기도 했다. 여러 방법이 시도됐지만 회유는 결국 실패했다. 그래서 엘리베이터실이 다시 사용됐다. 계절은 이미 봄을 지나 여름이 되고 있었다. 그리고 5계는 이미 지엽적인 것은 깡그리버리고 '입북'만을 추궁하게 됐다. 최후의 절정을 먼저 만들어놓고 지도원이라든가 지령 사항, 탐지 수집은 나중에 덧붙이려는 것이다. 인간의 능력이라는 게 대단해서 유지길 씨는 한 달 넘게 분실에서 고문을 받으면서 수사관들이 지껄이는 한국어를 어느 정도 습득했다. 그만큼 내가 나설 차례가 줄어든 셈이며 '심사'를 하고 있을 때 내가 없어도 김석진의 일본어로 대강은 의사소통을 할 수 있게 됐다. 그런 변화를 핑계로 나는 심사실을 떠나 있었다. 밤새 고문을 계속한 어느 날 아침이었다. 김상인이 만면에 웃음을 띠면서 내게 알려줬다.

"김병진 씨, 겨우 토했어. 그 녀석 북에 있는 형 일을 생각해 말을 못했던 거야. 괴로웠겠지. 김병진 씨를 찾고 있으니까 가서 위로해줘야 해."

믿기지 않았다. 그럴 리가 없다.

'유지길 씨 북쪽 같은 데 간 일이 없다.' 그렇게 확신하고 있었다. 전원은 모두 끊겨 있었고, 심사실에서는 유지길 씨가 소리 내어 울고 있었다.

"정말로 북에 간 일이 있습니까?"

"미안합니다, 당신에게 그렇게 약속했는데……. 그렇게까지 거짓말을 하지 않겠다고 약속했는데……. 결국 지고 말았어요. 그렇다고 말해버렸습니다……."

나는 아연실색했다. 할 말이 없었다. 잠시 정신을 가다듬은 뒤 이렇게 위로했다.

"할 수 없겠죠. 당신은 버틸 만큼 버텼으니까요. 아무도 당신을 비난할 수는 없어요. 모두 그러니까요……."

나도 똑같았으니 말이다. 아니, 도리어 이 사람이 훌륭한 편이다. 이 사람은 잘도 버티었구나 하는 감회에 젖으면서 유지길 씨가 흘리는 눈물에 나까지 눈시울이 뜨거워지는 것을 느꼈다. 김상인이 그때 방으로 들어왔다.

"북에 있는 형님 일을 생각하니 괴로웠겠지. 이제부터는 괜찮아. 우리들이 네 힘이 돼 줄께"

김상인은 계속 흐느껴 우는 유 씨의 어깨를 끌어안으며 연극을 했다. 내게 씽긋 웃으며 김상인은 그렇게 지껄였다. 유지길 씨는 이미 이 정도 한국어는 이해할 수 있을 정도가 돼 있었다. 생명을 건 상태가 그렇게 만든 것이다. 그리고 유지길 씨는 울음을 참으려고 하면서 불쑥 말했다.

"무슨 소리를 지껄이는 거야."

유 씨가 어릴 때 익힌 오사카 사투리였다. 김상인이 내게 지금 뭐라고 그랬느냐고 물었지만 나는 아무것도 아닌 얘기라고 대답했다. 김상인은 여전히 연기를 계속했다.

"어렵게 마음을 고백한 유지길을 위해 오늘은 이 뒤뜰에서 바비큐(진짜 바비큐)를 해주도록 하지."

파티에서 유지길 씨는 거의 밥을 먹지 않았다. 살기 위해 마구 먹으며 거친 음식에도 견뎌온 사람이지만 이때는 식욕이 전혀 없었다. 이원협이 다른 사람 몫까지 열심히 먹어치웠다.

이제부터 수사관들이 애써 온화하게 일하려고 했다. '야나가와 씨'가 유지길 씨를 부르는 이름으로 수사관들 사이에 정착했다. 그렇다고 해서 일이 순조롭게 진행될 리가 없었다.

왜냐하면 언제 북에 갔으며, 무엇을 봤고, 무슨 지령을 받았는지 유지길 씨 입에서 나와야 했기 때문이다. 그런 경험이 없는 유지길 씨가 말할 수는 없는 일이었다.

"시골길을 차로 안내받았는데 농부들이 들일을 하고 있었다."

이런 정도의 진술밖에 나오지 않았다. 온화하게 하려고 애쓰고 있던 김석진이 화가 치밀어 호통을 쳤다.

"정말 너는 북한에 갔다 왔나?"

"당신네들이 갔다 왔다고 하라고 하지 않았느냐 말이요."

다시 두들기기 시작하나 해서 옆에 앉은 내 마음이 무거워졌지만, 김석진은 의외로 "알겠어, 알겠다는 말이야"라고 하며 그 자리를 얼버무렸다.

모험

소문이라는 것을 먼저 전제한다. 그리고 이런 이야기를 내게 해준 사람은 보안사령부 내부 인사기 때문에 누구인지 말할 수 없는 것을 양해해 주기 바란다.

김석진의 장남은 상당히 방탕한 사람이라고 한다. 얼마나 방탕한지 나로서는 알 수 없지만 김석진이 부업으로 하고 있던 어떤 사업이 그 방탕한 아들 때문에 궁지에 몰려 거액의 빚을 안고 말았다. 덧붙여 말하면 보안사에 있다는 것은 큰 간판이다. 덕분에 얼마 안 되는 월급을 받아도 모두 넉넉히 지내고 있다. 추재엽이 말해준 대로 그런 일을 하려면 몇 년 경력이 붙지 않으면 안 된다. 젊은 사람이 하면 건방지다는 말을 듣는다고 했다. 여기까지는 모두 알고 있는 이야기이지만, 문제는 일본 오카야마의 유일록과 김석진 사이에 약속된 일이 있었다는 것이다. 유지길 씨 사건을 만들어주면 유일록 쪽에서 김석진에게 상당한 금액을 지불한다는 약속이다. 이상한 생각이 들어 유일록이라는 사기꾼에게 그런 여력이 있느냐고 그 이야기를 해준 사람에게 물었다. 그러자 이런 대답이 돌아왔다.

"그런 것은 유지길 가족한테서 우려내는 거야."

유일록이 보안사령부와 유지길 씨 가족 사이에 끼어들어 브로커 구실을 한다는 것이다. "보안사령부에 잘 아는 사람이 있다"는 말을 퍼뜨리면 된다.

이 해 한학동 효고 출신 몇몇이 곧 내 선배들과 후배 하나가 보안사령부에 '자수'했다. '자수'라고는 해도 일 관계 등으로 한국에 오지 않으면 안 될 사정이 있어 죄를 자백하고 용서를 비는 게 아니었다. '서성수 일당 사건' 파문으로 당국의 조사를 받게 되는 게 아닐까 두려워하던 사람이 '자수'한 것이다. 물론 나나 서 형하고 친한 사람들이었다. 한국에 오기 전에 일본에서 고베의 브로커에게 한 사람 당 일본 돈으로 300만 엔, 많은 사람은 500만 엔을 건네주고 왔다고 한다. 돈의 흐름이 어떤지는 정확히 몰라도 보안사 간부에게도 당연히 이 돈이 돌고 있을 것이다. 나는 이 이야기를 아내에게 했다. 아내는 더는 참을 수가 없었는지 울기 시작했다.

"그 사건 때 보안사령부가 일본에서 이버님을 불러오라고 말한 게 틀림없이 돈 때문이었어요."

아버지까지 간첩으로 만드는 게 아닐까 하고 부르지 않았다.

"간첩도 돈으로 팔고 사는 거예요. 돈을 줬다면 당신은 보안사에서 일하지 않아도 됐을지 몰라요……."

안 된 일이지만 유지길 씨 신문 조서는 작성되고 있었다.

포섭은 차를 타고 지나다가 우연히 유재식(가명)이라는 조총련 간부를 만나 북한에 있는 형 가족을 위해 간첩이 될 것을 제안 받아 진행됐다. 두 사람의 연락 방법은 전화였는데, 그 유재식이라는 사람의 전화번호 따위를 유지길 씨는 물론 모른다. 그래서 지어낸 이야기가 '유재식의 전화번호는 단축 다이얼로 돼 있어 몇 번인지는 잊었지만 버튼 하나로 연결되게 돼 있었다'라는 것이다.

북에 갔다 온 일이라든가 북한에서 한 활동은 완전히 유도신문을 했다. "북에는 천리마상이라는 게 있는데 보지 못했는가"라는 식으로, L씨에게 한 것과 똑같은 방식이었다. 수사관들이 번갈아가며 그런 소꿉장난 같은 짓을 했다. 통역인 나만 줄곧 그 장면을 지켜봤는데 모두 이런 조작물이었다.

"이 녀석 이런 것까지 알고 있어. 북에 갔던 게 틀림없어."

윤여섭은 아주 만족하고 있었지만 나는 바보 같다고 해야 할지 뭐라고 해야 할지 아무 말이 나오지 않았다.

탐지 수집은 뻔한 수법이다. 한국에서 친척집에 놀러갔다고 하면, 지도를 펼쳐놓고 큰 댐을 가리키며 "이봐 그곳 댐에는 갔다 왔나"하고 묻는다. "아마, 친척이 안내해 밤에 드라이브하러 갔다 왔을 거요"하고 대답하면 완성되는 것이다. 재일 지도원에게 보고할 목적으로 국가의 중요시설을 '탐지 수집'한 꼴이 되는 것이다. 휠체어를 기부하면서 다닌 것도 물론 탐지 수집. 어쨌든 이 사람은 한국에서 밥을 먹든 잠을 자든 놀든 모두 다 '탐지 수집'인 것이다.

그 즈음 오카야마 민단 단장이 "유지길을 내놓으라"고 하며 보안사령부 수사 분실에 나타났다. 유지길 씨를 아는 사람인 민단 간부도 함께 왔다. 5계는 이미 유지길 씨에게 거짓 실토하게 한 자백 테이프를 소장실에서 두 사람에게 들려줬다. 그래도 믿으려고 하지 않은 단장은 반대로 "조총련에서 300만 엔의 선거 자금을 유지길 씨를 통해 받았다"라는 진술을 강요당했다. 나는 설마했지만 박호순 수사과장까지 가세해 오카야마의 재일 한국인을 대표하고 있는 민단 단장까지 죄수복을 입혀 폭행을 가해 엘리베이터실까지 데려가는 것이었다. 이 패거리들이 재일 한국인을 이다지도 멸시하고 있다는 사실에 나는 울분을 느꼈다. 단장에게 설마 예의에 어긋나는 일은 하지 않겠지 하고 낙관한 잘못이었다.

단장은 지병이 있는 사람인데, 이번 한국 방문도 병원에서 퇴원하자마자 곧장 달려온 길이었다. 그러나 단장의 태도는 의연했다. 5계와 박호순 과장의 집요한 추궁에도 2세인 그 단장은 경상도 말씨를 쓰며 정면으로 부인했다. 이 모습을 텔레비전 모니터로 보고 있던 나는 단장도 신뢰할 수 있는 사람이라고 판단했다. 그래서 나는 단장에게 접근하기로 결심했다.

접근 방법은 유지길 씨 경우와 비슷한 것이었다. 소장실에서 단장 한 사람만 남기고 5계 패거리들이 자리를 뜬 뒤 나와 둘만 남은 때를 노려 신호를 보냈다. 두 손으로 안경을 만들어 숨겨진 텔레비전이 있고, 귀에 손가락을 대고 집게손가락으로 입을 가리키며 숨겨진 마이크가 있다고 알려려 하자 단장은 괘념치 않는 모습으로 "뭡니까?"라고 묻는 것이었다. 나는 집게손가락을 입에 댔다. 단장은 모르겠다는 듯이 머리를 몇 번인가 흔들었다. 결국 내 의사는 복도를 걸으면서 남의 눈을 피해 "아까 그 동작은 무슨 뜻이었습니까?"라고 단장이 물을 때 전달됐다.

며칠인가 고문을 한 뒤 서울관광호텔에 보내진 단장을 밤에 방문했다. 처음에는 호텔에 전화를 하려고 생각했다. 호텔 전화를 도청하기 위한 수배를 해두지 않은 것은 알고 있었지만 호텔의 전화 교환원이 5계에 협력하고 있다면 곤란하다. 나는 미리 5계의 보고서에서 호텔 몇 호실에 단장이 투숙하고 있는지 파악한 뒤 단장을 호텔에 데려간 수사관들이 모두 철수한 것을 확인하고 한밤중에 택시를 탔다. 호텔 로비에 있는 사람들의 눈을 피하면서 나는 단장의 방으로 곧장 달려갔다.

노크를 하자 단장이 문을 열고 놀란 모습으로 나를 맞았다. 의자에 앉으라고 말하는 대로 앉으면서 나는 봇물이 터진 것처럼 계속 지껄여 댔다.

"단장님, 유지길 씨를 살려내야 합니다. 당신이 들었던 자백 테이프는 '강제 자백' 입니다. 당신도 유지길 씨의 결백을 믿고 있을 겁니다. 실은 저도 재일 한국인입니다. 사정이 있어 보안사에서 통역을 하고 있습니다만 유지길 씨의 수사를 처음부터 봐왔습니다. 유일록이라는 자를 알고 계실 겁니다. 그 자의 함정에 유지길 씨는 걸려든 겁니다."

나는 흥분해서 마구 지껄였다. 단장은 입을 작게 벌리고 잠시 나를 유심히 쳐다봤다.

"당신, 술을 드십니까?"

"네, 주십시오."

단장은 공항에서 사온 면세 브랜디를 따라줬다. 나는 상당히 흥분해 있었다. 내가 남의 눈을 피해 단장과 접촉하는 위험을 무릅쓴 이유는 이러했다.

유지길 씨는 입북한 것으로 조작돼 있다. 그 부분이 사건의 핵심이다. 5계는 유지길 씨를 기소하려 하고 있지만 입북 부분의 알리바이가 앞으로 유지길 씨의 신변을 좌우하는 데 가장 중요한 요소가 된다. 그 알리바이를 결정적으로 증명할 수 있는 일기장이 민사 소송을 위해 일본의 어느 변호사 손 안에 있다는 사실을 나는 유지길 씨에게 들은 적이 있었다.

문제는 그 알리바이를 언제 내놓는가 하는 것이었다. 5계가 간첩을 만들고 있는 시점에서 그 알리바이를 내미는 것은 의미가 없다. 왜냐하면 5계는 시기를 조정하는 작업으로 속이기 때문이다. 유지길 씨가 송검된 뒤가 아니면 효과가 없다. 보안사령부의 손을 떠난 뒤에 누가 봐도 엉터리 수사였다고 말할 수 있어야만 한다. 나는 그렇게 판단한 뒤 유지길 씨에게 '그 수첩의 존재를 결코 수사관에게 누설하지 말라'고 몇 번씩이나 다짐했다. 이제 '단장은 믿을 수 있다'라는 확신을 가지고 무모하지만 모험을 했다.

나는 '입북 시기'라고 된 기간을 몇 번씩이나 단장에게 말했다. 메모 따위는 건넬 수가 없다. 공항이나 어디서 발견되면 위험하기 때문이다.

단장은 한참 생각을 하고 나서 "알았다"고 대답해줬다. 유지길 씨를 위해 그 증거를 확보하고 내가 지정해준 시기에 변호사를 통해 공표하는 내 작전에 전면적으로 동조해줬다. 그때 나는 깊은 숨을 내쉬었다.

"당신 가족은 일본에 있습니까?"

단장의 말에 뭔가 차분한 것을 느꼈다.

"네. 아버지와 형과 누이동생이······."

"일본에 자주 갑니까?"

나는 말문이 막혔다. 아버지보다 젊은 사람이지만 재일 한국인이라는 분위기 탓일까 아버지의 모습과 겹쳐져 자꾸만 견딜 수 없는 기분이 됐다. 단장을 아버지 대신으로 생각해 붙들고 울고 싶은 충동을 느꼈다.

"오래 머무는 건, 제 안전을 위해서도 위험합니다. 이제 실례하겠습니다."

나는 아내와 아이가 기다리는 아파트로 향했다. 집에 돌아갈 때마다 오늘은 집에 돌아가도 좋다고 김상인이 허락했다고 언제나 유지길 씨에게 사죄하며 미안하게 생각했다.

"나는 괜찮으니까 아이와 부인의 얼굴을 보고 오십시오."

유지길 씨는 그때마다 내게 그렇게 말해줬다. 3일마다 허가되는 귀가였다.

충성공작

안기부에서 공문 한 통이 송달됐다. 대공 공작은 ABC 3 등급으로 구별되지만 공작금이 가장 높은 A급 공작(100만원)은 안기부의 승인이 필요하다. 안기부는 각 정보기관의 통괄 부서로서 중요한 공작의 경우 각 기관 간의 경쟁을 조정하는 안전기획부 공작단이라는 부서가 유지길에 관한 간첩 신고를 몇 번에 걸쳐 받았으며 내사를 실시한 일이 있다는 내용과 그 결과 허위 과장 첩보로 단정해 종결 처리한 취지가 적혀 있었다. 끝으로 '본 건은 신고자(유일록)의 감정적 원한에 의한 것이므로 종결 처리할 것'과 통괄 부서인 안기부의 의견이 첨부돼 있었다. 안기부는 공작을 승인하지 않은 것이다.

그러나 김상인은 기세가 꺾이지 않았다. 보안사령부의 체면을 걸고 꺾이려 하지 않았다. 김상인은 공작 승인 요청서를 다시 안기부에 제출했다. '유지길은 입북 간첩'이라는 것이 첫째가는 주된 문구이며, 이렇게 되면 안기부에서도 보안사의 수사는 엉터리라고 할 수 없다. 정면으로 싸움이 벌어지게 됐다. 공작 승인이 내려졌다. 5계에서 만든 공작명 '충성공작'이 A급으로 인정된 것이다.

여기서 나는 의문을 하나 가졌다. 처음 윤여섭이 첩보 보고를 할 때는 보안사령관 결재만으로 가능한 B급 공작(80만 원의 공작금)이 상신돼 사인을 받았다. 그런데 내가 본 것 중에도 재일 한국인을 연행하기 위한 공작 중에 B급은 없었다. A급 승인에는 시간이 걸리는데 안기부는 이쪽에서 재촉하면 어느 정도 무리가 있더라도 대개 들어줬다. 김석진 등은 안기부에서 일단 수사를 개시한 뒤 종결됐다는 사실을 처음부터 알고 있었을 것이라는 결론이 된다.

그렇기는 하지만 공작 승인을 받을지 여부, 그리고 B급이나 C급(50만원)이라 해도 수사과의 알맹이를 봐서 알고 있는 내게는 그리 의미가 없어 보였다. 그저 공작금을 받으려는 것뿐이다. 결국 5계는 '충성 공작'이라는 이름으로 공작금을 2중 수령한 셈이 된다.

공작 승인을 내리지 않으면 안 되게 된 안기부의 어느 계장이 유지길 씨를 한 번 만나게 해달라고 보안사의 수사 분실을 방문한 적이 있었다. 일본의 가족이 손을 쓴 결과이지만 보안사 쪽의 강경한 대응으로 "변호사 선임을 수락해주기 바란다"는 신청을 내락 받은 정도가 그 계장이 거둔 성과였다. 유지길 씨는 그 계장의 수고를 무척 고맙게 생각하고 있다.

그 다음에 안기부에서 전해진 공문은 "첩보 이첩"이라는 것이었다. 정확한 장소는 기밀 사항이 돼 있어 나도 알 수 없지만 강원도 신중에 777부대라는 안기부 통제하의 통신부대가 있다는 것이다. 그 부대가 수상한 국제 전화를 도청해 녹음했다. 장시간 몇 번에 걸친 통화에서 '간첩, 보안사, 유지길'이라는 단어가 자꾸 나와 보고한 것이다. 안기부에서 검토한 결과 이것은 보안사 관할 사항이라고 해서 첩보 이첩해왔다.

김석진은 이 장거리 전화의 정체를 곧 알 수 있었다. 유일록의 충복인 윤충이 일본 쪽과 나눈 전화였다. 김석진은 그날 밤 작업 중인 윤충을 어느 다방으로 불러냈다. 몇몇 수사관과 함께 귀가하던 그날 나도 그 다방으로 갔다.

윤충은 밤중인데도 선글라스를 쓴 채 새빨간 스웨터를 등 뒤에 둘러메고 소매를 목에 걸치고 있었다. 일본 깡패의 분위기 바로 그것이었다. 이 사람은 한국인이지만 이전에 일본 오카야마에 몇 년씩 살면서 유일록이 단장일 때 민단 사무원을 했다고 한다. 자신은 대학원에 다녔다고 하지만 아무래도 그런 사람처럼 보이지 않았다. 김석진이 국제 전화에서 너무 쓸데없이 함부로 지껄이고 있다며 가볍게 주의를 줬다. 윤충은 '헤헤

헤……' 하고 웃었다.

"김(석진) 선생, 그래서 말하지 않았습니까. 내게 보안사 신분증을 하나 내주시라고 했잖아요. 그것만 있으면 오카야마에 가서 어떤 진술도 끄집어낼 수 있다니까요."

나도 가지고 있는 녹색 부대원증을 요구하는 것이다.

윤충의 일을 내게 말해준 사람의 이야기에 따르면 일본에서 한국으로 돌아온 뒤 어떤 경위인지는 모르지만 김석진이 비호해 일본어를 할 수 있는 능력을 들어 어느 무역 회사에 취직을 알선했는데 깡패 기질이 화를 자초한 것인지 파면됐다고 한다. 김석진이 윤충의 말을 받았다.

"안 돼. 민간인에게 부대원증 따위를 발행할 수는 없어."

"그럼 부대원으로 해주세요."

"쓸데없는 소리 하지 마라. 이번 건이 잘 처리되면 과장이나 처장에게 말해 보안사의 백으로 취직할 곳을 마련해줄 테니까, 어쨌든 지금은 경솔한 짓 하지 마라."

나 대신 이 사람을 부대원으로 하면 좋겠다. 그런 생각을 잠시 해봤다. 한번은 이 남자가 유일록이 준 문서를 가지고 분실을 찾아온 일이 있었다. 김석진이 하릴없이 지내는 윤충을 보고 내가 하고 있는 번역을 좀 도와주라고 했지만 말은 능숙한 것 같은데 번역은 전혀 할 수 없었다.

"번역은 역시 김병진 씨가 아니면 안 되겠군."

김상인은 이렇게 나를 부추겼다.

유지길의 결의

여름이 지나가려고 했다. 유지길 씨의 송검 준비를 할 시기가 점차 다가왔다. 서대문 구치소에 갈 날이 가까워지면서 유지길 씨에게 강요된 허위 자백이 내 마음까지 무겁게 했다. 일본에서 단장이 일을 잘 진척시키고 있을까, 혹시나 권력의 힘을 두려워 한 나머지 내 행위를 누구에게 털어놓지는 않을까, 아니 그 사람은 그런 사람이 아니다. 틀림없이 해줄 것이다.

"검사 앞에서 내가 지금까지 말해온 것을 부정하면 나를 다시 여기에 데려오겠다고 한 것은 정말입니까?"

유지길 씨도 마음이 무거웠다. 검사가 지시하면 '재조사'는 가능하다. 그런 예를 나는 보지 못했지만 수사관들의 말로는 그런 일도 있을 수 있다고 한다. 나는 조금 망설였다. 혹시 내 충고가 너무 혹독한 것인지도 모르기 때문이다.

"유지길 씨, 당신은 훌륭한 사람입니다. 그런 폭력을 견뎌냈으니까. 알리바이는 틀림없이 일본에서 잘 증명해줄 겁니다. 그리고 또 다른 문제는 검사의 취조입니다. 유지길 씨, 당신은 몇 번씩이나 생사의 위기를 넘어왔다고 볼 수 있습니다. 나는 당신에게 강요할 상황에 있지 않습니다. 그렇지만 다시 한 번 죽을 각오로 해보지 않겠습니까. 뒤집어버리는 겁니다. 체포 단계부터 보안사의 이 분실에 이르기까지 어떤 대우를 받아 이야기가 시작됐고, 북에 간 일도 없는데 간 것처럼 조작됐다고 검사에게 말하지 않겠습니까? 그건 사실이 아니니까 말입니다. 사실만을 말하지 않겠습니까?"

나쁘게 말하면 선동이다. 유지길 씨에게는 가혹한 주문이라는 것을 나자신도 잘 알고 있었다.

"……하겠습니다."

나는 다시 유지길 씨가 대단한 사람이라고 생각했다. 그리고 어쩐지 나까지 하늘을 날 듯한 기분이 됐다.

구치소 안에서

서대문 구치소에 가는 날 유지길 씨는 발랄하고 힘차 보였다. 수사관들은 입을 모아 이상한 놈이라고 하지만 나는 유지길 씨가 지닌 투지의 발현이라고 생각했다. 분실 소속 마이크로버스를 타고 서대문 구치소로 향했다. 포승으로 꽁꽁 묶인 유지길 씨 옆에 앉았다. 유지길 씨는 내 손을 힘 있게 쥐었다.

"힘을 내겠소. 꼭 해내겠습니다."

나도 유지길 씨의 손을 굳게 쥐었다.

그날 서대문구치소라는 곳을 처음 봤다. 높은 담장에 둘러싸인 그 구치소는 일제 강점기에 옛날 일본인이 만들어놓은 것이다. 일반 범죄자에 섞여 헤아릴 수 없을 만큼 많은 독립투사를 맞아들였고, 지금도 데모를 한 학생들을 수용하고 있으며, 날조된 '간첩'을 기다리고 있다. 민족의 아픈 역사를 상징하는 건물이다.

담장 안 좁은 대기실을 지나 구치소 구내로 들어갔다. 내가 이곳을 지나는 이유는 신병 인도 때 통역을 해야 하기 때문이었다. 5계의 수사관이 수속을 위해 교도관이 앉아 있는 책상 앞까지 갔다. 서류를 건네고 수속을 하려 하자 그 교도관이 구속자가 두 사람이냐고 물었다. 내가 유지길 씨 바로 옆에 서 있어 나도 구속자로 오인한 것 같다.

"나는 구속자가 아니다."

이런 말을 하고 나니 기분이 묘했다. 함께 들어가도 좋지 않은가, 그런 생각이 내 마음 어딘가에 용솟음치고 있었다. 서성수 형도 이전에 이 속에 있었을 것이다. 박박 씨도 허철중 씨도 그리고 윤정헌 씨, 조신치 씨와 조일지 씨 또한 재판이 끝나지 않아 이 구치소 어느 방에 있을 것이다.

교도관은 유지길 씨에게 '차렷, 쉬엇'이라고 구령을 붙였지만 당사자는 무슨 의미인지 전혀 모르고 있었다. 어두컴컴한 구치소 사무실을 그저 두리번거리고 있었다. 옆에서 5계의 직원과 교도관의 대화가 들렸다.

"재일 한국인 입니다."

"그러면……."

"국보법 위반 간첩입니다."

사무실 입구에서 젊은이가 때때로 커다란 소리를 질러 나를 놀라게 했다. 자세히 들어보니 '박일 교도병, 업무를 마치고 물러갑니다'라고 하는 말이다. 여기서도 이 나라의 젊은 사람이 일하고 있는 것이다. 치안본부에 근무하는 전투경찰처럼 군에 징집된 뒤 법무부에 위임돼 군대가 아닌 군 생활을 보내고 있는 것이다.

구치소의 수용동은 사무실보다 더 어두컴컴했다. 수감자의 모습이 보이는 곳까지 갈 수는 없었지만 교도관 이야기로는 갑자기 학생 구속자가 늘어나 구치소 안이 떠들썩한 모양이다.

'삼민투 사건' 그 즈음 요란스럽게 선전하고 있었지만 학생 조직의 활동이 북한에 동조하고 있다 해 국가보안법을 적용한 사건이다. 덕분에 서울지방경찰청의 공안 검사들이 집에 못 들어간다는 이야기를 보안사 안에 도는 소문으로 알고 있었다. 밤마다 반정부 노래를 합창해 죽을 지경이라고 한다. 수감자는 확실히 200명 안팎이었다. 스무 살이 될까 말까 하는 대학생에게 국가보안법을 사용하지 않으면 안 될 말기 증상이다. 그 대학생들을 의무병 또는 젊은 교도병을 시켜 감시하고 있다. 이 나라에서는 청년이나 학생이 늘 희생자인 것이다.

복도를 걸으면서 유지길 씨가 내게 속삭였다.

"힘을 내겠습니다. 믿어주십시오."

유지길 씨는 버스 속에서 잡았던 것보다 더 세게 아플 정도로 내 손을 꼭 잡았다. 수용동의 철문이 열리고 그 속으로 들어가는 유지길 씨의 뒷모습을 보자 소리 내어 울고 싶다는 생각이 마구 치솟았다. 그러나 참았다.

2, 3일에 1회씩 유지길 씨는 장지동 분실에 끌려왔다. 구속 기간 중 조사를 하고 있는 게 보안사라는 점을 제외하고는 일단 합법적인 조사였다. 조사라고는 해도 일을 모두 끝낸 판이라서 송치 서류의 세부 사항을 약간 조정하는 일 말고는 피의자의 진을 빼는 정도의 의미가 된다. 검사 앞에 나갈 때의 마음가짐("조서대로 그렇다고 하라") 같은 이야기가 중심이며, 수사관들과 내 관심사는 구치소 안에서의 모습이었다.

"유지길, 아직 여름이어서 다행이었어. 겨울이었다면 큰일이었을 거야."

수사관의 말에 유지길 씨는 맞장구를 쳤다.

"그렇지만 그 구린내 나는 냄새만은 역겹더군요."

오물이 방 안에 그대로 있는 것이다.

유지길 씨는 구치소 안의 모습을 이렇게 전했다. 매일 밤 자기가 수용돼 있는 동의 앞뒤 동에서 대합창이 시작된다. 그러면 교도관들이 여기저기 뛰어다니며 그 합창을 제지하려고 빽빽 소리를 지르고, 한 곳의 노랫소리가 그치면 이번엔 다른 동에서 합창이 시작된다. 어느 날인가는 그 숨바꼭질이 한밤중까지 계속됐다고 했다.

유지길 씨는 이런 말도 하고 있었다. 내게만 해준 이야기인데, 자기가 간첩이라며 교도관들이 교대로 구경왔다고 한다. "너는 정말 북에 갔다 왔나"라고 물어 유지길 씨는 "가지 않았다"고 대답했다고 한다. 개중에는 '거짓말 말아' 하며 코웃음 치는 사람도 있었다고 하는데, 교도관과 낯이 익어가자 일본어를 약간 아는 연배의 교도관이 "당신은 북에 갔다 온 사람같이 보이지 않으니 재판에서 힘을 내게"라고 하면서 밀수로 붙들린 다른 재일 한국인이 가지고 있던 일본 소설이라든가 수박까지 차입해줬다고 한다. 유지길 씨의 타고난 소탈한 성격 덕분에 교도관들과 격의 없이 친해질 수 있었겠지만, 보안사 수사관들보다 교도관들이 보는 눈이 있다는 사실에 감탄할 수밖에 없었다.

유지길 씨를 두 번째로 서대문 구치소까지 전송할 때의 일이었다. 구치소 사무실 소파에 앉아 5계의 수사관이 신병 인도 수속을 하고 있었다. 내 앞에 있는 출입구에서는 교도병이라고 불리는 젊은 청년들이 전투복 장으로 "×××, 업무를 마치고 돌아갑니다"라는 말을 요란스러운 목소리로 외치고 경례를 했다. 그러는 동안 나는 그 목소리에 별로 관심을 보이지 않게 됐다. 이번에는 내 등 뒤에서 젊은 청년의 성난 목소리가 들려왔다. 아무렇지도 않게 생각했다.

그때 "이놈 빨리 꺼내!"라는 소리가 들리나 하더니 몇몇 교도관이 사무실 안쪽을 향해 달려갔다. 하얀 죄수복 차림을 한 안경 쓴 큰 몸집의 청년이 수갑을 찬 채 그곳에 서 있었다. 청년은 다시 한 번 소리쳤다.

"광주민주화운동 규명하라!"

"전두환 물러가라!"

가슴이 뜨거워지는 기분을 느꼈다. 교도관이 "알았어, 알았어" 하며 수용동으로 데려가는 청년의 뒷모습에 나는 몸부림칠 정도의 감동을 맛보았다. 저 청년이 나도 격려하고 있는 것이라고 생각했다. 흥분은 좀처럼 가시지 않았다.

뒤엎은 자백

유지길 씨는 보안사의 손을 떠났다. 서울지방검찰청의 치안검사 정진철(鄭鎭哲)이 유지길 씨의 담당 검사가 됐다. 그리고 유지길 씨는 나하고 한 약속을 지켰다. '자백'을 뒤집은 것이다.

정진철은 보안사에 통역을 알선해 달라고 요구했다. 통역은 정확한 의사소통을 돕는 일을 하는데, 그것 말고 (보안사 요원을 통역으로 검사의 조사에 항상 동석시킴으로써) 유지길 씨에게 위협을 주려고 하는 저의가 있었다.

나는 그 통역에서 제외됐다. 나는 위협이 되지 못하기 때문이다. 그때 김포국제공항 보안사 분실에서 수사과에 돌아와 내근에 있던 박 서기관이라는 사람이 검찰청에 통역으로 다녔다. 5계로서는 중대한 사태였다. 위로연을 겸해 제8군 레스토랑에서 스테이크를 먹으며 기쁨에 들떠 있던 5계가 의기소침해 다시 긴장하게 됐다.

"왜 유지길은 검사 앞에서 부인하기 시작했나?"

먼저 이 의문의 답을 찾지 못하는 한 대응책을 강구할 수가 없었다. 5계는 고민하기 시작했다. 그리고 이즈음 나는 본래 소속인 내근으로 돌아와 통상 임무에 종사하고 있었다. 그리고 어떤 사람이 내게 은밀히 말해줬다(물론 이름을 밝힐 수 없지만 한 사람은 아니었다).

"5계에서 무엇을 물어도 최후까지 모른다고 버텨."

회의 중 내가 표적이 되고 있다고 했다. '당초 김병진은 뒷전에서는 모략설을 집요하게 주장하고 있었다. 그러다가 중간에 일절 입을 다물었을 뿐만 아니라 통역이나 번역 때문에 유지길과 가장 오랫동안 접촉했고, 유지길도 김병진을 향해서는 원한은커녕 야유마저 보낸 적이 없다. 그리고 무엇보다도 김병진은 검거 역용 간첩이다. 마음속으로 무엇을 생각하고 있는지 누가 알게 뭔가'라는 게 논의의 내용이었다고 한다.

이 말을 들은 순간 서빙고 고문실에서 고문과 감금의 기억이 되살아났다. 어느 정도는 그런 사태도 예측하고 있었지만 몸이 떨릴 수밖에 없었다. 군법회의든 무엇이든 상관없다는 혹독한 기분이 불안과 함께 어울려

나를 엄습했다.

검사와 유지길 씨의 대결이 며칠이나 계속됐다. 나로서는 어떤 모습인지 짐작도 가지 않았지만 정진철 검사는 보안사 수사과와 협의를 계속하면서 '공소 보류'라는 예의 편법을 사용하지 않을 수 없다고 판단했다. 적어도 1라운드는 유지길 씨가 이겼다. '범죄 사실'의 일부를 인정하는 대신 신병을 석방하려는 타협이 성립한 것이다. 유지길 씨의 '입북 시기' 알리바이를 증명하기 위해 유 씨 자신이 쓴 일기장을 근거로 한 면밀한 조사 결과가 일본의 변호사 쪽에서 송달된 이상 '북으로 갔다'는 혐의는 완전히 근거를 잃고 말았다. 나하고 약속을 한 내 기대 이상으로 단장이 훌륭히 완수한 것이다.

일본 쪽 변호사가 보내온 문서를 사령부 안에 있는 5계 사무소에 불려가 번역하고 있을 때 몇몇 사람을 제외하고 나를 바라보는 시선이 모두 차가웠다.

'유지길은 나에 관한 이야기를 절대 할 리 없다······.'

여유 있는 척하며 문서를 봤다. 5계는 문서 내용이 알리바이라는 것을 알고 있다.

"저런, 이건 유지길의 알리바이 아닙니까. 변호사가 만들었군요. 이거 완벽한데요."

예를 들어 일기장에 나와 있듯이 몇 월 며칠에는 전기 공사 때문에 전기 시설 업자와 만났다. 거기에다가 그 전기 상회의 진술서가 첨부돼 있다. 물론 북에 갔다고 돼 있는 시기에 말이다. 그런 진술서가 대여섯 통은 첨부돼 있었다. 이미 5계도 어찌할 도리가 없었다. 나는 심각한 표정을 지었지만, 마음속으로는 '꼴좋다'고 빈정대고 있었다.

내가 5계의 사무실에 있을 때 어디선지 모르지만 윤충의 일본 방문과 관련해 일본 의회에서 문제가 제기됐다는 이야기가 전달되고 있었다. 유지길 씨가 검사 앞에서 혐의를 부인한 일 때문에 당황한 5계는 윤충을 급히 일본에 파견해 유일록과 협의하게 했고, 그밖에 민단 속에서 자기들에게 유리한 진술을 찾아내려 애쓰고 있었다. 그러나 윤충이 일본에서 물의를 일으키고 있다는 것이다(말하자면 이것은 데모였다. 뒷날 알아낸 사실에 따르면 유지길 씨를 구해내려고 한 사람들이 일본에서 벌인 교란 전술이었다).

마음속으로 흐뭇해하면서 걱정하는 얼굴을 한 채 김상인에게 말해줬다.

"일본 의회에서 윤충이라는 이름이 나왔습니까?"

"의회에서 이름이 나오지 않아도 일본이라는 사회를 잘 알고 있는 내 생각으로는 신문들이 가만히 있을까요? 윤충의 사진이라도 찍어 한국의 첩보 기관이 일본에서 수사 활동을 하고 있다고 써대면 특종이 될 테니까요. 외교 문제가 될지도 몰라요."

유지길을 다시 간첩으로 만들어낼 수 있는 정보 따위는 어차피 일본에 있을 리가 없었지만 유일록과 윤충이 또 이상한 이야기를 말하기 시작하면 시끄러울 뿐 좋은 일도 아니었다. 관료가 가장 두려워하는 것은 상사의 기분이다. 날조라고 일본에서 떠들어대는 것은 눈 하나 까딱하지 않겠지만 신동기가 미국에서 실언한 문제도 있으니 이게 약점이라고 생각했다.

"이상한 일이 벌어지기 전에 윤충을 불러오는 편이 좋지 않겠어요?"

김상인과 김석진은 내 이 한마디에 당황하고 말았다. 그 자리에서 나보고 윤충에게 국제 전화를 걸라고 했다. 오카야마의 호텔에 전화를 걸자 윤충은 외출 중이라고 했다. 그래서 돌아오는 대로 한국으로 전화를 걸어달라고 프론트에 부탁해두었다. 다음 날 윤충은 한국으로 돌아왔다.

너구리와 여우의 관계

이 시점에서 내가 노리고 있던 것은 유지길 씨의 '불기소 처분'이다. 검사 조서 작성 단계에서 보안사가 한 수사는 날조라는 사실이 드러나 큰 수치를 당하고 유지길 씨는 완전히 결백하다는 사실이 밝혀져 무죄로 석방된다. 그리고 일본의 가족에게 돌아가게 됐다.

검사 조사 단계에서 유지길 씨도 어느 정도 타협을 하지 않으면 안 됐다. 당국이 꾸민 허위 사실을 일부 인정해주는 것이었다. 거래니까 말이다. 그때 정진철 검사는 "보안사에서 행해진 진술을 최초에 부인한 것은 누군가의 코치를 받은 것입니까?"라고 5계가 부탁한 질문을 유지길 씨에게 했다. 이 질문에 "구치소 안에서 나와 똑같은 옷을 입고 있는 사람들에게 권유를 받았다"고 유지길 씨는 대답했다. 그 사람은 이제야 내 혐의가 풀렸다며 기뻐해줬다. 이번에는 유지길 씨가 나를 구해 준 것이다.

검사의 조사 단계에서 '기소' 방침이 흔들리는 경우가 있다. 이 해에 일어난 공작과의 '사건'에서 나는 이런 사실을 알고 있었다. 공작과의 '사건'은 일본에서 호스티스를 하고 있던 사십대의 한국 여성 피의자였다. 한국에 자녀가 두 명 있고, 일본에서 재혼한 사람이었다. 공작과가 "아이가 교통사고를 당해 입원했다. 곧 돌아오라"고 거짓 연락을 해 그 여성을 끌어들여 남영동에 있는 공작과 분실과 수사과 분실을 전전하며 사건을 조작했다. 그때 수사과 분실에 청색 죄수복을 입고 눈가리개를 하고 있던 성이 이 씨인 그 여성을 나는 목격했다. 그 사람은 유럽과 소련을 경유해 평양으로 들어간 여자 간첩이라는 혐의로 기소 방침이 세워져 송검됐지만 '기소 유예'가 됐다. 수사관의 상식으로 판단하면 '입북 사실이 무너졌다.' 날조인 것이다. 여기까지는 나도 판단할 수 있지만 '기소 유예'에 이른 경위는 모른다. 중요한 것은 정진철 검사와 보안사 수사과가 어느 선에서 타협을 시도하느냐에 달려 있다. 뒷날 수사관들이 한 여러 이야기를 통해 알게 된 것이지만 정진철 검사로서도 '기소 의견'이 붙은 사건을 '불기소'나 다른 방향으로 가져가게 되면 자기 점수가 깎여 출세에 지장이 생긴다. 그러나 기소된 사건이 판결에서 무죄로 되는 편이 더욱 치명적이다. 유지길 씨의 후일담에서도 충분히 알 수 있듯이 덕수궁 건너편의 검찰청 건물 속에서 검사는 밤잠도 못 자고 괴로워했다.

내가 알 수 없는 곳에서 협의가 되풀이됐다. 보안사 본관의 계단에서 서로 스쳐 지나가면서 인사를 한 것뿐이지만 일본에서 단장도 호출당해 있었다.

그 결과 '공소 보류'로 일단 타협을 봤다. 그렇지만 5계는 끈질긴 녀석들이었다. 유지길 씨를 그대로 석방하면 등급은 낮다 해도 자기들의 성과만은 만들어지게 된다. 그렇지만 그래서는 아무래도 불안한 요소가 남았다. '석방의 조건은 향후 협력하는 것이다'라는 명목을 만들어 유지길 씨를 다시 분실에 데려왔다. 피의자 신분이 아니라 '교육' 때문에.

'교육'도 물론 겉으로 내세운 방침일 뿐이었다. 그러므로 '교육'이라는 명분을 내세워 공동 생활을 계속하는 것은 '사실은 언제 북으로 갔는지' 탐지하기 위한 공작이었다.

'혐의'가 풀린 내가 다시 통역으로 분실에 불려갔다. 나와 유지길 씨는 재회의 기쁨을 나누었다. 그리고 다시 여기서 하는 교육이 '싸움'이라는 것을 복도를 걸으면서 유지길 씨에게 알렸다.

"녀석들은 다시 당신을 입북 간첩으로 만들고 싶어합니다. 최후까지 마음의 긴장을 풀면 안 됩니다."

"알겠소."

이전과 아주 딴판으로 폭력은 일절 없었다. 피의자가 아니라 '동지'이기 때문이다. 농담이 오가고 상당히 숙달된 유지길 씨의 한국어가 수사관들에게 웃음을 던져줬다.

"이봐, 야나가와 씨. 이젠 다 끝난 일이니까 남몰래 가르쳐줘요. 사실은 언제 북한에 갔었지?"

이원협이 웃으면서 말했다.

"또 그런 말을 하고 있군."

유지길 씨는 자기도 웃으며 맞받아 대답했다. 웃음이 수사관들이나 유지길 씨 사이에 넘쳐 있었지만 사실은 이것은 너구리와 여우의 홀리기 시합 같은 것이었다.

"유지길 씨(이즈음부터 씨를 붙이기 시작했다) 국가가 당신의 죄를 용서했고 국가를 위해 헌신하는 기회를 부여해주었으니 열심히 해주면 좋겠소."

김상인이 유지길 씨에게 금후의 '교육 계획'을 알렸다. 그때 유지길 씨는 이상한 표정을 지었다. 그리고 분명히 김상인에게 이렇게 말했다.

"정진철 검사는 내게 혐의가 없다고 했소."

"무슨 소리야!" (이 말은 김상인의 입버릇으로 5계의 수사관들이 자주 흉내를 내며 웃기도 했다.)

○도 ×도 아닌 △

유지길 씨와 정진철 검사, 검사와 보안사, 이 3자 사이의 '타협'에는 아무래도 서로 상치되는 것이 있을 것 같다. 유지길 씨가 한 말에 따르면 검사는 자기가 무고하다 했고, 다만 '국가를 위해 일을 해달라'고 부탁했으며, 자신은 그것을 양해했을 뿐이라는 것이다. 5계의 인식은 (물론 겉으로는) 죄는 있지만 그것을 용서하고 그 보증으로 국가를 위해 일하라는 게 된다. 유지길 씨와 김상인 사이에 문답이 시작됐다.

"말이 충분히 통하지 않아서 나는 ○표와 ×표를 종이에 써서 어느 쪽인지 검사에게 물었죠. 그랬더니 ○표 쪽에 표시를 해줍디다."

"무슨 소리를 하는 거야. 공소 보류란 것은 죄는 있어도 그 죄를 용서하고 국가를 위해 일하라는 것인데, 죄가 없으면 왜 공소 보류가 되겠어?"

옥신각신하는 문답 끝에 그럼 검사에 확인하자고 합의하게 됐다.

다음 날 오랜만의 휴식을 맞아 집에서 느긋이 지내던 정진철 검사와 나도 동석해 점심을 함께 했다. 검사의 이야기는 이러했다. 검사가 붙인 표시는 △로서 ○도 ×도 아니다. ○ 위에 △를 붙여서 무고하다고 잘못 생각한 것이라고 했다. 그럼 △란 어떤 의미인가? 정진철 검사는 수사관과 유지길 씨 사이에 끼어 식은땀을 흘리고 있었다. 말이 좀 어색하다. 유지길 씨는 따져 물었다.

"그렇습니다. 검사님은 ○ 위에 △를 그렸소. 그러니 무고하다는 것이 아니었습니까."

"아니 △라는 것은 어느 쪽도 아니라는 것으로……약간 ○ 쪽으로 기울었다는 것뿐으로……."

나는 옆에서 말을 듣고 있었다. 검사는 보안사가 날조한 사건이라는 사실을 알고 있을 것이라고 생각했다. 그러나 그런 말은 할 수 없다. 유지길 씨가 한국어를 충분히 이해할 수 없어 생긴 오해라고 문제를 정리해 유지길 씨도 타협하지 않을 수 없었다. 죄가 있는 것도 아니고 없는 것도 아니다. 결국 검사의 말은 말이 되지 않았다.

정진철 검사는 화제를 바꾸었다.

"당신도 재일 한국인라고 하더군……."

내 쪽으로 화살이 날아왔다.

"유지길 씨하고 본적지가 같은 것 같은데 일본에 있을 때부터 아는 사이였습니까?"

제기랄! 5계 녀석들의 망상이 검사에게 전해지고 있는 것이다. 유지길 씨와 내 본적지는 경상북도 칠곡군 가산면으로 같았다. 그 일로 5계는 일본에 있을 때부터 아는 사람이 아닐까 의심해 여러모로 탐색할 게 틀림없다. 그렇지 않다면 이 검사가 내 본적지까지 알고 있을 리가 없고, '같다'라는 전해 들은 표현은 사용하지 않을 것이다. 이것은 같이 있던 김석진에게 검사가 '나는 당신들의 쪽에 서 있다'고 보내는 신호가 틀림없었다.

"네, 알고 보니 그래요. 완전히 우연이기는 하지만요. 혹시나 돌아가신 제 조부께서는 유지길 씨 집안일을 알고 계셨을지도 모르지요."

나는 애써 온화하게 대답했다. 5계는 아직도 경계심을 풀고 있지 않던 것이다.

2주 동안 수사 분실에서 '교육'이 행해졌다. 유지길 씨는 자기가 돈을 내줄 테니까 이런 곳에서 '공부'할 것 없이 호텔이라도 가자고 몇 번씩이나 말했지만 '그건 나중의 일이다'라며 5계는 끈질기게 고집을 피웠다. 만약의 경우 엘리베이터실을 사용해야 하기 때문이다. '교육'이라는 것은 즉석에서 생각해낼 수 있는 것으로 체계가 없었으며, 사실은 그저 시간 보내기였다. 나도 그 즈음 유지길 씨에게 말했다.

"놈들이 날 의심하고 있소. 이젠 당신과 나 둘만 이야기하기는 불가능하오. 양해해주시오."

사실 5계 사람들은 기계실의 모니터를 계속 켜두었다. 나와 유지길 씨가 방에 있을 때 화면에 내가 비치지 않게 해두고 내가 기계실에 들어가면 2, 3명 정도 되는 5계 사람이 열심히 모니터를 들여다보고 있었다. 기계실에 들어온 나를 보고 녀석들은 어색한 표정을 지었다. 난 나대로 아무런 관심도 없는 것처럼 해야만 했다.

보안사식 말로 하면 '꼬리를 붙들 수 없었다' 그래서 작전은 변경됐다. 유지길 씨의 희망대로 호텔로 옮겼다. 영동호텔이라는 곳이 '교육 장소'로 사용됐다. 나도 따라가려 하자 김상인이 나섰다.

"아아, 유지길은 이미 상당히 한국어를 지껄일 수 있는 모양이니까 김병진 씨는 분실에 남아 그 녀석이 쓴 것을 번역만 해주게."

이 사람은 늘 내가 가고 싶지 않은 곳은 가라고 하고 가고 싶은 곳은 가지 말라고 한다.

이 호텔에서 한 '교육'이라는 것도 아주 우스꽝스럽고 파렴치한 사기로 시작됐다. 영동호텔은 신동기의 단골 호텔로, 신동기가 나서서 이곳이 채택됐다. 보안사라는 '간판' 덕에 숙박비는 절반이 할인됐다. 그런데도 유지길 씨에게는 이렇게 말했다.

"우리들이 숙박비의 반을 부담한다. 그러니 나머지 반은 당신이 부담하라"

결국 자기들이 이중으로 타내고 있던 공작비나 수사비에서 호텔비는 한 푼도 내지 않은 셈이다. 게다가 유지길 씨 돈으로 매일 밤 호화로운 유흥을 즐겼고, 술과 유흥으로 북에 갔다는 진술을 끄집어낸다며 핑계를 댔다. 수사관들은 앞다퉈 호텔에서 대기하려 했다. '오늘도 등심을 먹을 수 있다'고 하면서 윤여섭과 이원협이 가장 기뻐했다. 그저 마음껏 놀았다. 유지길 씨도 그 사람들의 속셈은 알고 있었다. 알면서도 돈을 내주고 있었다. 참으로 만화같은 녀석들이다. 그리고 정말로 천박한 하급 관리라고 생각했다.

돌아와요 부산항에

일본에서 단장과 유지길 씨의 매형이 유지길 씨 신병을 인수하러 왔다. 5계는 시간을 낭비했을 뿐 결국 유지길 씨를 교도소에 집어넣으려는 시도를 포기해야 했다. 일을 부드럽게 수습하려면 유지길 씨가 '충성'을 보였다고 둘러대는 방법밖에 없었다. 그래서 분실 강당에서 '선서식'이라는 것이 거행됐다. 말할 것도 없이 빤한 연극이었다. 우스워서 견딜 수가 없었다.

선서를 받은 박호순 과장은 "과오를 회개하고 이번에는 우리들과 더불어 반공 전선에서 일하게 된 유지길 씨를 환영한다"고 말했지만 당사자에게는 이 의식만 끝나면 일본에 그리고 가족들 곁으로 돌아가게 된다는 것 말고 아무것도 아니었다. 나를 특별 채용할 때도 이런 어마어마한 의식은 집행되지 않았다. 서푼짜리 연극 같은 장면이었다. 이 서푼짜리 연극에서 나는 일본어로 선서문을 낭독하는 유지길 씨 옆에 서서 그 내용을 한국어로 번역했다. 모두 마음속으로는 각기 다른 감회를 품으면서 여기에 모여 있는 것이다. 정말 우스운 일이었다.

그날 오후 산 하나를 통째 불고기 집으로 꾸며놓은 태릉의 가든에서 파티가 열렸다. 정말 유쾌했다. 유지길 씨와 단장과 함께 젊은 수사관들이 전혀 알 수 없는 일본어로 이야기하면서 나는 일종의 승리감을 만끽했다.

승리라고 생각했다. 1983년 내가 연행된 이래 나와 내 가족이 그리고 많은 재일 한국인이 맛봐야 하던 많은 고난이 유지길 씨(라는 단 한 사람이지만 그 사람)를 구할 수 있었다는 사실 하나 덕분에 희망으로 바뀌어 있었다. 유지길 씨는 남의 눈을 피해 내 손을 잡고 울고 있었다.

나는 손수건으로 내 눈물을 자꾸만 닦았다. 누군가가 보면 '불고기 숯불 연기가 맵다'라고 변명해야지 하면서…….

2차는 신동기가 잘 아는 살롱이었다. 밴드를 불렀고 여인들이 꽃을 더했다. 신동기가 가수 나훈아를 전화로 불러냈다. 영문도 모르고 나는 2차를 보냈다. 2차는 널찍한 방에서 그저 떠들고, 마시고, 농담을 주고받는 것뿐이었다. 유지길 씨는 나와 함께 듀엣을 하자고 했다. 망설이며 서 있자 모두 박수를 쳐서 나도 상관없겠다고 생각했다.

〈돌아와요 부산항에〉라는 유행가를 둘이 함께 불렀다. 다시 한 번 재회하자는 의미를 담은 노래였다. 내 사정을 알고 있는 유지길 씨는 한발 앞서 일본에 가 있을 테니 반드시 살아서 일본에 오라는 의미가 되는 것이다. 유지길 씨는 괘념치 않고 내 손을 잡고 노래를 불렀다. 김석진 등 여러 사람의 얼굴이 어쩐지 씁쓸하게 일그러져 보였다.

살롱을 나서면서 유지길 씨에게 속삭였다.

"알겠어요. 비행기 탈 때까지 긴장을 풀면 안 돼요. 김포에서도 놈들 패거리가 득실거리고 있어요. 내년에 반드시 일본으로 만나러 갈 테니까."

단장이 나를 불렀다.

"김 선생, 이제부터 저희와 더 마시지 않겠습니까?"

어떻게 할까 잠시 망설였지만 술도 취한 김에 '에이, 까짓것' 하고 단장 쪽으로 가려 했다. 어쩌면 다시 못 만날지도 모른다는 생각이었다.

그때 이원협이 나를 가로막았다. 그러고 나서 같은 아파트에 사는 윤여섭에게 끌려 억지로 택시를 탔다.

"김병진 씨, 취했으니 이제 집에 가서 자는 게 좋아."

윤여섭이 차 안에서 말했다.

집에 들어서자 아내가 달려왔다.

"유지길 씨가 전화를 했어요."

단장에게 일본에 있는 아버지 집 전화번호를 가르쳐주었지만 서울 집 전화번호는 위험하다고 생각해 알려주지 않았다. 유지길 씨는 일본에 국제 전화를 걸어 내 서울 전화번호를 물었다고 했다.

"그래서……왜?"

"제가 전화를 받자 김병진 씨 댁입니까 물어서 그렇습니다 했더니 유지길이라고 말한 뒤 소리 내어 울고 있었어요. 내일 일본에 간다고 했어요. 감사합니다, 감사합니다라고. 일본에서 꼭 기다리겠다고. 부인과 아이를 데리고 반드시 돌아와주시라고……."

아내에게는 분실에서 벌어진 일들을 쭉 말해왔다. 남편의 무모한 행위에 아내는 가늠할 수 없는 불안을 느끼며 견뎌왔다. 유지길 씨에게도 나는 아내가 걱정하고 있다는 말을 했다. 아내와 유지길 씨는 서로 본 적은 없어도 마음이 통해 있었다.

"잘됐어요, 잘됐어."

아내도 울고 있었다.

나락 공작

유지길 씨 사건을 날조하느라 5계가 열을 올리고 있던 때 수사과의 다른 계들도 '노력'을 게을리하지 않았다.

2계는 이른 봄에 재일 한국인인 L씨를 일본에서 조총련계 국민학교를 나온 것을 이유로 간첩으로 조작했지만 '대단한' 물건은 아니어서 '기소유예'라는 의견을 붙여 검찰청으로 보냈다. L씨는 유지길 씨 사건 때 분실에 와 있었는데 어찌 된 영문인지 액년이라는 43세였다. 힐끗 쳐다본 L씨는 심사실 안에서 언제나 울고 있었다. 그리고 진짜배기 유학생은 2계의 학원반이 몇 사람을 차례로 연행했다. 개중에는 일본에서 내가 다닌 대학교 후배라는 학생도 있었다. 이덕룡이 나를 불러내어 모르느냐고 물었지만 나는 모르는 사람이었다. 이 후배는 대학교를 다닐 때 합창단에만 열을 올려 간첩 조사에는 적합하지 않아 '훈방' 됐다.

일본에서 '자수조'를 조사한 것도 2계였지만 살벌한 것은 아니었다. 2계는 내게 자수조와 접촉하는 것을 허락해줬다. 오랜만에 만나 기뻤다. 내가 옆에 붙어 있다는 것만으로 선후배들의 마음에 위안이 될 수 있을 것이라고 생각해 심사실 여기저기를 돌아다니며 이야기 상대가 돼주었다. 다만 내 고충 비슷한 이야기는 할 수 없었다. 일본으로 도망치고 싶다는 이야기는 할 수 없었다. '자수조'는 다섯 명이었지만 마지막으로 끌려온 사람만 '기소 유예'로 됐다. 맨 나중에 온 사람은 석방된 다음 서울 시내에서 만나자고 약속했는데 2계 때문에 가로막혔다. 내가 돈 때문에 곤란을 겪고 있다는 말을 한 것도 아닌데 다시 서울에 온 그 사람이 내게 돈을 건네려 했다는 것이다. 사실 이 말은 고병천을 통해 들은 이야기로, 실제로는 그 사람과 나의 두 번째 접촉도 2계가 저지한 것이다.

분실을 나와 일본으로 향하는 선후배들의 모습에 나는 공연히 견딜 수가 없었다. 어느 선배가 마지막에 '죽으면 안 돼!'라고 나를 노려보며 한 말에 나는 혼자가 아니라는 위안을 받은 기분이 들었다.

3계는 이른 봄부터 대여섯 명의 유학생을 연행했다. 모두 20세 안팎의 사람들로 3계가 나를 분실에 부른 시점에는 훈방준비가 돼 있었다. 일본통인 나를 불러 간첩으로 만들 수 없다는 보고서를 쓸 재료를 만드는 것이다. 마치 1984년의 2계 가 T씨를 만들 때처럼. "만들려고 생각하면 될 수 있는 놈이 있지만 무리는 하지 않겠네"라고 박성준 3계장은 말했다.

생각하면 1984년의 유학생 간첩 3명은 수사과의 사정상 그렇게 만들어질 수밖에 없었다. 그때 오희명 과장의 진급 문제가 세 외근계를 간첩 조작에 광분하게 압력기로 작용한 것이다.

오희명 과장은 내근 사무실에 수사과 전체를 모아 "제군의 상사는 누군가. 이 오희명 중령을 대령이라고 부르게 하기 위해 제군들은 무엇을 해줄 것인가"라고 공개 수사에 들어가기 전에 일장 연설을 떠벌리고 있었다. 그리고 재일 한국인 유학생 3명이 간첩으로 조작되려고 할 즈음 분실 강당에 제단을 차려놓고 고사까지 지냈다. 그 뒤에서 기독교라는 김석진은 같은 기독교인 오희명 과장이 지조가 없다며 한탄했는데, 이렇게 지푸라기라도 붙들고 싶은 오희명 과장이 3명의 재일 한국인을 제물로 삼은 것이다.

이번에 3계는 일본인 유학생인 I씨에게 눈독을 들였다. 김석호가 타고난 활동력으로 정력적인 정보 수집을 했는데, 나한테도 물어왔다. I씨는 내가 다니던 연세대학교 학생으로 내가 홀몸으로 기숙사 생활을 하고 있을 때 같은 방에서 2, 3개월 동안 함께 지낸 일이 있었다. 나는 이상하게 생각했다. 외국인은 재일 한국인처럼 만들 수 없었기 때문이다. 내 성격상 I씨의 일을 이러니저러니 말하고 싶지는 않지만 어쩐지 우리 둘은 잘 맞지가 않았다.

일본에 와서 알게 된 '신인류'가 I씨 같은 사람을 말하는 것이다. 처음 한동안은 김석호가 뻥튀기한 신상 자료의 하나겠지 하고 생각했지만, 사실 이 I씨는 어처구니없는 짓을 했다. 그저 여기가 한국이라서 어이없을 뿐이라는 것이다. 일본인인 I씨에게는 그리 대단한 일이 아닐지도 모른다.

김석호가 '연서 계획'에 따른 정보를 수집하려고 연세대학교의 기숙사인 국제학사에 사는 사람에 관해 조사하고 있을 때 I씨가 이상한 사람이라는 소문이 자꾸만 들려왔다. 그렇지만 외국인이라 영장 없이 연행할 수는 없었다. 그런데 I씨가 고맙게도 영장을 뗄 수 있는 행위를 해준 것이다.

북한 서적을 한국에 가지고 들어와 아는 학생이나 교수에게 건네주고 있었다. 그런 이야기를 김석호가 들을 때 나는 순간 오싹함을 느꼈다. 사실 말이지 I씨의 일은 걱정하지 않았다. 처음부터 국외 추방의을 할 생각으로 일이 시작됐기 때문이다. 문제는 그 책을 건네받은 한국 사람들이다. 김석호는 정보를 탐지하려고 접촉한 대상 중에 그 서적을 건네준 학생과 교수들이 있다고 말했다. 사실 이런 것을 건네받고 어떻게 해야 좋을지 고민하고 있다며 그 서적들을 기관에 자진 제출해 재앙을 면했다. '간첩' 검거에 협력한 모양새가 된 것이다.

증거는 충분히 확보돼 있었다. 재일 한국인 용의자들한테서 한 번도 나온 일이 없는 북한 서적이 대량으로 나타난 것이다. 이어 3계는 그런 서적들의 반입 경로를 수사했다. 3계의 일이라 어떻게 수사했는지 확실히 알 수는 없지만 수사 결과는 이러했다.

I씨는 북한 서적 반입을 기도해 김포국제공항에서 세관에 몰수된 사실이 있다는 것을 밝혀냈다. 한 번 안 된다고 할 때 그만뒀으면 좋았을 텐데 다음에 I씨는 다른 수단을 강구했다.

I씨는 일본 대사관 외교관의 이름을 도용한 것이다. 후쿠다 히로시(福田宏)(덧붙여 말하면 I씨 사건을 보도할 때 그 외교관의 가명을 사용했다는 말을 들었으니 여기서도 그 가명을 사용한다)라는 젊은 외교관의 짐처럼 꾸려 일본에서 한국으로 보냈던 것이다. 외교관 특권을 이용하려 한 것이다.

가택 수색을 하자 김일성 초상화가 들어 있는 북한 헌법이 나왔다. 일본어 서적을 판독하기 위해 동행한 나는 마음속으로 '바보'라고 중얼댔다. 몇 년씩이나 한국에 있었다면 한국 사정 정도는 알 수 있을 텐데……

접촉 인물을 파악한다며 3계는 철저한 미행 감시와 도청을 했다. I씨가 일본에 오기 전에 머무른 서교호텔의 방에는 은닉마이크가 달려 있었다. 이 공작은 '나락 공작'이라 불렸다. 경상도 방언으로 '벼( )'를 가리키는 말인데, I씨의 이름을 따 붙였다고 한다.

공항에서 I씨를 연행한 3계의 사업은 속전속결이었다. 연행 때 임의 동행의 형식을 취한 뒤 북한 서적을 증거로 다음 날 구속 영장이 집행됐다. 재일 한국인이나 한국 사람에게는 도저히 생각할 수 없을 만큼 '신사적'이었다. 나중에 일본 정부에서 시비를 걸어오는 일이 없게 하려는 조치였지만, I씨씨가 겪는 수난과 별도로 같은 인간인데도 왜 재일 한국인이나 한국인은 '신사적'으로 취급하지 않을까 낙심하지 않을 수 없었다. I씨게는 힘을 쓰는 폭력이 일절 사용되지 않았다. 다만 심적으로 조롱하는 폭언만 가해졌을 뿐이다. 김석호가 '공격적'인 태도를 취하고 김상태라는 수사관이 '달래는 역'이었는데, 모니터로 볼 때마다 참으로 멋진 연기라고 감탄했다.

내가 보기에 I씨는 결코 간첩 따위는 아니었다. 호기심이 왕성한 일본의 '신인류'일 뿐이다. 북한 서적을 가져와 '제3자에게 전해 탐독시킨' 행위는 한 폭의 그림 같은 '고무찬양죄'다. 그리고 또한 아는 외교관을 이용해 가져온 만큼 '지능범'이다. 그런데 사상을 재판하기 위해 존재하는 국가보안법을 국적이 다른 외국인에게 적용하는 것이 타당한가. 그리고 한발 더 나아가 국가보안법이 근대 민주주의 사회에 존재할 수 있는 타당성을 지니고 있는가 하는 원칙 문제로 돌아가면 I씨도 보안사의 탐욕에 짓밟힌 희생자라고 하지 않을 수 없다.

I씨는 간첩이 됐다. 이 사건은 지금도 날조라고 생각하고 있다. I씨의 친척 중 조총련계 대학인 조선대학교의 강사가 있기는 했다(3계는 수사 분실에서 "지금 큐슈에 있다"며 I씨에게 국제 전화를 걸게 해 사실을 확인했다). 그리고 이 친척을 재일 지도원으로 만들었다. 그러나 일본은 청년인 I씨 같은 처지에서는 북쪽에 친척이 있다고 해도 그 사람을 공작 지도원으로 삼는 일은 내가 알고 있는 일본 사회의 상식으로는 석연치가 않다.

어쨌든 I씨는 절차대로 처리가 됐고, 형 집행 정지로 국외 추방 됐다. 모든 것은 싱겁게 끝났다. 3계는 기뻐했다. 간첩 검거에 관련된 은전은 물론 '일본인 간첩'을 검거한 일은 대공사에 길이 빛날 쾌거라는 사실이 형언할 수 없는 자부심을 가져다주었기 때문이다. 그리고 일본 정부에도 은혜를 베푼 꼴이 됐다. 대사관은 '젊고 전도가 유망한 외교관의 선처'(3계의 일본대사관원 접촉 경과 보고에서)를 요망하지 않을 수 없게 됐고 (그래서 후쿠다 히로시라는 가명을 쓰게 됐다), '한일 관계가 순조로운 이때 온건한 해결'(안기부에서 이첩된 일본 외무부의 대사관 앞 훈시전화 도청 내용)을 바란다는 일본 정부의 의향에 따라 '국외 추방'이라는 선처를 행하게 됐기 때문이다.

어쨌든 I씨의 경솔한 행동에서 시작된 이 사건 덕분에 보안사는 일본 정부에 은혜를 베푼 격이 됐다. 이것이 재일 한국인 '정치범' 석방 문제에 미묘한 영향을 주게 되는 게 아닐까 하는 내 의구심이 기우에 그치게 될까?

이 사건보다 앞서 서울에서 열린 한일 정기 각료회의 자리에서 일본

쪽이 서승과 서준식 형제의 석방을 요청하는 취지의 발언을 했다. 한국 정부는 이 형제의 사건을 다룬 보안사(보안사의 《대공30년사》라는 책을 보면 이 사건은 공작과에서 실행한 대북 침투 공작의 연장선상에 놓여 있다)에 대통령 비서실 이름으로 검토 지시를 내렸지만 검토 결과는 '서씨 형제 석방시(형의) 화상의 흔적 등이 재일 조총련의 악선전의 재료로써 이용되므로 석방은 고려하지 않음'이었다.

보안사의 추태

유지길 씨가 아직 수사 분실에 있을 무렵, 어느 날 한 청년이 심사실에 앉아 있었다. 5계의 수사관들은 그 청년이 어떤 피의자인지 묻는 내 질문에 대답하려 하지 않았다. 모니터로 그 방을 들여다보는 데 김상인이 그 청년에게 "너는 군인 정신을 무엇으로 생각하나? 군인은 죽는 것도 명령으로 죽는 거야"라고 무슨 말인지 짐작이 안 되는 이야기를 했고, 청년은 시선을 책상 위에 향하고 있었다.

내근 사무실에 돌아온 다음 병사들의 이야기를 듣고 비로소 어떤 상황인지 이해할 수 있었다. 그 청년은 이종구(李鍾九) 보안사령관 관저의 취사병이라고 한다. 문제는 그 사령관 관저에서 거금 1000만 원이 분실되면서 시작됐다. 내부 사람이 저지른 절도 사건이라고 생각해 '특명계'라는 별명을 갖고 있는 5계가 수사에 나섰는데, 유력 용의자로 취사병을 지목하게 됐다. 병사들이 중얼대는 말을 따르면 학력이 가장 낮아 용의자로 지목되었다고 한다. 그런데 진범이 나타났다. 이종구 사령관의 아들이었다고 한다. 1000만 원은 유흥비로 탕진했다.

범인 취급을 당한(5계가 맡은 일이니 마음껏 폭력이 행사했을 것이다) 그 취사병은 식칼로 할복 자살을 기도했다. 10센티미터나 되는 상처가

났다고 한다. 그래서 "군인은 죽는 것도 명령이 아니면 죽을 수 없다"고 김상인이 말한 것이다. 그 뒤 청년은 수사 분실의 취사병으로 근무했다. 분실의 음식이 ㅁ좋아졌다는 평판이 돌았다.

5계의 추재엽이 분실 심사실에 구금됐다. 유지길 씨에게 주전자로 고춧가루를 마시게 한 사람이다. 구금 이유는 밀수였다. 추재엽은 5계로 오기 전에 김포국제공항의 110호실, 보안사 대공처의 공항 분실에 근무하고 있었다. 그때부터 세관 직원을 끌어들여 홍콩에서 금괴 밀수를 계획하고 있었다고 한다. 들리는 말로는 금괴 액수에는 두 가지 설이 있었다. 일본 엔화로 3억 엔이라는 설과 한국 원화로 3억 원(그때 환율로 1억 엔 정도)이라는 설로, 어느 쪽이든 거액의 범죄다.

범죄가 탄로 난 경위는 안기부의 통보였다. 추재엽이 세관 사람들과 작당해 세운 계획에 따라 세관 직원이 금괴가 들어 있는 가방을 국내로 반입하는 과정에서 화장실에 감추어 두었는데, 나중에 추재엽이 가지러 가자 없어졌다는 것이다. 추재엽은 그 세관 직원이 금괴를 독점하려고 연극을 꾸미고 있다고 생각해 죽여 버리겠다고 위협했다. 두려움에 가득 찬 세관 직원은 상대가 보안사 기관원이라서 보안사 분실에는 가지 않고 안기부 쪽으로 '자수'하면서 범죄가 탄로났다.

추재엽을 조사한 베테랑 수사관들에 따르면 "추재엽이 주범이지만 종범처럼 가장하는 보고서를 작성하느라 고생했다"고 한다. 구타했느냐고 묻자 동료를 어떻게 때리겠느냐는 대답이 돌아왔다. 추재엽은 '의원 퇴직'했다. 아니 '의원 퇴직'됐다. 형사 처분은 받지 않고, 퇴직금은 받고. 지금은 어디선가 당구장을 운영하고 있다고 한다.

박호순 과장은 내근 사무실에 수사과 직원 전원을 모아놓고 훈시를 하면서 이전에 자기가 대공과장으로 있던 부산에서 부산항에 나가 있던 준위가 밀수에 손을 대어 탄로 난 일을 언급했다. 그러나 그 아내가 울며 불며 호소해 한 번은 무마해줬다. 두 번째 발각됐을 때는 화가 치밀어 참을 수 없어 퇴직금까지 주면서 옷을 벗겼다고 노여움을 드러내며 경고했다. 그러나 추재엽에게도 형사 처분은 검토되지 않았다.

이런 인간들을 감옥에 보내지 않고 무고한 사람들을 간첩으로 날조해 감옥으로 보내는 게 보안사령부의 일인 것이다.

언론탄압

1984년 봄이었다. 우연이기는 하지만 2계 사람들은 내 학부 시절 친구가 기자로 일하는 한국 제일의 발행 부수를 뽐내는 잡지 표지에 쓰인 일러스트가 '레닌'과 비슷하다 해서 그 일러스트레이터를 분실로 연행해 고문을 한 일이 있었다. 레닌의 얼굴을 닮은 게 '불순한' 목적이 있어서 그런 것은 물론 아니지만 어쨌든 폭행당했다.

친구가 한 말에 따르면 나중에 김양규 등 2계 수사관 몇 사람이 잡지사에 나타나 어쩔 수 없이 그날 밤 몇 십만 원어치나 접대를 했다는 것이다.

1985년에는 텔레비전의 인기 반공 드라마 〈지금 평양에선〉에서 북의 오기백 장군 역을 하고 있던 탤런트가 연행됐다. 그 사람의 매니저가 팬들에게 인민군 군복 차림을 한 브로마이드를 나눠준 것을 이유로 붙들려와 폭행당했다고 한다. 텔레비전에서는 언제나 북한 군인 복장으로 등장하는데, 텔레비전은 괜찮아도 브로마이드는 왜 안 된다는 것일까.

월간지 ≪신동아≫의 사회부장이라는 사람도 2계에 연행됐다. 광주민주화운동을 취재한 기사가 필화를 불러일으킨 것이다. 분명히 이 부장이라고 했다. 이 사람을 폭행하는 장면은 나도 모니터로 조금 봤는데, 몸집이 작은 이 부장은 2계의 배영룡 소령에게 슬리퍼로 얻어맞으면서도 "뉴스 소스는 결코 밝힐 수 없다"고 버텼다.

이런 일은 일상다반사였다. 하나하나 예를 들기 어려우며, 내가 모르는 곳에서도 비슷한 일이 수사과 사업으로 행해지고 있다. 방약무인, 자기들 생각에 따라 법적 근거도 없이 사람을 감금하고 폭행한 것이다.

공소 보류가 끝나다

1985년 11월 21일로 내 공소 보류기한은 만료됐다. 형사 소추를 같은 '범죄'로 다시 받지 않아도 되는 것이다. 참아온 2년이 겨우 지나갔다. 보안사는 나를 자기들 마음대로 휘어잡을 '법적 근거'를 그날부터 잃었다.

나는 사전에 내근 사무실 안에서 '퇴직'을 위한 뜸 들이기를 되풀이했다. 여론 조성이다. 아무리 '검거 역용 간첩'이라고 해도 2년 동안이나 매일 얼굴을 대하고 있던 보안사의 나이 든 직원들 사이에서 나를 두고 동정론이 확산됐다.

다만 "나는 보안사를 적대하기 위해 그만두는 것이다"라고 고지식하게 말할 수는 없었다. 그리고 당신들의 손아귀에서 벗어나 당신들의 손이 닿지 않는 세계에 가는 것이라고 하면 상층부는 불안해 퇴직을 인정해주지 않을 것이다.

"생계도 힘들고 공소 보류 기한이 만료되는 것을 기회로 새로운 생활을 설계하고 싶다."

"아내의 두 번째 출산을 위해 일단 가족이 모두 일본을 다녀 오지 않으면 안 된다."

"대학원 공부를 계속하지 않으면 안 되므로 서둘러 다시 귀국한다."

"생활은 전에 다니던 직장에서 언제나 돌아와달라고 하고 있어 걱정할 것 없다."

"앞으로는 민간인으로서 보안사에 협력할 생각이다."

이런 말들을 나는 모든 수사관에게 퍼뜨리며 돌아다녔다. 내근 사무실 안에서는 내 처리 방안을 놓고 뒷전에서 수군거리게 됐다.

보안사 근무를 통해 알게 된 사실에 따르면 나처럼 재일 한국인으로서 '역용'이라는 이름으로 직원이 된 사람은 내가 두 번째였다. 20년 전쯤에 '역용'이 있기는 했지만 그 사람은 공작과에서 근무한 다음 영주 귀국해 지금은 서울의 어느 무역 회사에 간부로 있다고 했다. 한국인 중에는 아주 많다고 했지만, 이웃 공작과에 두 사람이 있었다. 그 사람들은 지금도 근무하고 있다. 다른 사람들 이야기로는 연령상 물러나게 하기가 어려워 '할 수 없이' 있게 한다고 했다. 서기관(4급)까지 시켜줬으니 대단한 출세가 아니냐고들 말했다.

좋은 뜻에서 보안사에 남는 게 어떻겠느냐고 하는 사람은 내게 이렇게 말했다.

"30세에 6급이니까 공무원치고는 출세가 빠르다. 앞으로 1년만 더 참으면 30대 전반의 서기관이 탄생하게 되는데 아깝지 않은가. 보안사 일이 싫다면 서기관이 돼 외무부나 내무부에라도 전출할 수 있지 않나. 일본어에 능숙하니까 조건도 좋다."

그런 충고가 선의에서 나왔다는 것을 의심하지는 않는다. 그러나 나는 학문을 계속하고 싶다는 핑계를 대며 '퇴직'을 고집했다.

"아직도 젊으니까 희망대로 나가는 것도 좋겠지, 힘을 내어 훌륭한 학자가 되라"고 격려하는 사람도 있었다.

묘한 이야기 같지만 보안사령부의 상층부를 제외한 직원들은 누구나 모두 자기 인생에 후회 같은 것을 가지고 있었다. 정년이 가까운 직원들은 특히 그러했다. 내 장래를 걱정해주는 김성구 준위나 그밖의 연배 있는 직원들은 보안사에 계속 묶여 있어 자기들의 꿈을 젊은 내게 투영하고 있는 게 아닐까하는 생각도 했다.

'그만두고 싶다'는 내 기분을 알고 있는 조기재 대위나 오세인 소령은 관리직답게 상부의 눈살을 염려하며, "김병진 씨, 나쁘게는 안 할 테니 잠시 가만히 머물러 있어"라고 조언했다.

금괴 밀수 사건으로 보안사에서 사실상 내쫓긴 추재엽이 파면되기 전 내게 대단히 부담스러운 말을 했다.

"검거 역용으로 근무한 인간을 간단히 그만두게 하지는 않아요. 어쨌든 기관의 속사정을 전부 알고 있으니까. 그래서 김병진 씨도 생각을 바꾸어 돈이라도 긁어모으면 어때. 일본어가 능숙하니까 일본과 파이프를 만들어 한번 크게 먹어 피우는 거야."

그 사람은 홍콩과 파이프를 만들어 무덤을 팠지만, 이 말은 내게 충격이었다. 보안사 상층부의 본심 같은 것을 대변하고 있는 것처럼 생각돼서 말이다. 실제로 내 퇴직을 흔쾌히 생각하지 않는 장교가 있었다. 2계의 배영룡 계장이었다. 김용성의 후임인 배 계장은 나를 '검거해 역용'하겠다고 한 2계의 책임자로서 불의의 사태라도 일어나면 자신에게 책임이 돌아가기 때문이다.

나는 박호순 과장에게 면담을 신청했다. 어떤 고참 수사관이 '가만히 있기만 하면 상부는 움직이지 않는다, 적극적으로 행동해야 한다'는 충고를 듣고 과장을 상대로 직접 담판하기로 한 것이다.

"김병진은 2년간이나 여러 가지 고생하면서 버텨왔다. 공부를 계속 하고 싶다는 소원을 이루게 해주는 것도 그 고생에 대한 보답이 되겠지."

과장 입에서 이런 말을 듣고서야 퇴직이 허락되지 않는다는 최악의 사태는 피하게 됐다고 기뻐했다.

내가 가장 걱정한 것은 육군본부 보안대장으로 영전한 최경조의 반대였다. 이 사람은 일본 영주권을 포기하라고 내게 말한 전례도 있고 내 '사건'의 책임자로서 참견을 할지도 모른다. 그렇게 생각하자 나는 과장 면담 직후에 사표를 썼다.

"나 6급 김병진은 일신상의 사정에 의해 국군 보안사령부를 퇴직하려고 하며 이에 사표를 제출합니다. 선처를 바라며 퇴직을 허가해주시기 바랍니다."

이 사표를 직속 상관인 조기재 대위의 책상 위에 놓았다. 조 대위는 아무 말도 않고 사표를 읽은 뒤 내게 물었다.

"이것을 과장에게 보여드려도 되겠지?"

"부탁드리겠습니다."

"알겠네."

그 다음 날 과장실에서 서류철을 옆구리에 끼고 나온 조기재 대위가 내게 말했다.

"김병진 씨, 과장이 불렀네. 빨리 과장실로 들어가 보게."

나는 순간 사표가 수리되는 것이다, 운명의 때는 왔다고 가슴이 설다. 그러니 기대는 보기 좋게 무너지고 말았다.

"이건 무슨 짓거리지! 모처럼 내가 처장이나 사령관님께 잘 말씀드려 선처해주려고 하는 참에 별안간 사표를 제출해 보게. 윗분들이 어떻게 생각하겠느냐 말이야. 네가 자란 일본에서는 모두 이런 방식으로 하나!"

완전히 낭패였다. 몇 번씩이나 되풀이해 읽은 부대원 규약 속에는 '원(원서)에 의해 퇴직할 수 있다'라는 조항이 버젓이 있다. 하물며 공소 보류라는 법적 족쇄가 없어진 지금 내 자유를 계속 구속할 근거는 없다. 그만두고 싶으니 그만두는 것뿐인데……. 그렇게 생각하자 마음이 무척 무거웠다. 그러나 반복할 수는 없다. 어디까지나 과장의 선처에 감사하지 않으면 안 된다. 그것이 처세술이라는 것이다.

"죄송합니다. 과장님이 저를 위해 여러 가지로 배려해주시는 것도 분별하지 못하고 경솔한 짓을 했습니다."

박호순 과장은 흥분한 자기 어조를 달래기라도 하듯 말을 이었다.

"네 제대 문제는 때때로 처장실에서도 화제에 오르고 있어. 일이라는 것은 타이밍이라는 게 필요한 거야. 네 기분만으로 모든 게 해결될 수 있다고 생각하지 마라. 어쨌든 나쁘게는 안 할 테니까 지금은 가만히 참고 있어."

처장 사인은 받다

드디어 해를 넘기고 말았다. 1986년 1월은 일본에서 아버지와 함께 지낼 수 있을 것이라는 내 기대는 배신당하고 말았다. 수사과 안에서는 내 퇴직 문제를 둘러싸고 여러 이야기가 직원들 사이에 오갔다. 그리고 내게 '충고'를 해주는 사람들도 많았다. 누가 이런저런 말을 하고 있으니 언동에 조심하라는 말이었다.

애초 나를 관할하던 2계는 계장인 배영룡을 제외하고 내 사직 문제를 모두 터부시하고 있었다. 내가 직원으로 채용되는 것에 강하게 반발한 사실도 알고 있었고 2년만 지나면 된다고 내게 늘 말해왔기 때문에 이제 내게 대놓고 이러니저러니 말할 수는 없었다.

5계 직원들 사이에서 오가는 말이 가장 음산했다. 적어도 유지길 씨 사건으로 내게 '혐의'를 두게 된 일도 있고 해서 일본에 간 뒤에 조총련과 야합하면 어떻게 하냐는 얘기가 있다고 한다.

그런 점에서 갈등 소지가 없던 곳이 1984년에 조신치 씨를, 1985년에 일본인 I씨를 간첩으로 만든 3계였다. 2계는 내사 단계나 가택 수색에서는 나를 이용했지만 실제로 간첩으로 만들어가는 작업이 한창인 때는 배제한 탓에 5계처럼 내게 쓸데없는 응어리는 가지고 있지 않았다. 본인이 그만두겠다고 하니까 그만두게 하라는 게 3계의 분위기였다.

그때 여러 가지 충고를 해주던 어느 고참 수사관이 내 사직 문제와 관련해 이런 말을 해줬다.

"속담에 우는 아이일수록 젖을 더 준다는 말이 있어. 김병진 씨도 가만히 있지만 말고 '운동'을 하는 거야."

"무슨 뜻입니까?"

"과장 집으로 선물 하나라도 들고 가 부탁 하는 거야."

이런 방식이 썩 내키지는 않았다. 아내와 어떻게 할까 하고 상의하던 나는 이렇게 중얼댔다.

"그런 짓은 그만두기로 하지."

"무슨 말을 하시는 거예요. 당신은 일본 태생이어서 한국 관료들의 생리를 아직 잘 모르고 있어요. 당신이 싫다면 제가 혼자 과장 댁을 찾아가겠어요."

나는 아내에게 끌려가듯 하면서 한남동 장교아파트를 쉬는 날마다 찾아갔다. 아내가 어떻게 마련했는지 모를 네스카페나 코끼리표 전기밥솥 같은 일제 물건을 들고 눈이 쌓인 언덕길을 올라 박호순 과장의 집을 드나들었다.

"아내가 임신 중인데 산달이 되면 임산부는 비행기에 태워주지 않습니다. 장남도 있어 일본에 갈 때는 저도 동행하지 않으면 안 됩니다. 그때까지 어떻게 되든 제 사직이 인정되도록 배려해주세요."

이런 운동은 아내가 말한 대로 실제로 효과가 있었다. 계장들을 모아 놓은 회의 석상에서 김상인 5계장이 믿을 수 없다고 발언한 모양이지만,

그만두고 싶어하는 사람을 억지로 붙들어놓을 수도 없지 않느냐는 박호순 과장의 말에 계장급은 더는 항변할 수 없게 됐다. 그 회의에 참석한 사람에게서 들은 얘기다.

내 퇴직은 겨우 기정사실로 인정됐다. 이제부터는 사령관의 결재를 받기 위한 보고서가 작성되기 시작할 것이다. 내근에서 만들어주었는데, 내가 보안사에 근무하면서 '헌신'한 일들이 나열됐다. 거짓말이라도 좋다. 윗사람을 납득시키는 일이 중요하다. 첩보 분석이라는 기본 임무는 물론 간첩 검거 때의 가택 수사나 통역 등에서 공적을 올린 사실이 주가 됐고, 생계가 곤란며 본인이 대학원 복귀를 바라고 있어 퇴직을 인정해 전 보안부대원으로서 정보 활동에 정통한 절호의 '협조망'을 구축할 수 있다는 것 등의 참고 의견이 첨가된 상신서가 작성됐다.

나는 사령관의 서명을 이제나저제나 기다리고 있었다. 처장의 서명은 받았다, 지금 서류는 참모장실에 있다는 등 언제나 누군가가 걱정해줬고 내게 '보고'가기도 했다.

보안사를 조국 땅에서 매장해버리겠다!

2계에서 구내전화를 걸었다.

"잠시 분실에서 할 일이 있네. 함께 가주게."

이상하다고 생각했다. 분실에 피의자가 있는지 없는지는 내근 사무실에 있으면 알 수 있는데, 지금은 아무도 없을 것이다. 차를 타면서 나는 고병천에게 물었다.

"누가 연행됐습니까?"

"쳇, 누가 알게 뭐야."

고병천은 불쾌감을 감추려 하지 않았다. 그런 반응에서 나는 모든 것을 납득할 수 있었다. 피의자는 나인 것이다. 2계의 수사관들은 완전히 하고 싶지 않은 일을 하는 탓에 불쾌했던 것이다.

아니나 다를까 나는 심사실로 들어가야 했다. 다만 전과 다른 것은 입소수속을 하지 않는다는 것뿐이다. 이것은 정식 조사가 아니라는 것을 말해주고 있다. 나 혼자 심사실에 남겨놓고 2계 사람들은 아무도 들어오지 않았다. 조금 뒤 배영룡이 혼자 들어왔다.

"김병진! 너는 머리가 좋은 인간이니까 왜 여기 왔는지 이젠 알았겠지."

지금까지 나를 부를 때 반드시 '씨'자를 붙이던 배영룡이 마구 하대를 해댔다.

"정말 그만둘 작정인가?"

대답하지 않았다. 그러자 비웃듯이 웃으며 배영룡은 말을 계속했다.

"네 선배 서성수는 아직 감옥에 있다. 그동안 너는 형을 면해 이럭저럭 부대원까지 하게 됐다."

'누가 하게 해달라고나 했나!'

"2년의 공소 보류 기한이 끝났으니 그럼 안녕이라고 해서 일이 마무리될 수 있다고 생각하나?"

'개새끼!'

"전에 박정희와 함께 김재규에게 권총으로 사살된 차지철이 재판에서 한 말을 넌 알고 있나. 한 번 해병은 영원한 해병이다. 그렇게 말하고 차지철은 웃으며 죽어갔어. 이것이 인간이라는 것이다. 사나이라는 말이야. 너는 보안사령부의 적지 않은 은혜를 입었어. 그런 네가 자기 형편만 생각해서 간단히 보안사를 그만두려고 하는 것은 사람의 도리에 합당한 것인가? 응, 어때! 한 번 보안부대원이 되면 일생 동안 보안부대원이야! 그렇지, 김병진. 지금도 늦지 않아. 과장에게 사직하지 않겠다고 말씀드리는 거야."

 이것은 2계, 그것도 배영룡의 단독 행위다. 나는 그렇게 판단했다. 가령 과장의 재가를 얻은 일이라고 해도 '사직에 수반하는 교육'인가 뭔가 하는 명목에서 진행되는 일이 틀림없다. 나는 그렇게 생각해서 배영룡의 요구에 계속 침묵을 지켰다. 육군사관학교 출신의 이런 천박한 관료 하나를 위해 사직 의사를 철회할 수는 없었다. 배영룡은 나를 노려봤다. 나는 무표정인 채 그 시선을 맞받았다.

 "네가 일본에서 적에게 정보를 팔거나 하면 어떻게 하지?"

 배영룡의 목소리가 약간 침착해졌다.

 "바보 같은 소리 마세요."

 나는 비로소 입을 열었다.

 "알았나! 일본에 가기 전에 김용성 중령을 전선 부대로 찾아가 인사를 드리는 거야."

 '왜 인사를 해야 하나. 이번에 그 녀석의 얼굴을 보면 쏘아 죽이겠다.'

 사직을 철회하라고 요구하던 배영룡의 어조가 어느덧 사직을 전제로 한 요구로 바뀌어 있었다. 어쨌든 사직하지 말라는 것은 이 사람의 개인적인 바람인 것이다.

 2계의 다른 수사관들이 방 안으로 우르르 들어왔다. 나를 처음 보안사 서빙고 분실에 데려갈 때는 해군 중사였는데 지금은 해군 상사로 진급한 이덕룡이 입을 열었다.

 "김병진 씨······."

 여느 때의 이덕룡답지 않게 존댓말을 썼다.

 "당신은 나를 원망하고 있겠지. 나는 알고 있다. 당신 부인을 같은 도림아파트에서 봐도 언제나 똑바로 얼굴을 대할 수 없었다."

'참회할 셈인가?'

"이덕룡 씨, 그런 식으로 말씀하지 마세요."

증오심이 어디선지 북받쳐 올랐다. 그렇지만 지금은 그런 것에 사로잡혀서는 안 된다.

"김병진. 이 이덕룡 씨나 전 계장이던 김용성 씨를 원망해서는 안 돼."

배영룡이 말을 받았다.

"알고 있습니다."

어쨌든 이 자리를 원만하게 수습해야만 했다.

"좋아. 그럼 그런 것으로 하고, 그저 절차상의 일이지만 각서를 써달라고 하지. 그런 뒤에 화햇술이나 하지."

근무 기간 중 알게 된 기밀은 절대 제3자에게 누설하지 않고 보안사령부가 나를 필요로 할 때는 전적으로 협력한 같은 내용을 써서 서명하고 날인했다. 오른손의 엄지에 인주를 바르고 서류 한 장 한 장마다 손가락을 쿡쿡 눌러가면서 나는 마음속으로 다짐했다.

'보안사를 조국의 땅에서 매장해 버리겠다. 그렇게 하지 않으면 이 민족의 미래는 없다.'

지는 것이 이기는 것

분실에서 차를 조금 타고 나온 곳에 성남으로 가는 시외버스 장지동이 있었다. 그 근처에서 삼겹살과 소주로 술추렴이 시작됐다. 나는 온순한 척 굴었다. 따르는 술을 입에 붓고 계장이나 수사관들에게 술을 따르며 좌석을 돌았다. 2차는 옆의 생맥주 집이었다. 모두 거나하게 취했고 나도 꽤나 마셨다.

고병천에게 뭔가 말하고 있을 때였다. 별안간 배영룡이 내 왼쪽 뺨을 옆에서 후려쳤다. 그리고 "이 건방진 새끼!"라고 호통을 치나 했더니 2계 수사관들이 나를 에워싸더니 밖으로 끌어내어 차에 태워 다시 분실로 되돌아왔다.

나는 배영룡에게 폭행당했다. 이전에 《신동아》의 사회부장이라는 사람이 당한 것처럼 배영룡이 구두를 벗어 내 얼굴을 쉴 새 없이 두들겨댔다. 이마가 찢기고 피가 흘렀다. 나도 취했고 그 사람들도 취해 있었지만 갑작스러운 상황에 어리둥절할 뿐이었다. 그리고 나는 한 가지 일을 계속 생각했다.

'이놈들은 지금 내게 화풀이를 하고 있다. 맞아주겠다, 그렇게 하면 자기들도 화가 풀려 흠을 잡으려들지는 않겠지. 가족을 데리고 일본으로 가면 내가 이기는 것이다.'

그날 이마에 난 상처를 본 아내는 물론 울었다. 보안사가 내 아내에게 흘리게 한 눈물은 이젠 얼마나 될까.

다음 날 내근 사무실에서 고참 수사관들이 내 이마를 보고 혀를 찼다. 나는 내 이마에 생긴 상처를 그대로 둔 채 과장실 문을 노크했다. 2계의 만행을 항의하려는 것은 아니었다. 도리어 2계가 내 일을 몹시 염려해주고 있다며 과장에게 감사하다는 인사를 했다. 큰 연극을 한 것이다.

"어제 2계에 불려가 여러 가지 주의를 받았습니다. 어떻든 앞으로 닥칠 일 때문에 걱정을 하고 있는 만큼 제 언동에 경솔한 데가 있는 것 같습니다. 과장님께도 여러 가지로 심려를 끼쳐드려 죄송합니다."

"응응, 알았네."

과장은 가볍게 대답했다. 2계가 어제 벌어진 일을 어떻게 보고했는지는 모르지만, 하여튼 이쪽에서도 수를 써놓지 않으면 안 된다. 지는 것이 이기는 것이다.

며칠이 지나 기다리던 사령관 서명이 떨어졌다. 사령관이 결재한 이상 2계도 내가 결정적으로 불신을 불러일으킬 언동을 하지 않는 한 결정을 번복할 수는 없다.

어쨌든 나는 이겼다.

나는 결코 침묵하지 않는다

1986년 1월 31일, 참모장실에서 퇴관 신고를 마쳤다. 머리카락이 흐트러져 있다고 해 의전관인 장교가 다른 전역 하사관들과 내게 이발실에 가서 빨리 드라이를 하고 오라고 호통을 쳤다. 마지막까지 형식적인 것에 사로잡혀 있었지만 이 궁색한 건물에 안녕을 고할 수 있다는 생각에 마냥 기뻤다.

여러 가지 생각이 스쳐갔다. 그러나 1983년 7월 연행에서 비롯된 말도 못할 체험, 그 하나하나가 과거라는 페이지 속에 가만히 자리해주지는 않았다. 그것들이 지금 이 현실이라는 사실에 어딘지 모르게 나는 다시 한 번 몸서리치는 통분을 느끼고 있었다.

매년 보안사는 80명에서 100명 가까운 사람들을 연행했다. 연행자는 대부분 대공처의 수사과와 공작과 소관이었다. 이른바 '특명 사건'이라고 불리는 경우를 제외하면 대부분 간첩 용의자였다. 그리고 꼭 밝혀두지 않으면 안 될 것은 어느 해(1984년)의 통계를 보고 대충 헤아린 결과 연행자의 8할이 재일 한국이라는 사실이다. 간첩으로 '기소'된 경우는 물론 일부에 불과하다. 그렇지만 '기소 유예'나 '공소 보류'가 되는 사람들을 포함하면 간첩 전과가 붙은 사람의 숫자는 결코 적다고 할 수 없다. 또한 다행히 훈방된 사람의 경우에도 유린당한 인간의 존엄성은 그 무엇으로도 보상받을 수 없었다.

그리고 이런 '간첩 창작'은 보안사만이 아니라 국가안전기획부와 치안본부도 저지르고 있는 것이다. 보안사가 가장 많이 연행하고 있다고 나름대로 추측할 수는 있어도, 실제로 매년 어느 정도의 사람들이 괴로움을 당하고 있는지 정확히 알 길은 없다.

한국 군사 독재의 역사는 공작과 불법 연행, 고문의 역사였다. 그 사실을 나는 계속 봐왔다. 침묵은 죄악이다. 내 기분이 어떠했든 간에 내가 '수사관'의 한 사람으로서 관여한 날조의 희생자들은 지금도 감옥에 갇혀 있다. 그 사람들의 양심과 진실은 누구에게 전해지지도 못한 채 시간만 계속 흘러가고 있다.

신고식이 있은 뒤 내근 사무실로 찾아가 다시 인사를 했다. 박호순 과장과 이영국 처장에게도 인사를 했고, 이웃 공작과, 대공과, 연구실, 외근의 각 사무실도 돌아다니며 인사를 했다.

"대학원에 복학을 해야 하기 때문에 3월까지는 돌아올 겁니다. 그 증거로 가재도구는 물론 놓아두고 갑니다."

나름대로 조작한 거짓말을 반드시 섞어가며 인사를 했다. 2계의 배영룡은 "김용성 중령에게도 찾아가 인사를 하고 가는 거야"라고 다시 한 번 다짐을 받았다. 그러나 나는 그러겠다고 대답만 하고 가족의 비행기 좌석을 이미 예약한 사실은 말하지 않았다. 한시도 지체하지 않고 빨리 일본으로 가야만 했다. 서울에 있는 시간에 무슨 사태가 일어나 대공처 기획반의 커다란 금고에서 잠을 자고 있던 내 여권이 또 압수되면 안 된다. 그런 생각이 나를 재촉했다.

다음 날인 2월 1일, 김포국제공항 110호실에 들러 인사를 한 뒤 아내와 자식들을 데리고 오사카로 향했다. 한국의 법이 미치지 않는 JAL을 일부러 택해 예약한 것도 보안사의 손이 미치지 않는 곳에 한 걸음이라도 빨리 다가서려는 마음 때문이기도 했다.

언제 다시 조국 땅을 밟을 수 있을 것인가. 조국에 있을 때는 일본에 향수를 느꼈다. 그리고 아마 일본으로 가면 조국을 향한 향수로 몸부림을 칠 것이다. 언제 돌아갈지 모를 도피행이라는 생각에 이어 아내에게는 미안한 생각이 들었다.

비행기의 작은 창 아내 펼쳐지는 황토. 군데군데 잔설이 남아 있는 대지를 나는 오직 눈으로 훑어갔다. 감옥에 갇혀 있는 사람들의 얼굴과 이름이 다시 한 번 머릿속을 아프게 맴돌고 있었다.

이 대지 위에 갇혀 있는 양심들이 계속 살아 있는 한 나는 결코 침묵하지 않겠다.

후기

1986년 2월 1일 저녁, 오사카 공항에 내려 아버지 곁으로 돌아온 내가 가장 먼저 한 일은 원고지를 사오는 것이었다. 내가 한 싸움은 쓰는 것이었다. 그렇게 계속 생각하던 기분으로 숨 쉴 사이도 없이 펜을 굴렸다. 6년 만에 일본어로 자기를 드러내려고 하다 보니 망설임 같은 것을 느끼기도 했다.

일본에 도착한 지 얼마 되지 않아 일본에 출장 온 장병화가 오사카 우메다의 한신 호텔에 있다고 하는 전화를 걸어왔다. 나는 집에 있으면서도 없는 척하며 피했다. 일본 생활이 익숙해질 시간이 아직 흐르지 않은 탓도 있고 해서 나는 이 전화에 어딘지 모르게 불안을 느꼈다. 두 번째 연락이 왔을 때는 가족과 더불어 유지길 씨의 도움으로 오카야마로 '피난'했다. 이미 이때는 유지길 씨하고 재회의 기쁨을 나눈 뒤였지만.

보안사는 그 뒤에도 생각이 날 때마다 나하고 연락을 시도했다. 편지를 보내기도 하고 제3자를 중간에 넣은 전화도 걸었다. '협조망'이 돼 바로 얼마 전까지 자신들의 '동료'이던 셈이니 내게 연락하는 게 당연한지도 모른다.

그렇지만 그 사람들과 접촉해서는 안 된다고 나는 결심하고 있었다. 내가 쓰는 '수기'가 완성되고 '수기'라는 이름으로 내 나름의 '도전장'을 보안사 그리고 군사 독재에 거침없이 내밀게 되는 그날이 찾아올 때까지 내가 무슨 생각을 하고 있으며 무엇을 하려고 하는지를 결코 눈치채게 해서는 안 된다고 생각했다.

우여곡절을 거쳤지만 간신히 이렇게 출판을 할 수 있게 됐다. 만성사 대표 와다다 스스무 씨가 출판인으로서 지닌 투철한 사명감이 나를 지탱해주었다. 와다다 씨를 만나지 못했다면 내 절규는 정체를 모를 힘에 말살됐을지도 모른다. 깊이 감사한다.

내 글 속에 등장하는 인물은 원칙적으로 실명이다(두세 사람은 한자가 틀릴지도 모르지만 읽는 음은 같다). 다만 피의자가 된 사람 중에서 감옥에 갇히지 않은 사람들은 그 이름을 덮어두지 않을 수 없었다. 유지길 씨는 격려와 함께 실명 사용을 흔쾌히 허락해줬다. 그 용기에 경의를 표한다. 1985년에 유 씨가 겪은 이루 말할 수 없는 체험을 직접 본 사람으로서 나는 유 씨를 존경한다.

내가 이 '수기'를 써서 경우에 따라서는 신변에 위협이 미칠 수도 있는 사람이나 사건에 관해서는 당연한 일이지만 쓸 수가 없었다. 이 점도 또한 양해해주기 바란다.

나는 조국의 '수치'를 일본이라는 외국에서 폭로한 셈이 될 것인가. 그렇다면, 이것은 사실 결코 흔쾌한 일은 아니다. 그러나 반드시 누군가가 해야 할 일이었다.

나는 이 책을 조국의 민주화를 위해 싸우는 형제들, 조국 분단에 신음하고 있는 사랑하는 형제들에게 바치고 싶다. 그리고 동시에 한시라도 잊을 수 없는 상처를 받고 짓밟힌 사랑하는 내 조국에 바친다.

1988년 4년 19일

일지 I 《보안사》 그 뒤, 추재엽 사건

1984년 10월 5일	사업가 나종인, 불법 연행 당함. 수사과 수사5계(김상인 계장, 신동기, 추재엽 수사관 등) 70일 동안 고문
1985년 6월 8일	재일 한국인 사업가 유지길, 연행 구금 당함. 수사5계 38일 동안 고문
1985년 10월 15일	추재엽, 보안사 공항 분실 검색관 근무 당시 금괴밀수사건 관련으로 중징계 면직
1987년, 1988년	김병진, 일본에서 《韓國工作政治의 斷層》, 한국에서 출간 《보안사》 출간
1991년 ~ 1996년	추재엽, 서울시의회 사무처 전문위원, 자민련 대변인실 행정실장, 국회사무처 정책연구위원, 자민련 전국구 국회의원후보, 대통령직 인수위 경제2분과위원 지냄
2002년 6월 13일	추재엽, 민선 3기 한나라당 양천구청장 당선
2006년 9월 14일	오마이뉴스, 〈한 전직 구청장이 숨겨온 '어두운 과거' — 추재엽 전 양천구청장 5공때 보안사 근무 — 금괴밀수 연루〉 보도 추재엽이 보안사 근무시절 재일동포 유지길 씨를 직접 고문했으며 공항 분실 (110호) 근무 당시 금괴 밀수에 연루돼 퇴직한 사실을 보도, 신영복, 양성윤 등이 증언
2006년 9월 19일	오마이뉴스, 〈[보도 그 이후] 추재엽 전 구청장 "고문 피해자에 사과"〉 인터뷰 보도 인터뷰에서 추재엽은 고문 피해자에게 사과하며 "고문이라는 반인권적 행위에 가담하게 된 것을 참회한다", "매일 고문한 것은 아니고 위에서 지시가 내려오면 고문하곤 했다. (수사5계가) 전체적으로 움직일 때 함께 움직였을 뿐"이라고 함
2007년 4월 25일	추재엽, 보궐 선거에서 무소속으로 민선4기 양천구청장에 당선
2010년 5월 21일	양천구청장 이제학 후보 사무소, 추재엽 후보의 5공 시절 고문전력을 공개질의
2010년 6월 2일	이제학, 양천구청장 당선. 추재엽, 당선자를 세 차례 선거법위반으로 고소
2010년 12월 1일	이제학, 공직선거법 250조 허위 사실(추재엽의 고문 가담) 공표 혐의로 기소
2010년 12월 27일	추재엽, 법정에서 선서하고 "고문하지 않았다, 고문 현장에 가지 않았다, 김병진을 고소할 예정이다" 등 위증
2011년 10월 20일	김병진, 추재엽을 모해위증죄로 고소, 국회 기자회견에서 고문피해자에 사과 촉구, 김훈동, 김용태 반박 기자회견을 열어 간첩 동원한 선거 뒤집기라 주장
2011년 10월 22일	추재엽과 김훈동, 김병진을 허위사실공표혐의로 양천경찰서에 고발
2011년 10월 22일	김병진과 민동원, 고문가해자 추재엽 사퇴촉구 공동기자회견
2011년 10월 23일	추재엽, 김병진을 간첩으로 규정한 문자메시지 대량 발송 (공직선거법위반)
2011년 10월 26일	추재엽, 양천구청장에 당선(3선)
2011년 10월 27일	진보신당위원장 민동원, 고문 구청장 반대 양천구청 앞 1인 시위
2011년 11월 24일	추재엽. 김병진, 김기식, 민동원, 이병헌 등을 양천경찰서에 고발 (2012년 1월 12일까지 동일 사안으로 총 3회 고발)

2012년 4월 13일	추재엽 기소 (사건번호 2012 고합 204, 형법 152조 위증죄, 156조 무고죄, 정보통신법 70조 명예훼손죄, 공직선거법 250조 허위사실유포죄)
2012년 5월 7일, 24일	김병진, 김기식, 민동원, 임채도, 출석 증언. 보안사 수사관 김상인, 고병천 등 불출석, 박원삼 출석 (위증)
2012년 9월 26일	공판준비기일. 추재엽 등에게 고문당한 재일 한국인 고문 피해자 유지길 씨의 자필 확인서와 추재엽 확인 동영상 증거 채택
2012년 9월 27일	추재엽 최후 신문, "고문 행위에 가담하지 않았으며 모든 것은 김기식이 꾸민 일" 주장
	검찰, 공직선거법위반 징역 6월, 형법(위증, 무고) 위반 징역 1년 6월 구형
2012년 10월 11일	남부지법 제11형사부 공직선거법위반 징역 3월, 형법위반 징역 1년 선고
	추재엽 측 항소장 제출
2012년 10월 14일	한겨레신문, 김병진 〈추재엽 고발 재일 동포 "고춧가루 고문 장면 아직도 생생"〉 인터뷰 보도
2012년 11월 1일	보안사 고문피해자 나종인, 고등법원에 탄원서 제출, 김병진과 합동 기자회견 '수사5계 김상인, 추재엽 등에게 70일 동안 불법 감금된 채 물고문, 전기고문, 집단 구타 등으로 수도육군병원에서 심장파열, 신장 투석 등 치료 받음', '반성할 줄 모르는 피고인을 엄히 처벌해 달라'는 탄원서 제출
	김병진 《보안사》를 증거물로 재판부에 전달하며 책을 쓴 동기와 내용, 특히 추재엽과 관련된 부분에 관한 설명을 진정서로 제출
	추재엽, 양천구청장 비서실장 홍OO(여) 뇌물과 알선수재로 서울고등법원 징역2년 6월 추징금 3300만원 선고
2012년 11월 2일	추재엽의 아내 한OO, 나종인 부인에게 여러 차례 전화해 탄원서 철회 요청
2012년 11월 3일	나종인, 김병진, 김기식, 팟캐스트 〈이상호 기자의 발뉴스〉 출연, 군사정권시절 국가 권력에 의한 고문과 앞으로 과거사 청산 과제 인터뷰
2012년 11월 4일	추재엽의 아들 추OO, 나종인 시골집을 방문해 탄원서 철회 요청
2012년 11월 6일	추재엽, 항소이유서 제출 (서울고법 2012노3406)
2012년 11월 8일	시사IN, 추재엽사건 전체 특집보도, 김상인, 신동기 등 인터뷰 회피
2012년 11월 21일	추재엽, 고등법원 첫 재판 예정

일지 I 《보안사》 그 뒤, 고문 조작 피해자 재심 관련 기록

2006년 5월 25일	보안사 수사5계장 김상인, 〈친북반국가행위 진상규명위〉 자문위원 참여
2012년 10월 3일	대법원 1부, 보안사 고문 피해자 재일 한국인 이헌치(60, 1심 사형, 2심 무기징역) 31년 만에 반공법 무죄 확정 판결
2012년 10월 18일	서울고법 형사9부, 재일 한국인 간첩단 사건으로 옥살이를 한 고병택(75)과 허철중(59)에게 재심에서 실형을 선고한 원심을 파기하고 무죄 선고
2012년 10월 19일	보안사 고문 피해자 윤정헌, 고문 수사관 고병천을 위증혐의로 고소 윤정헌, 기자회견에서 반인륜범죄 공소시효 폐지 주장
2012년 10월 22일	고문피해자 김정사, 기자회견, 재일 한국인 고문 조작 피해자 110여 명 중 법원 재심에서 무죄가 확정된 사람은 7명, 재판이 계류 중이거나 재심 개시 결정이 난 사람은 11명 뿐
2012년 10월 29일	서울고법 형사7부, 보안사에서 불법 구금 고문으로 간첩누명을 쓰고 옥살이를 한 구명서(58) 재심에서 무죄 선고, 중앙지법 민사48부, 17억 배상 판결